# 2015年

《国网北京市电力公司年鉴》编委会

中国电力出版社
CHINA ELECTRIC POWER PRESS

**图书在版编目（CIP）数据**

国网北京市电力公司年鉴. 2015年/《国网北京市电力公司年鉴》编委会组编. —北京：中国电力出版社，2016.5
ISBN 978-7-5123-8882-6

Ⅰ.①国…　Ⅱ.①国…　Ⅲ.①电力工业-工业企业-北京市-2015-年鉴　Ⅳ.①F426.61-54

中国版本图书馆CIP数据核字（2016）第024659号

中国电力出版社出版、发行
（北京市东城区北京站西街19号　100005　http://www.cepp.sgcc.com.cn）
北京盛通印刷股份有限公司印刷
各地新华书店经售
*
2016年5月第一版　2016年5月北京第一次印刷
889毫米×1194毫米　16开本　16.75印张　434千字
印数0001—1000册　　定价**158.00**元

# 特约撰稿人

| | |
|---|---|
| 李兴华 | 国网北京市电力公司办公室 |
| 张　晶 | 国网北京市电力公司发展策划部 |
| 张淑国 | 国网北京市电力公司人事董事部 |
| 王希菁 | 国网北京市电力公司人力资源部（社保中心） |
| 李林琳 | 国网北京市电力公司财务资产部 |
| 宗晓茜 | 国网北京市电力公司安全监察质量部（保卫部） |
| 江　阳 | 国网北京市电力公司运维检修部（政治供电办公室） |
| 苏　丽 | 国网北京市电力公司建设部 |
| 耿　涛 | 国网北京市电力公司营销部（农电工作部） |
| 徐绍军 | 国网北京市电力公司科技信通部（智能电网办公室） |
| 白晓东 | 国网北京市电力公司物资部（招投标管理中心） |
| 张瑞芳 | 国网北京市电力公司审计部 |
| 门吉光 | 国网北京市电力公司监察部（纪委办公室） |
| 王　岚 | 国网北京市电力公司思想政治工作部（党委办公室、机关党委、团委） |
| 张文旭 | 国网北京市电力公司离退休工作部 |
| 任聪颖 | 国网北京市电力公司经济法律部（体改办） |
| 张晨曦 | 国网北京市电力公司对外联络部（品牌建设中心） |
| 张晓青 | 国网北京市电力公司后勤工作部 |
| 赵　飞 | 国网北京市电力公司运营监（测）控中心 |
| 赵　钢 | 国网北京市电力公司电力调度控制中心 |
| 李冬梅 | 国网北京市电力公司电力交易中心 |
| 范晓辉 | 国网北京市电力公司工会 |
| 刘园园 | 国网企业管理协会北京市电力公司分会 |
| 贾红杉 | 国网北京城区供电公司 |
| 欧阳昕倩 | 国网北京朝阳供电公司 |
| 王新欣 | 国网北京海淀供电公司 |
| 黄　佳 | 国网北京丰台供电公司 |

赵　飞　　国网北京石景山供电公司

徐建泓　　国网北京亦庄供电公司

张　运　　国网北京通州供电公司

党　剑　　国网北京昌平供电公司

王颖超　　国网北京门头沟供电公司

李　刚　　国网北京房山供电公司

高　骞　　国网北京大兴供电公司

武子超　　国网北京平谷供电公司

钟玉娟　　国网北京怀柔供电公司

丁亚娟　　国网北京密云供电公司

蔡溪源　　国网北京顺义供电公司

韩戈奇　　国网北京延庆供电公司

张　健　　国网北京电力经济技术研究院

杨慧萍　史迪新　　国网北京电力科学研究院

张　塞　　国网北京电力工程公司

刘　丛　　国网北京市电力公司检修分公司

王　辉　　国网北京市电力公司信息通信分公司

娄　强　　国网北京市电力公司培训中心

武　鹏　　国网北京市电力公司物资供应分公司

居　然　　国网北京市电力公司综合服务中心

胡晨同　　国网北京市电力公司客户服务中心

姚　莉　　国网北京电动汽车服务有限公司

金　建　　北京市供用电建设承发包公司

李树森　　国网北京电力物业管理公司

赵小菲　　北京市城市照明管理中心

# 编 辑 说 明

1 《国网北京市电力公司年鉴》是国网北京市电力公司的企业年鉴，是一部集史实性和资料性为一体的综合性工具书。本年鉴每年一期，按年度记载公司的重大事项。本期是第11期，记载年度为2014年度。

2 本年鉴的编纂宗旨是：全面、系统、真实地反映公司在北京地区电网规划与建设中取得的成绩，总结公司生产经营工作的经验，弘扬公司干部职工的奉献精神，展示公司服务首都经济社会发展的企业风采。

3 本年鉴用文章和条目两种载体，以条目体为主，用规范的记述文体，真陈其事，文字力求言简意赅。同时，文中选配具有一定史料价值的图片，力求做到图文并茂。

4 本年鉴的框架结构由篇目、栏目、条目3个层次组成。设有15个篇目：要事特辑，公司概况，电网发展，企业管理，安全生产，电网运行与电力市场，科技信息，党的建设与精神文明建设，学、协会工作，供电公司，业务支撑机构及其他单位，公司荣誉，大事记，重要文献，统计资料。

5 本年鉴的编辑工作是在公司直接领导下进行的。稿件由公司各部门、各单位确定的专人负责撰写，经部门、单位领导审核后，由年鉴编辑部编辑，并由年鉴编辑专家组审核定稿。

6 本年鉴的编辑工作，得到了公司各部门、各单位的高度重视和大力支持，在此谨致谢意，并欢迎提出改进意见。

# 篇　目

# 目　录

## 安全生产

## 电网运行与电力市场



## 科技信息



## 党的建设与精神文明建设

## 学、协会工作



## 供电公司

## 业务支撑机构及其他单位

## 公司荣誉



## 大事记

## 重要文献



## 统计资料

# 要事特辑

**【二届四次职代会】** 1月16日，公司召开第二届职工代表大会第四次会议暨2014年工作会议。共有226名职工代表、列席代表参加。特邀代表、总经理联络员以及受表彰人员参加了上午的大会。会议审议通过《国网北京市电力公司2014年工作报告》等4项决议。二届四次职代会共收到职工代表提案58件，经公司提案工作委员会审查，确定9件提案予以立案，39件提案列为意见，10件提案转交基层受理。截至10月底，所有提案都获得处理和答复，提案办理率100%。

（范晓辉）

**【“三集五大”体系建设】** 对接国家电网公司体系建设要求，坚持“整体统筹、专业主导、突出基层、强化支撑”工作思路，健全月度报告、季度协调和重点督导工作机制，落实建设方案，有序推进116项重点任务，32项工作经验入选国家电网公司案例库。加强基层业务指导和监督管控，开展各层级宣贯培训。明确支撑机构功能定位，实施能力提升工程，研究解决职责界面、制度流程等方面问题26项。开展体系建设成效评估，分层级开展评估工作，针对问题逐项制定措施，逐项整改销号。组织“回头看”活动，横向覆盖各专业，纵向延伸到基层工区和班组。提炼推广最佳实践案例，提升建设水平。

（郑　磊）

**【APEC电力保障】** 从建立组织体系、完善工作机制、落实保障措施、加强应急演练、严格督导检查入手，加强通信隐患管理，开展保护通道、通信电源等专项排查治理，梳理网络运行方式，编制完成《2014年APEC会议供电保障通信网运行方式分析报告》等3项报告，提升网络健康水平。APEC会议配套的怀柔北、会都变电站及相关切改工程，克服工期紧张、前期协调难度大等困难，全部按市政府要求如期投产。

完成2014年APEC会议供电保障任务，实现“服务零差错、供电零闪动、客户零投诉”的保电目标。

（江　阳）

**【营配贯通】** 贯彻国家电网公司营配贯通工作总体要求，按照“标准规范先行、进度与质量并重、数据治理促应用、应用促质量”的工作思路，采取推进会、周调度、指标考核等措施，加强过程管控，推进营配贯通数据采录工作。截至12月26日，高压数据采录方面，完成全部专线、专用变压器的采录建模工作，专线清理完成率100%，专用变压器清理完成率100%，完成5.92万高压用户采录挂接及照片采录工作，高压用户挂接完成率100%，高压用户点照片覆盖率100%；低压数据采录方面，完成低压电网5.98万个台区的数据采录建模，台区采录率完成90.77%，已采录挂接低压户数609.31万户，涉及低压计量箱424.88万个，电能表611.01万块，用户挂接率完成82.61%；营销资源数据采录方面，完成14.30万个营销资源采录，营销资源采录完成率100%。

（袁学重）

**【《电靓京城　服务国际一流和谐宜居之都建设2014》白皮书】** 编制《电靓京城　服务国际一流和谐宜居之都建设2014》白皮书，系统介绍公司在改善首都生态环境、提升综合服务能力等方面的履责承诺和实践，真诚表达服务首都经济社会发展的意愿；围绕首都发展定位，加强电网建设，提高供电服务水平，并愿携手政府和公众，共同建设并体验更温馨、更明亮、更幸福的现代城市文明，打通服务群众“最后一公里”，努力为首都发展贡献力量。

（张晨曦）

# 公司概况

【公司简介】北京市电力公司（简称公司）是国家电网公司的子公司，前身是1905年创建的京师华商电灯股份有限公司。2003年以前作为华北电力集团公司的直属单位，按地市公司实施“收支两条线”管理；2003年成为华北电力集团公司授权经营、独立核算的分公司，由国家电网公司按省公司直接管理；2008年成为独立法人企业。北京市电力公司作为首都最大的公用事业单位，负责北京地区1.64万$km^2$范围内的电网规划建设、运行管理、电力销售和717万客户的供电服务工作。先后完成了第29届奥运会、建国六十周年庆典、APEC领导人会议等重大活动保电任务。

（李兴华）

【2014年工作思路】认真贯彻党的十八届三中全会和国家电网公司2014年“两会”精神，深入开展群众路线教育实践活动，坚持“四个突出、四个提升”，以深化“两个转变”为主线，以安全稳定和优质服务为前提，以规章制度和队伍素质建设为重点，转变观念，开拓创新，为服务首都经济社会发展、全面建成“一强三优”现代公司贡献力量。

（李兴华）

【安全生产】完成APEC供电保障任务，树立首都重大政治活动供电保障的新标杆，得到国家电网公司和北京市委、市政府的肯定。建立覆盖多专业的电网风险预警与管理机制，及时发布风险预警202项。深化调控一体化建设，常态化开展设备远方操作，优化故障处置流程，电网运行安全管控能力显著增强。强化“双准入”管理，建立外协、外包单位负面清单制度，安全管理体系更加完善。狠抓作业现场规范化管理，作业现场巡检覆盖率97.7%。推行输电通道属地化管理，外力引发故障同比减少29%。强化配电网故障分析，开展线路标准化改造和会诊巡视，配电网故障同比减少22.2%。规范电缆通道断面管理流程，断面审批效率明显提升。开展二次专业管理提升年活动，完善继电保护、自动化专业风险管控标准。开展应急培训和实战演练，优化应急指挥中心功能，整体应急处置能力明显提高。全年未发生五级及以上安全事件，主、配网安全事件同比分别减少15.1%和7.9%，实现安全生产“零死亡”和政治供电“零闪动”。

（李兴华）

【电网发展】着眼于首都发展的较高要求和配电网相对薄弱的实际情况，全面启动配电网建设改造工程。坚持顶层设计、标准先行，用近半年时间深入研究谋划，出台《北京电网规划设计技术原则》《配电网建设改造原则》等指导性文件，确保整体工作有章可循、有序推进。争取国家电网公司20亿元专项资金支持，梳理2014、2015年建设改造项目1696项，启动亦庄配电网建设改造暨营配调数据深化应用试点工作，建成东管头智能配电网示范培训基地。北京电网中长期发展规划获得市政府批复，编制完成北京电网“十三五”规划和空间布局规划，与各区县政府对接发布“网格化”配电网规划。蔚县—门头沟等500kV外受电通道前期工作取得突破，完成变电站保护性圈地10.4万$m^2$。争取市区两级政府的政策及资金支持，取得外部渠道资金17.54亿元。全年新增35kV及以上变电容量723万kVA、线路（含电缆）643km。海淀500kV输变电工程建成投产，完善了西北部地区网架结构。西北热电中心7项配套电力工程按期竣工，较好地服务政府工作大局。开展地下变电站、电缆隧道工程专题造价分析。坚持实施基建安全质量“亮牌”管控机制，110kV及以上输变电工程创国网优质工程率100%。

（李兴华）

【经营管理】实施业务委托，明确委托范围、职责界面、工作标准和成本费用。全面完成“三集五大”体系建设，客观评估检验建设成效，32项工作经验入选国家电网公司典型实践案例库，33项管理创新成果获得省部级以上荣誉。基本建成“五位一体”协同机制，初步实现流程与各管理要素的有机融合。运营监测（控）中心通过试点验收，累计接入指标1521项、明细数据1.2亿条。初步建成员工岗位制度体系，开展全员学制度、全员考制度活动，考试合格率达到100%。电价矛盾疏导取得重要突破，促成年内两次电价调整，专项疏导电网投资环节矛盾0.5分/kWh，提前疏导新增“煤改电”用户电价矛盾。推进全国统一电力市场建设，开展外购东北富裕风电跨区跨省直接交易。针对18项固定资产投资项目、87项大修项目、11项专业管理和26项重点工作任务深入开展后评估。拓展集中采购范围，集中采购率98.8%，节约资金2.66亿元。推进仓储配送体系建设，优化物资转储调拨流程，完成物资调配中心二期和仓库标准化建设。资产全寿命周期管理体系建设通过评价验收。完成房屋确权21宗2242$m^2$，土地确权29宗32.68万$m^2$。完成国家审计署经济责任审计等重大迎审、迎检任务，妥善解决一批重点难点问题和历史遗留事项。开展各类审计94项，核减工程投资和促进增收节支累计1.12亿元。推进集体企业规范化、实体化、市场化建设，全年实现营业收入106亿元；完成委托业务承接工作，客户代维业务收入同比增长109%；推行集体企业人事代理服务，初步建成集体企业银行账户资金实时信息系统。合同全链条管理成效显著，法律风险防范体系拓展至工程建设领域。将对标管理作为提升基础工作水平的重要工具，16项短板指标得到明显提升。国家863课题“主动配电网关键技术研究与示范”推进顺利，“交直流混合配电网关键技术研究”成功申报国家863课题，22项科技成果荣获省部级以上奖励。

（李兴华）

**【优质服务】**开通手机客户端、电力微信便利服务渠道，建成“六位一体”智能互动服务平台。智能电能表远程应急送电和短信服务分别惠及客户11万户、252万户。拓展有线电视、手机银行等多元化交费方式，开通电费充值卡社会化代销渠道，农村交费网点覆盖率64%。95598全业务平稳集约上划，规范营业窗口服务行为，强化服务质量管控，投诉数量持续下降。优化业扩报装组织模式，精简申请资料，实施同城受理、流程串改并、取消接入系统方案等优化措施，定期发布可开放容量。完成分布式电源并网发电83项、自用充电设施接电352户。推进民生工程建设，完成23个老旧小区改造，16项轨道交通、750多万$m^2$保障房项目如期送电，完成2个集中式电采暖试点及城区1.7万户、农村1.55万户分散式“煤改电”工程。完成230万具智能电能表换装，用户采集覆盖率77%；完成2.7万个台区采集建设工作，台区采集覆盖率75%。完成6万高压用户、5.8万低压台区、683万低压用户的营配贯通数据采录工作，低压台区贯通率88%，高、低压用户挂接率分别为100%、92%。开展电价专项稽查，规范电价执行。建成首都机场、APEC核心岛、城际高速等充电设施，基本建成城市10分钟快充网络。城市照明设备完好率、亮灯率持续保持较高水平，完成30条无灯道路路灯建设工程。

（李兴华）

**【人力资源】**截至年底，公司共有全民职工8434人，其中：研究生及以上学历1129人，本科学历3619人，专科学历1952人；高级职称1074人，中级职称1636人；技师及以上职业资格3161人，高级工2860人，中级工403人。人力资源同业对标在国家电网公司排名第6位。全口径劳动生产率实现1 109 034元/(人·年)。

制定公司《2014~2018年人力资源及人才发展规划》，明确未来5年人力资源工作的重点任务和主要措施。梳理完善业务流程体系，建立典型岗位1593个，识别引用通用流程1030条、非通用流程218条，绘制补充流程20条，完成流程与岗位、制度、技术标准、绩效指标等管理要素的匹配。完善组织体系和典型岗位名录，明确业务委托后的部门和班组职责，主业班组减少35%。

依托内部人力资源市场，实现内部岗位调整5626人次，完成跨单位人员交流配置374人。试点运行绩效工资制度。规范福利管理流程，细化分项考核标准。修订完善所属单位及企业负责人业绩考核办法，试点开展一线员工考核模块上线工作。完成各类培训项目1283项，共计98 385人次参加；完成网络大学培训课件开发。初步形成以市场化为导向的资源配置方式，基本创建系统有效的委托管理体系。主业劳务派遣用工转签至集体企业3462人，公司劳务派遣用工比例由36.6%下降至12%。

（李兴华）

**【党的建设与精神文明建设】**2014年，公司保持“全国文明单位”“首都文明单位标兵”以及“中央企业思想政治工作先进单位”荣誉称号，并获得“电力行业思想政治工作优秀单位”。

（王　岚）

**【公司领导班子】**

总经理、党委副书记　　尹昌新
党委书记、副总经理　　杨新法
副总经理、党委常委　　刘润生
副总经理、党委常委　　安建强
副总经理、党委常委　　杜小波
副总经理、党委常委　　唐屹峰
总会计师、党委常委　　李　路
党委常委、纪委书记　　张铁恒
总工程师　　赖祥生（2014年10月任）
副局级调研员　　李国华
副局级调研员　　柏　磊（2014年12月任）
副总经理、党委常委、工会主席
李百顺（2014年11月离任）
总工程师　　王少毅（2014年10月离任）

（张淑国）

**【组织机构】**完成部分机构和职能调整工作。9月22日，印发《国网北京市电力公司关于调整电力管道相关职责和机构设置的通知》（京电人资〔2014〕46

号）。对北京华商电力管道有限公司（简称管道公司）的相关职责和机构进行调整。

完成部分领导小组和委员会机构调整和新增工作。1月10日，印发《国网北京市电力公司关于调整职工代表大会专门工作委员会的通知》（京电人资〔2014〕2号）。1月29日，印发《国网北京市电力公司关于调整保密委员会成员的通知》（京电人资〔2014〕6号），印发《国网北京市电力公司关于调整政治供电领导小组和办公室的通知》（京电人资〔2014〕7号），印发《国网北京市电力公司关于调整客户工程招投标工作领导小组成员的通知》（京电人资〔2014〕8号），印发《国网北京市电力公司关于调整招投标工作领导小组成员的通知》（京电人资〔2014〕9号），印发《国网北京市电力公司关于调整北京电网运行与管理领导小组的通知》（京电人资〔2014〕10号）。2月14日，印发《国网北京市电力公司关于成立配电网建设改造工作领导小组的通知》（京电人资〔2014〕11号）。2月18日，印发《国网北京市电力公司关于调整信息化工作领导小组成员的通知》（京电人资〔2014〕12号）。2月24日，印发《国网北京市电力公司关于调整安全生产委员会成员的通知》（京电人资〔2014〕13号）。3月20日，印发《国网北京市电力公司关于调整集体资产监督管理委员会的通知》（京电人资〔2014〕18号）。4月15日，印发《国网北京市电力公司关于成立国网电力科技馆运营工作筹备组的通知》（京电人资〔2014〕21号）。6月17日，印发《国网北京市电力公司关于成立业务委托工作领导小组和专业工作组的通知》（京电人资〔2014〕30号）。6月27日，印发《国网北京市电力公司关于成立配电网建设改造工程实施指挥部的通知》（京电人资〔2014〕35号）。7月28日，印发《国网北京市电力公司关于调整2014年APEC会议电力保障工作领导小组及下设工作机构的通知》（京电人资〔2014〕37号）。8月8日，印发《国网北京市电力公司关于成立锡盟—山东特高压交流输变电工程项目管理工作领导小组及办公室的通知》京电人资〔2014〕40号。

（刘昱阳）

**国网北京市电力公司**

**本部职能部门**

- 办公室
- 发展策划部
- 人事董事部
- 人力资源部（社保中心）
- 财务资产部
- 安全监察质量部（保卫部）
- 运维检修部（政治供电办公室）
- 建设部
- 营销部（农电工作部）
- 科技信通部（智能电网办公室）
- 物资部（招投标管理中心）
- 审计部
- 监察部（纪委办公室）
- 思想政治工作部（党委办公室、机关党委、团委）

**本部职能部门**

- 离退休工作部
- 经济法律部（体改办）
- 对外联络部（品牌建设中心）
- 后勤工作部
- 运营监测（控）中心
- 电力调度控制中心
- 电力交易中心
- 工会
- 企协分会

**供电公司**

- 城区供电公司
- 朝阳供电公司
- 海淀供电公司
- 丰台供电公司
- 石景山供电公司
- 亦庄供电公司
- 通州供电公司
- 昌平供电公司
- 门头沟供电公司
- 房山供电公司
- 大兴供电公司
- 平谷供电公司
- 怀柔供电公司
- 密云供电公司
- 顺义供电公司
- 延庆供电公司

**业务支撑机构**

- 经济技术研究院
- 电力科学研究院
- 北京电力工程公司
- 检修分公司
- 信息通信分公司
- 培训中心
- 物资分公司
- 综合服务中心
- 客户服务中心
- 北京电动汽车服务有限公司

**其他单位**

- 北京市供用电建设承发包公司
- 物业管理公司
- 北京市城市照明管理中心

国网北京市电力公司组织机构图（2014年）

# 电 网 发 展

## 规 划 与 发 展

【北京电网发展规划】修编《北京电网规划设计技术原则》，落实“强—简—强”规划理念，完成北京电网“十三五”主网规划研究工作；针对220kV及以上主网，对2015～2020年主网架进行了规划。2015～2020年，北京电网将新增3条500kV受电通道，新增18回线路；新建500kV变电站4座，新增变电容量890万kVA，500kV线路572km；新建220kV变电站44座，扩建变电站10座，新增变电容量1934万kVA。到2020年，500kV变电站座数将达到14座，500kV变电容量规模总计3815万kVA，形成13个500kV受电通道，共计28回500kV线路，以满足北京地区2020年2850万kW负荷的外受电需要，内部电网形成9个供电分区。

6月，启动北京“十二五”配电网滚动规划工作，7月完成修编。《北京市电力公司“十二五”配电网滚动规划》由1个总报告和9个专项规划报告（配电网现状分析、供电区域划分、配电网负荷预测、分布式电源与电动汽车接入影响分析、配电网目标网架研究、配电网自动化、配电网供电可靠性机器投资敏感性分析、配电网规划技术经济比较、配电通信网规划方案研究）组成。规划电压等级为110kV及以下各级电网；滚动规划水平年为2014～2020年。2014～2020年，规划新建扩建110kV及以下变电站213座，实施68座变电站的增容扩建工程，新增变电容量2176.3万kVA；规划新建10kV线路2991条线路总长度9714km，其中架空线路长度1652km，电缆线路长度8062km；新建开关站1306座、环网柜22 346座、柱上断路器15 672台。至2020年，北京电网供电可靠率将达到99.995%，综合电压合格率为99.99%。

北京电网中长期发展规划获市政府批复，以此为基础完成北京电网中长期发展空间布局规划的编制，并报市政府批复，该规划是第一个覆盖全区域、涵盖500kV至110kV电压等级的空间布局规划，将2020年前规划新建的6条外受电通道、4座500kV变电站、51座220kV变电站、185座110kV变电站（共240座站）及应急抢修服务网点纳入城市总体规划的修编，其中4条通道、175座站点纳入控制性详细规划；突出网架结构完善优化，开辟特高压大容量输电通道，外受电配套500kV变电站深入市区；明确各级电网站址、走廊和应急抢修服务网络等内容。

加快配电网升级改造，建立2015～2017年全口径规划项目库，建立公司与北京市、区两级政府规划部门的规划联动调整机制，完成与各区（县）、乡镇2级政府的对接发布。向国家电网公司争取200亿元配电网专项资金支持，2014年追加落实专项资金20亿元。推出国内首个现代配电网建设地方标准DB11/T 1147—2015《10kV及以下配电网建设技术规范》。实现“网格化”配电网规划成果与地方政府的对接发布，获得中电联五年经典案例一等奖和公司科技进步一等奖。

（张　晶）

【规划前期工作】推进外受电通道前期工作，蔚县—门头沟项目已取得全部市级层面核准支持性文件；北京东—顺义、北京东—通州规划选线方案取得市政府批复。签订战略合作协议，建立与市、区两级政府的常态沟通机制，在配电网地方建设标准和集中建设政策、规划选址选线、前期征地拆迁等方面获得有效支持。完成21座变电站10.4万$m^2$保护性圈地。

（王亚峰）

## 工 程 建 设 与 管 理

【综述】完成电网建设各项工作任务，建设管理同业对标首次获得国家电网公司专业标杆。500kV海淀输变电工程投产，为优化门昌分区电网结构创造了条件。菜市口（国网科技馆）工程地上附属设施结构封顶、变电站建成投产。APEC会议配套怀柔北、会都及相关切改工程，在工期紧、前期协调难度大的情况下，如期投产。“煤改电”配套的220kV龙潭湖、110kV报国寺、法华寺等输变电工程，在二环内核心区克服站址狭小、施工干扰因素多等困难，全面开工建设。在首都机场建成国内首家机场电动汽车充电站，用于APEC会议会场至首都机场的往返人员接送和首都机场航站楼之间摆渡，工程具有极大的示范效应和辐射效应；建设完成小营公交车充电站工程，可同时服务30辆电动公交车，是迄今为止北京市规模最大的电动公交充电站。

（苏　丽）

**【基建工程完成情况】**新开工输变电工程37项，新建35kV及以上变电容量807万kVA、线路237km；投产输变电工程43项，35kV及以上变电容量711.6万kVA、线路617.93km；投产电力设施迁改工程13项，其中电缆7.68km、线路66.171km；投产架空线入地工程1项；完成城区范围平房居民“煤改电”改造1.7万户；10项充电站工程具备投产条件。

**2014年竣工投产工程统计表**

| 建设单位 | 工程名称 | 新增主变压器（万kVA） | 新增线路（km） | 投产日期 |
|---|---|---|---|---|
| 建设部 | 220kV富力城升压输变电工程* | 36.00 | 22.00 | 2月20日 |
| | 500kV海淀输变电工程* | 240.00 | 45.00 | 6月25日 |
| | 220kV菜市口输变电工程 | 54.00 | 11.50 | 7月07日 |
| | 500kV海淀站220kV切改工程 | — | 32.76 | 10月16日 |
| 经研院 | 220kV未来城电厂接入工程* | — | 11.00 | 5月25日 |
| | 220kV西北热电中心并网聂各庄* | — | 31.80 | 5月13日 |
| | 220kV怀柔北输变电工程* | 36.00 | 26.60 | 5月29日 |
| | 220kV京阳电厂切入红军营工程* | — | 14.61 | 6月09日 |
| | 220kV垡头变扩建工程* | 36.00 | — | 6月15日 |
| | 220kV东北热电中心并网东坝东工程 | — | 20.44 | 8月10日 |
| | 220kV永定输变电工程 | 36.00 | 1.00 | 10月15日 |
| | 220kV温泉输变电工程 | 36.00 | 25.00 | 10月31日 |
| | 220kV西北热电中心并网温泉工程 | — | 73.80 | 10月31日 |
| | 220kV远大输变电工程 | 72.00 | 18.48 | 11月01日 |

续表

| 建设单位 | 工程名称 | 新增主变压器（万kVA） | 新增线路（km） | 投产日期 |
|---|---|---|---|---|
| 经研院 | 220kV西北热电中心并网永定工程 | — | 26.60 | 11月01日 |
| | 220kV西北热电中心并网远大工程 | — | 32.52 | 11月02日 |
| | 220kV定福庄扩建工程 | 18.00 | | 12月26日 |
| 城区 | 110kV金宝街输变电工程* | 20.00 | 6.72 | 1月22日 |
| | 110kV菜市口切改工程 | — | 10.28 | 10月18日 |
| | 110kV木樨园扩建工程 | 10.00 | — | 12月06日 |
| 朝阳 | 110kV三元接入望京工程* | — | 3.60 | 6月30日 |
| 海淀 | 110kV闵庄输变电工程* | 10.00 | 8.40 | 5月29日 |
| | 110kV后八家输变电工程* | 10.00 | 2.66 | 6月26日 |
| | 110kV草桥至沙窝送电工程 | — | 8.40 | 7月13日 |
| 丰台 | 110kV动漫城输变电工程 | 10.00 | 3.50 | 12月28日 |
| 亦庄 | 110kV庆羊输变电工程* | 10.00 | 4.60 | 2月26日 |
| | 110kV华康站接入康宁工程 | — | 19.38 | 10月15日 |
| 通州 | 110kV纪庄输变电工程* | 10.00 | 7.90 | 1月19日 |
| | 110kV商务园变电站切改工程 | — | 1.90 | 9月30日 |
| 昌平 | 110kV回龙观西（北店）变电站扩建工程 | 5.00 | 4.00 | 7月04日 |
| | 110kV龙兴输变电工程 | 10.00 | 7.00 | 7月09日 |
| 大兴 | 110kV民和输变电工程* | 10.00 | 4.44 | 3月20日 |
| | 110kV采育输变电工程* | 5.00 | 6.00 | 6月30日 |
| 平谷 | 110kV夏各庄输变电工程* | 6.30 | 19.00 | 1月18日 |
| 怀柔 | 110kV南华输变电工程* | 5.00 | 2.70 | 4月30日 |
| | 110kV会都输变电工程* | 10.00 | 25.40 | 6月30日 |
| | 110kV宰相庄输变电工程 | 10.00 | 8.80 | 7月30日 |
| | 220kV怀柔北110kV切改工程 | — | 24.82 | 10月24日 |
| 密云 | 110kV太子务、冯家峪电源完善工程 | — | 6.00 | 7月19日 |

续表

| 建设单位 | 工程名称 | 新增主变压器（万 kVA） | 新增线路（km） | 投产日期 |
|---|---|---|---|---|
| 顺义 | 110kV 李桥接入仁和工程（庄子营输变电） | — | 4.12 | 10月24日 |
| | 110kV 西府输变电工程 | 6.30 | 35.20 | 12月30日 |
| 合计 | 41 | 711.60 | 617.93 | |

＊度夏输变电工程。

（周晓梅）

【重点工程建设】500kV 海淀变电站建于北京市海淀区四季青乡巨山村南，总投资 170 000 万元，6 月 25 日投运，是国内首座由两个贴建的独立建筑物组成的全户内 500kV 变电站，其中变电综合楼基础筏板采用大体积混凝土温度监测和控制新技术，首次采用地源热泵空调系统。新安装主变压器压器容量 2400MVA，新增线路 45km。电缆隧道工程采用 $\phi$5.4m（管片）盾构进行电力隧道的施工，盾构隧道内部十字型内部结构；电缆采用垂直蛇形敷设，是国内第二个城市内长距离 500kV 电缆工程；实现国内三个首次：国内首次使用 500kV 国产电缆、国产附件工程，国内首次敷设电缆外径 170mm 以上的工程，国内首次采用 1.7$U_0$交流耐压试验验证的长距离 500kV 电缆工程。

■ 6 月 25 日，全户内 500kV 海淀变电站正式投入使用。

220kV 菜市口变电站是北京市“煤改电”重点工程，位于西城区菜市口大街东侧、南横东街南侧。工程占地面积 7503m$^2$，总建筑面积 47 846m$^2$（地上建筑面积 25 385m$^2$，地下建筑面积 22 461m$^2$），建设变电容量 3×18 万 kVA。采用地下变电站与地上电力科技馆合建的方式，是目前世界上首座 220kV 开放式全地下智能变电站。工程于 2012 年 7 月开工，2014 年 7 月变电站发电投产；电力科技馆工程在施，计划于 2015 年 6 月 30 日竣工。

220kV 怀柔北变电站是雁栖湖生态开发区配套工程，为 2014 年 APEC 峰会提供电源。220kV 怀柔北变电站工程位于怀柔区怀北镇东庄村东南，建筑用地面积为 8127m$^2$，安装 180MVA 有载调压变压器 2 台，220kV 进出线 2 回，110kV 出线 6 回，10kV 出线 12 回，新建怀柔—怀柔北 220kV 双回线路 13.3km。工程于 5 月投运。

（周云浩）

【基建工程管理】创新实施基建安全质量“亮牌”管理机制，全年累计下发“蓝牌”17 张、“黄牌”2 张，累计检查 483 项工程 615 个工地 630 次，消除隐患和问题 1975 项，对工程现场安全质量问题、隐患实现有力管控。完成 15 项基建工程质量监督检查，110kV 及以上工程项目全部推广应用标准工艺，输变电工程标准工艺应用率 100%。细化落实过程创优措施，依托顺义梁庄 110kV 变电站工程打造标杆示范优质工程。组织开展 2 次输变电工程流动红旗竞赛活动，检查变电站工程 14 项、线路工程 8 项，500kV 海淀送电工程获得国家电网公司线路工程安全质量管理流动红旗。承担国家电网公司沥青混凝土道路和弹涂饰面墙体标准工艺、电力隧道盾构法典型施工方法、500kV 电缆安装典型施工方法等课题研究。怀柔北、海鹊落等 31 项输变电工程完成达标投产，110kV 及以上工程达标投产率 100%。完成年度创优输变电工程 30 项，完成 35kV 输变电工程省公司检查考评 1 项，实现 110kV 及以上输变电工程国家电网公司优质工程率 100%。全年未发生基建安全事故。组织公司各相关建设单位迎接依法治企检查，对 2010 年以来的 220kV 工程进行逐项全面自查整改，推进基建“规范管理年”活动，组织发展、财务、物资、审计、经法等部门对相关单位开展专项检查工作，对各单位未竣工结算和在建工程的建设管理情况进行抽查，共计查出并督促整改各类问题 54 项。完成新基建管理信息系统切割上线和一级部署，固化完善基建信息化工作定期通报考核及专责人报备工作机制。优化建设管理对标体系和企业负责人业绩考核体系，加强对基建管理关键环节和重点任务的考核管控。建立并实施联系重点工程项目工作机制，落实整改工程退运废旧物资处置等各类问题 23 项。开展基建各专业专题培训 13 期 2319 人次，涵盖基建各级管理人员和三个项目部。专题策划宣传海淀 500kV 输变电工程、西北热电中心配套工程等，在《国家电网公司工作动态》上刊登基建类动态交流文章 5 篇。

（杨宝杰）

【"大建设"体系建设】完成"大建设"体系6个方面19项深化建设内容和5项重点建设任务；优化并发布涵盖进度、技术、造价、安全、质量、队伍等12大类业务总计31项业务流程，以及本部层面与发展、运检、调控、财务等专业间83项横向业务需求及界面；试点先行通用制度对接宣贯及全员学考等工作，举办基建专业通用制度知识竞赛；试点完成公司基建系统员工岗位制度体系，将通用制度匹配到岗、分解到人。开展地市公司层面建设队伍对标评价并发布评价结果；完成"大建设"体系成效评估及问题整改，评估成绩进入国家电网公司第一档；推动经研院与监理公司一体化运作，实施经研院对华联监理公司收购工作；组织开展对各属地公司及支撑机构的"大建设"体系成效评估，反馈并督促整改问题28条；组织海淀、大兴、顺义公司及经研院等单位，开展"大建设"体系最佳实践案例推广实施；完成"大建设"体系"五位一体"系统流程及机制框架搭建工作。

（刘守亮）

【基建技术管理】深化应用"两控一优"隧道工法管理模式，降低工程综合投资；落实施工图会检制度，提升施工图准确性，减少设计变更；依托电缆工程设计竞赛，开展大容量电缆的试点应用。编制完成《国家电网公司220~500kV电力隧道通用设计》及《220~500kV城市户内变电站设计规程》。成功实施海淀500kV电缆交接试验，这是目前世界上耐压等级最高、时间最长的交流变频谐振耐压电缆交接试验。推广应用新技术24项，应用于架空线路工程47项、电缆工程12项；220kV马坡送电工程等5项工程列入输电线路节能导线扩大试点工程。获得国家电网公司设计竞赛一等奖1次，二等奖2次；220kV桃园、未来城变电站工程获得国家电网公司优秀设计二等奖，220kV桃园送电工程获得国家电网公司优秀设计三等奖。

（朱占巍）

【技经管理】落实项目建设依法开工要求，完成工程评审123项，110kV及以上初步设计评审按时完成率100%，初步设计质量评价均达到100%；完成初步设计批复80项，工程评审批复率65%。开展7个批次设计施工监理招标，完成设计招标32个标包，电气施工招标101个标包，电气监理招标78个标包。完成输变电工程建设项目施工、监理承包商资信评价工作，促进工程承包商强化合同履约管理。完成工程结算项目31项，其中220kV输变电工程12项，110kV输变电工程19项，编制上报全口径结算报告。

■ 6月3~8日，海淀500kV电缆耐压试验现场。

编制完成《国家电网公司年度造价分析报告（农网篇）》，完成《国家电网公司智能变电站造价分析专题报告》及公司年度造价分析报告。加强对属地公司造价分析管理，编制属地公司造价分析报告，编制地下变电站土建工程等专题造价分析报告。贯彻落实国家电网公司设计变更管理办法，对重大设计变更进行严格审核；加强对工程造价的管控，深入分析2014年输变电工程的设计变更。组织经研院、上海电力设计有限公司完成《国家电网公司220~500kV户内变电站设计规程》的编制。完成"《2014版国网公司工程量计价清单规范》修编"等课题的研究并通过国家电网公司验收。

（张　波）

【"煤改电"工程】落实北京市2013~2017年清洁空气行动计划中"核心区实现无煤化"的工作要求，成立"煤改电"电力配套工程领导小组和工作机构，对东城、西城两个区域实施"煤改电"工程。配套的外电源工程安装开闭器、箱式变压器及柱上变压器215台，新立电杆90基，敷设电缆及架空线176km，安装墙箱、地箱2852台。

■ 10月29日，城区供电公司员工在广安门内大街"煤改电"工程现场吊装变压器。

（陈　伟）

# 农电发展

【农村电网改造升级】编制2014~2020年农网提升行动计划，计划用6年时间，投资150亿元，依托“煤改电”配套电网工程同步提升农网运行和设备水平。110kV层面，新建、扩建变电站57座，改造单线单变站3座、老旧线路55km；35kV层面，新建、扩建变电站15座，改造单线单变站及简易站20座，安排加强网架结构工程16项，升压改造线路275km；10kV及以下层面，安排加强网架结构工程1066项，线路绝缘化改造2493km，配电自动化建设263项，低电压治理工程518项。预计到2020年，农网户均停电时间降至157min，较现状缩短66min，其中平原地区供电可靠率达到99.99%；电压合格率达到99.99%，与城网水平相当。

（刘　昱）

【农电管理】2014年，公司农电系统未发生电网事故，未发生农村地区村民人身触电伤亡事故，农网供电可靠率99.957%，农网综合供电电压合格率99.778%，北京10个远郊区（县）110kV及以下综合线损率6.38%，累计电费回收率100%。

增补供电所食堂经费、劳动防护用品费用、福利机构经费、供电所服务人员标志服等费用，提高农电员工福利和劳保待遇；加大安技防设施投入与管理，对45个技防设施较差的供电所进行大修改造；组织农电人员先进评选活动，探索建立多层次评选体系。对农电服务中存在的突出问题实施整改“销号”管理，重点抓好突出问题专项整治，解决农电人员反映强烈的推诿扯皮、办事难、不方便、服务答复不及时等问题。

（王　诜）

【农电标准化建设】开展乡镇供电所管理提升工程，印发各项规章制度和标准25项；完成供电所同业对标指标体系建设，确定对标指标35项、台账指标27项，提升供电所管理水平。开展乡镇供电所所长、副所长及班组负责人培训，加强思想道德、作风纪律和素质能力建设。加强岗位专业技能培训，根据供电所业务开展需求，有针对性地开展三期乡镇供电所营业窗口服务人员培训和智能电表运维人员培训。建立网络培训学习体系，开展E-learning（在线网络培训）系统试运行工作，使培训不受时间空间限制，有效缓解工学矛盾。

（王　诜）

【农村电采暖】探索新的“以电代煤”模式，在房山区韩村河、石景山区首钢仓储中心公寓楼和石景山区北辛安护理院进行集中式电采暖供暖试点改造，采暖季压减燃煤1.76万t，减少排放$CO_2$约4万t，$SO_2$约150t，氮氧化物约130t。

配合政府相关部门，完成2014年农村地区分散式电采暖改造，涉及海淀、大兴、门头沟、顺义、昌平等11个区县56个村，惠及百姓1.55万户，压减燃煤6.2万t，减少排放$CO_2$ 16万t，$SO_2$ 520t，氮氧化物460t。

（王　诜）

# 企业管理

## 计划与投资管理

【计划管理】固定资产投资完成153.53亿元，新开工110kV及以上线路643km，110kV及以上变电容量723万kVA，售电量完成841.45亿kWh，线损率累计完成6.89%。

优化计划管控机制。全口径分解各项计划指标，逐月发布执行情况；合理安排投资计划，支撑电网迎峰度夏、APEC供电保障、营配调数据深化应用、农村“煤改电”等重点工作。合理编制年度发电量计划，统筹考虑西北、东北热电中心并网发电、相关燃煤电厂退运时序等因素，明确燃气和燃煤电量替代关系，确保地区电网运行安全和公司经济效益。完成北京市委、市政府要求的压减燃气机组发电量方案。推进经济活动分析会解决经营管理问题，形成“加强流动资产管控、提升运营效率”“压降区内燃气机组发电量措施”等多个专题汇报。

（邱吉多）

【投资管理】依托电网联合共建机制，落实外部渠道资金13.57亿元；完成涵盖各专业的全口径项目储备6734项，项目总投资225.97亿元，储备率157%；提前完成2015年度夏（度冬）项目计划编制和下达，共安排385项度夏防汛项目，投入29.65亿元；扩大重大投资项目专项评审范围，组织完成8项输变电工程后评价和39项工程第三方稽查工作。

（邱吉多）

【统计管理】推进完成主、配网规划辅助管理平台，实现主、配网规划数据的全面归集和主、配网规划辅助决策支撑。完成第三次经济普查，定期发布统计快报、月报等，为公司经营管理提供数据支持。

（林立新）

## 人力资源

【综述】加强领导班子和干部队伍建设，组织开展党的群众路线教育实践活动。有序推进干部交流，加强各单位领导班子和本部部门负责人力量。完善干部考核评价，完成干部培训三年规划，严格干部监督，加强干部人事专业工作监督与指导，有序开展人力资源专业各项常态工作。

人力资源同业对标在国家电网公司排名第6位。全口径劳动生产率实现1 109 034元/（人·年），在国家电网公司系统中排名第2，人才当量密度达到1.063 2，在国家电网公司系统中排名第3。

截至年底公司共有全民职工8434人，其中研究生及以上学历1129人、本科学历3619人、专科学历1952人；高级职称1074人、中级职称1636人；技师及以上职业资格3161人、高级工2860人、中级工403人。

（邵晓明　李一鸣　冀　强）

【领导班子和干部队伍建设】本部作风建设。开展“增强两种意识，改进本部作风，全面提升工作水平”主题系列活动，通过作风大讨论、全员轮训、挂职锻炼、优化绩效考核等举措，转变本部干部员工的思想观念、思维模式，改进工作作风，解决突出问题。抓好干部梯队建设，动态调整优化后备干部队伍。落实国家电网公司干部挂职培养锻炼部署，选派优秀年轻干部参加国家电网公司组织的援藏援疆、总部分部、直属单位与网省公司等多项挂职培养锻炼。

干部考核评价。完善干部考评维度，首次开展基层单位党政正职横向测评和工会主席横向测评，基本实现专业横向测评的全覆盖。开展领导干部业绩评价、干部行为反向测评，以及基层单位领导班子和领导干部综合评价，开展基层单位干部选拔任用“一报告、两评议”。

干部培训。举办各级各类培训班20期，政治理论培训1500余人，现职领导干部专业管理培训498人，本部处长培训86人，本部一般管理岗位全员轮训183人，新进本部人员管理岗位适应性培训64人，智能化配电网系统建设专题系列培训2400余人。完成干部培训三年规划，完成全体处级干部、后备干部和本部员工的全员轮训。并组织专题汇报和课题研讨。组织本部与基层单位之间专业管理人员42人进行双向学习（培养）锻炼。

干部监督与管理。贯彻落实中央八项规定，加强领导干部监督，完成领导干部报告个人有关事项；落实中组部和国家电网公司党组统一要求，完成领导干部超职数配备、领导干部在企业和社会团体兼职、领导干部家属移居国外情况统计、各级领导干部参加社会化培训自查及清理整顿，开展领导干部报告个人有关事项等工作。组织完成2014年职务调整的领导干部离任交接，及时下达审计通知书。深化干部考核测评系统应用，开发考核谈话工具，完善测评系统功能；指导基层单位做好中层干部档案管理；制定本部员工档案审核方案，指导完成全部251份本部员工档案审核。

干部人事专业工作监督与指导。对基层单位选人用人工作进行监督，总结分析2013年度选人用人检查情况，按季度发布干部人事专业评价结果。配合完成国家电网公司人力资源专项审计。提升基层人事干部综合素质和业务能力，有针对性地开展基层单位干部人事专业培训，为基层专业人员解读政策要求。

机关人事管理。加强借用、轮训等非本部正式人员的管理，强化与相关部门的工作配合，从借用部门和借出单位两个口径加强人员管控。按月分析本部人员配置情况，统计分析空岗信息。组织公司本部“三集五大”体系建设一般岗位调整人员填写《岗位变更协议书》；组织开展综合服务中心部分空缺岗位公开竞争上岗。推进本部绩效考核，开展季度和年度绩效考核，完成季度和年度绩效考核分析报告。深化ERP-HR系统应用，完成公司本部考勤系统和薪酬系统的开发、测试与试运行工作。完成本部23个部门408人全员绩效管理评价信息材料的填报。

（朱博智　张　鹏　毕春勇　戴志强　马晓艳　张淑国）

**【人才队伍建设】**采取“业绩评价+选拔笔试”的方式，组织开展专业领军人才选拔考试，公司11人当选国家电网公司专业领军人才。完成2014年度专业技术资格认定工作，368人通过认定；完成各类用工人员的后续学历认证工作，877人通过认证；完成27个工种，4167人次职业技能鉴定。

（仝瑞锋）

**【教育培训】**完成各类培训项目1283项，共计98 385人次参加。开展驻厂监造、工程项目建设等专业技术技能人才培训培养，举办国家电网公司2014年配电带电作业资质取证培训，组织转岗人员培训。推进国家电网公司网络大学培训课件开发工作，完成客户代表、市场开拓与业扩报装专业课件的内容编写与脚本审核，完成电动汽车服务专业课件大纲的编写。

开展竞赛调考。组织参加上级单位14项竞赛调考，承办北京市职业技能竞赛送电线路工比赛，荣获第九届全国电力行业职业技能竞赛（500kV变电站值班员）团体第六名、国家电网公司内控知识竞赛团体第三名。

（刘　明）

**【劳动用工管理】**制定公司2014～2018年人力资源及人才发展规划，明确与管理经营型公司相适应的人力资源发展目标，并明确未来五年人力资源工作的重点任务和主要措施。依托内部人力资源市场，组织开展青年员工交流竞聘、人才帮扶、员工借用、业务委托人员转岗转签等工作，全年共实现内部岗位调整5626人次，完成跨单位人员交流配置374人。从公司业务发展实际需要出发，严格入口管控，提高毕业生招聘质量，2014年新进高校毕业生硕士研究生及以上人员占比71%。

（段鹏飞）

**【薪酬管理】**规范薪酬管理，完成公司全口径人工成本调查工作。开展薪酬分配机制建设工作。完成人力资源专项审计和国家审计署的迎检，推进绩效工资制度试点运行。规范福利管理流程，细化分项考核标准。完成福利系统上线运行，通过信息化手段加强人力资源部门对福利费资金支出的审核与监督。

（冯爱玲）

**【绩效管理】**修订所属单位及其企业负责人业绩考核办法，优化指标体系，调整考核职责界面，落实公司年度目标和重点工作任务。细化考核评价标准，完善业绩考核看板制度。实施国家电网公司全员绩效管理系统一线员工考核模块试点工作，开展一线员工绩效结果与薪酬分配挂钩机制建设试点工作。

（戴　泓）

**【社会保险】**实现社会保险和住房公积金全业务链精确化管理，与北京市人力资源和社会保障局相关部门、公积金中心业务数据同步对接，职工可实时查询个人信息变化。印发业务经办指引，提升服务水平。

（李　宝）

【信息化建设】开展人力资源基础信息数据治理工作，从组织信息、员工信息、教育信息三方面细化筛查基础数据，完善缺项数据3.4万条，更正误项数据0.3万条。

（段鹏飞）

【体制机制创新】“五位一体”协同机制基本建成，梳理完善业务流程体系，实现流程与各管理要素的融合。建立典型岗位1593个，识别引用通用流程1030条、非通用流程218条，绘制补充流程20条，完成流程与岗位、制度、技术标准、绩效指标等管理要素的匹配。

业务委托工作。初步形成以市场化为导向的资源配置方式，基本创建委托管理体系。在管理策略上，明确主业单位承担相应的管理、质量、安全等责任，保证业务委托后指挥管理系统不变、工作质量标准不变、管理权责不变；在监管流程上，相关专业部门细化管理标准，明确业务承接单位资质要求；在机构设置上，统一规范组织机构、职责与岗位设置，设立监管班组，明确监管职责，提升核心业务管控能力，增强委托业务监管。

（杜长军）

## 财　务　管　理

【预算管理】① 财力集约化体系全面建成，总结财力集约化建设经验和成效，报送“三集五大”体系建设财务资产管理最佳实践案例57篇。② 严格成本费用管控，落实中央八项规定，从严从紧控制一般性和非生产性支出，严禁可控费用总额超支，加强对会议费、差旅费、业务招待费等重要、敏感性费用的单项控制，严格纳入企业负责人年度业绩考核；对可控成本项目实施预算“双控”，既通过明细项目发布，又通过成本分类逐项下达，严控承诺项目和基金中心的预算。③ 深化标准成本应用，依据国家政策和国家电网公司相关管理规定调整情况，结合公司业务委托工作进展，完成业务委托标准成本体系建设；实施业务委托标准成本管理，统一成本定额，规范列支渠道，提高委托业务成本支出的效率和效益。

（杨　泳）

【会计集中核算】① 落实会计政策管控。梳理分析准则变化对公司经营影响；固化会计政策，在线管理会计科目2643个、会计政策370项，会计处理标准实现高度统一、规范。② 会计基础管理与评价实现重大转变。组织31家会计主体开展规范化评估，朝阳公司等13家公司入选国家电网公司会计基础管理第一批达标单位；编制费用报销手册30份，推进财务规范与业务管理深度融合。③ 推进财务信息平台实时管控。深化应用协同平台，关联业务协同处理率100%；研究部署联网工程，财务数据与审计署监控系统实现在线核对与接入；建成原始凭证电子化系统，集中支付、物资收发货等核心业务凭证信息实现在线共享。

（李克强）

【资金集中管理】① 加强资金筹集与运作。争取国家电网公司内部低成本资金、置换低成本商业银行借款、统筹安排提前还款及延迟借款、签订协定存款协议等资金运作措施，全年实现资金运作效益约1.7亿元。与6家金融机构签订总额70亿元的融资框架合同，拓展融资渠道，保障资金供给。② 提升资金辅助决策能力。分析公司现金流历史数据，总结各项业务资金收支曲线走向规律，建立现金流预测函数，开发资金决策支持模型，辅助现金流预测和融资安排，将年度资金缺口偏差率控制在3%以内。③ 夯实资金管理基础。完成公司13家金融机构29个银行账户的法定代表人变更工作。完善账户数据信息，完成银行账户在线监控数据梳理、治理工作。协调银行提高上门收款服务质量。④ 加强资金信息化管理。完成融资模块上线应用，提高融资管理效率和质量。完成封闭结算上线应用，实现购网电费款项自动化清算。开发统借统还应用功能。实现现金流执行偏差在线监控考核。

（杨艳玲）

【工程资产财务管理】① 建立电网基建工程投资预算管理机制。确立以电网基建工程总投资预算和年度投资预算为内核的投资预算体系，实现工程成本总额控制和过程管理的统一。② 理顺特高压财务管理模式。结合国家电网公司特高压投资安排，对近年来投资主体与建设主体分离的模式进行研究，明确财务管理模式，降低公司工程投资风险。③ 持续深化电网投资能力管理应用。完成公司及16家供电公司两个层面2015年电网投资能力测算工作，尝试从经济效益、投资能力等方面客观评估项目财务可行性，强化工程投资效益引导。④ 完善工程财务薄弱环节治理。规范工程物资的财务核算、资金支付，推动业务部门清仓利库；开展送变电等企业财务管理专项检查，降低企业经营风险。⑤ 调整工程其他费用管控模式。落实工程其他费用分类管理、分项控制要求，强化会议、业务招待等重点敏感费用管控，提高工程其他费用管理标准化水平。⑥ 完成迁改政策争取。梳理35kV及以上电力设施迁改项目竣工投产、结算决算等情况，清理公司递延收益，向国家电网公司争取政策，降低审计风险。⑦ 推进长期挂账在建工程的清理工作。协同多部门对项目情况进行深入分析和沟通，研究项目长期挂账原因，清理金额78 899万元，占待清理挂账总金额的29.7%。

（杨　莉）

【资产产权管理】① 完成35kV及以上输变电资产划转工作。按照公司输变电设备管理责任调整要求，组织开展检修公司和供电公司之间输变电资产划转工作，累计划转资产162.49亿元。② 强化资产精益化管理。以资产全寿命周期管理工作为契机，制定公司资产清查实施方案，清理资产卡片不规范信息。③ 完善用户资产接收工作。协同业务部门以协议签署、卡片建立、价值评估为关键环节，完善工作流程。④ 研究承发包、管道公司运营模式。提出审计检查时容易引起重点关注的事项及有关问题整改意见，形成调研报告，为公司领导决策提供依据。⑤ 推动资产报废闭环管理。协同运检和物资部门理顺资产退运报废、残值回收等环节的职责界面和管理要求，组织开展废旧物资报废评估工作，确保资产报废损失得到弥补。⑥ 土地确权工作。推动专业部门和基层单位开展土地权属的确认工作，实现公司土地登记完成率100%，土地集约化管理成效显著。⑦ 完成年度股权清理。加强统筹组织，与华润置地有限公司就转让华中园公司股权、重新分配董事会人员及清理项目债权债务等问题进行洽谈，完成华中园公司股权投资清理处置。

（杨　莉）

【内控稽核评价】① 内控体系落地实施。通过应用实施风控信息系统、组织年初和年末两次逐步深化的内控评价、编报年度风险管理报告、梳理风险指标体系等各项工作。② 资产经营对标发挥引领作用。通过诊断2013年度资产经营对标成果，制定分解以及年中调整2014年度对标工作目标，组织公司两级典型经验提炼申报，明确资产经营业绩对标及管理对标的工作重点，提高资产经营效益效率。③ 财务稽核管理检查。先后迎接依法治企回头看、审计署专项检查、监事会专项检查等重要的外部检查，做好专业沟通汇报、组织整改，解决一批长期以来存在审计风险的历史遗留问题。

（张娜娜）

【电价税收管理】① 克服政策环境紧张、电价矛盾突出、沟通协调手段有限等困难，促请政府部门完成两次大幅度电价调整，非居民电价上调6分/kWh。② 在全面解决燃气电厂上网电价和脱硝除尘等环保电价矛盾的基础上，疏导电网投资0.5分/kWh，超前疏导未来4年电采暖电价矛盾。③ 积极与各级财政沟通，获得老旧小区改造、顺义新城等34个电网建设项目财政补贴6.56亿元。④ 充分运用国税总局免税政策，协调运检、营销等职能部门，完善用户资产接收流程，年均接收配网资产20亿元，每年为公司贡献折旧资金1.58亿元，补充电网建设资本金来源。

（金　锋　滕仁鹏）

【财会队伍建设】① 内控知识培训和竞赛。组织公司内控知识竞赛，开展为期半年的赛前封闭集训。组队参加国家电网公司2014年内控知识竞赛，获得团体第三名（二等奖）的历史最优成绩。4位参赛选手均进入国家电网公司个人前10名，其中3人获二等奖、1人获一等奖。② 课题研究。公司财务系统全年发表论文80余篇，其中核心期刊3篇。《电网企业内部控制体系的构建与实施》《电网企业资金集约管理的深化应用》均荣获北京市管理创新一等奖，其中《电网企业内部控制体系的构建与实践》被北京市推荐参加国家管理创新成果评审。工程其他费用财务管理荣获国家电网公司华北区域标杆。《电力企业财会队伍建设研究》《电力企业资金集约管理研究》等四篇论文分别获全国电力企业优秀管理论文大赛一、二、三等奖。③ 财务专业“全员学制度、全员考制度”活动。组织构建财务专业核心制度体系和财务专业员工岗位制度体系，编制下发财务专业制度题库，开展国家电网公司通用制度培训，完成全员在线普考，提高财务人员专业素质。

（蒋　平　李林琳）

## 审计管理

【综述】公司两级审计共完成各类项目94项，提出审计建议592条，审计建议采纳率100%。公司审计部、通州公司、昌平公司、检修公司组织实施的5个项目荣获国家电网公司2014年度优秀审计项目；《内部审计增加价值的影响因素分析》荣获中国内审协会优秀论文三等奖，《基于信息化手段应用提升审计监督保障能力的创新与实践》荣获公司2014年度管理创新成果二等奖；6家单位荣获公司2014年度审计工作先进单位，27人荣获公司2014年度审计工作先进个人，16个项目获评公司2014年度优秀审计项目。

（张瑞芳）

【重大迎审迎检】4~7月，完成国家审计署经济责任审计、国家电网公司经济责任审计、人力资源管理专项审计及依法治企检查整改“回头看”等重点迎审、迎检任务。开展风险隐患排查，结合历次内外部审计检查成果，梳理出重大风险隐患57项，针对风险事项约谈提示相关单位42次，化解制约公司规范发展的突出风险隐患。

（张瑞芳）

【依法治企综合检查】4月，按照国家电网公司统一部署，由公司纪委书记张铁恒带队，抽调各专业骨干45人，组成依法治企综合检查组，完成对国网江苏省电力公司、国网国际发展有限公司及中国电力技术装备有限公司的经济责任审计、人力资源管理专项审计及依法治企检查整改“回头看”等重点检查任务。检查组内部建立审计培训、业务访谈、工作例会三项工作机制，严格执行检查成果三级复核制度，确保检查工作有序开展。

（张瑞芳）

【领导干部任期经济责任审计】按照“谁任命、谁审计”的原则，完成12家主业单位、5家公司层面集体企业领导干部离任审计，对任期超过3年的2家主业单位领导干部进行任中审计，突出对重大决策、资金使用及权力运行的监督，促进干部理好财、用好权、履好责。制定经济责任审计指导意见，明确经济责任审计重点，规范审计操作程序，保障了经济责任审计质量。

（张瑞芳）

【工程项目管理审计】组织完成公司附属设施工程专项审计，对工程建设程序、资金使用、资产管理、后续运营的合法合规性进行梳理排查，严控风险，促进增收节支；调查分析管道资产的运营管理情况，服务公司决策；组织完成所属19家单位387项竣工决算项目审计，涉及计划资金64.17亿元；联合营销部门对基层单位营销项目进行抽查审计，重点核查营销项目工程量完成情况。二级审计队伍围绕工程招标、物资管理等领域开展审计监督37项，防范经营管理风险。

（张瑞芳）

【其他专项审计】强化八项规定执行落实审计监督，对公司内部11家具有住宿、餐饮、会议、培训等接待服务功能的宾馆、酒店、培训中心进行专项审计，逐家单位约谈提示风险，并提出整改建议；开展管道公司建设运营情况审计调查，以外部监管风险为导向，对管道资产的运营管理情况进行调查分析，服务公司决策；发挥集体企业资产经营管理平台职责，对华商伟业直属4家企业资产经营和财务收支开展专项审计，对二级单位所属40家集体企业规范经营情况开展自查自纠与现场督查，促进集体企业规范化管理水平的整体提升。

10月16日，公司纪委书记张铁恒针对宾馆、酒店、培训中心等内部场所专项审计发现的问题隐患约谈有关单位。

（张瑞芳）

【审计成果运用】推进内、外部审计检查问题整改落实，加大对重点、难点问题整改的研究推进，梳理出10类24项形成原因复杂、遗留时间长、风险隐患大的重点、难点事项。召开整改协调推进会5次，以议题形式逐项研究，以督办单形式督促落实，一批历史遗留事项得到妥善解决。加大对整改落实过程的跟踪督导力度，累计完成对26家单位的整改督导，对10家单位重点问题进行现场指导，推动各项问题整改销项。对各单位整改质量成效进行评估打分，反馈评估结果，落实问题销项制度，减少存量问题，遏制增量问题。

（张瑞芳）

**【审计“三化”建设】**①审计资源集约化，统筹调配审计资源，采用一次进点、协同审计、成果共用、分别报告的组织方式，提升审计工作效率。坚持上下联动，分4批次统筹调配16名基层审计人员参与各类重要项目，审计资源集约化管控成效突出。②审计手段信息化。实现审计效率的提升和审计质量的全程管控。③审计工作标准化。建立个性化的岗位制度体系名录，促进制度一贯到底、有效落地。规范审计业务操作标准，梳理“五位一体”审计业务流程，为统一审计标准、降低审计风险，提高审计质量提供保障。

（张瑞芳）

## 物 资 管 理

**【计划管理】**统筹安排年度物资采购计划安排，全年共完成采购计划112个批次。重点完成公司海淀500kV输变电工程，菜市口220kV输变电工程，APEC会议配套怀柔北、会都输变电工程，广渠门升压工程等多项重点工程，以及配网协议库存的主要物资采购工作，为公司基建、技改及大修项目提供物资保障。

（申　博）

**【招投标管理】**全年完成集中采购金额76亿元，其中物资采购金额47亿元，非物资采购金额29亿元，累计节约资金2.66亿元。开展远程异地评标，全年邀请外埠专家完成12个招标批次的异地评标工作。加强招标代理机构内部制度建设，制订15个操作规范，确保各项业务规范执行。开展生产检修、科技信息、营销服务、后勤服务等综合服务类的集中采购，涉及职能部门20个，满足服务类采购全覆盖的要求，提高采购效率与效益。在国家电网公司系统内率先开展电商超市化采购，降低采购成本。试点开展电子商务平台在线支付，指导招标代理机构与支付公司合作，为投标人提供在线购买招标文件的支付功能。

（陈　巍）

**【采购合同管理】**全年共完成3163份合同的签订工作。全面应用国家电网公司统一合同文本，实现“合同文本定制化、合同生成自动化”。做到掌控月度现金流，实现年度平衡付款。通过分析月度现金流特点，调节月度现金流，实现年度平衡付款，规避年底的融资和经营风险。

（陈　晨）

**【物资仓储管理】**共完成物资供应计划4305条，涉及金额约28.7亿。加强重点物资履约管理，催缴催运，确保重点工程物资按时到货。优化ERP系统功能模块，实现物资调拨全过程监控理念，实时跟踪调拨物资在系统中的实物状态，确保调拨的准确性及可控性。通过紧急调拨，满足部分重点工程的紧急物资需求，同时盘活项目资金约2.3亿元。

7月11日，西北热电输变电工程项目物资陆续到货。

（高国中）

**【供应商管理】**组织供应商绩效评价8次，涉及1846条目物资。组织完成国家电网公司供应商资质业绩核实工作10批次468条目物资，公司自行组织考察16家供应商。向国家电网公司报送供应商不良行为4次，对供应商进行不良行为处理并公示3次。组织物资公司对供应商大厅进行修缮，提升硬件设备和服务质量。

（刘静斐）

【信息化建设】完成调配中心二期建设，开发应急电力物资储备与调配管理系统，可根据突发应急事故类型做出相应的应急物资需求分析，并生成相应的应急预案，提高应急物资保障的信息化水平和供应效率。

（刘静斐）

【设备抽检及监造管理】健全质量管控工作体系，全年共组织完成对837台变压器、1181km电力电缆等大量物资的检测工作。组织对海淀500kV输变电工程等29个工程项目的变压器、组合电器等6大类物资进行监造，涉及29家供应商，发现问题148项，均要求供应商在设备出厂前整改完毕，保证到货时的设备质量。

■ 10月27日，公司物资部组织专家组到供应商厂家进行现场考察。

（李　静）

【应急物资管理】开发应急电力物资储备与调配管理系统，提高应急物资保障的信息化水平和供应效率。在5月31日晚应对强降雨恶劣天气时，物资部统筹调运物资，保障抢险物资及时到位，共调用架空绝缘导线8.99km、水泥杆100根、全方位自动泛光工作灯20套，为故障抢修、恢复供电提供物资保障。

■ 8月8日，物资公司组织开展防汛应急物资保障演练。

（高国中）

【废旧物资管理】梳理并明确各专业部门在废旧物资管理过程中的职责，理顺废旧物资处置流程。对已批准报废且已移交物资部门的各类废旧物资，由公司统一处置，通过网上竞价进行出售，统一签订出售合同。货物移交时，请监督人员现场参与，确保移交数量。加快废旧物资处置效率，降低废旧物资库容及资金占用。

（高国中）

【物资监察管理】排查和分析物资及招投标领域全流程业务，对重点环节开展专项监察，并将督查工作形成制度化。加强评标专家评价应用，将专家评标工作情况纳入工作绩效考核，对于违反相关规定的评标专家予以通报，对日常评价良好的优秀评标专家在年终进行集中表彰。开展招标从业人员和评标专家的培训和廉洁教育，提高人员素养。

（白晓东）

## 运营监测（控）工作

【运营监测（控）体系建设】深化“三集五大”体系建设，构建以公司运营监测（控）中心、各业务部门及供电公司办公室为主，专业公司办公室为辅，电科院、信通公司提供分析支撑、技术服务及系统运维的省地两级运营监测（控）管理体系。各供电公司每月自主监测分析指标异动情况，提出异动处理建议并督促相关业务部门及时整改，全年各供电公司报送系统功能及数据问题169项，其中确认问题92项，已整改75项，完成自主监测、分析异动信息1336条，异动监测分析能力提升。7月7日，作为国家电网公司试点验收单位，率先通过运营监测（控）中心建设运行工作综合验收。

（姚晓明　赵　飞）

【数据质量】优化数据质量管控流程，落实数据质量管理责任，确保各项指标、每个明细数据均有专人负责，每月定期开展数据质量核查和问题整改。全年共完成10个统推一级系统纵向接口贯通、12个统推二级系统横向接口贯通及3个非统推系统数据接口部署。开展资产全寿命专题监测，建立资产全寿命周期管理指标体系，指标128个，其中一级指标1个、二级指标17个、三级指标110个。全年累计接入指标1521项，其中统推一级指标656项，统推二级指标743项，非统推系统指标122项，接入指标数据3271.67万条，累计接入明细数据1.221亿条，指标及明细数据接入率、及时率、完整率均100%。

（王　雷　赵　飞）

【基础业务】梳理指标需求和阈值规则，对指标需求和阈值规则的调整变更情况进行梳理和分析，涉及指标286项，确定重点监测指标40项，优化47项指标规则及阈值。优化完善异动处理流程，共处理异动信息66 831条，排除误动61 250条，确定业务异动和数据质量异动5581条。全方位开展运营分析工作，完成12期《月度运营动态》。开展外部环境监测分析工作，完成外部环境监测周报38期、月报7期、半年报1期。深化全景展示场景和功能，展现公司年度重点工作目标完成情况，促进各专业把控工作进度。加强监测值班管理，制定《监测值班一日工作标准》，落实人员责任，开展监测值班工作。全年编制监测日报365份、监测周报53份、监测值班日志730份。

（王　雷　赵　飞）

【协同管理】优化协调控制工作流程，完善跟踪、协调、反馈和消除的全过程闭环管理机制，共发出纸质版协调控制工作单128份，办结率100%。编写协调控制报告12期，总结协调控制工作成效。全年共监测110（66）kV及以上输变电工程96项，变电站52座、变电容量1922.40万kVA，主变压器组157项，线路回数205条、线路长度1304.18km，发现3项工程初设批复延期，并协调业务部门及基层单位及时整改。开展营销稽查专题监测分析，分析异动2437条，发现并确认问题840项，完成问题整改666项，取得经济效益17.8万元。累计发现疑似“TV失压、TA断流、日超容、零度户、台区负荷异常、台区电压异常”等异动告警1671条，追补电量328.22万kWh、追补电费266.36万元。

（赵　飞）

## 体制机制创新

【本部机构和职能优化】6月23日，印发《国网北京市电力公司关于成立后勤资源办公室的通知》，明确后勤资源办公室的定位与职责及人员编制。8月8日，下发《国网北京市电力公司关于调整公司本部部分机构职责的通知》，将公司发展策划部负责的电力管道断面审批管理、客户申请10kV及以下电力设施迁改方案审批管理职责调整至运维检修部（政治供电办公室）。

（李　蓉）

【标准化建设】开展公司制度标准一体化平台建设，废止管理标准和工作标准共2699项。全年公司员工共计70余人参与各级别标准编写50余项。

（张　娜）

【管理创新】在电网发展、经营管理、优质服务等方面，营造创新氛围，培育重点项目，打造创新成果精品，发挥示范引领作用。获得省部级以上管理创新奖项33项，连续两年被评为北京市管理创新优秀组织单位。

实施“管理创新示范工程”。明确60项年度重点项目，其中3项入选国家电网公司“重大管理创新示范工程”。集中优势资源，打破传统部门界限、专业壁垒及层级界限，组织开展14项联合创新项目，探索建立管理创新联合实施机制。

启动“管理创新推广应用工程”。选取《基于重要客户供用电保障常态化服务模式　打造电网需求侧管理特色用电服务品牌》《基于空间布局“网格化”配网规划方法》等代表性成果，组织开展交流和推广。制订成果推广应用计划，明确应用项目、范围及方法，探索深化应用方式和手段。创建管理创新成果库，制作培训课件4个，丰富创新成果深化应用载体和渠道，实现成果共享。

完善过程管控机制。建立管理创新专家库，遴选公司专家人才，统一纳入创新专家体系。以动态跟踪、现场指导等方式开展项目督导7次。严控项目实施关键环节、节点，将管理创新项目融入专业管理。

规范评审发布机制。完善初审、专家评审、综合审定“三级审核”机制。细化18项评价指标，统一评审标准和评审方法。以实施背景、主要做法、特色亮点、实施成效等为重点，组织召开成果发布会，集中展示22项年度优秀创新成果。

（刘园园）

【同业对标管理】2014年，公司蝉联国家电网公司年度综合、业绩、管理标杆，安全、财力、建设、配套保障4个专业进入标杆行列。

健全对标管理体系。实施对标工作标准化促进专业管理提升，选取大兴、通州、昌平、顺义、信通公司5家单位开展对标管理体系试点运行，形成《对标工作手册》等四大实用性管理成果，为公司提升基础管理水平提供支撑。

制订公司对标目标和指标提升措施计划。编制公司年度整体对标目标、各专业目标和103项指标目标及针对性指标提升措施计划，将指标阶段性目标、阶段性措施成效一并纳入编制，作为公司全年对标工作指导性文件。

优化内部对标指标体系及评价模型。根据国家电网公司2014版指标体系优化设计公司内部指标体系，指标从127优化为109个。引入基于发展基础评价模型，客观分析供电公司管理成效与其自身发展基础的匹配性。

建立横向协同、纵向贯通专题协调机制。根据国家电网公司季度发布指标数据，梳理未完成年度目标及处于D、E段短板指标，查找问题症结，制定16项重点指标提升行动计划并开展专题协调和动态跟踪。对于专业排名波动较大的供电公司，组织专业团队现场诊断指导。

强化对标典型经验和对标管理知识应用。引导各单位建立两级典型经验管理体系，将典型经验融入对标诊断改进中，编写系列对标培训教材及考试题库。利用内外部专家资源，打造高素质对标团队。

16个供电公司对标工作评价结果如下：

综合标杆：

海淀、城区、朝阳、通州、大兴

业绩标杆：

亦庄、朝阳、通州、海淀、城区

管理标杆：

城区、海淀、朝阳、顺义、大兴

专业标杆：

安全管理：城区、朝阳、海淀

人力管理：海淀、朝阳、城区

财力管理：通州、城区、海淀

物力管理：顺义、门头沟、朝阳

规划管理：城区、通州、海淀

建设管理：顺义、海淀、城区

运行管理：顺义、城区、海淀

检修管理：丰台、海淀、城区

营销管理：海淀、顺义、怀柔

配套保障：大兴、海淀、城区

进步单位：

管理进步单位：怀柔

（陈毛昌）

【全面质量管理QC小组活动】建立QC小组活动全过程管控模式，全年QC小组活动共注册课题147个，年终申报QC成果49项。公司组织QC成果初步评审，入围成果40项。建立重点选题督导模式，采取分区督导、现场督导和一对一指导模式，全年共督导66次，其中分区督导6次、现场督导20次、一对一督导40次。建立QC小组活动外出参赛辅导模式，制定公司参加北京市第64次和第65次质量管理小组成果发表会，2014年全国电力行业QC成果发布会，第八届、第九届和第十届“海洋王”杯全国QC小组成果发表赛的参赛计划，对外展示公司品牌形象。全年共9项QC成果获得国家级奖项，5个小组获全国优秀QC小组称号，2个班组获全国信得过班组称号；获得北京市级奖项4个，北京市优秀质量小组称号11个，北京市质量信得过班组9个；电力行业及国家电网公司级别奖项10个。建立QC成果转化库，完成高表位抄表辅助器（抄表架）、预制式液压人孔盖板、改进型地线钎子首批3项成果转化并投入实际应用。

（张　娜）

## 依　法　治　企

【重大决策法律论证】坚持以《法律风险专报》为载体，分析《劳务派遣暂行规定》等给公司带来的影响。就推进法治企业建设、地下有限空间的管理、诚信体系建设，劳动纠纷防范等提出可操作性建议。深度参与业务委托、公司重大投资等重要事项论证，提供有力支撑。

（任聪颖）

【法律风险防范体系建设】启动工程建设领域法律风险防范体系建设，围绕工程前期、工程建设、竣工验收、工程合同四个模块风险进行风险梳理和措施制定落实，组织公司内、外部专家50余人，对135项涉法疑难问题进行研究论证，形成一批实用体系建设成果。

（刘　颖）

【合同管理】强化合同管理和招投标法律保障，建立“职责明确、责任清晰、违规追责、防控风险”的合同全链条责任管理体系。突出合同承办主体责任，明确审核会签重点，规范各级审核意见，实现合同管理有痕迹、可追溯、能考核。明确对15类违法违规行为的责任追究，定期开展合同管理检查，整改问题，精益化管理水平提升。公司系统签署经济合同18 808件，标的金额343.35亿元，法律审核率100%。完善招标法律保障工作机制，全过程参与批次物资招标保障12次，为招标工作依法合规开展提供保障。

（徐厚华）

【诉讼管理】提升诉讼案件管理价值。规范案件信息报送，实现闭环管理。建立公司周例会通报案件机制，强化各级领导对诉讼案件的重视。组织开展两级典型案例研讨，建立专业部门参与案例研讨机制。启动近3年典型案件汇编。强化起诉案件审批管理，确保案件具备起诉条件。强化案件信息化管理，建立法律纠纷案件查询库。2014年处理法律纠纷案件82起，其中起诉案件24起、应诉案件58起。

（任聪颖）

【普法工作】制定年度普法工作要点，跟踪各单位落实成效。开展“走进中心组”等法律服务专项活动，强化领导干部学法用法。组织基层员工“走进法庭”，强化重点岗位人员普法教育。完善“法治电网”网站功能，发挥法治宣传阵地作用，2014年荣获全国“六五”普法中期先进单位。

（刘　颖）

## 综　合　管　理

【规章制度管理】① 制度体系建设结合国家电网公司管理制度体系框架，优化调整制度立改废计划和时序。累计废止公司层面制度300项、管理标准492项、工作标准2027项，基本构建起与“三集五大”相适应的新型制度体系。② 岗位制度体系建设。依托“三集五大”典型岗位设置，突出通用制度、岗位职责和业务流程，为每名员工量身订做个性化岗位制度体系，将制度建设到岗、落实到人。③ 制度宣贯。开展“全员学制度、全员考制度”活动。开展6期中层干部通用制度脱产培训，对专业管理人员进行制度轮训，1万余名员工通过考试获得上岗资格，制度培训率和员工参考率均为100%。④ 制度全寿命闭环管理。发挥制度委员会作用，定期听取制度执行情况，协调解决执行难题，确定阶段性重点任务。⑤ 实施“开门办制度”，让执行者参与制度建设；开通制度热线，畅通基层信息反馈渠道。建立季度评估和书面报告机制，各专业定期诊断制度自身“健康”状况。⑥ 监督考评。初步建成基层自查、专业检查和综合督导的制度考评模式，对供电公司开展制度执行专项检查，掌握制度在基层的落实情况，按季度编制制度运行评价报告，指导各单位深化制度建设工作。

（楚济祥）

【值班室工作】体系建设。加强行政值班基础管理工作，完成公司行政值班专业岗位制度体系建设，制订公司《行政值班专业工作指南》，完善公司系统行政值班信息化管理，实现了值班一体化平台全流程深化应用；建立公司月度工作例会新机制，加强月度工作例会和周工作例会的组织策划。

运行保障。完成2014年APEC领导人会议、全国“两会”等重大政治活动及重要节假日期间的行政值班保障工作，完成国家电网公司与北京市主要领导会谈，国家电监会吴新雄主席、国务院监事会李东序主席赴公司检查调研等各类公务活动62次。全年共协调和处置各类重大突发事件36件，处理来文来电1868件，受理外出请假手续312件。公司行政值班工作被评为2014年度国家电网公司办公室工作专业标杆。

（崔　征）

**【外事管理】**推进国际合作。全年自行组团1个，为交流团组；参团2个，参加交流团组、参加国际会议各1个。全年公司因公出国（境）共计8人次；接待来自德国、法国、意大利、俄罗斯、澳大利亚等各国电力同行及有关代表团来访交流及站点参观，共计11个团组85人次。外事基础管理。加强制度建设，强化国家电网公司通用制度的贯彻落实，修订公司涉外突发事件应急处置预案；细化交流考察方案，强化团组管理，提高外事服务水平。信息安全。完成电子护照项目二期实施工作，开展因公护照指纹、签名等生物特征信息采集，实现护照的数字管理，确保证件安全。

（陈　林）

**【档案管理】**全年档案馆接收变电站、电力隧道、架空线路及电缆工程档案1323卷；公司收、发文及授权委托经济合同12 046件；会计档案1738卷；人事材料10 855件。完成立卷3841卷，整理授权委托合同1046件，员工档案规范整理、归入人事材料10 855册。全年提供档案利用7255卷，出具证明材料257件，接待215人次。完成国家电网公司档案征集工作。

启动公司档案数字化程序，推进档案数字化建设工作。推广应用国家电网公司档案管理系统离线客户端软件，使纸质档案与电子档案完全相符，完成保障工程项目竣工档案归档工作。参加北京市档案局组织的重点建设项目档案专题培训。

（张辛荣）

**【信访工作】**全年共接待处置来信来访221件。各部门、各单位高度重视信访工作，落实信访责任制，采取有效措施，排查化解矛盾，确保公司职工队伍总体稳定。

（崔　征）

## 机　关　管　理

**【本部建设】**落实《国网北京市电力公司关于在本部开展“增强两种意识，改进本部作风，全面提升工作水平”主题系列活动的通知》，制定下发《国网北京市电力公司机关党委关于开展本部作风建设大讨论系列活动的通知》，以“增强两种意识，改进本部作风，全面提升工作水平”为主题，全员开展本部作风建设大讨论及“我眼中的本部作风”主题征文活动；各部门制定《“增强两种意识，改进本部作风，全面提升工作水平”活动整改措施》共计146项。

（王　岚）

**【党务管理】**完成党的群众路线教育实践活动，8月1~11日，机关各党支部先后召开支委会、专题组织生活会和开展民主评议党员工作。开展“本部支部联基层”活动，引导党员干部深入基层、服务基层。落实“在职党员到社区报到为群众服务”工作要求，机关党委486名党员以组织报到形式，全部到西长安街街道报到。7月31日，机关党委与城区供电公司党委共同到西长安街街道所辖西交民巷、六部口、和平门社区开展共驻共建活动。做好发展党员工作，接收预备党员9名，预备党员转正13名；开展2013~2014年度创先争优先进集体和优秀个人表彰活动，表彰先进党支部8个，优秀个人26名。

（王　岚）

## 后　勤　管　理

**【后勤体系建设】**公司后勤工作贯彻“四个突出，四个提升”发展思路，初步构建“人文后勤、资源后勤、科技后勤、标准后勤”（HRTS）工作体系。将“以人为本”作为公司后勤体系的工作目标，将后勤资源管理作为后勤工作的基础，以网络信息化等先进科技手段提升后勤管理能力，以标准、制度、流程建设保障后勤工作整体提升，引领公司后勤一体化体系建设。

（董　毅　滕　龙　张晓青）

**【房屋、土地资产清理】**利用现有土地确权资料及相关文件政策，推进房屋土地确权工作，全年完成29宗32.68万$m^2$土地和21处2242 $m^2$非生产房屋确权工作。

（苏　喆　张子建）

【重点工程项目建设】完成公司非生产大修项目47项3496万元，非生产技改项目32项3349万元、后勤运维项目6批8845万元的招标、申报、审批工作。完成公司近十处老旧宿舍小区的外墙保温建设任务。推进亦庄第二办公区、八里庄项目等重点工程，对公司项目进行全过程、全方位管控，使公司非生产项目与小型基建专业管理进入国家电网公司标杆行列。

落实国家电网公司通用制度要求，完成小型基建项目19项1.05亿元，非生产大修47项3496万元，非生产技改32项3349万元，后勤运维项目6批8845万元。组织开展亦庄第二办公区工程建设；实施大雁楼宾馆综合环境整治工程，完成APEC会议周边环境整治任务。

（董　毅　马　强　李建成　张子建）

【车辆与交通安全管理】公司全年交通违法率为16%，同比下降2个百分点，未发生负同等及以上责任的重大交通事故，蝉联市“交通安全管理优秀系统”称号。

（武永军　宋安鄂　郭正怀）

【规范办公用房】依法合规，加强后勤基础管理工作。对公司各单位领导干部办公用房使用情况进行清理规范，明确各级领导办公用房面积标准，共调剂办公用房205间、合署办公15间、改造45间，领导干部办公用房面积减少8175 $m^2$，按期完成清理规范工作。

（马　强　武永军　王欣然）

【职工服务保障】组织公司首届健康食堂厨师交流活动。城区、海淀、丰台、物业公司等8家单位参加了为期8个月的厨师交流活动。完成公司40个二级单位体检机构及体检项目的协调、指导；完成公司近万名在职职工体检数据的汇总、分析及公司总检报告。举办三期健康知识讲座，宣传健康理念。集中完成10项老旧宿舍楼保温度冬工程。改善职工工作环境。公司本部及各单位利用办公用房整改腾退出来的房屋，改作会议室、值班室、心理咨询室、阅览室等，建设职工之家，扩展职工工作、健身、学习场所。

（马　强　武永军　滕　龙　张晓青　梁凌琨）

# 安 全 生 产

## 安 全 监 察

**【安全生产大检查】**3月中下旬至5月底，在全公司开展春季安全生产大检查。制定《国网北京市电力公司2014年春季安全生产检查表》，明确七个方面145项检查内容，对各单位春季安全大检查进行督导检查；组织各单位开展秋季安全大检查暨打非治违工作，本着“全覆盖、零容忍、严执法、重实效”的原则，围绕秋检预试、配网改造、APEC供电保障和业务委托等工作重点，集中打击有法不依、有章不循、违法生产等违法违章行为。

（宗晓茜）

**【安全风险管控】**根据《安全生产风险指数管理办法》和《生产作业安全风险管控管理规定》的要求，在数据采集、系统运行、风险定级及管控等方面开展风险指数相关维度分指数周因素和月因素基础数据的采集工作，并在系统中计算生成指数发布单，建立因素采集机制；组织召开安全生产风险指数工作推进会，针对系统上线运行情况提出意见建议，及时整改反馈的问题；组织召开生产作业安全风险会商会，协同相关专业部门共同审核风险定级和管控措施，开展风险管控。

（宗晓茜）

**【安全生产标准化达标评级】**印发《2014年安全生产标准化达标评级工作方案》，制定达标评价工作计划和进度安排，下达标准化达标评级项目资金，安排完成招标等前期准备工作，确定达标评级评审机构，先期开展检修、石景山、通州、顺义公司试点评级。

（宗晓茜）

**【作业现场安全管理】**印发《现场安全管理规范化管理规定》，组织各类现场的工作负责人在工作开始前自查，同时为各级检查人员提供标准化的检查依据。完善不同类型作业现场安全规范化管理指导意见，补充完善配网现场作业安全规范化管理内容，形成完整的安全管理标准化体系。印发《领导干部和管理人员生产现场到岗到位管理规定》，明确各级领导干部和管理人员工作职责和把关标准，公司和各单位巡检组将各单位到岗到位情况纳入巡检内容进行重点通报。

（宗晓茜）

**【安全生产月活动】**印发《关于开展2014年安全生产月活动的通知》，围绕“强化红线意识、促进安全发展”的活动主题制订活动方案，开展有限空间作业大比武、百名安全助理现场行、情景剧排演、安全警句征集等17项专项活动。

（宗晓茜）

**【安全教育培训】**开展变电、线路和配电《安规》宣贯培训，共计1013人参加培训。春检预试开始前，组织21个生产单位5543名和479支外协施工单位3589名关键岗位人员进行《安规》普考。公司统一发放安全技能信息卡，落实持证上岗要求；对经补考仍不及格的关键岗位人员，取消其担任关键岗位资格。秋检预试开始前，开展秋检预试《安规》普考，采取分专业分散考试的方式，公司统一组织出题，培训中心统一组织监考和试卷批阅，共有3360名关键岗位生产人员和2810名外协施工人员进行《安规》普考。组织各单位安全监督专业人员、巡检工作人员就人员安全技能信息系统、移动巡检PDA设备的应用、输变配电及有限空间作业现场检查要点、常见违章情况进行专项培训。以电视电话会形式开展工程承发包、业务外包、业务委托安全管理规定及安全生产风险指数系统应用、新《安全生产法》的专题培训。

（宗晓茜）

**【安全管理过程评价】**修订并印发《国网北京市电力公司安全管理过程评价规则》，对各有关单位的安全管理工作进行客观、全面和公平的评价，评价结果通过安全质量月报进行发布。

（宗晓茜）

**【安全审计】**公司组织专家组，采取审阅文件资料，现场核查，与相关人员沟通、询问等方式，对各基层单位开展全面安全审计和安全质量专家评估工作；按照集体企业安全管理工作计划，对集体企业和相关施工企业开展安全质量评估和安全定级，完善企业资质、项目、违章等基础数据；依据安全事件和违章情况，制订差异化的集体企业安全审计方案，完善审计标准，实现集体企业与主业安全管理同质化。

（宗晓茜）

**【反违章工作】**制定现场违章判定标准，规范两级巡检日常管理，加大反违章工作力度。在开展日常巡检的同时，重点检查规章制度落实情况，实现从查禁现场违章到查禁管理违章的延伸。梳理外包单位现场违章情况，发布外包单位违章通报，对列入“负面清单”的外包单位实行约谈、“三停”、整改、验收再复工，对重点关注的外包单位开展监督检查，实施巡检全覆盖。

（宗晓茜）

**【安全“双准入”管理】**依托外包单位资质审核、外包单位关键岗位人员安全准入考试，将外包单位安全管理情况纳入公司层面统一管理。将系统内安全事故转发至外包单位，监督其组织学习；依据现场安全事件情况、违章情况，动态调整关键岗位人员的安全技能等级和作业资格。将承发包系统、人员技能信息系统合并，开发安全管理“双准入”（开展作业的施工企业和现场作业的人员必须实行安全准入）系统，依托“双准入”系统强化对生产、建设、业扩等各类外包单位和人员的安全管控。

（宗晓茜）

**【安全隐患排查治理】**修订并印发《国网北京市电力公司安全隐患排查治理实施细则》，建立两个闭环管理机制，细化“一单、三档、一表”管理规范。印发《安全生产隐患排查标准》，修编930项隐患标准，补充十八项反措、安全性评价要求、隐患范例等重点内容，促进排查工作规范化。编制《安全生产隐患管控措施标准》，为规范开展隐患管控提供指导。梳理22项年度隐患专项排查计划，组织开展粉（煤）尘安全隐患、调度通信大楼供电和消防安全隐患排查治理和督查工作，结合国网宁夏、甘肃电力公司等停电事件，开展直流系统、电网等隐患排查治理。印发APEC保电隐患排查治理方案及计划，组织开展重点站线隐患排查治理。组织第三方专家，对各单位“一站、一线、一缆”设备开展专家排查，累计新排查隐患78项。依照隐患实施细则，分两批对各单位进行隐患排查治理管理督查，累计发现问题56项。依托电科院建立隐患工作日常巡查组，累计发现问题281项。建立周通报制度，编发《隐患排查治理工作周报》35期。依托信通公司开展隐患管理信息系统建设，开发排查闭环、治理闭环、工作评价三个功能模块，实现系统试运行。下发《隐患排查治理口袋书》，方便一线员工学习。

（宗晓茜）

■ 1月18日，平谷公司工作人员在夏各庄变电站进行安全操作。
（安晓静　摄）

**【质量监督管控工作】**组织各级质量管理人员开展3次质量事件管理培训，并开展质量事件专题分析，全年公司各单位通过质量监督系统报送质量事件78件。组织开展电力安全工器具专项质量监督，发现问题32项，督促专业部门及单位开展整改工作。组织开展配电变压器及电力电缆质量督查，配电变压器检测19批次、442台，检测合格率100%；电力电缆抽检43批次、341卷/根、总长552.47km，发现问题3卷/根，检测合格率99.12%。组织开展供电服务及电能质量专项督查工作，明确供电服务“十项承诺”落实、故障报修到达、客服投诉处理等督查要点，完成各单位自查、公司专项督查各阶段工作。

（宗晓茜）

**【电能质量监测系统】**通过国家电网公司实用化验收。会同营销部组织各单位核查已安装的采集终端数据上传情况及问题，提高具备供电停电事件自动采集装置的覆盖率。推进基础台账数据的对应和核查，城市范围内营销用户台账对应率95.75%、调度台账对应率99.01%、生产管理系统台账对应率99.31%。成立数据质量核查组，对各单位可靠性数据进行专项检查，完成国家电网公司电能质量在线监测系统专项督查，并根据督查问题，开展整改工作。针对可靠性管理人员开展4次培训。截至11月底，城市供电可靠率99.986%，同比提高0.001个百分点；农网供电可靠率99.953%，同比提高0.026个百分点；电网系统可靠率99.17%。完善输变电运行事件校核规则，规范供电可靠性事件数据上传工作。按照国家电网公司43项实用化验收指标，做好资料收集及上报，11月通过国家电网公司电能质量监测系统集中验收。

（宗晓茜）

【资产全寿命周期管理体系建设】成立体系建设组织机构，对25项管理要求及新增的7项资产管理业务，明确常态管理的专业部门。下发372项诊断调研问卷，编制体系建设方案，召开工作会126次，印发周通报36期。进行“端到端”“三流合一”设计，形成三级业务流程613项、“端到端”业务流程165项；编制资产管理手册，以及资产“现状评价”“目标”等程序文件22项；编制资产管理策略28项，明确各业务环节的规范要求。制订包括一级综合SEC指标、二级17项关键绩效指标、三级110项业务执行指标在内的资产管理监测指标体系。采用骨干集中培训、“一对一”访谈等方式，开展各类培训102次，下发培训课件13 000余份。组织体系建设“回头看”，改进资产管理要求24项，细化管理流程31项，管理措施51项，梳理完善体系过程文档436项。组织17个部门、海淀公司、检修分公司开展正式评价验收迎检工作，组织基建工程、技改工程、业扩工程项目计划实施情况检查，完成国有资产管理各项要求的现场规范验证，通过国家电网公司正式评价验收。

（宗晓茜）

【应急培训】印发《应急工作手册》《应急制度汇编》和《应急预案汇编》，组织领导干部、管理人员和应急救援队伍400余人开展应急理论培训工作，确保各层级人员掌握应急工作流程。由应急抢修中心担任教练团队，组织各单位开展防汛度夏、度冬应急技能的培训工作，并对各单位培训效果进行评价，全年分两次组织20家单位215人参加技能培训工作。针对APEC供电保障和迎峰度冬工作，组织重点保障责任单位80余人开展野外拉练工作，培训野外救援技能。

（宗晓茜）

【应急演练】针对春节供电保障、防汛度夏、APEC会议供电保障等重点工作组织开展3次应急演练周活动，共计开展应急演练158场（次），3780人次参加。公司层面共计组织应急联合演练6次，其中邀请市政府相关部门参加演练3次。公司及各单位对应急指挥中心、供电所视频系统以及应急救援队伍所使用的特种装备、通信装备等进行综合测试；通过采用有脚本和无脚本相结合的方式，检验公司及各单位对应急预案的掌握情况和应对突发事件时的协同配合能力。

（宗晓茜）

【应急预案体系建设】修订并下发《预警应急响应工作细则》《突发事件应急响应工作细则》，修订并发布公司各专业应急专项预案26项。按照“一站一案、一线一案和一事一案”的原则，制订并下发变电站、输电线路、电缆线路和配电站室现场处置方案模板，组织各单位开展编制工作，实现公司、二级单位和生产现场之间预案有效衔接。编制10个专业的应急响应工作卡，明确各专业应急响应工作内容和标准，提高突发事件处置效率，提升公司应急响应工作水平。

（宗晓茜）

【应急能力评估】制定公司应急能力评估标准，委托电科院聘请公司内、外部具有应急管理和电力生产经验的专家组成专家团队，对公司20个基层单位分两批开展应急能力评估工作，突出对应急工作制度落实情况的检查。编制评估总结报告，要求各单位针对问题明确整改计划和责任人，实现对应急工作的闭环管理。

（宗晓茜）

【应急协调联动】为完善应急资源，健全系统内、外部协调联动机制。与国网天津、冀北电力公司按照《应急救援协调联动合作协议》，开展座谈交流活动，明确应急联合培训、应急联合演练及应急救援协调联动机制建设等2014年应急协调联动重点工作内容。8月13日，在北京南湖公园，组织3方参与的应急培训演练工作。与北京市公安局消防局签订应急合作协议，建立应急协调联动机制，共建应急培训基地，共享应急资源和突发事件信息，提高应急处置的工作效率。配合市发改委开展大面积停电情景构建工作，模拟大面积停电情景，细化处置流程和内容，磨合与政府部门间的协调联动机制。

（宗晓茜）

【应急决策支撑】制订应急指挥中心优化工程设计方案，在不影响应急指挥中心使用的前提下，细化施工方案和施工计划，完成公司应急指挥中心的改造工作。组织对800M、3G单兵、超短波对讲等应急通信装备开展突击测试工作，检验各单位应急通信装备的使用情况，并对测试情况进行评价。完善应急指挥系统功能，建设气象观测跟踪模块，实时掌握气象情况，为突发事件处置提供应急决策支撑。

（宗晓茜）

## 生　产　管　理

**【综述】**推进“大检修”体系高效运行。强化全过程技术监督，发挥状态评价中心作用，扩大设备工厂化、专业化、轮换式检修范围，推动运维一体化建设，提高检修质量和运维效率。开展配网故障分析，消除相关线路存在的隐患，强化运维责任落实。开展低压报修、停电投诉、重过载配电变压器日分析，利用信息平台发现跟踪问题，坚持整改效果。深化以带电监测为核心的状态检修工作，提升设备状态评价质量和应用水平。深化政治供电核心区建设，及时了解客户内部用电信息，设立专门应急保障队伍，提升核心区供电保障和差异化服务水平。

（江　阳）

**【“大检修”体系深化应用】**以“大检修”体系质量评价为抓手，统筹推进重点工作任务。组织开展“大检修”体系建设工作调研，开展“三集五大”体系建设成效评估及“大检修”体系专业评估，确保建设方案各项要求全面落实。

建立运检专业规章制度体系，对接32项国家电网公司通用制度，补充53项制度形成运检专业核心制度。明确运检专业规章制度体系典型员工岗位58个、典型生产单元11个，对接国家电网公司通用流程78项，补充、完善各项制度流程11项。

（江　阳）

**【规章制度建设】**受国家电网公司总部委托编制完成国家电网公司运检通用制度4项，配合编制完成国家电网公司通用制度2项；对国家电网公司39项运检专业通用制度反馈意见80余条；完成对39项国家电网公司通用制度解读，宣贯执行32项国家电网公司通用制度；同步开展公司运检专业现行规章制度梳理，废止公司运检专业规章制度46项，发布运检专业现行有效规章制度53项。对丰台、海淀、顺义和密云等供电公司开展制度管理考核评价，对基层单位关于管理制度执行问题进行书面解释和答疑。

建立员工岗位制度体系。明确运检专业规章制度体系管理岗位及典型员工岗位范围［包括公司运检部27个典型管理岗位、23个供电公司（检修分公司）运检专业典型员工岗位和11个典型生产班组单元、电科院设备状态评价中心］；开展专业核心制度及典型岗位的分解匹配，将专业核心制度分解到岗、对应到人。

开展运检专业全员制度普考培训。组织通用制度电视电话会议培训。各项制度培训率100%，专业人员参与率100%。开展运检专业制度普考调考，编制运检制度考试题库800道，变电、输电、电缆、配电4个专业3431人参加运检专业制度普考，平均得分率98.1%。

（江　阳）

**【设备管理】**发布《标准化线路示范段建设方案》，完成20条输电线路、275基杆塔标准化治理工作；推行通道属地化运维，明确职责标准，制定差异化管控措施，逐级落实管理责任；发布《架空输电线路倒塔断线隐患排查工作方案》，组织专项排查，发现消除200项倒塔断线安全隐患；发布《国网北京市电力公司断面管理办法》，加强电缆及通道管理。

开展变电站精益化整治自评价，规范变电站提示卡制作安装；发布智能变电站运行管理规范，组织智能机器人推广应用；开展综合检修，按照“年编制、月核准、周协调、日管控”的工作流程，以回路为切入点，优化生产计划管理，强化“逢停必试、逢停必传、逢停必检、逢停必扫、逢停必修”的意识，减少电网风险；成立专家组，结合计划检修工作现场督促检查各单位运维管理情况。

（江　阳）

**【状态检修工作】**完善设备评估标准。修订完善各类设备评价标准，增加和细化运行、检修及专业管理措施，完善21项输变电设备评价标准，开展各专业月度评价48项、专项评价11项。

提升状态检测管理。加强过程管控，共计完成检测工作114 076件，发现并处理设备缺陷和隐患123例。针对断路器机械特性在线检测问题，进行相关研究及试验工作，并在变电站应用。

推进技术监督工作。明确49项重点技术监督工作。对25个单位进行17项技术监督专项检查，强化技术监督预、告警和设备家族缺陷发布及整改，发布一次设备告（预）警单9项，对相关整改情况进行跟踪，做到技术监督告警工作闭环管控。

（江　阳）

**【生产运行管理】**通道属地化运维。明确通道运维管理职责和标准，细化线下隐患定级、管控措施及评价考核等内容。6月1日，全面施行输电线路属地化管理。针对树线矛盾较为突出的问题，联系市园林绿化局，协商制定《国网北京市电力公司、北京市园林绿化局树线安全管理框架合作协议》。梳理解决通道运维属地化交接中的各项问题，完善信息平台建设。邀请《人民日报》、新华社、《北京日报》、北京电视台、北京广播电台等十多家中央及市属媒体对公司输电线路迎峰度夏管控措施落实、无人机巡视、线路标准化建设、环境隐患现场管控等内容进行系列报道，对朝阳、昌平、海淀地区严重危及线路运行的环境隐患现场在媒体上曝光。

输电线路精益化管理。制订五年治理计划，力争五年内线路标准化率100%。发布《标准化线路示范段建设方案》，指导各运维单位开展标准化线路治理工作。针对增量线路，要求新（改、扩）建线路落实公司标准化线路要求，不符合规定的一律不予验收。全年完成369条3540km线路的标准化治理，占公司线路总数的41%，其中建成66条531km示范段。提高线路本体、基础、标志标识等附属设施规范化水平，完善标准化工艺导则和线路图册。组织各单位逐条线路梳理设备健康水平和运行环境，制订差异化巡视要求，发布公司2014年架空输电线路状态巡视周期。

变电站精益化管理。组织开展变电站精益化整治自评价工作，完成国家电网公司2014年变电站精益化迎检工作；开展公司17家生产单位159座变电站精益化创建检查工作，完成388座变电站操作、检修和巡视提示卡制作安装；成立公司运维管理评价专家组，对37个变电站检修现场进行督促，剖析各单位变电运维管理工作落实情况。发布智能变电站运行管理规范。组织完成14台变电站智能机器人的推广应用，使智能机器人的巡视应用覆盖所有220kV及以上室外变电站。

■ 9月2日，平谷公司工作人员在海河110kV变电站内对设备进行检修维护。（李苏娜　摄）

隐患排查治理。重点对APEC保电设备、西北热电工程、沈高组合电器、ABB断路器、设备线夹、液压（气动）机构、组合电器防爆装置等隐患进行专项排查，针对发现的159项问题制订专项整改措施和计划；开展直流设备的专项隐患排查工作，针对发现的696项直流系统隐患，分类逐条制订整改原则，并建立隐患库，督促各单位按时完成隐患治理。加强缺陷管理，全年完成输电线路917.53km、3082基杆塔的检修工作，消除缺陷3748项，其中严重及以上缺陷758项。

防污闪、防雷害。统筹现场污秽度测试，优化调整监测方案；组织开展复合绝缘子避雷器评估分析工作，印发《复合绝缘子、避雷器抽检工作方案及抽检计划》，明确抽检原则、抽检计划及抽检工作要求。开展复合绝缘子检测评估350支，开展避雷器抽检42支，共发现7批次复合绝缘子芯棒耐酸性存在问题，涉及同批次同厂家复合绝缘子1684支，约占复合绝缘子总量的3%，更换工作已列入2015年大检项目。

（江　阳）

**【技术监督管理】**落实技术监督年度重点计划。年初印发《2014年技术监督工作计划》，明确49项重点技术监督工作；按季度发布技术监督重点工作完成情况通报，对技术监督工作进行点评；9~11月，组织开展技术监督专项检查工作，成立专家检查组，分别对16个供电公司、检修分公司等25个单位技术监督基础管理、全过程技术监督、专业技术监督、技术监督告（预）警等工作开展情况进行现场检查。

制度培训。编写《国家电网公司环境保护技术监督规定》和《国网公司国家电网物资质量管理办法》等3项技术监督通用制度；组织开展《国家电网公司技术监督规定》《国家电网公司环境保护技术监督规定》的和《国家电网公司电网设备技术监督导则》的宣贯培训；编写《交流高压开关设备技术监督导则》等11项技术标准、《国家电网公司技术监督工作考评指导意见（试行）》和《国家电网公司技术监督告（预）警工作管理指导意见（试行）》。

现场检查。印发《2014年十八项反措专项技术监督工作方案》，分基层单位自查、公司专家组检查、整改提高三个阶段查找公司专业工作中的十八项反措隐患，发现隐患255项，并反馈被查单位，明确责任主体和完成期限；组织电科院对发现的问题进行分类汇总和分析评价，查找公司在十八项反措执行中的薄弱环节。

预告警机制。发布《110kV海鶺落变电站10kV绝缘母线屏蔽筒缺陷》等9项技术监督告警单，各单位对告警单反映出的问题进行排查并上报反馈单，组织电科院跟踪相关整改情况，实现技术监督告警工作的闭环管控。

专项监督。针对配网建设工程，规范物资抽检计划执行、物资检测标准、物资采购需求填报和物资到货验收管理；加强电科院物资检测能力建设。组织开展近三年存在安装质量问题的配网电缆接头专项技术监督，对2011～2013年解体局部放电超标和故障配网电缆接头的安装质量进行统计分析，并进行通报，监督相关部门和单位做好整改。

（江　阳）

【技术改造与大修管理】运检业务委托。完成委托运检业务的初审工作。编制运检业务实施模式意见和运检业务清单，组织各单位确定运检业务实施模式，完成运检业务委托审批工作。

运检项目调度。组织月度例会，发布月度通报，促进生产技改大修项目实施，确保年度计划完成。截至11月底，完成扩展性改造项目审核746项、可研批复738项、项目核准738项；生产技改入账资金24 730万元，资金完成63.79%；生产大修入账资金22 179万元，资金完成77.21%。

项目储备。以经研院为支撑，完成2015年技改大修项目储备和计划编制工作。884项技术改造（43 055.5万元）、82项生产大修（31 603万元）纳入2015年生产技改大修计划。

（江　阳）

【配网管理】配网建设改造标准化。重点从优化电网结构出发，解决配电网互倒互带能力，加快对高损耗变压器、油断路器、油纸电缆等设备的改造更换，加快完成对重载配电变压器分、换装。通过各类网架建设类项目实施，核心区电缆网双环网增至45个，市区“$N-1$”电缆比例达99.7%，市区10kV配电网架空线路联络率、绝缘化率和断路器无油化率均为100%。编制完成《配电网建设改造原则》等5项配网典设、设备选型原则，组织两期配网典型设计和设备选型集中培训，参训人员500余人。建设东管头智能配电网示范培训基地。集中治理“低电压”“过负荷”问题。

不停电作业质量管理。扩充标准化作业指导书，协调多部门计划采购不停电作业装备，通过提高装备及工器具管理水平，提升带电作业能力。截至11月，10kV不停电作业次数累计12 166次。

配电自动化建设。明确配电自动化建设改造相关技术原则，完成16家供电公司的五项二期工程、五项新建项目等配电自动化项目可研评审。编制配电自动化设备分工管理规定，依托电科院开展配电自动化技术人员理论及实操培训，共240人次。在城区公司建立配电自动化设备运行工况评价体系，开展配电自动化状态操作。

营配贯通数据核查与采录。在丰台、朝阳、大兴等公司组织试点工作，编制发布标准规范，组织开展3期共600余人次的采录培训。建立营配贯通问题处理机制，开展工作调度，解决录入工作中存在问题。截至11月，公司已完成台区采录36 758台，台区采录率73.78%；已完成台区贯通3702台，台区贯通率13.62%。

■ 12月，东管头配网自动化实训基地在开展配网改造工艺培训。

（江　阳）

【防汛工作】梳理2014年防汛重要用户198户，开展防汛隐患排查工作，排查防汛重要客户隐患408项，公司设备防汛隐患227项。公司下达防汛相关大修技改项目82项。完善防汛管理信息平台统计分析功能，初步实现气象预警、灾情信息、防汛重要设施、抢修队伍、物资和装备、防汛隐患等信息综合展示功能。与政府主管部门和公司相关单位建立定期沟通机制。开展防汛督导检查，检查发现问题47项，并组织开展后评估工作进行复查督导。

（江　阳）

【政治供电】全年完成政治供电任务153项，其中特级政治供电任务2项，一级政治供电任务43项，二级政治供电任务32项，三级政治供电任务76项，累计保电天数279天。做好全国两会、十八届四中全会及APEC会议供电保障工作，建立保电双周例会和工作专报制度，召开推进会20次、编发各类专报46

期，累计制订“两案、一标准、一计划”和各类保障手册45件，共120余万字。7月7日，完成中国人民抗日战争纪念馆隆重纪念全民族抗战爆发77周年保电任务。在保电中首次应用自主研发的大容量移动式静态转换开关装置，实现活动场所的高可靠不间断供电。9月30日，完成中国首个“烈士纪念日”向人民英雄敬献花篮仪式保电任务。10月24日，我国自行研制的探月工程三期再入返回飞行试验器在西昌卫星发射中心升空。公司按照一级保障任务标准，周密组织，完成此次发射任务的供电保障工作。确保北京市“两会”、全国“两会”、APEC系列会议等重要活动及党中央、国务院重要会议等政治供电任务，实现“零差错、零闪动、零投诉”的保电目标。

■ 11月10日，公司保电人员在APEC水立方欢迎晚宴现场检查设备。

（江　阳）

## 保卫工作

【电力设施保护】在环境复杂区段、重要高速路段和APEC重点线路安装“高压电危险”宣传警示牌，全年安装60套；在FM103.9和FM87.6频段，宣传、普及电力设施保护知识。以“安全月”电力设施保护工作宣传为重点，结合“5·12”防灾减灾宣传月和6月全国“安全生产月”，组织各单位开展宣传活动36次，发放5类宣传材料及宣传品49 000余份。监督各专业职能部门开展各专业电力设施保护工作，从规范隐患台账管理到强化护线队管理，确保公司全年外力故障呈现下降趋势，外力破坏事件得到有效遏制。

（宗晓茜）

【消防安全管理】完成2014年度除夕至元宵节期间的各项烟花爆竹火灾防控工作，实现“零火情”的防控目标。向各单位发放烟花爆竹宣传海报4800张、宣传信800封。组织5007人对禁放点进行看护，看护期间发现并制止危险燃放行为184次。开展冬、春季火灾防控工作，在“两节”“两会”及清明节、森林防火期、冬季防火等重点时段，落实责任，严防死守，强化火灾事故的预防，确保公司消防安全形势稳定。监督各专业职能部门开展消防技防设施自评价、第三方检测评估等工作，强化对消防技防设施的评价。

（宗晓茜）

【政治供电安保工作】完成全年各项供电保障任务，开展安保防恐预防工作，下发工作通知14个，制订手册5本，组织召开会议9个，组织各单位开展安保防恐演习40余次，制订方案和标准30余个。组织召开“APEC供电保障安保誓师大会”，会议期间新增160人安保突击队，分48个部位对APEC特一级直供架空线路进行24h值守；累计现场稽查70余站次、工业电视检查1050余次和电话抽查540条次390人次，每日发布《保卫稽查工作日报》。

（宗晓茜）

# 电网运行与电力市场

## 电力供需形势

**【2014年电力供需形势分析】**全社会用电量累计完成937.05亿kWh，同比增长2.62%。其中，第一产业用电量累计完成18.56亿kWh，同比下降0.06%；第二产业用电量累计完成335.29亿kWh，同比增长0.21%；第三产业用电量累计完成413.93亿kWh，同比增长2.73%；城乡居民生活用电量累计完成169.26亿kWh，同比增长7.79%。

7月29日11时29分，北京电网最大瞬时负荷1762.3万kW，同比下降0.77%。最大负荷平均值为1289.5万kW，同比增长2.26%。高峰负荷时刻，北京地区电厂出力596.9万kW，外网联络线受电1165.4万kW，外受电比例66.13%。

截至12月底，北京地区全口径发电设备容量1100.05万kW，其中：公用电厂1071.91万kW，包括华北分中心调度的抽水蓄能电站发电设备容量80万kW，北京电网调度的发电设备容量991.91万kW；非统调发电设备容量28.14万kW。北京电网公用电厂发电量完成349.21亿kWh，公用电厂发电设备利用小时数为4118h，同比下降197h。

电力供需形势。电网供需总体平衡，受季节性气候影响，个别月份出现供需矛盾；北京电网整体为受端电网，需参加京津唐电网统一平衡；北京电网是典型的城市电网，峰谷差较大，第三产业用电比重较大，其用电情况变化对电网整体影响较大。

（佘　妍）

**【2015年电力供需形势预测】**2015年，大气污染治理仍将是政府的重点工作。地区经济将在调结构、稳增长的前提下保持平稳增长，经济结构日趋合理，但存在众多不确定因素，同时考虑用户自发自用电量的影响，预测2015年全社会用电量为962亿kWh，同比增长2.67%，与2014年增速基本持平。

电力负荷预测。根据近年来统调最大负荷的增长规律，并综合考虑影响负荷增长的各种主要因素，预计2015年调度口径最大整点负荷预测值为1850万kWh，同比增长6.65%。

电力供需形势预测。预计2015年新增装机容量15.5万kW，其中，风电新增装机5万kW；其他发电装机新增10.5万kW。2015年，退役石景山电厂88万kW，一热电厂40万kW，共计128万kW。预计2015年末北京电网装机容量为972.5万kW，北京电网区内电力供应能力逐步增强。外受电方面，2015年，北京将继续保持10个通道、20回线路与外网联络，外受电能力能够满足负荷增长。预计2015年北京电力供应充足。

（张　瀛）

## 电网调度运行

**【电网概况】**截至年底，北京地区共有发电厂27座，发电机组182台，总装机容量10 720MW，其中：火电厂13（含燃气）座，发电机组46台，装机容量9422MW；水电厂（含抽水蓄能）6座，发电机组18台，装机容量1013MW；风电厂1座，发电机组100台，装机容量150MW；垃圾、沼气及核电厂7座，发电机组18台，装机容量135MW。110kV及以上变电站454座，变压器1123台，变电容量105 300.9MVA。110kV及以上架空线路545条，共6663.4km；110kV及以上电缆线路871条，共1720.9km。

年内，华北500kV主网八横三纵通道中，西电东送八横中四个通道、三纵中一纵为北京电网外受电通道。北京电网500kV层面由9座变电站形成扩大双环网结构，西北部和南部分别外扩至张家口和河北地区，通过500kV 10个通道20回线路与外网联络，为北京电网3/4的负荷提供外送电源支撑；220kV层面由7座500kV变电站的220kV母联断路器作为分区点，形成昌城、城顺朝、朝顺通、通安兴、兴房门、门海昌6个相对独立的供电分区，各分区之间通过联络线互为备用；110kV及以下电网除并网线路外，全部开环运行，形成辐射状电网覆盖全市。

（王　卫）

**【“大运行”体系建设】**1~6月，按照《国网北京市电力公司“大运行”体系全面建设方案》部署，完成配网抢修指挥组织机构调整和人员配置，在市、地两级调度设立配网抢修指挥管理岗，地调设置配网抢修指挥班（生产值班室），人员配置均满足7×24h倒班要求；规范配网调控管理，实现配网抢修工作跨专业有效协同，完成公司配网抢修指挥平台建设；完善调控一体化建设，开展断路器常态化操作，按计划开展设备检修远方操作，创新开展集中监控范围内设备状态操作，逐步扩大二次设备的远方操作范围；梳理并明确输变电设备在线监测信息监视内容、监视标准及告警信息规范，在智能电网调度技术支持系统中完成输变电在线监测主站应用模块建设；加强综合智能分析与告警、在线安全稳定分析、调度计划及安全校核功能的应用；完成智能电网调度技术支持系统基础平台及核心功能建设并切主运行，完成配电网接线图标准化和电子化应用，完成OMS重点业务流程建设工作，完成SOP核心业务流程深化应用，完成OMS 2.0技术平台框架升级、基础数据完善、业务流程拓展，加快调度数据网络骨干网建设以及市地两级内网安全监控模块建设；规范变电站集中监控接入许可管理，建立北京电网运行故障响应管理工作机制；开展监控信息规范整治工作，完善一、二次监控设备台账，建立监控运行、运维单位、专业管理之间的监控信息流转及会商工作机制，实现集中监控缺陷及异常信息的差异化管控。

8月8日，编制完成《国网北京市电力公司“大运行”体系全面建设自评估报告》并上报国家电力调度控制中心。《省市级电网调控一体化的安全管理》创新成果入围全国电力行业企业管理创新五年经典案例，并荣获一等奖；《具有首都特色的主配网停电计划管理体系构建与应用》管理创新成果荣获第29届北京市企业管理现代化创新成果一等奖；“‘六方位’管控实现立体式‘大运行’安全管理”以及“完善技术支撑手段，推进市地两级设备监控信息分析及会商工作”两项大运行最佳实践入选国家电力调度控制中心大运行最佳实践库；“基于智能电网技术支撑平台的市、地一体化负荷预测管理模式推广与应用”等24项大运行最佳实践入选公司最佳实践库。

（胡学英）

**【系统运行管理】**电网风险预警。建立覆盖多专业的北京电网风险预警与管理工作机制，针对度夏、度冬、APEC期间主配网运行薄弱环节滚动制定发布风险预警173项。度夏前协调推进14项重点基改建工程实施，针对门昌、通安兴分区电网运行形势，制定方式调整、需求侧调控等风险预控措施；度夏期间组织实施110kV及以上方式调整措施10项，35kV及以下方式调整措施94项，有效控制了电网和设备运行风险。建立公司调控专业隐患台账1429项，定期梳理1117项存量隐患的进展情况，并开展调度通信大楼UPS供电专项安全隐患排查和治理。

营配调数据深化应用试点。为实现配电自动化系统与PMS、GIS及指挥系统的信息实时交换，规范配电网调度图形用户化标准，实现分布式电源的监视与统计分析，支撑配电网故障研判与调度运行管理，形成基于电网运行指挥平台的配电网调控管理、停电计划精益化管理、分布式电源管理、配电网经济运行管理功能需求分析报告，制订《北京配电网调控业务管理调整方案》《配网抢修指挥业务模式调整方案》《配电网调控直调设备异动管理规定》《配电自动化系统与GIS系统互操作工作方案》《智能配电网停电计划精益化管理提升工作方案》，为营配调数据贯通工作的推进提供管理支撑。

“四大热电中心”工程投产。全年完成500kV海淀输变电工程及第一阶段配套切改任务，新投入220kV变电站6座、110kV变电站14座。西北热电中心两套“二拖一”、两套“一拖一”9台共计268.8万kW燃气机组并网发电，满足北京市清洁空气行动计划的总体要求。加强基改建工程过渡方式安全风险管理，针对西北热电中心机组调试、线路改造等工程开展专项校核，提前发布电网风险预警，合理安排地区电网运行方式，确保工程过渡期间电网安全稳定运行。

（王　卫）

**【调控运行管理】**北京市调全年共执行电网操作任务1624项，操作步骤24 843步，执行正确率100%；执行停电计划票共计1674张，完成率100%；进行电网事故处理65起，正确率100%。

年内，开展断路器状态操作及设备计划停电远方操作，市调层面执行计划停电操作544次、设备状态操作61次。地调层面16个地区调控中心共执行停电计划操作145次，设备状态操作68次，共发现操动机构、防误系统、自动化设备等问题14项，编制完成《国网北京市电力公司变电站设备常态化远方操作实施办法（试行）》。

在线安全稳定分析应用。每日至少进行一次预想方式独立计算，每周至少进行一次预想方式联合计算，日常调度运行工作中已实现重大操作前进行在线安全校核，重大事故后进行应急状态分析。全年利用在线安全分析功能模块进行预想方式独立计算566次，在重大检修操作和方式变化操作前进行安全校核 130 次，在重大电网故障后进行应急状态分析 21 次，定期与华北调控分中心开展预想方式联合计算，并编写计算报告 48 份。

综合智能告警实用化。优化故障判据，实现 220kV 及以上故障告警无漏报，220kV 故障告警信息正确推送率达到 90% 以上，500kV 故障告警信息正确推送率达到 95% 以上。实现事故影响统计的新功能，接入故障录波系统展示电压跌落的信息源，实现故障后母线电压跌落的查询功能，迅速确定全网电压跌落程度的分布，为核查重要客户影响并开展应急处置提供技术支持。

SOP 核心功能建设。已建成调度倒闸操作、技术支持系统使用问题反馈处置、电网故障处置预案及在线安全分析 4 个 SOP 流程功能模块，并投入使用。

调控一体化建设。市调层面，推进变电站接入工作，完成海淀 500kV 变电站、怀柔北等 6 座 220kV 变电站、菜市口等 5 座智能化变电站接入工作。截至年底，北京市调监控接入变电站 74 座，其中，500kV 变电站 4 座、220kV 变电站 70 座，监控范围遍及北京市城区、郊区。地调层面，将具备远方监控的 110kV 及以下变电站全部纳入地区调控中心运行监控。

应急处置。根据《国网北京市电力公司生产作业安全风险管控管理规定》，针对不同电网风险，细化风险管控措施，按照风险等级完善调控运行风险管控标准，并进行管控。

调度预案及反事故演练。根据《国家电网公司调度系统故障处置预案管理规定》，重新梳理调度预案种类，丰富预案故障预想场景，细化预案编制、审核、批准流程，修订预案标准模板，修订《北京电网调度系统故障处置预案工作规范》。按照《北京电网反事故演练工作规范》，针对不同等级电网检修风险，实行差异化反事故演练。5 月，完善调度预案模版；6 月底，组织两级调控按照新模版编制迎峰度夏调度预案；8 月底，完成调度预案管理制度修订。

电网故障研判及分析。利用现有调度技术支持系统，开展在线安全稳定分析工作，在电网故障情况下，开展在线安全稳定分析校核，充分评估电网故障后运行状态，制定故障后安全防控措施。利用广域测量（WAMS）、故障录波联网等系统，捕捉电网故障相关量测数据，分析电网电压跌落情况，评估电压跌落对重要客户供电影响，为电网故障应急处置提供支撑。开展电网故障后评估工作。针对 35kV 及以上电网永久性故障及 10kV 母线停电故障，编制电网故障分析报告，并作为调控运行人员学习培训材料。

电网故障处置。针对 220kV 分区联络线、母联自投断路器开展状态操作，开展断路器远方操作。开展“一键操作”研究。7 月底，结合调度预案编制“一键操作”实施方案并进行试点；8 月底，编制北京电网故障停运线路远方试送管理规范文件并发布；11 月底，编制完成北京电网“一键操作”管理规定并发布。

配网抢修指挥体系建设。按照《国网北京市电力公司“大运行”体系全面建设操作方案》要求，完成配网抢修指挥体系建设任务。4 月，公司举办了两期配网抢修指挥人员培训班，并进行持证上岗考试。印发《国家电网公司配网抢修指挥工作管理办法》《国家电网公司 95598 业务管理暂行办法》《关于开展配网抢修指挥业务考核评价工作的通知》，建立了业务考核评价管理体系，每月对各单位配网抢修指挥工作开展情况进行考评、通报。

完成市调调控人员持证上岗轮岗考试工作并全员通过。组织地调运行人员培训 4 次，管理人员培训 1 次，地调值长晋级考试 1 次，直调电厂运行人员培训 2 次，直调变电站运行人员培训 1 次，典型故障处置培训 1 次。组织公司级在线安全分析培训 3 期完成资格认定考试 3 次，业务水平常规测试 11 次；建立管理人员对调控人员“每周一问”工作机制，将效果量化纳入员工绩效考核；制定专项计划，组织开展主值、副值调度员培训。编制完成《国网北京市电力公司生产值班业务规范手册》。

（沙立成）

**【调度计划管理】**全年审核通过停电及带电作业风险工作共计 11 812 项，其中，110kV 及以上设备涉及电网三级以上风险的风险管控单 809 张，含电网维度一级（+）风险 19 项，一级风险 278 项，二级风险 460 项，三级风险 52 项；35kV 及以下设备涉及电网三级以上风险的风险管控单 899 张，含电网维度一级风险 107 项，二级风险 533 项，三级风险 259 项。未发生人为责任的电网或人员事故，未对重要客户造成停电影响。

北京电网 110kV 及以上设备停电计划共计执行 1685 项、35kV 及以下设备停电计划共计执行 10 127 项。智能电网调度技术支持系统中负荷预测功能模块正式上线运行，调度计划与安全校核类应用的其他各项进一步优化，电网日前量化安全校核准确率达到 95% 以上。

6 月 20 日，高井燃气电厂 1、2、3 号机组投运，4、5 号机组于 10 月 12 日投运；京能西北燃气电厂 1、2、3 号机组于 8 月 22 日投运，4、5 号机组于 10 月 27

日投运；京科电厂1、2号机组于7月3日投运；京安电厂1、2、3号机组于12月10日投运，合计装机容量378.7万kW。7月23日，高井电厂1～6号燃煤机组退运，石景山电厂4号燃煤机组于10月15日退运，合计退运容量82万kW。

北京电网统调电厂共计完成发电量336.35亿kWh，地方电厂共计完成发电量20.54亿kWh，合计完成发电量356.89亿kWh。燃煤发电占总发电量的37.34%、燃气发电占总发电量的56.91%；风力发电占总发电量的0.81%，水力发电仅占总发电量的0.12%，以垃圾焚烧为主的生物质能发电占总发电量的2.05%。各发电厂年度实际发电量与计划电量的偏差率均在1%以内，完成率较高的为京丰燃气电厂100.94%，年度电量完成率较低的为新高井电厂99.69%，平均值为100.24%。

7月29日11时29分，北京地区最大负荷为1762.3万kW，同比下降0.77%，当日整点最大负荷发生于12时，最大负荷1744.06万kW。北京区内电厂出力585.44万kW、联络线净受电1158.62万kW，区内电厂出力占总电力需求比例为33.57%、外网受电占电力需求比例为66.43%。电网负荷需求纳入京津唐电网统一平衡，保证了对首都的可靠供电。

（薛建杰）

**【设备监控管理】**集中监控许可工作。年内、两级调控中心共组织开展变电站集中监控试运行评估24站次，评估过程中发现的问题33项，正式接入调控中心前完成整改29项，其余4项问题运维单位全部明确了整改措施和实施计划以及风险管控措施。

监控信息规范管理。2014年变电站日均监控信息数量为25条，同比降低25%；监控信息整体规范率98.07%，同比提高3.07%。完成49座变电站技防信号的接入工作。

监控信息分析与会商。建立监控信息实时处置闭环管理流程和科学评价体系，完善设备异常分级标准和标准化处理措施，设计并建成全国首套设备监控信息分析管理系统。创新集中监控缺陷和异常的差异化管控方式，及时发现并处理设备异常8306项、提炼并组织分析处置典型设备异常50项，缺陷处理及时率同比提高7.5%。发现并处理张仪变电站2213和2214号断路器、新街口变电站145号断路器操动机构运转频繁的问题，减少了设备损坏和闭锁事件的发生，2014年公司一次设备缺陷率下降了30%。

设备监控专业隐患排查。公司两级调控中心开展了设备监控风险和隐患的自查工作，共查评出问题80项，整改完成56项，针对遗留问题均已制定整改措施落实计划。

输变电设备状态在线监视与处置业务。按照国调中心重点工作部署，在智能电网调度技术支持系统中建设了输变电在线监测调控应用功能。编制印发《调控机构输变电设备在线监测工作管理规定（试行）》，进一步理顺了调控与运检部门之间的职责分工、信息处置及信息接入流程。

（齐　旭）

**【继电保护管理】**截至年底，公司继电保护及安全自动装置共34 474套（不包含故障录波器），同比增长了6.04%，其中微机保护装置共33 955套，微机化率98.49%，同比增加0.09%。继电保护及安全自动装置共计动作10 069次，正确动作10 064次，正确动作率达99.95%，其中：220kV及以上系统继电保护及安全自动装置按照功能统计共动作247次，正确动作率100%，连续9年保持100%；110kV及以上系统继电保护装置按照功能统计共动作561次，正确动作率99.82%。全年故障录波完好率100%，故障快速切除率100%。

“二次专业管理提升年”活动。加强针对智能变电站继电保护设备的运行统计分析，完善新一代智能变电站二次设备在线监测工作及站域保护功能。编制印发《智能变电站继电保护设备调试及验收规范》，组织编写智能变电站继电保护现场作业指导书和运行评估标准，并针对怀柔北、会都变电站设备运行情况开展评估工作。结合甘肃“6·18”嘉峪关、酒泉地区停电事件，布置直流二次回路系统专项隐患排查；结合宁夏清水河变电站和甘肃永登变电站全停事件，布置保护压板的专项隐患排查。针对重点作业现场，开展二次安全措施票和标准化作业指导书执行情况检查。

推进故障录波器联网系统建设，组织接入城区、朝阳、海淀及丰台公司所属的110kV变电站内故障录波器。推进二次设备在线监测与分析模块建设，完成继电保护定值在线校核与预警模块建设。在继电保护统计分析及运行管理系统中完成110kV智能变电站设备台账数据录入工作。

组织开展轨道交通外电源线路过流保护定值、35kV及以下线路过流保护定值躲负荷能力专项核查工作，并针对存在的问题提出整改建议和要求。编写完成继电保护定值整定流程安全内控标准，按月开展继电保护整定SOP流程的统计分析工作。

宣贯《智能变电站继电保护设备运行管理规程》，

并组织智能变电站典型继电保护装置配置及工程调试技术培训。开展继电保护整定计算培训。对城区公司等开展队伍组建、人员培训及检修移交等工作，适应继电保护属地化检修要求。

（孙伯龙　刘晓娟）

**【自动化管理】**截至年底，北京电网自动化系统及设备数量为39 355套（台），同比增加4485套（台），增长12.86%。其中，自动化系统970套、自动化设备共38 385套（台），较2013年增长率分别为2.11%、13.04%。2014年增加的自动化系统和设备主要来源于市调智能电网调度控制系统、地调备调自动化系统、地区调度数据网、配电自动化与变电站基础自动化改造等工程。220kV变电站综合自动化率93.50%，同比增长0.26%；110kV及以下变电站综合自动化率91.54%，同比增长0.17%。

调度技术支撑能力。开展了“程序匹配、人工核对、报文比对”的变电站模拟传动，用一个月时间完成了66座220kV及以上变电站的传动接入任务，完成D5000基础平台、变电站集中监控功能（含AGC、AVC）与国调模型拼接功能及综合数据平台报表功能的切主工作。推进地级调度数据骨干网双平面建设，110kV及35kV厂站网络覆盖率100%。35kV及以上变电站纵向加密认证装置部署率达到100%，并全部接入内网安全监视平台，完成市调调度数字证书系统的技术升级和地调应用部署工作。按照SOP标准，市调实现8大核心业务流程、43项业务的上线运转，地调完成7大核心业务流程、41项业务的开发上线工作。实现调度主站对变电站、变电站对站内主要设备的二级时间同步监测机制，实现500kV变电站50%覆盖率的目标。

开展变电站基础自动化改造与调度自动化主备调建设等工作。在扩展性改造方面，实施朝阳、通州等15个地调基础自动化改造工作；建设了石景山、亦庄等14个地调备调系统；完成地区调度数据网建设，市调智能电网调度控制系统调试、上线运行及主体物资采购工作。在专项技改方面，实施开展检修分公司、各地调主开关联跳接地变远方遥控功能改造；完成各地调调度数字证书升级及内网安全监控平台加装；完成市调值班报警系统、视频监控系统功能完善。

（董　宁　许章波）

## 电力市场交易

**【电力市场建设】**电力市场交易平台建设。10月，作为国家电网公司第三批试点单位，全国统一电力市场交易平台建设工作正式启动。12月，完成调度、财务、营销、经法4个相关系统间的横向数据集成和模拟试运行，确保了交易平台的如期上线。

电力市场成员情况。截至年底，公司直购电厂22座，发电机组177台，总装机容量1064.87万kW（统计口径中含2014年退运机组）。新投机组15台，新增容量378.795万kW，其中，高井电厂5台，装机容量138万kW；京科燃气电厂2台，装机容量25.5万kW；京西燃气电厂5台，装机容量130.795万kW；高安屯热电3台，装机容量84.5万kW。退运机组7台，退运容量82万kW，其中，高井电厂6台煤机全部退运，退运机组容量60万kW，退运时间7月23日；石景山电厂4号煤机退运，退运机组容量22万kW，退运时间10月15日。

购电协议签订情况。公司共签订25份购电协议，其中，2份跨区跨省协议，6份发电权交易协议，17份电厂年度购售电合同。合同、协议全部送交电力监管机构备案，合同签订率100%，合同备案率100%。

交易电量情况。公司全口径购电量901.11亿kWh，同比增长2.53%，其中，购华北电网电量561.92亿kWh，同比下降1.79%；购电厂电量339.19亿kWh（含发电权交易电量3.81亿kWh），同比增长10.58%；购电厂和华北电网电量占比分别为37.64%、62.36%。

（李冬梅）

**【电力市场研究】**研究国家电力改革相关信息，结合国家电网公司市场化平台建设内容，完成专业承担的重点课题“配售电分开前瞻性研究”和专项课题“大用户直购电业务交易策略研究”的科研工作。

（李冬梅）

**【电力市场服务】**发电权和风电交易。落实政府节能减排政策，促进资源优化配置和风电消纳，在保证电网安全的前提下，组织区内6家火电厂开展发电权交易，全年交易电量3.81亿kWh，累计节约标煤2.02万t，减少$SO_2$排放0.04万t，减少$CO_2$排放5.25万t。在国家电网公司的组织下，开展了国内首例集中电采暖外购东北富裕风电的跨区跨省直接交易，交易电量5318万kWh。

提升服务质量。2014年，北京电网迎来了煤机退运、新机投产高峰，公司加强与政府、电厂的信息沟通，提前做好合同、计划、结算等各项准备工作，保证了退运和新并网电厂各类特殊电量电费结算的及时性和准确性。应用交易大厅和交易平台全年共接待问询及征询674次，接待来访286人次，召开4次电厂信息发布会、1次电厂座谈会，月度信息发布12月次。

（李冬梅）

**【配电变压器提前更换CDM项目】** 完成88台配电变压器提前更换CDM任务。3月，根据国家电网公司配电变压器提前更换CDM项目实施计划，项目联合国指定核查机构（DOE）对公司项目实施情况进行非现场核查工作，对核实情况表示满意。

（李冬梅）

## 电力市场营销

**【综述】** 公司完成全口径售电量841.455亿kWh，同比增长2.01%，公司电力销售情况见表1。实现当年电费回收率100%。应收电费余额完成4004.26万元，同比减少126.67万元。新增客户263 389户，同比增长3.68%，公司客户发展情况见表2。共受理客户申请报装容量1229.42万kVA，同比减少16.86%；共完成接电容量842.68万kVA，同比减少4.14%，公司市场发展情况见表3。

表1　　公司电力销售情况统计表

| 单位 | 售电量（万kWh） | 增长率（%） |
|---|---|---|
| 城区供电公司 | 970 952.18 | -1.36 |
| 朝阳供电公司 | 1 565 930.03 | 2.13 |
| 海淀供电公司 | 1240 266.01 | 0.10 |
| 丰台供电公司 | 729 894.91 | 4.37 |
| 石景山供电公司 | 160 587.69 | 3.65 |
| 亦庄供电公司 | 417 252.40 | 7.13 |
| 通州供电公司 | 500 220.80 | 5.94 |
| 昌平供电公司 | 570 431.91 | 6.87 |
| 门头沟供电公司 | 91 284.44 | -2.55 |
| 房山供电公司 | 566 738.78 | 6.17 |
| 大兴供电公司 | 485 802.06 | 3.65 |
| 平谷供电公司 | 126 956.86 | 2.52 |
| 怀柔供电公司 | 165 622.25 | 4.96 |
| 密云供电公司 | 153 100.86 | 3.79 |
| 顺义供电公司 | 591 045.04 | 1.56 |
| 延庆供电公司 | 78 367.13 | 5.66 |
| 合计 | 8 414 453.35 | 2.01 |

表2　　公司客户发展情况统计表

| 单位 | 2014年营业户数 | 2013年营业户数 | 2014年新增户数 | 增长率（%） |
|---|---|---|---|---|
| 城区供电公司 | 937 475 | 919 501 | 17 974 | 1.95 |
| 朝阳供电公司 | 1 514 293 | 1 462 358 | 51 935 | 3.55 |
| 海淀供电公司 | 757 593 | 734 399 | 23 194 | 3.16 |
| 丰台供电公司 | 788 912 | 759 614 | 29 298 | 3.86 |
| 石景山供电公司 | 192 575 | 186 843 | 5732 | 3.07 |
| 亦庄供电公司 | 79 912 | 76 457 | 3455 | 4.52 |
| 通州供电公司 | 518 492 | 507 819 | 10 673 | 2.10 |
| 昌平供电公司 | 500 045 | 477 331 | 22 714 | 4.76 |
| 门头沟供电公司 | 140 353 | 123 792 | 16 561 | 13.38 |
| 房山供电公司 | 410 068 | 386 306 | 23 762 | 6.15 |
| 大兴供电公司 | 462 222 | 430 591 | 31 631 | 7.35 |
| 平谷供电公司 | 195 487 | 189 308 | 6179 | 3.26 |
| 怀柔供电公司 | 155 675 | 154 517 | 1158 | 0.75 |
| 密云供电公司 | 236 066 | 231 350 | 4716 | 2.04 |
| 顺义供电公司 | 373 665 | 361 497 | 12 168 | 3.37 |
| 延庆供电公司 | 148 392 | 146 153 | 2239 | 1.53 |
| 合计 | 7 411 225 | 7 147 836 | 263 389 | 3.68 |

表3　　公司市场发展情况统计表

| 单位 | 申请报装 | | 完成接电 | |
|---|---|---|---|---|
| | 容量（kVA） | 比例（%） | 容量（kVA） | 比例（%） |
| 城区供电公司 | 69.87 | 5.68 | 57.09 | 6.77 |
| 朝阳供电公司 | 264.15 | 21.49 | 139.07 | 16.50 |

续表

| 单位 | 申请报装 | | 完成接电 | |
|---|---|---|---|---|
| | 容量（kVA） | 比例（%） | 容量（kVA） | 比例（%） |
| 海淀供电公司 | 141.24 | 11.49 | 78.03 | 9.26 |
| 丰台供电公司 | 121.75 | 9.90 | 85.82 | 10.18 |
| 石景山供电公司 | 35.90 | 2.92 | 21.42 | 2.54 |
| 亦庄供电公司 | 82.49 | 6.71 | 52.10 | 6.18 |
| 通州供电公司 | 99.37 | 8.08 | 56.55 | 6.71 |
| 昌平供电公司 | 76.08 | 6.19 | 81.11 | 9.62 |
| 门头沟供电公司 | 33.33 | 2.71 | 23.56 | 2.80 |
| 房山供电公司 | 78.50 | 6.39 | 68.26 | 8.10 |
| 大兴供电公司 | 71.62 | 5.83 | 83.47 | 9.90 |
| 平谷供电公司 | 14.86 | 1.21 | 14.55 | 1.73 |
| 怀柔供电公司 | 19.72 | 1.60 | 20.18 | 2.40 |
| 密云供电公司 | 12.55 | 1.02 | 11.08 | 1.32 |
| 顺义供电公司 | 99.55 | 8.10 | 42.93 | 5.09 |
| 延庆供电公司 | 8.44 | 0.69 | 7.47 | 0.89 |
| 合计 | 1229.42 | 100.00 | 842.68 | 100.00 |

（耿　涛）

**【市场拓展】**落实国家电网公司“以电代煤、以电代油、电从远方来、来的是清洁电”的战略部署，推广电采暖、热泵、电锅炉、电蓄冷（热）等各类电能替代技术，全年推广电能替代项目309项，实现电能替代增加售电量28.91亿kWh。其中，推广热泵项目应用199项、57.4万kVA，供热（冷）面积903.37万$m^2$，增售电量13.86亿kWh；完成房山、石景山2个集中式电采暖试点和11个区县56个村1.55万户分散式煤改电工程；提供电动汽车充电电量3337万kWh，完成电能替代年度任务。

（崔晓丹）

**【业扩管理】**印发《关于进一步调整优化业扩报装管理模式的通知》和《关于开展简化业扩手续提高办电效率工作的通知》，开展业扩优化调整工作，累计减少报装资料21项。开展报装业务“同城受理”，实现流程优化“串改并”，对所有10kV客户业扩报装项目取消接入系统方案编制，调整免费设计与监理服务模式。工程验收实行“统一验收，一次告知”模式，开展以电话回访督办、供电方案编制质量、业扩报装新模式落实情况为主线的业扩专业稽查工作，实现业扩业务闭环管理。

（苏一飞）

**【智能用电】**建设107座充换电站、3429个充电桩，基本形成覆盖北京全部区域、服务公用行业和私人需求的充电服务网络。已投运的充换电站服务电动汽车3796辆，累计提供充换电服务110.16万次，充电量3494.93万kWh，服务里程8504.16万km，预付电费收入2125.13万元，实现$CO_2$终端减排28 863t。累计签订电池租赁合同132项和充换电服务合同完成27项。建成并投运北京最大的电动公交车充换电站——四惠充换电站；建成并投运全国规模最大的、首个实现“快充+慢充”的纯电动出租车充电站——通州区小圣庙出租车充电站。

（黄　宇）

**【光伏并网】**制定并印发《国网北京市电力公司分布式电源项目并网服务管理实施细则》。全年，北京地区共受理光伏并网208项，累计报装容量12.88万kW，其中并网发电项目83项，容量32 763.22kW。并网发电项目中，居民项目30项，容量179.17kW；金太阳项目41项，容量28 195.05kW；企业项目12项，容量4389kW。并网项目中，选择“全部上网”的1项，容量30kW；“全部自用”的24项，容量22 935.95kW；“自发自用余电上网”的58项，容量9797.27kW。

（苏一飞）

**【电价管理】**1月20日，北京市发改委对燃气电价矛盾进行疏导，平均提高地区电力销售电价4.64分/kWh，其中居民用电价格不做调整，其他用电价格平均提高6分/kWh。同时为进一步优化地区销售电价结构，对使用旧峰谷表计的客户取消夏季、非夏季特殊电价政策。公司根据此项政策部署了系统电价信息的升级与调整、客户电费破月结算及智能电能表远程电价调整工作。

3月3日，北京市发改委对本市宗教场所非经营性用电、监狱监房用电、城乡居民住宅小区公用附属设施用电（不包括从事生产、经营活动用电），调整执行居民生活用电价格。公司提前收集城乡居民住宅小区客户信息，开展现场用电性质核查；对于具备独立计量条件的客户，进行电价订正与电费政策性退补工作，确保了相关优惠电价政策及时落实到位。

5月和7月，国家发改委、北京市发改委先后出台政策，按照经营性质、装设场地给予充电设施优惠电价政策。公司根据此项政策及时完成了充电设施属性甄别、电价远程调整等工作。

组织开展2014年度销售电价专项稽查工作，涉及重点任务66项，稽查客户13.72万户，更换历史遗留的不具备电价政策执行计量条件的表计约 5.47 万具，增加公司经济收益约 745.12 万元。

（黄　宇）

【电费回收】加强电费回收管控，保障“当年电费回收率”“应收用户电费余额占当年月均应收用户电费比例”等同业对标指标继续保持国网 A 段水平。开展高压客户分次划拨电费、分次抄表结算电费及电费担保等协议的签订工作，有效降低电费回收风险。推进电费回收风险法律防范与救济体系的运用，通过运用律师函、诉讼等法律手段赢得债权支持 1995 万元。

（蒋　旭）

【电能计量管理】全年换装智能电能表 230 万具（覆盖率 77%），更换分时电价及功率因数表计 6.4 万具，采集 2.7 万台区（覆盖率达到 75%）。开展电、水、气、热一体化采集技术研究，完成采集通信规约的编制及 2 个居民小区 600 多户电能表、水表一体化采集现场试点，与自来水公司达成合作意向。

创新服务举措，推出远程应急送电服务，累计受理 10 万笔，成为公司服务品牌；发放带有“户号标识”、手机 APP 和微信二维码的购电卡 110 万张，方便客户购电、查询信息。结合智能电能表换装收集客户信息，开通短信服务 160 万户，累计开通 252 万户，发送短信告知提醒 430 万条。开展微功率无线互联互通现场升级工作，全年升级 1.3 万台集中器，累计互通智能电能表 360 万具，全网互通率 60%。试点研究宽带载波通信技术，实现台区光纤与集中器的采集对接。

（李　冀）

【营业普查】发挥警企联动优势，应用用电信息采集系统开展数据监测，8 月大负荷期间，组织开展营业普查暨打击窃电专项行动，出动反窃电专业人员和公安民警 2525 人次，发现并查处窃电和违约用电行为 155 起。全年查处窃电及违约用电补收电量 2029 万 kWh，补缴电费 756 万元，收取违约使用电费 3118 万元。针对 2.5 万起智能表过零欠费、时钟异常等故障及采集异常事件进行集中处理，追缴电费 1134 万元。

（李立刚）

【稽查监控管理】建成横向到边、纵向到底的“大营销”业务质量管理体系，协同开展营销业务质量管理。重点稽查监控主题 95 个，常态监控 281 项数据质量问题，日均监控数据量高达 120 000 万条，营销基础数据可用率持续保持 100%，累计整改问题数据 58 万条。异常问题数由 1 月的 1.72 万条下降到 0.33 万条，异常率由 0.24% 下降到 0.04%。

（袁学重）

【营销信息化建设】4 月，“掌上电力”手机客户端正式上线运行，实现用电查询、支付购电、网点导航、停电公告、信息订阅、在线客服、知识查询等功能。7 月，开通“国网北京电力”微信公众号，可接收北京电力软文推送，进行消息互动，绑定客户编号可实现用电查询、支付购电、停电公告、知识查询等多项服务功能，提升了服务效率。

（姚　斌）

## 优　质　服　务

【重要活动保障】制订客户保障工作方案和实施计划，对相关重要客户全面开展安全评估和隐患排查，对客户电工进行安全用电技术培训，制订电气事故应急预案和发电车接入方案，组织开展应急演练。与政府和行业主管部门建立沟通联系机制，严格履行服务、通知、报告、督导“四到位”工作要求，全面落实安全保障措施，提高重要客户的供用电安全基础和应急保障能力。朝阳、怀柔、城区等公司开展 APEC 会议保电工作，对 46 个 APEC 会议重要客户开展现场值守和巡视检查 670 余次，实现“服务零差错、供电零闪动、客户零投诉”的保电目标。

（李立刚）

【营业窗口服务】规范营业窗口服务行为，制定《供电营业窗口服务规范》《优质服务绩效考核标准》，对 1068 名窗口服务人员进行培训考核，实现持证上岗，并通过视频监控、明察暗访、第三方满意度测评等方式强化窗口服务质量监控。

（王　峥）

【便民服务】开展共产党员服务队、社区经理“六进三送”“五心服务进万家”活动，开展各类服务活动3800余次。推进民生工程建设，完成23个老旧小区改造，惠及居民客户1.4万户。按期完成16项轨道交通、750多万 $m^2$ 保障房送电任务。

（王 峥）

【履行社会责任】推进收费电子化工作。在已实现公司自有网点、银行机构缴费方式的基础上，新开通有线电视、电话银行、掌上电力、电力微信及95598智能互动网站等多元化交费渠道，满足了智能电能表客户足不出户的购电需求。与市邮政公司、公共缴费联盟公司及中石化公司合作，拓展社会化电费充值卡销售渠道，全年销售电费充值卡55万张，充值交费47万张。在农村地区，新增加农村社会化交费服务网点470个，农村地区交费网点覆盖率64%。

老旧小区配电设施改造。在城区、海淀、丰台、石景山、昌平、平谷、怀柔、顺义8个区县解决28个老旧小区供电设备容量小、设备陈旧老化、经常停电事故等问题，惠及居民约1.4万户。

北京市保障性住房项目共计78项，编制供电方案157份，52个项目顺利送电，惠及9.07万户居民，完成北京市住户保障办公室2014年保障性住房竣工入住计划，确保老百姓按期入住，安全用电。

北京市轨道交通用电报装涉及地铁6号线、7号线、10号线二期、14号线4条线路，共计22项，完成送电15项，送电容量22.3万kVA。

北京市南水北调工程建设项目共计20项，报装容量11.69万kVA，涉及海淀、昌平、房山、怀柔、密云、顺义供电公司，编制供电方案16份，完成送电项目7项。

（蒋 旭 王洪彪 杨 娜）

# 科技信息

# 科 技 工 作

【科技项目管理】国家863课题“主动配电网关键技术研究与示范”获国家科技部立项批复并按计划开展，完成配电网综合配电终端单元、配电网快速切换装置的方案设计，以及主动配电网运行控制系统、规划运行决策系统概要设计。申报“交直流混合配电网关键技术研究”国家863课题。完成“电动汽车有序充电及对电网的影响”863课题主要研究任务。获批北京市科委项目3项、国家电网公司管理项目18项、技术标准2项。完成“延庆县智能电网综合接入关键技术研究”等北京市科技项目4项，国家电网公司科技项目9项。获中国电力科学技术奖3项、国家能源科技进步奖2项、北京市科学技术奖5项、全国电力职工技术成果奖3项、国家电网公司科技进步奖9项。完成专利申请520项，其中发明申请220项；专利授权310项。获2014年国家电网公司科技（智能）工作先进单位、环保工作先进单位荣誉称号。

（徐绍军）

【高压开关设备局部放电与机械特性带电检测技术及诊断方法】项目成果获国家电网公司科技进步三等奖。主要创新点如下：基于真型设备，研发了GIS局部放电缺陷、大电流过热缺陷专用试验仓体和开关柜绝缘缺陷、断路器机械缺陷试验平台，研制了5种气压/放电量可控型GIS典型缺陷模型，实现了高压开关设备绝缘局部放电缺陷、过热缺陷和机械缺陷的模拟和复现。研制了脊波导特高频局部放电传感器和一体化接地型GIS内置局部放电传感器，解决了盆式绝缘子带金属屏蔽法兰GIS局部放电带电检测问题和GIS内置传感器金属耦合电极接地保护的问题。基于声电联合检测技术，提出了GIS局部放电缺陷严重程度评估方法、双特高频传感器空间定位方法和声电联合定位方法，研制了局部放电声电联合检测装置，实现了局部放电准确定位。基于断路器长期运行后“首次分合闸时”的控制回路电流波形特征，提出了以电流波形特征点的时间—强度特性和以机械动作顺序的事件—时间—强度振动特性的缺陷诊断方法和基于支持向量机的开关机械缺陷识别算法，研制了断路器机械特性带电检测装置，实现了断路器运行状态下检测机械特性的目的。

研究成果已经在交流特高压带电检测等工作中成功应用，发现并确认高压开关设备缺陷37例。

（徐绍军）

【10kV配网不停电作业关键技术】项目成果获国家电网公司科技进步三等奖。主要创新点如下：提出了一种配网不停电作业新方法——桥接施工法，实现了在确保用户持续供电的情况下将在耐张杆、终端杆上开展的风险较高的复杂带电作业转变为作业风险低的简单带电作业和停电作业。研发了包括旁路负荷开关、旁路电缆、连接器在内的配电线路旁路作业设备以及快速地面敷设设施。研制了自装卸移动式变压器电源、高压电缆转接箱等作业装置，降低了10kV配网不停电作业装备的使用成本。研制了绝缘导线剥皮器、绝缘杆作业法套装工具、全绝缘型的带电安装并钩线夹专用工具、带电安装楔形线夹专用工具、硬质绝缘紧线器、带电作业绝缘平台、杆顶绝缘横担等带电作业专用工器具。建立了包括10kV配网不停电作业管理办法、操作规程、标准化作业指导书、统计规定、装备管理及试验规范、库房管理规定等技术体系。

项目成果已应用在北京、唐山等地区10kV配网不停电作业中。取得9项实用新型专利，形成国家电网公司技术规范1项。

（徐绍军）

【环境保护工作】完成40项110kV及以上电网建设项目环评和环保验收内审和信息公开。完成30座110kV及以上变电站环保技术监督和环境影响因子普查普测；完成10余次10kV配电站室噪声专项监测，完成220kV富力城和玉泉营变电站的昼夜噪声监测和噪声治理改造方案审核。完成了六五世界环境日电网环保宣传活动，编写220kV线路电磁环境专项宣传手册，在顺义区和朝阳区开展社区电网环保宣传。与北京电视台联合拍摄“高压电线会否产生电磁污染吗?”，协助中央电视台焦点访谈录制“高压线有辐射吗?”。

（孔　玮）

## 信息化建设

【综述】推进SG-ERP工程建设与应用，国网北京灾备中心机房建设项目通过国家电网公司验收，实现95598全业务集中系统平稳割接，一级部署协同办公、基建管理、合同全过程管理等系统顺利上线，结合PMS2.0系统建成国网统推GIS平台系统推广，全国统一电力市场技术支持平台上线运行。在中国电力企业联合会组织的2014年电力行业信息化成果评选中，公司获1个一等奖、2个二等奖、2个三等奖。

（张　涵）

【信息系统深化应用】开展自建信息系统专项梳理与清理。治理数据重复录入问题110个，治理重复项1238项。组织开展基层班组调研5次，调研班组85个。开展生产管理、营销等重要信息系统调优6次，解决基层班组提出的问题78个。组织开展营销、外网网站等9个重要信息系统和信息机房基础设施隐患排查，累计治理隐患31个。组织开展信息设备状态检修工作，累计状态监测设备1657台，累计治理状态异常设备85台次。组织开展运监、营销辅助决策、企业门户等四项应急演练。进行网络扩容，优化网络架构。为基层班组配备计算机2348台。

利用监测分析工具，辅助手工验证，完成国家电网公司下发的用户体验性能监测，逐步将用户体验性能监测工作融入日常运维，累计监测数据30余万条，累计主动治理用户体验问题78个。

（张　涵）

【信息安全】强化开展信息系统隐患排查治理和信息安全防御体系建设，全年信息系统保持安全稳定运行、未发生信息安全事件。累计治理重要信息系统隐患28个，完成公司信息设备资产清理工作，累计梳理信息设备23 205台套。实现IMS、ERP系统的信息设备集成。组织开展信息系统权限治理工作，累计治理账号3188个。推进自建信息系统清理和部分二级转一级部署系统下线工作，累计完成基建管控、协同办公、投资计划、电网前期、内网邮箱等7个系统的下线。完成国家电网公司统推二级部署系统信息梳理工作，完成资产全寿命评估决策、非结构化、BPM、统一权限等新系统的IMS接入工作，实现系统IMS监控全覆盖。

组织开展15次信息安全专项督查，现场检查109次，并限期督促治理。组织督查队伍发现2629个隐患，累计发出整改通知单38张。

（张　涵）

【运行维护管理】启用新的信息通信调度监控大厅，提高了信息通信调度的软硬件建设。在机构建设、调度场所、支撑平台、调度规范性等8个方面强化集约化建设。

合理安排应急演练计划并组织开展信息专业应急预案的修订工作。公司共计对12个重要信息系统重点开展无脚本应急演练，其中ERP系统、生产管理系统、营销应用系统的双机切换演练取得显著成效，为公司信息事件应急处置能力的提升奠定了基础。

作为牵头单位，协助国家电网公司总部完成《信息系统状态检修实施方案》的编制工作。实施“大型数据中心可靠性研究与实践”科技项目，在IMS系统中集成展现了在运信息系统的运行指标评估，主要从运行环境、运行方式、运行稳定性、技术保障四个方面全方位评估信息系统运行稳定性，为技术运维人员提供了数据支持。

结合2014年全国两会、APEC领导人会议周等保障任务，组织编制“两案一标准一计划（即保障方案、应急预案、保障标准、保障计划）”，完成运行方式梳理和隐患排查工作。每日汇总所属各保障单位的保障信息，编发《信息通信系统保障日报》。全面升级外网监控及异常处置策略，监测并拦截来自境内外对公司信息外网各种恶意攻击和破坏。公司网络及信息系统、通信站线安全稳定运行。

（张　涵）

## 电力通信

【电力通信网概况】2014年，公司通信站点共计1374个，其中新增通信站点26个。通信光缆长度

10 093.624km，新增 560.803km。其中，OPGW 光缆共计 3342.495km，新增 418.381km；ADSS 光缆共计 1726.86km，新增 17.37km；普通光缆共计 5024.269km，新增 125.052km。公司系统县级及以上通信微波电路 446km，载波电路 45km。公司所辖区域内直属单位、110kV 以上厂站光纤覆盖率为 100%。

通信设备总量为 4562 台（套、组），增加 290 台（套、组）。其中，光传输设备 842 台，增加 111 台；微波设备 16 台；载波设备 9 台；PCM 设备 961 台，新增 53 台；数据网络设备 852 台，新增 31 台；交换机设备 75 台；电视电话会议设备 86 套；机动应急通信设备 55 台，新增 16 台；通信网管设备 29 套；同步时钟设备 17 套；整流设备 614 套，新增 49 套；UPS 设备 156 套；蓄电池组设备 849 套，新增 30 套；太阳能设备 1 套。

（温明时）

**【电力通信网技术应用】**完成延庆、怀柔、平谷、密云等地区的光传输网改造项目建设。北京电力通信网系统总体运行情况良好，通信网光缆主要以 OPGW、普通光缆为主，并采用 ADSS 等电力系统特有的方式，纤芯类型采用 G.652，纤芯数量以 48 芯和 24 芯为主；光传输设备采用 SDH 体制，容量主要以 10G 和 2.5G 为主，622M 为辅；载波和微波传输设备为继电保护业务传输辅助手段，维持现状；数据网设备采用 MPLS VPN 技术，链路带宽主要以万兆和千兆为主；推动电视电话会议设备从标清向高清演进；发展卫星电话、短波、超短波、800M 数字集群通信、3G 单兵视频通信等构成的综合应急通信保障系统；同步时钟设备类型基本为铷钟；通信网管系统随各项通信系统同步建设，通信管理系统根据专业发展需要逐步完善；通信高频开关电源及蓄电池随着技改等工程已改变厂家较多的局面，国产化程度逐步提高。公司形成了以光纤为主，微波、电力载波为辅，兼有电视电话会议系统、应急通信装备等通信业务的通信网。

（温明时）

**【电力通信网建设及运行管理】**通信专业构建配电通信网技术标准体系，完成技术原则、设备测试、工程实施及工程验收等技术标准制定工作。开展大兴、丰台供电公司配电通信网试点示范工程和实训基地建设，解决配电通信网关键问题和技术难点。开展配电通信网规模建设的前期准备工作，完成配电通信网 265 项工程可行性研究及初步设计，启动工程建设。完成 2015 年配电通信网 32 项项目储备工作。推进骨干传输网 B 平面老旧设备改造扩容，完成 4 个网络分区优化调整。建立自建及租用光纤结合机制，实现公司范围内 35kV 及以上变电站光纤通信全覆盖。完成综合语音平台系统搭建及 105 个终端安装调试，满足营销网点、电动汽车充电站、分支机构等新增办公场所语音电话的需求。落实政治供电保障的组织措施和技术措施，完成 APEC 会议等 9 项政治供电通信保障工作。

（温明时）

# 党的建设与精神文明建设

## 党 建 工 作

**【基层党组织建设】** 开展党的群众路线教育实践活动。自2月下旬开始，公司本部、所属38个基层单位，220个基层党支部、5798名党员以及466名流动党员参加了活动。围绕“为民务实清廉”主题，按照“照镜子、正衣冠、洗洗澡、治治病”的总要求，聚焦作风建设，突出抓好窗口服务；制订落实公司教育实践活动整改落实方案和反对“四风”专项整治方案及制度建设计划，持续推动整改落实和长效机制建设。在对各单位干部员工进行民主测评中，活动满意率99.4%，解决“四风”等突出问题满意率98.9%。结合公司深化“三集五大”体系建设，及时调整党组织，以纪念建党93周年为契机，开展先进典型表彰宣传、讲党课、重温入党誓词、特色党日、节俭文化传播、“共产党员献爱心”捐献、走访慰问等“七个一”活动，完成政工干部、党支部书记和入党积极分子培训工作。

（曲 虹）

**【党员教育管理】** 结合党的群众路线教育实践活动，重点加强党员理想信念和群众路线教育，完成基层党组织专题组织生活会和民主评议党员工作；落实“在职党员到社区报到为群众服务”工作，公司所属29个党委、全体党员均以组织报到形式到当地社区进行报到并开展服务工作；严格按照程序，做好年度发展党员工作。

（王 岚）

**【国家电网首都电力共产党员服务队建设】** 开展党员服务队“五心服务进万家”工程，让“爱心、专心、舒心、贴心、安心”服务走进千家万户，在国家电网公司系统内建立首个党员服务队微信公众号“北京电力红马甲”，积极加强宣传，努力将服务队打造成公司党建和公司形象品牌。截至年底，共产党员服务队注册队员突破2000名，在全市360个社区实现挂牌服务，累计开展便民服务活动3500余次，惠及居民55万户。

（王 岚）

## 思 想 政 治 工 作

**【主题教育活动】** 贯彻中共中央《关于培育和践行社会主义核心价值观的意见》，落实国家电网公司深化“中国梦·国网情”主题活动的要求，5月起，在全体员工中开展“五加强一提升”主题教育实践活动（加强思想政治建设，加强专业能力建设，加强行为规范建设，加强作风纪律建设，加强文化道德建设，全面提升队伍建设水平）。组织开展“好书共赏”读书活动，推荐七大类16本图书供员工阅读，在《北京电力报》刊发15篇；制作“为民务实群英谱”，选树宣传了“诚实守信”“敬业奉献”“创新钻研”“勤俭节约”“为民服务”等方面先进个人和团队32个，其中2名个人（陈保华、陈牧云）和1个团队（大兴党员服务队）当选国家电网公司“为民务实清廉先进典型”。

（李 萍）

**【精神文明建设】** 参加“北京榜样”“国企楷模”评选活动，1人（王月鹏）入选“国企楷模”优秀人物。推进道德讲堂建设，公司所属24个单位开展了“道德讲堂”活动78期，5433名干部员工参加活动。结合新一轮首都文明单位和全国文明单位申报推荐工作，鼓励各单位积极参与地方文明创建，公司所属28个单位（含2个供电所）被推荐为首都文明单位（标兵）候选，11个单位（含1个供电所）被推荐为全国文明单位候选。此外，4个单位被推荐为国家电网公司文明单位候选。

（李 萍）

**【思想政治工作体系同业对标】** 不断完善思想政治工作体系同业对标，结合党的群众路线教育实践活动要求，改进指标体系，坚持基础管理与工作创新并举，加大创新工作力度，将创新工作权重增加到50%，引导基层单位自主开展工作；创新检查评比方式，年底采用“网格式”检查方法，分组分片区开展检查，有效促进基层党建工作的交流与沟通。

（王　岚）

**【企业文化建设】**改进企业文化建设工作，组织企业文化培训及考试，加强企业文化通用制度学习宣贯；制作并下发“五统一”企业文化系列屏保，创新企业文化传播载体和形式；开展企业文化专题调研，强化企业文化在班组的落地实践。公司及所属单位主要负责人带头撰写培育和践行社会主义核心价值观的理论文章，并在《国家电网报》上发表。公司企业文化建设多项成果分别获得国家电网公司年度企业文化建设优秀成果二等奖、优秀案例二等奖、优秀论文一等奖以及国家电网公司“三集五大”最佳实践案例。

（李　萍）

## 纪　检　监　察

**【综述】**贯彻落实国家电网公司党风廉政建设和反腐败工作决策部署，以构建科学的管控和惩防体系为目标，以践行“两个责任”（党委主体责任、纪委监督责任）、深化落实“三转”（转职能、转方式、转作风）工作为核心，完成年度反腐倡廉建设各项目标任务。全年未发生处级及以上领导干部和本部员工腐败违法案件或严重违规违纪问题，未发生瞒案不报、压案不查或责任追究不到位的情况，未发生影响和损害公司形象的重大行风事件。

公司八项规定、效能监察等典型工作经验在《国家电网工作动态》进行了交流；廉洁从业重点岗位监督防控成果分别荣获国家电网公司、北京市和中国电力企业管理协会优秀管理创新成果奖；公司供电服务领域突出问题专项治理效能监察，以及城区公司、昌平公司、怀柔公司、工程公司等5个效能监察项目分别获得国家电网公司2014年度优秀效能监察项目一等奖、三等奖和单项奖。

（门吉光）

**【落实党委主体责任和纪委监督责任】**严格落实国家电网公司党风廉政建设责任制考核办法和“两个责任”的意见，修订了公司党风廉政建设责任制实施细则和责任分工，细化了企业负责人业绩考核等工作要求。召开反腐倡廉会、季度工作会、党员大会，进行专题部署，并层层签订责任书4610份，做到一级抓一级，层层抓落实。各级党委、领导班子和领导干部积极落实主体责任，将党风廉政建设和经营管理工作同部署、同落实、同检查、同考核，确保责任落实、工作到位。强化纪委书记定期报告制度，完善单独报告机制，搭建了基层纪委抓责任、抓监督、抓落实的重要平台，全年各单位纪委共书面报告336次，单独报告28次。

（门吉光）

■ 1月18日，公司召开2014年反腐倡廉建设工作会议。

**【八项规定执行落实】**落实中央八项规定精神，结合公司群众路线问题整改，专门出台工作意见，以群众关心、媒体关注的问题为重点，对违规接待、公车私用、滥发福利等“习惯性违章”问题进行明确界定和严格管控，有效防控“四风”问题反弹。将八项规定执行专项检查方案细化为会议管理、公务接待、车辆使用等13大类43项具体内容，对所有单位开展联合检查，并延伸到相关集体企业，覆盖面100%。强化制度管控，在国家电网公司系统率先出台领导干部操办婚丧喜庆事宜报备制度，并推动完善了公务接待、会议管理、车辆管理、费用报销等一系列制度流程及标准，公司业务招待费、会议费、办公费、车辆使用费分别同比下降60.4%、46.3%、11.8%和9.5%，公司全年没有发生违反八项规定、影响企业形象的责任事件。

（门吉光）

**【重点对象监督管理】**针对领导班子决策风险，完善“三重一大”决策办法和操作流程，出台重要事项后评估管理规定，全年公司层面召开涉及“三重一大”会议26次，集体研究决策重大事项63项。针对干部廉政风险，以推动业务分管领导讲廉、研廉、促廉为重点，深化领导干部“七廉”活动，通过主要领导亲自抓、分管领导牵头抓、相关部门靠前抓，有效确保了八项规定执行、依法从严治企、“三集五大”体系建设、业务委托等重要决策部署执行落地。公司党委中心组围绕八项规定等重点内容进行了17次廉政专题学习，各级领导班子均开展了不少于6次的廉政风险专题研究。针对人员从业风险，落实公司廉洁从业重点岗位人员监管规定，以交流轮岗为重点，同步开展学廉考廉、诺廉守廉、述廉评廉等监督工作；动态更新岗位名录，共梳理重点岗位人员1726人，完成重点岗位交流714人，促进了人员廉洁从业安全。

（门吉光）

【监督检查工作】强化协调监督工作，统筹规划全年监督议题计划，对3大类13项重点任务协同开展监督工作，并延伸至集体企业；印发监督工作标准和操作模板，严把材料审核，规范会议流程，细化任务分解，强化督办反馈。每季度初召开部门协同监督启动联络会，以问题为导向，明晰检查的目的、方式，实行检查责任、整改认领“双签字”机制，确保检查深入、整改有效。公司两级共召开协同监督联席会议87次，研究议题461项，下发整改意见书116份。落实依法从严治企要求，突出重点领域和关键环节，开展内部宾馆、酒店、培训中心等专项审计工作，提出整改意见57项，约谈基层单位42次。

强化效能监察，公司两级共开展八项规定执行落实、工程管理、供电服务等效能监察37项，组织基层单位监察人员开展7批次交叉互查工作，公司两级提出监察建议523条，实现经济效益1.18亿元；强化招投标监督管理工作，完善物资开评标监督报告模板，开

■ 4月2日，公司在本部召开2014年第一次协同监督联席会议。

展评标专家和监督人员专题培训，全年参与招投标监督活动218人次。加强纠风和行风建设，整合监督资源，强化明察暗访，推进行风廉政投诉举报的规范处置，全年开展供电服务明察暗访249次，发现问题266个，全部整改落实到位。

（门吉光）

【廉洁文化宣教工作】深入实施廉洁文化“四进”活动，发挥公司廉洁教育基地作用，梳理提炼上级八项规定基本制度规范和通报案例，编发警示教育手册3000余册，公司各级以党委中心组、支部学习等方式，进行学习宣贯。开展专家讲座、知识竞答、业务风险我来讲等警示教育活动，公司各级党政主要负责人、分管领导带头讲廉课112场次，两级纪委对159名新提职干部进行了廉政谈话；累计开展警示教育358场次，受教育面达3.4万人次。

■ 4月，公司纪委编发《八项规定警示教育手册》。

（门吉光）

【信访案件查办】强化信访举报案件查办力度和质量要求，通过本部直查直办，带动基层自查自办，严肃执纪问责。及时查处了个别单位和干部违规集体决策、违反业务招待规定、违规宴请收礼等行为。公司纪检监察系统全年共收到并核查信访举报28件，处分人员1名，诫勉谈话4人。95598客服热线举报行风廉政问题47件，完善处置流程，加强专题诊断、跟踪督办和过程指导。强化与外部执纪执法机关的配合联动，建立沟通和信息共享机制，全年共配合外部案件调查10件次，发现管理漏洞，提出从源头上预防和遏制腐败现象的具体措施，保障了人员廉政安全和公司稳定局面。

（门吉光）

# 品牌建设

【品牌传播】在人民日报、新华社、中央电视台等中央级媒体发稿323篇，在北京日报、北京电视台等市属媒体发稿1350篇，网络媒体报道及转载7500余篇次。①搭建国网价值输出平台。连续5年开展“电靓京城”品牌传播与塑造活动，以“电靓京城 温暖家园”为主题，策划实施“坚强电网、清洁空气、和谐社区、感动人物”四个方面共39项重点传播项目，主动输出特高压入京、APEC保电、清洁空气行动计划、服务电动汽车等重大主题传播。②科学制定传播策略。紧扣政府关心、百姓关注，以及企业发展的难点，主动回应社会关切。APEC会议前夕，邀请多家媒体现场采访输电线路线下隐患严重地区，得到北京市主要领导高度重视，促成违章建筑拆除。抓住迎峰度夏、度冬关键时段，提前组织策划老旧小区、“临时代永久”供电隐患的舆论引导，在有效化解舆情风险的同时，促成市政府出台改造政策。在国家电网公司“两交一直”特高压工程开工之际，同步召开新闻发布会，全面解读北京电网中长期发展规划。③统筹利用传播资源。配合国家电网公司总部开展电力设施电磁环境舆论引导，邀请环保部专家开展实地测量，央视焦点访谈栏目制作专题节目进行权威解读。依托都市媒体开展贴近民生宣传，组织记者与专业人员到居民家中测量家庭用电量，消除百姓对智能电能表准确性质疑。与新京报联合举办电力题材摄影比赛。运用新媒体扩大传播效果，创作《智能电能表上岗记》科普宣传片，在腾讯视频、北京电力官方微博、微信连续发布，并借助国网官微体系和社会媒体微博平台互推。

（李艳娜）

【品牌维护】加强突发事件新闻应急工作，及时向社会报道各类外力破坏电力设施事故的抢修恢复情况。完善“国家电网北京电力”官方微博，拓展对外信息发布渠道，采用“微传播”的形式加强舆论引导力建设。围绕天安门华灯维护、北京地区智能电能表服务等特色工作，策划“北京掌灯人”“智能电能表上岗记”等系列专题；围绕供用电服务、安全用电知识、首都电力发展规划等内容进行感性传播，同步介绍公司输配电设施产权分界、责任范围、管理模式，输出公司服务为民、奉献履责的价值理念。围绕央视播出的《我们的国旗：一个人的升旗仪式》等重大品牌事件，通过公司官方微博体系开展二次传播，与人民日报等媒体官方微博互动，专题阅读量超过30万次，进一步扩大品牌事件的受众面和影响力。主动回应社会关切，配合北京日报、北京电视台等权威媒体，针对“老旧小区改造”“电磁环境”等问题开展深度报道，消除公众疑惑。

（张 画）

【品牌塑造】1月28日，发布《电靓蓝天 2013清洁首都空气电力行动》白皮书，落实首都清洁空气行动计划和国家电网公司“以电代煤、以电代油、电从远方来”理念，公开作出推进“电靓蓝天”行动承诺。

推动全面社会责任管理由局部试点转向全面推广，在国家电网公司系统内率先提出社会责任项目制管理的方法，实施33个社会责任管理项目。评选产生年度十佳社会责任案例、优秀案例和感人故事。出版发行《供电所履行社会责任工作手册》。《首都地域特色的国有企业社会责任管理创新实践》荣获北京市第二十九届企业管理现代化创新成果一等奖，《探索国有企业社会责任管理落地之路》荣获全国电力企业优秀管理论文大赛一等奖，《推动全面社会责任管理融入企业管理提升》荣获公司2014年度管理创新成果一等奖。

5月，连续第三年组织“社会责任推广月”活动，公众开放日活动吸引1000多名政府部门人员、媒体记者、电力客户走进北京电力。5月20日，在北京海淀区人大附中实验小学启动“电力爱心教室”公益活动，并召开新闻发布会。10月31日，公司与海淀区少年宫签订合作协议书，正式启动培训基地建设工作。公司首次运用公益资金捐建的北京市首家实体化“电力爱心教室”在海淀区少年宫启用。10月，出版《电力王国环游记——小学生安全用电读本》，配套教案、教具，增加电力强手棋、电动汽车模拟驾驶、户外用电互动体验区等内容。

完成“电靓京城”商标注册。投放电力设施保护宣传广告，持续传播“国家电网”品牌形象。

（张晨曦）

【内宣管理】全年，出版《北京电力报》95期380版，《北京电力》杂志12期，电子版上传、手机报推送95

期。编辑出版重点工作专版和专题55个、基层专版78个、文化副刊22期。《京城供电平稳有序》等4件作品在中国电力报刊协会评比中分别获得“中国电力新闻奖”一等奖和二等奖。

完成策划报道928项，在国家电网报、亮报、中国电力报等媒体共发稿920篇。印发《北京电力报社驻各单位记者站管理办法》，规范记者站管理；开展“记者在基层”活动，呈现公司决策部署在各基层单位的实施情况。拓展宣传渠道，成立《劳动午报》记者站。

改版公司内网网站，新增公司领导公务活动栏目。拓展公司内网宣传重点，增加基层和一线报道比重，在《公司新闻》重点栏目中开设［在基层］［现场］［一线故事］等系列报道，在《基层动态》栏目新增基层专题。针对不同宣传重点，运用系列报道、热点专题、基层专题等形式进行宣传。全年，内网网站共开展系列报道155次，深度报道9次，专题报道15次，编辑、刊发稿件6375篇；外网编发新闻389篇。

视频方面，全年发布基层新闻864条，制作公司新闻125条，在国家电网电视频道播发93条、中国电力网络电视播发196条。拓宽视频媒体形式，制作播出《北京电力新闻（周刊）》。制作《我们的2013》《海淀500kV输变电工程建设纪实》《公司形象片》《智能电能表上岗记》等重点工作专题片，其中《智能电能表上岗记》系列科普片在公司外网、官方微博、官方微信等媒体上对外集中传播，播发量超过30万人次。

全年共有10家单位、26部电视作品在行业媒体评比中获奖，其中获得省部级中国电力新闻奖一等奖、三等奖各一部。10部新闻作品获得中国电力新闻奖。国家电网报社北京记者站连续第四年被授予“十佳记者站”荣誉称号，7名人分别获得“十佳记者”“优秀记者”“优秀通讯员”等称号。

（王莹彬　宣丽娜　李春华　赵　一）

## 工　会　工　作

**【民主管理】** 4月29日，召开第二届总经理联络员座谈会倾听职工心声。5月28日，工会举办总经理联络员培训班，来自基层单位的26名总经理联络员参加培训。6月23~27日，开展2014年职工代表巡视检查工作。成立由纪委书记、工会主席、公司职工代表、总经理联络员组成的检查组，分四组赴28个基层单位，对贯彻落实公司各项重要决策和重点任务的执行情况进行督查。贯彻落实《国家电网公司厂务公开管理办法》，组织厂务公开民主管理先进申报工作，城区供电公司等10个单位被评为厂务公开民主管理先进单位。推进职工之家实体化建设，创建职工之家28家，实现了在公司范围内全覆盖。

（李　建）

**【劳动保护与劳动竞赛】** 承办北京市“职工技协杯”农网配电营业工和电气试验员技能竞赛，894名职工参赛，230名职工获得职业资格晋升，20名职工获得技师及以上证书，6名职工获得“北京市职工技术能手”称号。举办“周末学校”和技师强化培训班，参培职工超过1000人次。举办公司第四届供电“服务之星”劳动竞赛，产生20名“十佳服务之星”和“优秀服务之星”。组织职工参加《全国职工公共安全健康知识应知应会》学习和答题，相继开展劳动保护知识培训、劳动保护监督检查、职工劳动安全卫生宣传教育系列活动。结合公司“安全月”活动部署，开展“中国梦　劳动美——我的安全家园”征文和班组安全管理成果征集活动，多篇征文获得北京市总工会奖项。组织参加北京市“安全是永恒的旋律”主题情景剧大赛，分获大赛一等奖、二等奖和最佳组织单位奖。公司连续七年蝉联“安康杯”竞赛优胜单位。开展“我为企业献一策”和“我为配电网建设献一策”合理化建议征集活动，征集各类建议3500余条，评选表彰优秀合理化建议150条，职工参与率超过80%，建议落实率达到100%。

■ 9月17日，公司举办农网配电营业工技能竞赛决赛。

（高春雷）

【先进、劳模评选工作】开展体检、疗休养、慰问等活动，将公司对劳模的关怀落在实处。推进“平凡孕育伟大、劳动奉献光荣”主题宣教活动，利用内外部宣传载体多层面、深层次地宣传劳模的优秀品质，引领职工敬业爱岗，挖掘选树先进典型，平谷公司获得全国五一劳动奖状、首都劳动奖状；陈牧云获得全国五一劳动奖章；王小宁、解思江、任轶、方文军获得首都劳动奖章；黄磊、王朴获得国家电网公司劳动模范称号；朝阳公司、海淀公司、检修分公司获得国家电网公司先进集体；丰台公司电费核算班等3个班组获得国家电网公司工人先锋号。张文新、陈牧云、王小宁、方文军等人的先进事迹被劳动午报、国家电网报等媒体广泛宣传。

■ 4月30日，工会慰问全国劳模徐建义和肖永立。

（高春雷）

【女工工作】2014年职代会期间各单位签订了新一轮《女职工权益保护专项合同》，全年为887名女职工办理特殊疾病互助保险，完成特病保险理赔。参加市总工会开展的“家庭梦、事业梦、中国梦”主题征文活动，客服中心包蒙、物资公司余晓鸿获优秀奖。参加国家电网公司工会举办的“书香国网　阳光健康”第二届女职工主题读书活动，报送征文215篇，海淀公司于丽娜、大兴公司刘丽艳、城区公司顾冰分获一、二、三等奖。参加华北电力工委学习党的十八大精神征文活动，通州公司周欣获一等奖，唐娅静、李建、李之彧、沈静、向丽等获三等奖。

评选出城区供电公司市场及大客户服务专业营业班等巾帼标兵岗10个，杜仲荣等巾帼岗位标兵10人，张颖等巾帼岗位能手50名。物资公司鲁敬荣获北京市“三八红旗奖章”、城区公司陈牧云荣获全国五一劳动奖章。举办女职工健康生活才艺展示活动，分为烘焙类、插花类、鲜切花造型、发型设计、手工艺品制作、丝巾系法、乐器演奏七大类展示。

（陈　莹）

【文体活动】开展“中国梦·劳动美·电力情”主题教育实践活动。利用培训会、大讲堂等形式加强形势任务宣传，开展以核心价值观、职业素质、职业道德、职业纪律为主要内容的教育，提高职工道德素养。以“电靓京城”冠名《劳动午报》周末专版，刊发市工业（国防）工会系统30多个单位的宣传报道300余篇。利用《电亮家园》、工会工作网宣传工会中心工作和重点任务。

参加“中国梦·劳动美·幸福路”首届全国职工摄影大展，公司获得优秀组织单位。开展优秀电网歌曲征集活动，《北京亮了》等5首原创歌曲获得国家电网公司职工作词作曲一、二等奖。举办“中国梦·劳动美·电力情”职工小品大赛，原创小品《新农网情》和《电力人家》分获国家电网公司职工小品大赛二、三等奖。承办国家电网公司职工文艺成果展示获得好评。开展职工书屋建设，3家单位获得华北电力工委模范职工书屋称号。物业公司韩春苓家庭当选北京第四届幸福之家创建活动十佳家庭。参加2014年全国电力行业职工羽毛球比赛，获得季军和体育道德风尚奖。参加北京市第五届职工羽毛球比赛，获得季军和优秀组织奖、优秀领队奖。举办职工羽毛球、篮球、足球比赛。

（于　磊）

【班组标准化建设】实施9个专业25项班组减负内容，清理、精简和优化班组台账记录865项，解决205项系统重复录入问题，压降班组辅助性工作量20%。拨付300万元工会专项经费改善基层班组生产生活条件，惠及800余个一线班组。举办班组建设论坛，搭建班组长交流学习的平台。开展“创建先进班组、争当工人先锋号”活动，创建“安全管理型、学习进步型、创新创效型、文明和谐型、民主建设型”红旗班组32个，巩固并深化班组标准化建设成果，涌现出丰台公司电

■ 6月19日，公司举办班组建设论坛。

费核算班、房山公司周口店供电所等一批先进班组。

（高春雷）

【职工创新工作室建设】按照国家电网公司“出人才、强素质、出成果、增效益”职工经济技术创新活动总体要求，依托31个职工创新工作室产生科技成果62项，群众性创新成果128项，申请专利165项，发表论文88篇。在集体企业建立职工创新成果孵化基地，为职工经济技术创新活动提供培训、设计、加工、试验和成果转化服务。开展年度优秀职工创新工作室和优秀职工创新成果评选活动，推荐优秀职工创新工作室和创新成果参加上级评选。张文新工作室被全国总工会评为首批全国示范劳模创新工作室，王朴创新工作室被北京市总工会命名，3个工作室被评为华北电力工委劳模创新工作室示范点，5项成果分别获得全国电力职工技术创新成果一、二、三等奖，1项职工操作法被评为全国电力职工优秀操作法。

12月10日，公司职工创新成果孵化基地正式启用。

（高春雷）

## 共青团工作

【主题教育活动】开展“我的中国梦　青春国网情”主题教育，组织“奋斗的青春最美丽”系列分享及主题团课活动。以青年文明号创建20周年、青年突击队成立60周年为契机，开展青年文明号诚信示范活动，公司调控中心市调作为全国青年文明号典型，代表国家电网公司参加团中央的青年文明号20周年成果展示活动。开展“一战到底”青年比武擂台赛，分3个阶段历时5个月，吸引超过2000名青年员工参赛。公司青年微电影作品《孟想的梦想》《梦想起航》分别获得北京市青年微电影大赛金奖及铜奖。

举办第八届“五四青年月”，邀请青年先进典型与青年员工分享成长成才经验。以读书、诵读、论坛、参观、文体、竞技等形式为载体，推出菜单式青年文化活动，吸引团员青年参与超过3100人次。

（左芳芳）

【青年志愿者管理和服务活动】深入推进“国网北京电力流动展厅进校园”品牌活动，接待北京团市委“社区青年汇”青年参观活动260人次。举办第五期青年志愿者训练营，通过招募、集训，选拔出34名第四批志愿（品牌）讲解员。

（左芳芳）

## 离退休工作

【落实离退休职工政治待遇】认真落实离退休职工的政治待遇，加强离退休党支部建设和思想政治建设。1月上旬，公司离退休职工代表分别参加了国家电网公司和公司职代会暨工作会。春节前夕，公司举办建制调整后担任正职退休干部迎新春联谊会，30余位老干部参加了活动。春节、重阳节期间，公司各级领导和离退休工作部负责人分别以慰问和座谈会等形式看望了离退休老干部和退休职工。

（张文旭）

【落实离退休职工生活待遇】按照合法合规、操作规范、切实保障离退休人员利益的原则，落实离退休职工生活待遇工作。把落实离退休职工生活待遇作为维护公司改革发展稳定大局的重点工作。“五一”劳动节和“八一”建军节期间，各级领导和离退休工作部负责人慰问了离退休老劳模和老军人。先后为退休职工发放春节、“五一”“十一”、重阳节等节日补贴和月度生活补贴，并且增加了为离退休职工订购生日蛋糕服务项目。协助社保系统为100余名老军人整理了北京市企业军转干部生活补助申报资料。

组织部分单位的133名退休职工到平谷金海湖退休人员活动站，参加北京市社保系统举办的退休人员疗养活动。组织120余名退休职工到延庆龙庆峡进行为期1周的休养活动。

■ 1月10日，机关退休职工联欢会。（张文安　摄）

公司各单位分别举办离退休职工新春联欢会、重阳节秋游以及慰问病、困离退休职工等活动；组织开展离退休职工年度体检工作，有针对性地组织举办了老年健康养生讲座。组织老年台球队、门球队、乒乓球队定期训练和外出比赛活动。

（张文旭）

**【离退休管理和服务】**根据“三集五大”建设过程中形成的新的体制机制和工作要求，组织修订离退休工作职责和服务流程。2014年，公司退休职工增加281人、去世93人，离休干部去世2人。截至年底，公司在册离休干部为42人，退休职工为5304人，离退休职工共计5346人。在日常管理和服务中，做好为公司离退休职工办理医药费报销，慰问重病、住院离退休职工，接待并处理老职工来信来访，办理丧事处理等帮扶送温暖工作。定期组织离退休工作研讨会、离退休职工座谈会，了解老同志、老职工的所思、所想和所需。举办两期离退休工作人员培训班。全年没有发生集体上访等问题。深化离退休工作人员队伍建设工作。

（张文旭）

# 学、协会工作

**【北京市电力公司科学技术协会】**北京市电力公司科学技术协会（简称科学技术协会）成立于1988年，是公司科技工作者的群众组织，是中国科协的基层组织，也是企业领导联系企业科技工作者的桥梁和纽带。

科学技术协会的主要任务是：围绕企业重点、难点技术问题，开展学术、技术交流活动，增强企业核心竞争力；开展科学技术普及活动，提高员工科学素质；开展技术创新、技术培训和科技咨询活动；接受委托参与、协调专业技术职称评定工作，推荐、表彰奖励优秀企业科技工作者；反映企业科技工作者的建议、意见和诉求，维护企业科技工作者的合法权益；加强自律管理，促进职业道德建设；支持企业科技工作者加入科学技术协会所属的全国学会，积极参加各级科学技术协会组织的活动，发挥团体优势，利用社会的智力资源，为促进企业科学发展服务。

开展QC成果展活动，汇集公司所属14家单位的19个优秀QC成果，在37个单位展出。申报2014年度金桥工程考核奖14项，荣获北京市科协“考核表彰”一等奖1项、二等奖1项、三等奖4项。

（李嫚莉）

**【北京电力行业协会】**北京电力行业协会（简称电力行协）是以服务为宗旨，打造服务品牌，促进北京市电力企业行业自律的组织。截至年底，有正式员工9人，其中有各类高级专业职称的3人，公司党委管理的干部1人。电力行协设置为综合管理部、协会业务部、协会管理部、财务部四个部门。

全年电力行协开展的主要工作是：① 社团组织管理。对公司各部门、各单位成立、参加、挂靠的社团组织进行现状调查和统计，并提交调查报告；对公司各部门参加的社团组织的会费缴纳实现了统一预算、统一上缴管理。② 行协会员管理。重新审核原有的会员单位，梳理联系方式，明确联系人，确定的会员单位有155家（包括新入会的三家企业）。③ 专业技术资格申报。受国网人才评价中心的委托，在会员单位中开展专业技术资格申报工作和评审工作，评定中级、高级职称20人，涉及11个单位，已批复并发证；认定中级职称人数21人，涉及9个单位，已批复并发证；认定初级职称人数1961人。④QC成果评审。举办2014年度北京电力行业QC成果评审，共有18个会员单位的28项QC成果参加评审，涉及发电、供电、修造三大类，6项优秀成果上报至中电联水电质量协会。⑤ 信用评价。完成了对1家会员单位的企业信用评价工作。⑥ 出版工作。《电力行业信息》双月刊经过改版共出版6期，同时完善了北京电力行业协会信息网的维护工作。

（李嫚莉）

**【农电学会】**农电学会担负着中国电机工程学会农村电气化分会、中国电力企业联合会农电分会秘书处的职能。中国电机工程学会农村电气化分会成立于1978年，下设电网专委会、自动化专委会、科技与教育专委会、电气设备专委会及科普工作委员会、编辑工作委员会。中国电力企业联合会农电分会成立于1998年，下设县级供电企业研究会、队伍建设与人力资源研究会和企业文化建设研究会。农电学会还承担着中国科协主管、中国电机工程学会主办的国家级期刊《农村电气化》和《农电管理》月刊的编辑出版工作，负责“中国农村电气化信息网”的编辑、管理职能。农电学会有正式职工5人，隶属综合服务中心，聘用人员22人，设有综合部、编辑部、学会部和经营部。

按照中国电机工程学会的工作要求，分会秘书处筹备换届工作，方案最终稿已上报国网人董部。

开展学术交流活动。与国网英大传媒共同组织开展了“农网改造升级工程优秀案例”系列活动，共征集论文548篇，8月，在山东蓬莱市召开了现场经验交流会；8月初，科技与教育专委会在兰州召开年度学术会议，围绕智能电力建设课题进行了广泛的交流与研讨，征集学术论文70余篇，会上交流10篇；自动化专委会紧密围绕农网智能化、县域电网调度自动化建设等进行了技术推广，组织专业技术培训，参加人员达200余人次；电网专委会在农网规划、农网典型化建设等方面进行科研工作，参与农网技术标准的制定，其组织的《农网35 kV配电化关键技术研究及示范项目》申报年度的中国电力科技奖。

由分会承办的《农村电气化》和《农电管理》两刊，全年共计刊发各类文章800余篇，其中技术及管理论文480余篇。两刊的年度总发行量完成97.72万册，比2013年的97.06万册有所增长。

农村电气化网。全年贴出各类文章约1.3万余篇，其中原创文章6800余篇，占52%。网站日点击量达2万余次。

10月初，在充分协商的基础上，完成农村电气化期刊社改制方案，并于10月底上报国家新闻出版广电总局。

（李嫚莉）

**【中国电力企业联合会供电分会】**中国电力企业联合会供电分会（简称供电分会）是中国电力企业联合会（简称中电联）的分支机构，在中电联的领导下开展工作，接受中电联有关部门和北京市电力公司的业务指导，现有会员单位236家。供电分会设会员代表大会、理事会、会长办公会、秘书处及8个专业委员会等组织机构。在京日常工作人员10人，其中在职4人、聘用6人。业务范围包括行业管理、信息交流、业务培训、专业展览、书刊编辑、国际合作、调研咨询、反映诉求。

按照中电联第五届理事会的总体部署，完成供电分会月、季、年度的工作情况汇报、年鉴编写、有关财务报表和相关材料的报送工作，参加中电联组织的各类相关会议。

通过小型座谈会、网络通信和《供电企业管理》杂志开展服务，宣传中电联的重要会议精神、重要活动安排以及有关供电企业的重大调研成果，了解会员的服务需求和诉求。全年编辑出版发行杂志6期。

（李嫚莉）

# 供电公司

# 城区供电公司

【概况】城区供电公司是北京市电力公司（简称北京公司）直属大型重点供电企业，负责东城、西城两个行政地区 93km$^2$ 范围内的电网规划建设、运行管理、电力销售和 244 万客户的供电服务工作，肩负着为政治核心区、国家党政军机关、重大政治活动和城市运行安全供电的光荣使命。

截至年底，共设置 11 个职能部门，4 个业务支撑机构及 1 个集体企业。共负责 110kV 变电站 29 座，主变压器 95 台，容量 4902MVA；35kV 变电站 1 座，主变压器 2 台，容量 40MVA；10kV 架空（含混网）线路 283 条，长度 385km；10kV 电缆线路 10 086 条，长度 3318km；10kV 双环网 29 对，10kV 电缆环网率 35%。

全年完成售电量 97.10 亿 kWh，完成线损率 6.29%，完成业扩包装接电容量 57.09 万 kVA，电费回收率 99.97%，供电可靠率 99.988 7%，电压合格率 99.997%，最大负荷 216.9 万 kW。

荣获首都文明单位标兵、北京市质量管理小组活动优秀企业、中国电力新闻网新闻宣传先进单位、公司先进单位等荣誉称号。

地址：北京市西城区西直门南小街 174 号
邮编：100034
电话：010-63128718

【人力资源】城区公司共有全民职工 513 人，其中研究生及以上学历 55 人，本科学历 178 人，专科学历 151 人；高级职称 47 人，中级职称 89 人；技师及以上职业资格 198 人，高级工 111 人，中级工 17 人。人力资源同业对标排名第 3 位。

开展全员绩效管理工作，分解、细化重点指标和工作任务 14 大类、108 项，形成重点导向突出、指标结构数量合理、提升管理工作水平的“四库”绩效考核指标体系，共计 56 类 353 项。全力推进业务委托工作，成立任务领导小组和 11 个专业工作组，建立例会制度，通过内部月报、周报，找问题、提建议、抓进展；制定中长期委托方与受托方任务进度表，逐项列出委托任务 34 条，承接任务 23 条，业务委托阶段性工作顺利完成。

推进城区公司内部人力资源市场建设，统筹人力资源市场供给与需求，优化岗位竞聘、人才帮扶、劳务协作、临时借用、挂职（岗）锻炼、组织调配等配置方式，完善市场运行配套机制，建成统一规范、流动有序的内部市场，盘活系统内部人力资源存量。开展内部人力资源市场建设，内部人力资源市场信息平台正式上线。

【电网规划与建设】取得礼士路、法华寺等 7 项 110kV 及以上电网项目支持性文件批复。完成“网格化”配电网规划报告及现状电网梳理及问题分析、电动汽车接入研究等 5 个专题报告。统筹生产、营销等专项技改项目，形成 2014~2017 年全口径规划项目库 219 项，总投资 43.846 亿元。加强与地方政府合作，推进“零前期”模式在核心区取得突破，率先与西城区政府签订共同加快国际一流配电网建设合作协议，争取到政府电网建设投资资金每年 3 亿元。

金宝街 110kV 变电站投产运行，新增变电容量 20 万 kVA。完成国经交流中心外电源改造工程、北城变电站 10kV 切改工程。20 项可靠性提升工程中 4 项工程完成施工监理招标，13 项工程完成设计招标，3 项工程开展立项工作。推进核心区煤改电工程任务，涉及居民 1.7 万户，完成配套外电源工程设备安装，其中开闭器、箱式变压器及柱上变压器 215 台，新立电杆 90 基，敷设电缆及架空线 176km，安装墙箱、地箱 2852 台。完善架空线入地和配迁工程管理办法和组织流程，确保按期发电。

1 月 22 日，金宝街 110kV 变电站投运，北京东城区用电紧张局面得以缓解。

【经营管理】细化财力集约化业务流程和管理细则，推进财务管理职能向决策支持型、价值管理型转变，促进财力集约化管理深入应用和常态运行。强化财务管控意识，严格成本费用管控，“三公”费用持续大幅下降。

突出对重大项目投资、大额资金支出、敏感及社会关注事项的检查，加强审计监督工作。全年圆满完成各类迎审、迎检任务6项；自行组织开展物资管理专项审计，全面揭示风险，提升物资管理水平，审计成果获年度北京市电力公司优秀审计项目二等奖。

开展运营监测各项工作，对所有指标进行场景轮询，根据指标数据需求，每月对当期数据接入的完整性和准确性进行核查，将发现的数据问题及时汇总上报。每月中旬组织业务部门，对当月发生的指标异动信息进行分析，年内共完成场景监测分析343条。截至年底，营销基础数据完整性监控记录数12 629条，数据准确性监控记录数29 029条。稽查监控工作累计完成异常数据修正41 658条，其中经营成果和工作质量类10 269条，数据质量类31 389条。

推进土地确权工作，共取得土地证18宗，占公司29宗土地确权项目的62%。对办公用房使用情况进行清理规范，改造办公室6间，调剂办公用房15间，使办公用房面积减少798 $m^2$。按照公司非生产项目管理要求，全年共计完成桃园办公楼路面及围墙修理、东直门西配楼综合维修等大修项目5项。高度重视车辆使用费和交通安全工作，车辆实行集中管理分散调度的原则，制定并实施各项交通安全措施，对交通违法行为的考核提供依据。组织召开交通安全会议，提高职工交通安全意识。

城区公司同业对标获得可喜成绩。蝉联国网北京市电力公司“综合管理”“业绩对标”“管理对标”标杆；“安全管理”“人资管理”等8个专业获得专业管理标杆；《加强配网及外包工程作业现场安全管控》典型经验入选国网北京市电力公司典型经验库；QC小组《提高配电自动化线路故障区间判断的正确率》荣获国网北京市电力公司QC成果二等奖。

【安全生产】全面推进“大检修”体系建设。与公司31项通用制度对接。明确运检专业典型员工岗位12个，典型生产单元5个，对接公司通用流程21项，将专业核心制度分解到岗、对应到人。

全年完成政治供电任务71项，其中特级政治供电任务2项，一级政治供电任务27项，二级政治供电任务20项，三级政治供电任务22项，累计保电天数279天。建立保电例会和工作专报制度，召开推进会15次，累计制定“两案、一标准、一计划”和各类保障手册32件，共35余万字。

提升变电专业精益管理水平。规范断面管理流程；加快对高损变、油断路器、油纸电缆等设备的改造更换，加快完成对重载配电变压器分换装，“$N-1$”电缆比例达到99.7%，市区10kV配电网架空线路联络率、绝缘化率和断路器无油化率均达到100%。

巩固运检技术管理，提升技术能力。开展各专业月度评价12项、专项评价11项；制定年度状态检测计划，共计完成检测工作1423件，发现并处理设备缺陷和隐患43例。

推进项目管理，提高资产管理水平。制定运检业务实施模式、清单及实施模式，推进运检业务委托；加强项目调度，组织例会及时通报。

开展防汛管理，强化防汛隐患治理。围绕24户防汛重要用户深入开展隐患排查，查出并消除防汛重要客户隐患48项、城区公司设备防汛隐患27项。完成防汛相关大修技改项目13项。发现并消除14项各类安全问题。

■ 3月16日，城区公司完成全国两会保电任务。

【营销与优质服务】全年换装智能表215 225具，收集客户信息开通短信服务150 658户。更换分时电价及功率因数表计1.3万具、采集2460台区（覆盖率达到50%）。

推出远程应急送电服务，累计受理22 997笔，成为城区公司服务品牌；发放带有“户号标识”、手机APP和微信二维码的购电卡215 225张，方便客户购电、查询信息。当年智能表工程开通短信服务172 180户，累计开通242 099户。开展微功率无线互联互通现场升级工作，全年升级1460台集中器，累计互通智能表已达350 625具，全网互通率已达57.6%。试点研究了宽带载波通信技术，实现台区光纤与集中器的采集对接。开展重点稽查监控主题95个，常态监控

281 项数据质量问题，日均监控数据量高达 7876 万条，2014 年累计整改问题数据 4.1 万条。

组织开展营配贯通数据采录工作。累计完成 122 条专线、0.829 5 万台专用变压器采录建模工作，专线、专用变压器清理完成率均达 100%，累计完成 0.39 万户高压用户采录挂接工作，高压用户挂接完成率达 100%，完成 0.39 万个高压用户点照片采录工作，高压用户点照片覆盖率达 100%；累计完成低压电网数据采录贯通 0.670 2 万个台区，台区贯通完成率达 100%，累计已采录挂接低压户数 93.14 万户，涉及低压计量箱 82.31 万个，电能表 93.22 万具，用户挂接完成率达 100%；累计完成 1.58 万个营销资源采录，营销资源采录完成率达 100%。

建设完成充换电站点 22 个、充电桩 186 根。已投运的充换电站服务电动汽车 358 辆，累计提供充换电服务 3.9 万次，充电量 124 万 kWh，服务里程 300 万 km。建成公共领域充电站点 22 个，初步形成北京城区地区公共充电网络。

营销业务质量管理体系有序运转，开展重点稽查监控主题 95 个，常态监控 281 项数据质量问题，日均监控数据量高达 7876 万条，全年累计整改问题数据 4.1 万条。

加强电费回收管控，开展高压客户分次划拨电费、分次抄表结算电费及电费担保等协议的签订工作。应用用电信息采集系统监测数据，出动反窃电专业人员 318 人次，发现并查处窃电和违约用电行为 237 起。全年查处窃电及违约用电补收电量 137 万 kWh，补收电费 101 万元，收取违约使用电费 436 万元。

服务客户 93 万户，购电 33 万笔，金额 4.38 亿元；应急送电 2.3 万户次。构建便民交费服务网络，拓展有线电视、电话银行、手机银行、95598 智能互动网站等多元化便利交费渠道；拓展电费充值卡社会化代销渠道，销售电费充值卡 4758 张，金额 10.6 万元。

梳理客户服务相关流程，大幅简化业扩报装、修补卡等手续资料种类，减少高低压客户业扩报装 21 项、修补卡 3 项手续资料，实施同城报装、流程串改并、取消接入系统方案（一级开发除外）等高效业务办理方式，提高办电效率，完成分布式电源并网发电 10 项，完成充电桩共计 25 处 186 个。

强化客户投诉管控，组织针对典型服务事件进行分析点评，全年投诉量同比下降 10.3%。对全公司 61 名窗口服务人员进行培训考核，服务人员持证上岗率达 100%。利用视频监控、明察暗访、第三方满意度测评等多种方式强化窗口服务质量监督。

完成 3 项轨道交通配套受电工程。推进老旧小区配电设施改造，解决并实施两处老旧小区用电问题，惠及百姓 700 户。共产党员服务队新增挂牌社区 9 个，对 29 个居民社区实行挂牌服务，开展党员服务队“六进三送”“五心服务进万家”等各类服务 273 余次。

11 月 15 日，城区公司 2014 年“煤改电”工程竣工告捷。

**【科技与信息化】**加大科技创新工作力度，组织完成群众性创新项目和科技创新项目各 1 项，申请专利 45 项，完成专利授权 24 项，完成科技论文 40 篇，两篇荣获公司优秀论文奖。从 ERP 系统深化应用出发，督促各分项指标提升，加强信息安全管理，落实公司各项管理制度，荣获公司 2014 年配套保障标杆称号和“国家电网公司信息通信工作先进集体”称号。

**【党的建设与精神文明建设】**深入开展党的群众路线教育实践活动，紧密结合首都核心区特色和城区公司实际，融入中心，服务大局，提升员工队伍素质。2014 年，公司蝉联首都文明单位标兵，推荐为国家电网公司文明单位，保持公司文明单位标兵、先进基层党组织称号，连续四年获得公司思政体系同业对标综合标杆；获得全国“安康标”竞赛优胜集体、中国电力新闻网新闻宣传先进集体荣誉。

坚持聚焦“四风”关键问题不放松，组织所属 9 个党支部、264 名党员认真参加教育实践活动，围绕电网发展、安全生产、优质服务、依法治企、业务委托等重点工作，形成“两延伸、两结合、一推动”的城区公司特色。在“四强化四提升”的服务举措活动中征集的意见建议 111 条，制定 82 项整改措施，全部落实完成。2014 年中心组学习共计 21 次。实施党建对标，构建党支部积分管理考核体系，强化重点岗位党员教育，开展党组织、党员社区报到活动。高质量发展党员 8 名，预备党员转正 12 名。

推进“五平台”建设，深化运行机制、队伍培养和品牌宣传，坚持绩效管理，发挥激励与约束作用，塑造优秀品牌，提升共产党员服务队建设。在“六进三送”和“五心服务进万家”活动中，实现西城区15个街道挂牌服务“全覆盖”，全年开展为民服务1100次，受益群众超过71 000余人次。陈牧云获得全国五一劳动奖章，她所在的共产党员服务队荣获中央企团工委青年文明号、西城区明星志愿服务团队等荣誉称号。

推进企业文化传播落地，连续两年实施班组企业文化建设工程，发掘班组员工企业故事；构筑基层传播阵地，展示班组自身文化建设成果。总结提炼班组企业文化建设经验，报送国家电网公司最佳实践案例，规范员工行为，促进企业文化入脑入心。全员开展“五提升一加强”主题实践活动及“尽职履责勇担当”职业素养提升工程，组织参加“北京好榜样、为民务实清兼”先进典型评选和“道德讲堂”等系列活动。连续两年举办“平凡孕育伟大 榜样凝聚力量”先进典型事迹展，在活动中发掘“小人物”“老黄牛”，公司范围内全员树立学先进、崇尚先进、争当先进的良好风尚。

坚持依法治企，聚焦“四风”整治。在开展“八项规定”专项检查中，定期督察、自查公务接待、车辆使用、工程管理等13类40项内容。实施效能监察，全年发现问题14个，成果荣获北京效能监察一等奖。在明察暗访活动中，征集服务监督意见19条，并逐项整改回应。强化审计监督，对物资管理进行客观评价，着力从管理、职责、流程等方面入手，物资管理专项审计项目荣获公司二等奖。

在合理化建议的征集活动中，连续三年荣获公司一等奖。职工创新工作室全年取得专利授权21项，并获得公司一、二等奖。参与公司“京采夕阳”离退工作创新实践课题研究活动中，荣获国家电网公司一等奖。

加强党风廉政建设工作。将“八项规定”检查方案细化为会议管理、公务接待、车辆使用、工程管理等13类40项具体内容，并界定检查标准、制定规范模板、明确操作要求，层层落实到责任部门，实施月月督查、季度自查，检查覆盖面达100%。全年共召开协同监督联席会议4次，研究议题12项，下发整改意见书23份，有效促进了物资管理、工程管理、财务管理等依法治企重点问题的整改落实。全年共梳理重点岗位53个，涉及人员73人，完成重点岗位交流37人。开展工程建设领域专项治理效能监察，项目成果获国家电网公司三等奖、公司一等奖。

开展“电靓京城”品牌传播等主题活动。将“煤改电”“共产党员服务队”等亮点工作纳入公司传播主题，共塑企业品牌形象。全年在《人民日报》《北京日报》等社会媒体以及《国家电网报》《中国电力报》等行业媒体上发稿达400余篇，开展新闻外联30余次，实现了品牌传播的多元化。

（吕　翔）

## 朝阳供电公司

**【概况】**朝阳供电公司（简称朝阳公司）成立于1987年，是北京市电力公司直属供电企业，负责朝阳地区470.8km$^2$范围内的电网规划建设、运行管理、电力销售和151.43万客户的供电服务工作，肩负着为约占全市三分之二的星级饭店、外交驻华使馆区、奥运中心区、中央商务区、大型商业区、工业、农业、涉外企业及居民生活和重大政治活动和城市运行安全供电的使命。

截至年底，共设置11个职能部门、3个业务支撑与实施机构，下设33个班组、6个供电营业所、4个农村供电所。

共负责110kV变电站41座，主变压器124台，容量6015.9MVA；35kV变电站3座，主变压器7台，容量126.3MVA。10kV开闭站234座，小区配电室1668座，箱式变电站636座，配电变压器4654台。10kV架空线路285路，线路总长度2280.56km。10kV电缆3579路，总长4569.23km。实现全年安全生产无事故目标，累计安全生产长周期1568天。

全年完成售电量156.59亿kWh，同比增长2.13%；完成线损率7.62%；完成业扩报装接电容量139.07万kVA；电费回收率99.99%。城网供电可靠率99.988 9%，农网供电可靠率99.960 7%农网，电压合格率为99.995%。最大负荷321.9万kW。

荣获首都文明单位标兵，国家电网公司先进集体，国家电网公司运检、调度专业先进集体，公司先进单位，公司安全生产、优质服务先进单位，先进基层党组织、先进工会等多项荣誉称号。

地址：北京市朝阳区关东店 24 号
邮编：100020
电话：010-63661136

【人力资源】截至年底，朝阳公司共有全民职工 494 人，研究生及以上学历 24 人，本科学历 211 人，专科学历 128 人；高级职称 40 人，中级职称 93 人。

强化员工队伍建设，盘活主业人力资源，建立完善了涵盖全专业、覆盖全岗位的专业人才培养路径，挖掘现有人员潜力。创新人才培养模式，发布《朝阳供电公司优秀专家人才培养模式》，建立朝阳公司级 83 人“优秀专家人才培养库”，立项培养课题 44 项，通过建立专业小组的形式，将解决公司实际问题纳入到人才培养活动中。

开展全员绩效管理工作，组织修订实施方案，并宣贯实施。选取变电专业开展一线员工绩效结果与薪酬分配挂钩试点建设工作，完善积分标准集。作为公司地（市）级单位推荐的唯一代表，迎接了国家电网公司业绩考核专业复查工作的检查。被选为地市供电公司唯一一家全员绩效管理系统上线一线员工试点实施单位，配合项目组入驻公司进行现状调研及差异分析。

探索专业人员培养路径，调研完成用电检查、调控专业人员培养路径，明确胜任专业岗位需要掌握的知识、技能和工作经历，绘制业务需求图形和岗位胜任素质模型。完成变电运维、配电站运维、线缆运维、客户服务、电费核算和电能计量专业知识需求调研。

【电网规划与建设】朝阳公司密切关注地区热点项目，东南部地区电网规划工作成效显著，黑庄户 110kV 变电站进入规划选址，并同步启动 220kV 变电站的选址论证；CBD 区域 500、220kV 和 110kV 变电站规划工作取得突破性进展。推进“网格化”配网规划工作，顺利获得批复。开展配电网建设改造“七结合”工作（融合配网规划与电网隐患整治、现状电网改造、重要用户可靠性提升、老旧小区改造、“临时代永久”小区改造、业扩报装工程等七大类配电网业务），实现电网规划、运行管理、业扩报装、建设改造等信息的有效统筹，提升配电网建设改造的科学性与针对性。“七结合”工作先期分析的 47 处结合点已纳入朝阳公司 2014、2015 年配电网建设改造项目。

共承接输变电工程前期工作 12 项，承接输变电工程建设任务 13 项，小红门 110kV 扩建工程、望京至三元 110kV 切改工程竣工，金盏与电子城 110kV 输变电工程顺利投产。强化施工现场安全、质量、进度管理，在小营电动公交充电站工程中，加强供电方案制定、工程施工等环节的调度协同，在 46 天内完成了此项北京市政府重点工程。圆满完成 5 个村共计 1500 户的“煤改电”工程。

【经营管理】推进信息畅通，开展“走下去、请上来”的“周调研”工作。朝阳公司领导班子轮流“走下去”，赴基层调研共计 39 人次，收集意见建议 143 项，解决 142 项，正在落实中 1 项，完成全部 18 个单位“请上来”汇报。通过“周调研”的持续开展，发现并解决一线实际问题。以协同高效为目标，深化“三集五大”体系建设。积极搭建协同平台，定期发布涉电信息，促进各项工作流程的磨合优化。开展“自主命题”式的基础提升工作，管理基础逐步夯实。公司各部门、各单位从自身角度出发，以“缺什么、补什么”为原则，围绕 38 项基础性业务开展“筑基”工作，先期发布 11 项阶段性成果，取得良好成效。

加强会计基础管理，成为首批国家电网公司评估达标单位。以指标工作为抓手，提高各专业精益化管理水平和指标管控能力。同业对标工作取得公司综合标杆、业绩标杆、管理标杆，以及安全管理、人力管理、物力管理 3 项专业标杆，并有规划管理、财务管理、运行管理、检修管理、配套保障管理 5 项优秀成果入选公司典型经验库。完善房屋、车辆等台账，后勤管理工作实现精细化。加强集体企业实体化建设，在 APEC 供电保障、营配贯通等工作中做出突出贡献，发挥关键支撑作用。完成 601 人的业务委托转签工作，做好职责界面划分和流程调整，关注员工思想动态，确保各项工作不断不乱。

【安全生产】全面推进隐患排查与整治工作。开展集合职能与专业、管理与一线的多专业架空线路会诊巡视，促进现场巡检质量及覆盖率的有效提升。利用状态监测等技术手段、结合专项隐患排查活动，变电、配电、线缆专业及各供电所全年共计查找各类隐患、缺陷 1751 处，按照计划全面整改，安全生产基础不断夯实。完成各项工程改造，完成输电通道交接与周边安全隐患摸底，推动隐患录入朝阳区城市综合管理平台，纳入常态化管控工作流程。加强与区委、区政府的沟通，建立与发展和改革委员会、安全生产监督管理局、园林管理局等部门的联动机制，完成咸宁侯村 5000 多 $m^2$ 的违建拆除，线下违建治理与去树工作成效显著。

■ 2月7日，朝阳公司线路工人雪天巡线。（翟磊 摄）

采用“消项”机制推进电网隐患整治工作，组织实施35项技改工程及15路架空线路综合检修，有效解决部分变电站与开闭站不满足“N-1”的问题，提升架空线路的健康水平。开展“反违章”工作，各级领导干部与管理人员认真执行“到岗到位”要求，确保现场各项安全制度与措施落实到位。加强预警与应急工作，建立电网风险预警管理工作机制，实现信息分析、定级、发布、反馈的闭环管理。强化应急实战能力，开展防汛、度夏、度冬演练36次；针对恶劣天气及特殊时段启动预警45次，应急能力进一步提升。

■ 7月23日，度夏期间应急抢修保证居民安全用电。（翟磊 摄）

完成政治保电任务32项。在APEC供电保障中，克服保障工作点多面广、用电需求反复变化以及多项任务同时开展等诸多困难，创新保电模式，“坚持靠前指挥、坚持群策群力、坚持信息通畅、坚持协同高效、坚持夯实基础”，再次实现了供电保障的万无一失，赢得国家电网公司与北京市政府的高度赞扬，获得了公司的表彰奖励。全年未发生八级及以上安全事件，实现3个百日安全生产长周期。

**【营销与优质服务】**截至年底，共管理营业客户151.43万户。其中卡表用户39.91万户，智能表用户106.66万户，机械表4.86万户，网络表用户0.002万户；220kV客户4户，110kV客户11户，35kV客户10户，10kV客户15.85万户，低压客户135.58万户。全区共有重要客户245户，其中特级客户3户，一级客户92户，二级客户101户，临时重要客户49户。

牢牢把握国家电网公司优质服务是“生命线”的要求，贯彻“不纠缠、少争论”的工作理念，各级干部靠前指挥、亲力亲为，努力压降舆情风险。加强工单分析与考核，投诉数量大幅降低，实现四周“零”投诉，创下新的无投诉纪录。提升业扩工程管理水平，通过压结存、促业扩和简化手续、优化流程，全年新增报装115.55万kVA，完成送电139.07万kVA，其中涉及中央统战部、人民日报社、国家会议中心等重要用户，涉及北京市政府重点工程轨道交通、保障房等项目42项，全年新增居民用户1.4万户。

增强电费、电价、电量管理，合理采取多渠道回收、法律诉讼、停电等多维手段，催缴电费，应收电费余额425.43万元，控制在公司下达的1650万元以内，电费回收率完成99.99%。加强高压用户内部用电设施管理，创新开展客户安全等级评定，完成定福庄、黄厂、孙河东三个变电站所带15条线路262户高压客户的现场检查，探索营销与生产协同保障安全的新模式。通过模拟操作演练、加派现场巡检人员等方式，提高智能表换装和管控力度。智能表换装完成49万具，超前、超额完成45万具年度任务。台区表安装完成5280具，完成全年计划。

以APEC供电保障“零闪动”为目标，开展客户安全评估、隐患整改、预案编制与应急演练，完成21户重要客户及523户同母线客户的隐患排查、实传、大负荷测试等工作。完成营配贯通工作任务，面对

■ 5月30日，朝阳公司共产党员服务队到外来务工人员子弟学校开展电力线路检查。（翟磊 摄）

150.6万用户、9711个低压台区的庞大工作量，低压客户贯通率、台区采录率及贯通率均达100%。

【科技与信息化】转变观念，提升科技工作对企业科学发展的支撑和促进作用，从机制创新、管理创新、技术创新等方面入手，建立完善科技创新体系，强化项目过程管理，加强重点项目的协调与组织，加大创新成果的推广应用，提升朝阳公司科技成果水平。申请专利33项，12项专利获得授权；《继电保护整定计算与管理问题浅析》获得公司优秀科技论文三等奖。《供电企业配电专业员工队伍绩效管理实践》获得2014年第二十九届北京市企业管理现代化创新成果二等奖。《防水防潮型安全围栏的制作》获得公司群众性技术创新成果二等奖。

全面开展配电通信网（光纤到台区）建设，项目改造涉及1156个台区（45台环网箱式变压器和1156台柱上变压器）、34条10kV架空线路、光缆长度为380km，项目总投资9819.67万元。截至年底，完成项目可研编制、可研批复、初设审核等项目准备工作。信息安全保障全年无事故，完成APEC、全国“两会”等重要信息安全保障工作，桌面防护能力稳步提升。加强信息化建设，完成外围办公地网络及附属设施改造工程，提升朝阳公司网络运行质量。在信息通信管理实践中不断摸索经验，撰写的《信息安全教育深入基层，构建信息安全基层长效防控体系典型经验》入选公司同业对标典型经验库。

【党的建设与精神文明建设】深入推进党的群众路线教育实践活动。本着“五到位”原则，面向政府和群众征求意见建议88项，做到立查立改，建立长效机制。落实党支部书记“一岗双责”，确保基层党组织建设与重点生产经营任务有效结合。成立APEC供电保障临时党支部，党员服务队临时支队，在保电工作中充分发挥了党员先锋模范作用。巩固党员服务队“三化”建设成果，“六进三送”活动与“五心服务进万家”工程进一步深化。加强科学民主决策，落实“三重一大”决策制度，领导班子和干部队伍建设进一步加强。

全面推进企业文化建设，深入开展“四个朝阳”群众性文化活动，强化员工对企业文化的认同感。深化文明单位创建工作，开办“道德讲堂”，在首都文明办检查工作中得到高度评价，为争创全国文明单位奠定了基础。加强朝阳公司品牌建设与新闻宣传，做好舆情风险防控，维护公司良好品牌形象。全年，朝阳公司在公司级以上媒体发布稿件1125篇，朝阳公司内网发布稿件1758篇。启动涉及欠费停电、电网故障抢修、供电质量等新闻预警46次。

开展“三必谈、两必访”活动，关心关爱员工生活与工作中的实际困难，为员工解决实际问题。以职工之家为载体，完成中心职工之家方案设计，建设完成2个职工小家、21个职工之家关爱角，完善职工服务平台。

（欧阳昕倩）

## 海淀供电公司

【概况】海淀供电公司（简称海淀公司）成立于1987年，是北京市电力公司的直属供电企业，负责海淀地区430.77km$^2$范围内的电网规划建设、运行管理、电力销售和77.12万客户的供电服务工作。

截至年底，共设置11个职能部门，下设58个班组、3个供电营业所、6个农村供电所。负责110kV变电站37座，主变压器117台，主变压器容量5993MVA；10kV架空线路237条，长度1645km；10kV电缆线路2109条，长度3879km。

全年完成售电量124.03亿kWh，同比增长0.1%；线损率6.13%，优于年度指标0.27个百分点；完成业扩报装接电容量78.03万kVA；城网供电可靠率达到99.991%，农网供电可靠率达到99.976%；最大负荷为266.76万kW。

2014年，在公司业绩考核和同业对标评比中，海淀公司获得直属供电公司业绩考核第一名，蝉联综合、业绩、管理对标标杆，其中，综合对标连续两年保持第一。荣获国家电网公司先进集体，公司先进基层党组织，安全生产、优质服务、APEC供电保障突出贡献先进单位等荣誉称号。

地址：北京市海淀区双榆树南里二区八号
邮编：100086
电话：010-63129907

【人力资源】截至年底，海淀公司共有长期职工469人（其中全民职工445人，集体工24人），华商电灯公司职工112人，劳务派遣职工400人。其中研究生及以上学历 39 人，本科学历 262 人，专科学历 261 人；高级职称 40 人，中级职称 95 人；技师及以上职业资格 258 人，高级工 243 人，中级工 112 人。

有序推进业务委托，完成 312 名劳务派遣员工的转签工作，实现人员、业务的平稳过渡。做实绩效管理，建立并完善“1+13”绩效考核体系，坚持当月考核、次月兑现，全年累计奖惩 123 人次。突出专家人才培养，全面启动“师带徒”培养工作，共确认 31 对师徒开展业务技能培养，年度人才当量密度指标提升至 1.079。全年竞赛调考中获得公司基建专业通用制度调考个人第一名、团体第二名，农网配电营业工技能竞赛个人第二名，合同管理调考团体第三名等好成绩。

结合民主推荐和干部考察情况，分两批次进行干部任免调整，2 名同志由中层副职选拔为中层正职，1 名同志由管理岗选拔为中层副职。结合重点工作岗位轮换要求和工作实际，对于中层干部交流任免调整 5 人，向市公司交流培养人才 10 人。建立后备干部库和动态培养机制，把岗位锻炼作为培养干部的重要途径，搭建优秀人才和干部的成长平台。开展中层干部中期考核工作，建立四方面、十维度、多层级的考核评价体系。

**【电网规划与建设】**海淀公司连续六年获得区政府 2.5 亿元电力配套专项资金，吸引银行数据中心、重点园区等外部投资 1.145 亿元，同时，争取公司 12.9 亿元投资，为地区电网的健康快速发展提供了坚实保障。配合公司完成“十三五”电网规划编制，完成 2014 年海淀地区“网格化”配电网规划滚动修编和 2015～2017 年海淀全口径规划库项目储备工作，2015 年入库项目全部完成可研批复。开展 110kV 及以上电网项目规划前期任务 19 项，落实后屯等 8 个变电站站址，签订用地建设协议及投资划分协议 5 份，无偿征地用地面积 2264 8m²，取得配网项目核准 112 项。

协助公司完成 220kV 西北热电工程的前期建场工作，确保重点工程按期投产。稻香湖、三星庄 110kV 输变电工程配套隧道土建工程开工，有力支撑海淀北部地区经济开发建设；海淀 500kV 输变电工程投产，彻底消除海淀区上级电网大面积停电风险隐患，极大提高海淀区供电安全保障水平。

结合地区配电网薄弱的实际状况，实施 22 路网架结构优化大型技改工程，完成重载 10kV 配电变压器分装 43 台，换装 80 台。架空线路自动化建设初具规模，累计已有 178 台柱上开关实现自动化功能。

全年推进 110kV 主网工程 12 项，新增 110kV 变电容量 200MVA，新增 110kV 电缆输电线路 29.1km。创新建立基建安全质量“撞线”评价考核体系，提升安全质量管控成效，西二旗 110kV 输变电工程通过国家电网公司优质工程检查，北坞村 110kV 输电工程被授予“无违章工地”流动红旗。

■ 1 月 16 日，海淀公司对一亩园社区进行增容改造，保障老百姓度过一个温暖、光明的新春佳节。（王长明　摄）

**【经营管理】**“三集五大”体系全面建成，顺利通过评估验收。基本建成“五位一体”协同机制，初步实现流程与各管理要素的有机融合。全面对接通用制度，分两批次废止自建制度 63 项，初步建成覆盖全员的岗位制度体系。落实“全员学制度、全员考制度”活动要求，考试合格率 100%。运营监测初步建立规范工作流程，累计接入监测指标 878 项、核查疑似问题数据 726 条。强化督办过程管控，推动 173 项重点工作任务按期完成。

加强经营过程管控，实现资产设备全口径联动，工程竣工决算完成率 100%。完成国家审计署经济责任审计等 3 项重大迎审迎检任务，开展内部自审 2 项，完成上一年度审计发现的 50 项问题整改工作。提升依法治企意识，全年通过 7 起法律诉讼，避免、挽回损失近 200 万元。推进集体企业重组整合，完成 4 家企业清算处置工作。

实行职能部门车辆统配统调、专业班组车辆集中管理的车辆规范管理模式，实现公司车辆 GPS 监控系统全覆盖。推进土地确权工作，获取紫竹院、甘家口、青龙桥 3 座变电站 14 196.72 m² 的土地权属证明。

海淀公司报送的“强化作风建设和能力建设，全面提升队伍建设水平”“安全隐患排查治理 2+2 管理模式”“安全质量‘撞线’评价考核体系”“配网故障研判与快速恢复供电”“车辆管理”共 5 项成果入选市公司典型经验库。

【安全生产】落实各级安全责任制，深化反违章管理，强化有限空间作业红线意识，狠抓作业现场规范化管理，累计查处各类违章150项，生产作业现场巡检覆盖率达到100%。加强隐患缺陷治理，完成配电架空线路三线搭挂、交叉跨越、同杆架设安全隐患专项排查1137处。完成10kV架空线路综合整治14路，检修、清扫电杆1688基，加装避雷器3911支，更换完善绝缘6642处，增强导线绝缘2056m，电网设备运行水平和健康状况大幅提升，全年配电网故障同比降低4.7%。完成12座变电站的精益化自查和问题整改工作，提升变电站运维管理水平。

■ 5月30日，在气象台发布红色高温预警的超高温下，海淀公司运行人员对10kV东冉路架空线路进行特巡。（王长明　摄）

推进安全风险管控和风险指数体系建设，开展周风险指数分析，制定并落实311项管控措施。强化电网风险分析，精确预测电网运行趋势，全年主配网停电计划执行1404项，同比减少5.45%，停电计划“四率”综合指标均值达99.13%，在市公司排名第二。不断提高对恶劣天气及各类电力突发事件的应急处理能力，启动各类应急预警16次，经受电网夏季266.76万kW、冬季224.29万kW的高峰负荷考验。

按照“分级、分层、分流、分窗口”原则持续开展监控信息优化，提高调控运行的质量和效率，日异常信息处理量减少21%。结合“十二五”电网规划及配电网技改工程，对地区电网开展2~3年发展形势及薄弱环节分析，形成系统工程联动体系，逐步提高地区配电网络实际使用效率，加强配网整体稳定可靠。开展地区10~110kV各级电网互倒互带能力分析，强化电网检修和基改建过渡方式安全分析，落实地区电网风险预警机制，结合年度负荷变化，发布地区电网预警单62份。

完成“全国两会”“APEC领导人会议”“十八届四中全会”“探月工程三期任务”等特、一级供电保障工作，全年完成政治供电任务156项（特级2项，一级30项，二级19项，三级105项），累计保电331天。在APEC供电保障任务中，树立了重大政治活动供电保障“零差错、零闪动、零投诉”的新标杆。全年未发生大面积停电事故，未发生六级及以上安全事件，累计安全生产长周期3062天。

■ 10月24日凌晨，探月工程首次实施返回飞行试验。海淀公司用电检查人员到航天城总配电室和客户电工一起检查设备，保障航天任务供电安全可靠。（王长明　摄）

【营销与优质服务】大力推进营配贯通工作，完成4811个台区、752 553户用户电源与表计信息的全面贯通，比公司计划提前24天实现台区贯通率、用户挂接率100%。全年累计完成智能表换装56.65万具，用户采集覆盖率75.18%；完成4026个台区采集建设工作，台区采集覆盖率80.38%。

■ 12月12日，公司营配贯通工作现场交流推进会在海淀公司召开。海淀公司于12月7日提前完成营配贯通工作。（王长明　摄）

方便居民多渠道购电，区域内累计建设售电网点3079个，推广充值卡、微信等交费方式，开通“掌上电力”手机客户端4.3万户，全年售出充值卡4343张，累计金额75万余元。规范电价执行，完成8568

户电价调整与电费政策退还工作。建立以“四项机制”（电费风险防范、黑名单预警、政企会商、法律诉讼）为基础的电费回收联动管控体系，收回陈欠电费326万元；组织开展警企联合打击窃电专项行动，追补电费本金197.63万元、违约使用电费496.13万元。

强化业务培训及监督考核，提高一线服务人员的业务素质和服务意识，全年投诉数量在城近郊地区一直保持较低水平。提升应急抢修能力，低压故障抢修平均到达现场时间同比压缩4.66%，抢修速度同比提高25.72%。

完成保障性住房、轨道交通等9项重点项目送电任务，完成展春园、中关村105号院等8项老旧小区电力改造工程，惠及居民3482户，完成120户“煤改电”工程。发挥社区经理与共产党员服务队的联动作用，完成区内22个街道办事处的服务对接方案，与基层政府部门建立常态联系机制，进行电力延伸服务20余次，服务爱心卡客户40余次。

实施业扩报装精细化管理，提高接电效率，累计新增接电容量78.03万kVA，较2013年增长10.68%。快速推进节能服务及光伏发电并网工作，受理光伏并网申请17户，已顺利完成并网发电4户，实现并网容量407.2kW。完成市场开拓电量6亿kWh，建设完成私人充电桩报装接电29户；开展电动汽车充值卡售电业务，累计开卡599张，充值957次，售电金额182.26万元。

**【科技与信息化】**上报专利获得授权19项，新申请专利34项，其中发明专利3项；充分利用两个创新工作室平台，组织职工开展创新活动。申报群众性创新成果4项，上报优秀班组安全管理成果2项，职工先进操作法3项，创新成果转换应用3项。其中，《视障人士用低压电源插座的制作》获群众性创新成果二等奖，《基于RFID标签铭牌的设计和应用》获群众性创新成果三等奖，《创新手段入班组 提升安全管理水平》获得市公司优秀班组安全管理成果奖，《拔梢电杆埋深测量法》获得市公司职工先进操作法，《视障人士使用电源防触电保护装置》成果获得成果推广应用。“海银杰”QC小组获得北京市第六十五次QC小组成果发布优秀奖，计量资产班获得北京市质量信得过班组称号，冯丽利创新工作室获得国网北京市电力公司先进职工创新工作室称号。

**【党的建设与精神文明建设】**以“为民、务实、清廉”为主题，开展党的群众路线教育实践活动，海淀公司领导班子深入基层参加党支部组织生活61次，共征集意见建议80条，完成整改措施109项，群众测评满意度达到100%。开展“增强两种意识，改进工作作风”主题系列活动，通过中层干部军事化培训，培养干部队伍“特别能吃苦、特别能战斗”的硬朗作风，提高队伍素质；通过“一线送服务”“员工送关爱”及“反向监督”等活动，形成“服务、关爱、监督、考核”四位一体的长效机制。认真落实“五加强一提升”活动要求，搭建“诚信”“责任”“创新”“奉献”四个平台，强化形势任务教育，筑牢职工思想基础。开展“亮丽海电人物榜”活动，树立先进典型15人，营造弘扬正气的良好氛围。

落实党风廉政建设责任制，研判各领域存在的潜在风险及防范策略，组织中层干部及重点岗位人员参观海淀区反腐倡廉基地，领导班子全年学廉11次、讲廉7次、研廉7次、促廉30次。开展廉洁四进活动，为供电所张贴廉洁从业“三字经”，赠送“干事干净”警示牌。严格落实“八项规定”，确保公司健康发展和廉政安全。

履行社会责任，加强海淀公司品牌形象的传播、塑造和维护。启动“电力爱心教室”公益活动项目，在区少年宫建设首家“电力爱心教室”培训基地。在公司及以上媒体共发稿972篇，在各级媒体上播放视频新闻总时长达174分钟。

■ 11月27日，海淀公司党员服务队和窦珍志愿服务队来到海淀区韩家川幼儿园，开展志愿服务，为孩子们讲授安全用电知识，并帮助学校排查了用电隐患。（王洋　摄）

发挥广大职工聪明才智，为海淀公司发展建言献策，全年提出合理化建议137条，有10条合理化建议分获公司一、二、三等及优秀奖，海淀公司荣获优秀组织单位奖。注重改善班组生产生活条件，为一线班组配备18.37万元生产生活用品，投入52.36万元完成9个职工小家建设，全方位实施关爱行动，关心离退休老同志生活，开展“三必谈、两必访”168 人次，慰问一线班组 89 次，慰问病困职工 78 人次。

（王新欣）

# 丰台供电公司

【概况】丰台供电公司（简称丰台公司）成立于 1987 年，是北京市电力公司直属供电企业，负责丰台地区 305.87 万 $km^2$ 范围内的电网规划建设、运行管理、电力销售和 81.1 万客户的供电服务工作，肩负着为丰台地区重大政治活动和城市运行安全供电的光荣使命。

截至年底，共设置 11 个职能部门、3 个业务支撑与实施机构，下设 35 个班组、6 个供电营业所、3 个农村供电所。

负责 110kV 变电站 27 座，主变压器 66 台，容量 3213MVA；35kV 变电站 1 座，主变压器 2 台，容量 40MVA；10kV 架空线路 196 条，长度 1677km；10kV 电缆线路 1780 条，长度 2820km。实现全年安全生产无事故目标，累计安全生产长周期 3369 天。

负责 81.1 万客户的供电服务工作，2015 全年完成售电量 74.46 亿 kWh，同比增长 2.02%；完成线损率 6.93%；完成业扩报装接电容量 75 万 kVA；电费回收率 100%。供电可靠率达到 99.9754%，电压合格率为 99.997%。最大负荷 160.3 万 kW。

荣获国家电网公司文明单位，公司安全生产、优质服务及人力资源先进单位，连续 17 年荣获首都文明单位标兵等荣誉称号。

地址：北京市丰台区丰北路 117 号
邮编：100073
电话：010-63663600

【人力资源】截至年底，丰台公司共有全民职工 424 人，业务委托人员 147 人，集体职工 32 人，产业直签工 562 人。其中研究生及以上学历 39 人，本科学历 160 人，专科学历 309 人；高级职称 28 人，中级职称 107 人；技师及以上职业资格 218 人，高级工 184 人，中级工 161 人。

强化人力资源管理。完善全员绩效管理，将企业负责人关键业绩指标、同业对标指标、专业部门考核指标纳入绩效管理，建立部门协同配合机制，绩效评测系统全面上线。开展岗位绩效工资改革，实现岗位绩效工资制度的激励作用。加强人才培养，全年完成培训项目 154 个，全员培训率 100%。以赛促陪，竞赛调考成绩位居公司排名第四。58 人取得电力行业特有工种技能资格，人才当量密度大幅提升至第三名。

【电网规划与建设】规划和前期工作有序开展。开展《丰台地区“网格化”配电网规划》滚动修编工作，完成规划主报告和配电自动化规划等 7 项专题报告。与发改委、规划、国土部门对接沟通，完成万泉、通久、西铁营、大红门 110kV 输变电及大灰厂 110kV 变电站主变压器增容工程立项核准、站址规划意见书、外电源路径规划条件、环评批复、用地预审批复、节能批复等工作。签订杨树庄 220kV、通久 110kV 输变电工程投资划分协议和云永二长支 35kV 线路入地工程电力设施迁改补偿合同。完成 186 项 10kV 及以下电网基建、营销专项工程可研评审、立项核准及 7 项电动汽车充电桩工程的备案工作。完成张郭庄 110kV 输变电工程的保护性圈地工作。

工程建设快速推进。完成岳各庄 220kV 输变电工程前期协调任务。提前实现 110kV 大红门、通久变电站开工建设，确保市政重点工程电源到位。完成郭公庄变电站安装、调试工作。利用政府资金建设电力隧道，抓住有利机会丰富公司管道资源，丽泽商务区配套电力隧道建设工程政府累计到位资金 3.05 亿元。推进无煤化工作，完成 339 户“煤改电”工程。支持宛平城及周边地区环境改造，完成 2.1km 架空线入地工程。配电网建设改造工作统筹协调、加班加点，实现施工现场最多、进场施工最早、完成项目最多“三个

■ 3 月，丰台公司实施“煤改电”工程。（王标　摄）

之最”，2014 年项目竣工率 100%，2015 年项目竣工率 69%，超额完成预定目标。

【经营管理】统筹加强指标管控。应用内部对标指标管理体系，采用环比及横向对比分析法，对指标公示结果进行多角度分析，形成年度、季度目标任务下达—阶段性结果分析—整改措施提出—修订指标任务的闭环管理过程。人资、营销、财务、综服 4 项专业工作入选公司对标典型经验，入选数量位于公司第一名。

突出规章制度建设。优化员工岗位制度体系，员工职责与岗位制度全面对接，形成丰台公司岗位制度体系名录，全年共废止自建制度 75 项。建立全员参与机制，深化“全员学考制度”活动。形成季度自查长效机制，与日常工作结合，落实制度执行督查责任主体，发现问题及时反馈、整改，确保制度执行落地。

强化财务资产管理。把握依法理财、改革创新、精益管理三大重点，挖潜增效提升经营效益。开展“重基础、回头看”工作，对全年会计档案进行逐张自查，以各项政策为准绳，梳理流程、查缺补漏，提升会计集中核算的效率和水平。深化项目预算全过程管理，坚持降本增效，把握预算调整契机真正实现有保有压。推进预算资金一体化管控，细化现金流量预算管理，增强资金支持保障能力。开展重要领域内部控制评价，通过数据治理提升风险防控能力。

落实物资集约管理。完成批次、协议库存供应计划 700 条，确认供应计划 700 条，上报配网物资抽检计划 50 条，涵盖配网物资 12 类，准确执行供应计划，及时进行到货抽检工作，为丰台公司各项目顺利实施打下良好基础。

深化依法从严治企。运用法治思维和法治方式统领各项工作，合同管理实现“六统一”，2015 年审核合同 2100 余份，涉及金额 17 亿元，未发生合同管理问题。制定《依法治企重要事项法律论证工作实施指导意见》，明确涉法重大事项内容范围、论证流程，废旧物资处理等重点工作均经过法律论证，为丰台公司依法运营提供保障。探索建立依法维权工作机制，运用法律手段解决运营中的涉法问题，保障丰台公司合法权益。

提升后勤保障能力。严格车辆管理，通过车辆统一平台、GPS 等技术手段加强监管工作。规范工程管理，完成配电办公楼加装电采暖等 18 项大修、技改工程，改善办公环境。规范房屋和土地资产管理，现场测量、现场拍照，基础资料进一步完善。完成 2 处土地证取证工作，完成日常维修 271 件。提升食堂等后勤保障工作品质，改善职工生活条件。

【安全生产】强化安全生产监督。开展多部门现场联合监督检查，实现多专业、多角度巡检，建立日汇报、周统计、月分析机制，全年检查工作现场 968 次，检查各类工作票 853 张，发现整改问题 243 个。利用“双准入”系统强化施工企业安全管理，审核施工企业 116 个，安全管控水平大幅提升。与区发改委紧密合作，开展安全生产宣传咨询日、有限空间应急演练、外协施工单位有限空间安全教育系列活动，营造安全生产浓厚氛围。重视安全教育培训质量，组织 370 人次参加安全技能等级评价考试，结合防灾减灾月活动，强化消防保卫人员专业理论知识，各级人员安全意识持续提升。

加强电网运行管理。推行调控业务标准化，工作质量持续提升。加强预案编制及演练，完成各类预案 269 份，组织开展演练 41 次。发挥方式引领作用，落实电网季度运行方式协商制度，梳理电网结构性问题 14 类，发布 III 级风险预警 10 类 40 项。加强重要用户外电源管理，完成 16 户三星及以上风险重要用户的梳理和风险预警单发布，单电源、同母线供电重要用户、单一方向电源一级重要用户列入问题名单加强管控。完成 205 个开关的远方操作，涉及变电站占比 100%。推进监控风险排查治理，发现管理问题 9 项、风险 79 项。积极应对继电保护“属地化”后的工作模式调整，完成 7 座变电站的继电保护精益化管理，二次设备健康水平持续提升。完成新发地变电站综自系统和云岗变电站母差保护改造，综自系统运行率由 96.4% 提升至 100%。

深化设备运维检修。开展隐患排查治理，完成变电站状态监测 106 站次，电缆状态监测 198 路次，全年消除变电设备缺陷 105 项、电缆隐患 208 项。治理及管控输电通道隐患 314 项，220kV 阎吕一二线树线矛盾难题彻底解决。强化技术支撑，完成 6 座变电站主变压器油色谱在线监测装置和 3 座室外站智能巡检机器人的安装调试工作。提升配网精益化管理水平，强化故障高发线路管控，10kV 配网故障次数同比降低 7.4%。利用信息化手段主动开展配变台区低电压、重过载和三相不平衡的综合治理工作，发现并治理异常台区 442 个。开展高压设备基础数据核查治理，营配贯通评价指数位于公司第一名。

加强应急和政治供电管理。明确各环节工作流程，提升突发事件快速应对能力。加强预案体系建设，修订完善五大类专项预案共计 25 个，修编现场处置方案 356 个。加强应急体制、机制建设，制定 8 组应急响应工作卡，协同开展工作能力大幅提升。以“统一指挥、规范管理、相互协作、各负其责”为工作原则，完成全国“两会”、抗日战争胜利七十周年纪念活动等重大供电保障任务，全年政治供电任务达68项，保电天数215天，实现政治供电“零闪动”。

2015年，丰台公司未发生有管理责任的7级及以上安全（质量）事件，实现3个100天安全生产长周期，累计安全生产长周期3369天。

**【营销与优质服务】**截至2015年底，丰台公司共管理营业客户811 236户。其中抄表收费客户34 924户，卡表客户46 646户；110kV客户8户，35kV客户8户，10kV客户8726户，低压客户802 489户。全区共有重要客户136户，其中一级客户43户，二级客户93户。

全力推进智能用电。全年完成智能表换装20.56万具，累计运行智能表77.7万具，基本实现地区全覆盖全采集。开展智能表“约时换表”和“免出行”送卡服务，全年上门送卡13.2万张。在北京市率先实现“电、水、气”三表联合采集，促进了城市智能用电水平提升。

■ 7月，丰台公司开展智能表换装工作。（王标　摄）

深入开展电能替代。结合北京市清洁空气行动计划，大力推广热泵、蓄冷空调、蓄热式电采暖等电能替代项目应用，超前完成2.19亿kWh的年度电能替代指标，同比提升78%。开展公共充电桩站点布点及建设工作，全年完成私人充电桩报装项目受理263项，完成送电175项。完成284个公共充电站点的选址及核准备案工作，智能充换电服务网络管理成效指标位于公司第三名。

夯实营销基础管理。贯彻落实“促业扩、压结存”专项活动，促进报装业务提质提速。配合优化业扩报装集约管理模式，确保区域内5000kVA以下工程业务平稳交接。完成报装接电容量75.315万kVA，结存压降至63.92万kVA，完成19项重点工程及保障性住房送电任务，年接电及结存压降完成率100%，服务规范率100%。制定“一户一策”催收方案，年末期末余额由241.59万元下降为25.47万元。加大充值卡推广力度，销售额占北京地区25%以上。加强电价自查和日常管理，电价执行正确率100%。稳抓用电检查工作，完成一、二级重要用户检查277次。在营配贯通“回头看”基础上，完成方庄地区3.8万户用户的电源和箱表关系再核查工作，按照数据采录最高标准，完成试点地区186个低压台区分相识别工作，为实现低压电网动态管理打下坚实基础。

采集运维班顺应“万众创新”理念，将“互联网+”思维融入末端业务，开发具备“智能派单、自动定位、规范作业、提升绩效”的表计通信缺陷实时管理系统，职责、流程、制度、标准、考核嵌入固化，班组创新增效显著，取得“五位一体”班组落地的阶段性成果，核心技术纳入国家电网公司采集运维支撑平台建设标准，将在国网系统推广应用。

**【科技与信息化】**全年申请专利31项，授权28项，增幅明显。三项创新成果分别获得公司群众性创新成果二等奖和三等奖，《低压配电网电子身份标签》获得公司管理创新三等奖。与电科院开展科技共建，合作完成“人工气候模拟实验室”的搭建工作。开展信息安全管理，客户端安全防病毒软件、桌面标准化安装率100%，全年未发生信息安全事件。

**【党的建设与精神文明建设】**加强党建和精神文明建设。开展“三严三实”专题教育，坚持“三抓”，号召全体党员在年度重点、难点工作中“带头学习、带头宣传、带头行动、带头做贡献”。在丰台公司网络政工设立专题教育网页，分十二个栏目开展宣传教育，为广大党员自学提供平台。党委书记带头上网络党课，中心组成员深入七个支部开展“三严三实”专题党课宣讲，各支部书记开展特色“微党课”宣讲34次。中心组成员深入基层调研48次，解决党员群众的具体困难43项，受到一线职工欢迎。大力推进“三个文明”建设，开展道德讲堂、最美国网人选树和职工健康长走等文体活动，加大企业文化凝聚力。开展“三个三”系列活动，在公司营造爱岗敬业、争当表率的浓厚氛围。党员服务队积极开展延伸服务，在北京市残疾人康复指导中心和卢沟桥社会福利中心等公益组织实现挂牌服务。

充分发挥工会及团青作用。开展“创建先进班组、争当工人先锋号”竞赛活动，王晨梅作为国家电网公司工人先锋号代表参加公司劳模座谈会。组织开

■ 8月，丰台公司共产党员服务队为抗战老兵爱心服务。

（王标　摄）

展“我为企业献一策”合理化建议活动，《关于对光伏用户进行GIS标注》的建议获国家电网公司优秀奖。“职工之家”员工活动室投入使用，完成计量专业职工小家建设，为职工办实事、办好事，增强企业凝聚力。推进QC小组活动，2个发布成果获得公司三等奖。获得公司第六届羽毛球比赛小组赛“风格奖”，获得“北京电力好声音合唱”比赛铜奖。与首都文明办、丰台方庄社区联合举办四期“文联大讲堂”活动，举办演讲与口才专题培训，丰富职工文化生活。坚持党建带团建，围绕丰台公司中心任务深化“号、手、队”创建活动，配网指挥部当选公司“青年突击队”。拓展青年服务平台，组织参加国家电网公司“青年创新创意大赛”，低压抢修一体化管理项目获得公司银奖，丰台公司获得优秀组织单位奖。

全面提升丰台公司品牌形象。按照公司统一部署，利用东管头配电网建设改造标准示范培训基地的真实现场环境，配合国网智研院开展网络安全评测工作。在培训基地基础上，建成国网系统首个社会责任根植示范基地，超过2500人参观交流，得到国务院国资委高度认可，窗口作用明显。推进“电力爱心教室”公益项目，覆盖8个社区、8所学校，受益人数超过2300人，公益品牌的影响力持续增强。

（邢　钊）

## 石景山供电公司

**【概况】**石景山供电公司（简称石景山公司）成立于1988年，是北京市电力公司直属供电企业，负责石景山地区84.38km$^2$范围内的电网规划建设、运行管理、电力销售和19.24万客户的供电服务工作，肩负着为辖区内重大政治活动和城市运行安全供电的光荣使命。共设置8个职能部门、2个业务支撑与实施机构，下设19个班组、4个供电营业所。

负责110kV变电站6座，主变压器14台，容量680MVA；10kV架空线路28条，长度141km；10kV电缆线路121条，长度760km。实现全年安全生产无事故目标，累积安全生产长周期3524天。

全年完成售电量16.06亿kWh，同比增长3.65%；地区线损率5.55%；完成业扩报装接电21.41万kVA；电费回收率100%。城市供电可靠率达99.9881%；供电电压合格率100%。地区最大负荷28.8万kW。

荣获首都文明单位、北京市交通安全先进单位荣誉称号。

地址：北京市石景山区鲁谷路59号
邮编：100043
电话：010-63664123

**【人力资源】**石景山公司共有全民职工178人。其中：研究生及以上学历19人，本科学历69人，专科学历42人；副高级职称18人，中级职称34人；技师及以上职业资格54人，高级工72人，中级工15人。紧密围绕管理经营型公司发展要求，有序开展业务委托工作，平稳完成84名劳务人员的转签工作。深化ERP人力资源信息系统应用，完善增补信息300余条，全面夯实人力资源工作基础。注重全员培训工作，落实年度培训计划，组织“文化大讲堂”系列讲座、中层干部及管理人员培训班，共计400余人次参加培训。注重技能人才培养，技能竞赛调考前采用外聘教师与内训师相互结合的方式，提供考前指导，共16人通过参加技能竞赛取得技能等级，形成“以考促培、以赛促考”的良好氛围。

**【电网规划与建设】**加强与政府间的信息沟通，积极协调公司与区政府完成了《石景山区电力设施建设合作协议》的签订，明确双方全面战略合作关系，为顺利推进区域电力设施建设提供保障。继续“网格化”配网规划滚动修编工作，重新调整石景山“网格化”规划小区的负荷密度，完成现状电网梳理和互倒互带能力分析，建立储备项目库。完成西北热电中心配套电网工程和海淀500kV送电工程前期工作。全力推进重点工程建设，永定110kV切改工程、石莲110kV输变电工程、南山扩建和高井退运110kV切改工程4项输变电工程按期开工。完成2户集中电采暖试点和446户农村“煤改电”工程，组织实施5项老旧小区改造工程，同时启动八大处、八角北路架空入地工程。推进配网可靠性提升专项改造，全年11项工程中1项进入工程决算阶段，10项按照时间节点推进工程前期工作；2015年12项工程完成可研编制工作。

■ 7月10日，110kV永定变电站开工典礼。（罗纹　摄）

**【经营管理】**开展“三集五大”体系建设回头看和成效评估，完成“三集五大”体系全面建设工作任务。对接通用制度，完成制度清理工作，推进“全员学制度、全员考制度”活动，员工岗位制度体系初步建成。强化资产精益化管理，资产设备联动率达到100%。落实中央“八项规定”要求，加强对业务招待费、会议费、差旅费等费用的单项控制，编制费用报销手册，规范费用支出。

强化“量、价、费”管理，开展常态化电价稽查，建立“零度户”管理档案，处理“零度户”230户，完成611具分时电价表计更换，规范电价执行。开展打击窃电专项行动，追补电费30.10万元，收取违约使用电费61.05万元。完成办公用房调整及非生产用房应急修缮工作。加大车辆管控力度，完成车辆GPS监控系统安装工作，节假日车辆封存常态化。

**【安全生产】**深化安全管理标准化，坚持对安全管理标准执行情况进行月度评价、分析和通报。强化现场安全管控，推行规范化要点提示卡，健全“公司—部门—班组”三级安全检查体系，全年检查工作现场175处，发现并整改问题34项。加大隐患排查治理力度，各专业完成隐患排查治理396项。坚持安全生产风险逐级分析管控，强化应急工作机制，梳理核对重要用户、重要站室应急电源接入方案，提升应急处置效率。推进“双准入”管理，强化业务外委和承发包安全管控，建立外协施工单位安全监督检查机制，安全管理体系进一步完善。更换老旧设备，完善网架结构，提升配电网供电可靠性，10kV配网故障次数同比下降54.7%。完成迎峰度夏、全国“两会”、APEC领导人会议等20项供电保障任务，实现政治供电“零闪动”目标。

■ 6月25日，在防汛期间，石景山公司组织人员对电缆夹层进行隐患排查工作。（罗纹　摄）

**【营销与优质服务】**截至年底，共管理营业客户19.24万户。全区共有重要客户30个，其中1个特级重要用户，10个一级重要用户，17个二级重要用户，2个临时用户。

开展供电服务提升工程，落实95598业务“首问负责制”，完成95598全业务集约割接工作。拓展服务渠道，建设24h自助售电亭，推广掌上电力、微信等新型缴费方式和社会化代收渠道。完成804户高压用户、19.16万户低压用户、1030个低压台区的营配贯通数据采录工作，采录率及贯通率均为100%。启动客户档案管理提升专项工作，完成4200户存量客户档案归集、2.88万户增量客户档案资料整理和电子化录入工作。全年换装智能表4.53万具，用户采集覆盖率达到79.94%；加装台区采集装置324台，台区采集覆盖率达到92.38%。开展配变光纤覆盖与用电信息采集设备对接方案试点工作，全部完成5家对接设备单位的现场测试工作，为公司确定对接方案提供可靠数据支撑。服务清洁能源发展，全年共完成1项光伏并网和18户自用充电设施接电工作，64个公共充电桩基本建成。履行社会责任，以共产党员服务队为载体开展“电力爱心教室”“守护夕阳工程”等各类服务活动52次，其中，共产党员服务队走进黄庄打工子弟学校被《人民日报》、新华社等中央媒体报道。

■ 6月17日，党员服务队向社区居民发放科学用电宣传册。（马炎 摄）

【科技与信息化】开展科技创新，加强科技活动组织管理，将“技术沙龙”作为探讨专业技术问题的平台。石景山公司广大员工积极参与科技创新，3篇论文入选公司优秀科技论文，其中二等奖1篇，三等奖2篇。全年共取得25项专利申请号，13项专利授权号。组织实施2014年群众性创新项目1项，完成2013年4项群众性创新项目验收，并组织申报2015年群众性创新储备项目12项。执行信息化管理制度，完成各类信息化专项工作任务，保障石景山公司信息工作程序化、标准化运行。推进安监一体化、班组建设、电网统一视频平台等信息系统的建设与应用。加强信息、通信网络维护，落实信息安全责任制，全年未发生信息安全事件。

【党的建设与精神文明建设】完成党的群众路线教育实践活动，聚焦“四风”突出问题，紧密联系工作实际，查摆16项突出问题，完成整改措施60项。领导班子成员建立一线班组联系点6个，掌握基层实际情况，研究解决基层实际问题。加强党组织建设，成立“西部电网建设临时党支部”，在西北热电中心配套电力工程等电网建设任务中，充分发挥党支部的战斗堡垒和党员的先锋模范带头作用。深化重点岗位监督，促进廉洁从业。配合上级审计，开展自主审计，对发现的问题进行研究并提出整改要求。公司历年来审计和各类检查发现的问题均已整改完毕。

创建石景山公司荣誉室，开展“道德讲堂”，选树典型，使社会主义核心价值观深入人心。党建带团建，成立“阳光书屋”“研究生会”，为青年员工成长提供平台。组织参观国子监、鲁迅博物馆，弘扬中华传统文化。继续完善职工之家建设，组织羽毛球赛、篮球赛等丰富多彩的文体活动，营造和谐企业氛围。荣获北京公司“中国梦、劳动美、电力情”职工小品大赛一等奖，张鹏先进事迹入选“中国好人榜”。

（赵　飞　石　琳）

## 亦庄供电公司

【概况】亦庄供电公司（简称亦庄公司）成立于1993年，是北京市电力公司直属供电企业，负责北京经济技术开发区地区59.47km$^2$范围内的电网规划建设、运行管理、电力销售和79 912户客户的供电服务工作，肩负着为城市运行安全供电的光荣使命。

截至年底，共设置10个职能部门、2个业务支撑与实施机构，下设13个班组。

共负责110kV变电站10座，主变压器25台，容量1256 MVA；10kV架空线路15条，长度89.87km；10kV电缆线路494条，长度769.97km。实现全年安全生产无事故目标，累计安全生产长周期3806天。

全年完成售电量41.73亿kWh，同比增长7.13%；完成线损率2.2%；完成业扩报装接电容量38.16万kVA；电费回收率100%。供电可靠率达到99.987 2%，电压合格率为100%。最大负荷70.8万kW。

荣获保持首都文明单位，公司优质服务、安全保卫、厂务公开先进单位等荣誉称号。

地址：北京经济技术开发区北环东路11号
邮编：100176
电话：010-63665068

【人力资源】截至年底，共有全民职工109人。其中研究生及以上学历11人，本科学历69人，专科学历23人；高级职称16人，中级职称29人；技师及以上职业资格20人，高级工49人，中级工16人。

完成48名银杰职工的转签工作，成为公司第一个完成转签工作的单位。强化绩效考核工作机制，调整绩效考核工作模式，分别于5月和10月制定并颁布了《亦庄供电公司关于加强全员绩效考核工作的通知》《亦庄供电公司全员绩效考核工作方案（试行）》。以解决一线缺员为重点，优化人力资源配置，全年新调入15名职工，接收11名试点支援人员和4名管道公司划拨人员，累计完成岗位调整及人员上岗48人次。

开展教育培训与人才培养工作，制定培训大项目9个，完成培训项目9个，各级职工参与各类、各层面培训500余人次，包括技能大赛培训、管理提升培训、中层干部培训、生产人员培训、安全触电急救培训、安全技能等级培训、安全生产培训、三集五大体系相关系列培训、配网建设试点系列培训等，全员培训率达100%。

全年取得高级工程师资格3人，高级经济师资格1人，工程师资格4人。参加专业技术资格评定共计6人，其中高级工程师资格1人，工程师资格5人。组织员工参加通用工种技师、高级技师、电力行业特有工种职业技能鉴定近40余人次，参加专业比往年呈现多样化。全年共计组织30余人次参加财务、人力资源、电力工程造价、三集五大、企业文化、安全规程、电网规划、营销电费等竞赛及调考活动。开展40人次电气试验工工种的北京市技能大赛初赛组织工作。

**【电网规划与建设】**全年完成投资项目91项，累计完成投资额11 743万元，完成公司下达的投资指标进度的96%。完成“网格化”配电网规划滚动修编及专家论证评审，启动地区“十三五”规划编制工作，将110kV变电站、开闭站、电力管道等重要资源内容纳入地区控规，为地区配电网可持续发展奠定基础。

加快重点工程建设。10月底，庆羊110kV输变电工程、华康二电源切改工程顺利建设投产，景园街综自改造工程有序推进；瑞新110kV输变电工程已完成可研编制及立项前期手续准备。建设电动汽车充电桩，在开发区建设48座直流、64座交流充电桩，实现亦庄地区公共领域电动乘用车充电点零的突破。

8月，公司将亦庄公司确定为配电网建设改造暨营配调数据深化应用唯一试点单位。亦庄公司确定了以“打造一张坚强智能配电网，创建一套深化应用管理系统，锤炼一支管理经营型人才队伍”为总体目标，健全试点组织机构和工作机制。截止到12月底，完成了81个试点项目可研、立项、设计招标等前期工作。开展架空光缆示范段建设，编写《配电网改造工程手册》、营销采集对接项目典型设计、宽带载波汇聚设备相关技术标准和现场安装作业指导书，为公司配电网建设工作积累了经验。11月25日，亦庄公司率先完成营配贯通基础数据采录工作，并总结提炼出“流水作业法”“一站作业法”“分期作业法”等标准化作业流程。

**【经营管理】**开展“三集五大”体系建设成效评估，加强规章制度建设，学习国网通用制度，推进全员学制度、全员考制度、员工岗位制度体系梳理工作。加强同业对标管理，建立指标看板和D、E指标预警等工作机制。深化财务集约化建设，开展会计基础创优工作，6月12日，历时8个月，成为首批“国家电网公司会计基础管理规范化评估达标单位”，编写《亦庄供电公司费用报销指导手册》规范报销管理。

深化依法治企，加强合同管理和财务稽核。开展审计问题整改，排查整改重点防控事项，深化审计结果应用。加强仓库标准化建设，开展物资盘库工作，强化物资管理。

**【安全生产】**实现全年无事故目标，完成各项安全生产指标和任务。截至年底，累计安全生产长周期3806天。

安全管理工作，亦庄公司强化三级安全体系建设不放松，组织制定《亦庄供电公司安全工作奖惩实施细则》《关于规范三级安全体系的通知》《关于评比安全之星、安全示范班组的通知》安全文件，建立健全安全激励与约束机制，全面落实安全生产责任制。加大现场作业检查力度，共查处安全隐患364项，有限空间作业现场检查实现100%全覆盖。开展架空线路检修、春检、度夏、秋检、安全审计、安全月等专项行动，提升安全管控水平。

■ 10月17日，亦庄公司配网自动化二次设备改造。

供电可靠率为99.987 2%，综合电压合格率为100%。强化停电计划管理，规范临时计划审批，执行停电检修计划票352张，同比增加5.7%。强化设备运维管理，发现并处理变电站缺陷隐患223处，完成41km架空线路停电综合检修，完成75条电缆OWTS检测。全口径配网故障同比下降

8 次，降幅 25.8%；架空永久性故障同比下降 4 次，降幅 44.4%。完成了 CVW 产业互联网大会、刚果布总统到访、APEC 等 11 项保电任务。强化物资管理，物资同业对标指标实现显著提升，被评为公司物资专业先进单位。

截至 12 月 30 日，亦庄公司未发生各类人身事故及电网、设备、交通、火灾等责任考核事故，完成 3 个百日安全长周期，安全生产平稳有序。

**【营销与优质服务】**截至年底，共管理营业客户 79 912 户。其中抄表收费客户 950 户，智能表客户 78 962 户；110kV 客户 5 户，10kV 客户 14 258 户，低压客户 65 649 户。全区共有重要客户 37 户，其中一级客户 5 户，二级客户 32 户。

完成售电量 41.73 亿 kWh，同比增长 7.13%，完成年度指标 100.23%；内部利润实现 6.16 亿元，同比增长 1.18 亿元，完成年度指标（5.97 亿元）103%。全年电费收入 36.73 亿元，在公司排名第二。

深化服务意识转变，推动三级客户经理制，实现差异化服务，减少管理层级，提倡“特区速度”，为奔驰、京东方等大客户组织现场办公，快速解决奔驰配套工厂供电方案等问题，提升工作效率和服务质量。深化用电采集信息系统建设，率先实现居民用电信息采集全覆盖。

全年累计报装 144 户，容量 46.84 万 kVA，完成 10kV 客户接电 105 户，接电容量 38.16 万 kVA。受理光伏 26 户，其中并网 16 户，发电 3929 万 kWh。完成 288 户 10kV 用户的表计新装更换工作；完成 12 个小区配电室关口表安装工作；完成 3022 户居民、442 户非居民卡表安装工作；更换问题表计 1813 块；完成新装调试采集器 172 具，集中器 79 具；为 322 户居民电表进行校验。提前两年完成智能表计更换工作。用户采集覆盖率达到 100%；完成台区采集建设工作 237 个，台区采集覆盖率达到 100%，完成 789 高压用户、242 低压台区、7.9 万低压用户的营配贯通数据采录工作，高、低压用户贯通率分别达到 100%。亦庄公司被公司评为 2014 年度优质服务先进单位。

开展共产党员服务队活动，建设社区服务站 15 个，推广国家电网公司客户增值服务、掌上电力、电力微信等工作，深入社区活动 6 次，受益居民达 2506 户。

**【科技与信息化】**结合配电网建设改造暨营配调数据深化应用试点工作，完成配电通信网建设工程项目前期工作；完成亦庄核心区北部专用变压器光纤化智能配电网通信工程等 5 项专变试点项目的设计、施工、监理及部分物资的招标工作；完成 ITMS 系统维护数据的全梳理、全核对工作，维护台账数据 598 次，完成 IMS 系统台账数据导入工作。

■ 11 月 20 日，共产党员服务队现场开展分相检测工作。

修订信息安全管理制度，完成信息设备核查，开展弱口令、防病毒专项治理工作，堵塞信息安全管理漏洞；开展信息安全宣传月活动，全员学习信息安全“十条禁令”，组织全体员工签订信息安全承诺书，强化员工信息安全意识；加强信息软硬件的运维管控，信息通信系统的安全稳定运行，为亦庄公司的日常办公和业务运营提供保障。

**【党的建设与精神文明建设】**开展党的群众路线教育实践活动。组织专题学习 33 次，开展谈心活动 64 人次，归纳征集意见建议 65 条，针对“四风”、优质服务等 5 方面存在的 16 个突出问题，制定整改任务清单和完成计划表，制定出 95 项整改措施，并实行统一建账、挂号督办、销号背书，以项目化管理推进整改工作，群众测评满意率达到 100%。

开展党风廉政建设。组织开展“业务风险我来讲”、看守所参观、员工自编自演拍摄廉政微视频等活动，强化廉洁宣教。对重点领域 5 大类 171 项廉政风险进行重点排查分析，确定物资采购、工程转分包、重点岗位管理监督等年度重点防控任务，制定预警处置计划及防控措施，强化重点管控。全年撰写上报监督报告 26 份，开展华康二电源工程过程跟踪审计，提出 10 条整改意见和规范管理建议，通过效能监察制提出 29 条监察建议，强化监督检查。

建立经理联络员工作体系和沟通反馈闭环机制，拓宽职工与领导沟通渠道；完成职工之家建设，丰富职工文娱生活。开展团建工作，组织员工梳理亦庄公司架空线路，并形成分析报告，为亦庄公司提高架空线反外力能力提供数据依据。

（宋 伟 孙 特 徐健泓）

# 通州供电公司

**【概况】** 通州供电公司（简称通州公司）是北京市电力公司直属供电企业，负责通州地区 0.906 万 $km^2$ 范围内的电网规划建设、运行管理、电力销售和 51.30 万客户的供电服务工作，肩负着为重大政治活动、城市运行、居民生活安全供电的光荣使命。

截至年底，共设置 9 个职能部门、3 个业务支撑与实施机构，下设 21 个班组、10 个农村供电所。

通州地区 220kV 变电站有 6 座，容量 252 万 kVA；110kV 变电站 23 座，容量 205.95 万 kVA；35kV 变电站 8 座，容量 20.52 万 kVA；110kV 输电线路 25 条，共计 320.66km；35kV 输电线路 18 条，共计 134.45km。年度最大瞬时负荷 103.64 万 kW，发生在 7 月 20 日 21 时 09 分。实现全年安全生产无事故目标，累计安全生产长周期 1539 天。

全年完成售电量 50.02 亿 kWh，同比（同口径）增长 5.94%；线损率（110kV 及以下）完成 6.72%，完成业扩报装接电容量 58.26 万 kVA；城镇供电可靠率为 99.991 8%，同比提高 0.001 个百分点；农村供电可靠率为 99.971 7%，同比提高 0.031 个百分点。

同业对标综合排名第 4 名，业绩对标排名第 3 名，管理对标排名第 7 名。获得首都文明单位标兵，国家电网公司会计基础管理规范化评估达标单位，华北电力系统先进工会，公司先进单位、安全生产先进单位、建设管理先进单位、五四红旗团委、交通安全先进单位等多项荣誉。

地址：北京市通州区新华东街 92 号
邮编：101100
电话：010-63666277

**【人力资源】** 截至年底，共有全民职工 319 人，劳务派遣职工 40 人，其他职工 336 人。其中研究生及以上学历 30 人，本科学历 108 人，专科学历 101 人；高级职称 19 人，中级职称 36 人；技师及以上职业资格 148 人，高级工 117 人，中级工 17 人。

对中层正职人员共进行 9 次调整，涉及 16 人。其中，平级调整交流 7 人，提职 2 人，二线 7 人。建立后备干部管理制度，民主推荐中层后备干部，搭建干部队伍梯队。结合党的群众路线教育实践活动，狠抓干部队伍作风转变，制定干部考核办法，开展干部试用期考核，引导干部扎扎实实打基础、一点一滴见实效。

梳理业务和人员现状，界定委托业务范围，制定人员调整方案，推进业务委托工作有效落地。充实集体企业领导班子力量，优化机构设置和人员配备，为集体企业承接做好准备。绩效试点工作取得阶段性成果，编制试点工作实施方案，建立各类工种工作积分计量标准，规范统计和审核程序，建立工作积分计量统计与审核确认机制。深化全员培训，搭建人才培养通道。开展通州公司层面教育培训 7 项，共计 494 人次参与；各部门开展专业培训 65 期，共计 1395 人次参与。

**【电网规划与建设】** 加强政企共建，与区政府各委办局和乡镇政府建立长效沟通机制，营造电网发展的良好外部环境。配合公司开展北京东特高压下送通州工程，促成公司与区政府签署《关于推进 500kV 输变电工程建设的合作协议》，取得沿线所有乡镇支持，取得区政府规划选线同意意见。推进 500kV 通北、220kV 运河、梨园、柴务输变电工程的规划前期工作。完成半壁店扩建等 5 项 110kV 项目储备，推进 110kV 望君疃、北神树、乔庄输变电工程建设。220kV 商务园、110kV 纪庄、大杜社输变电工程竣工投产。完成 110kV 湖张、35kV 张运线路切改。推进京沪高速马驹桥服务区、北苑 P+R 停车场充电站工程建成使用。220kV 商务园变电站、110kV 纪庄变电站及大杜社变电站被评为“2014 年度国家电网公司输变电优质工程”。

■ 9 月 19 日，湖张 110kV 线路迁改，为环球影城用地提供供电保障。

【经营管理】全面建成“三集五大”体系，开展13类116项重点工作任务，完成体系建设评估整改，构建职责、流程、制度、标准、考核“五位一体”机制。按照“公司、部门、员工”三个层级开展全员学制度、考制度，对接国家电网公司通用制度291项，初步建成员工岗位制度名录230项。分层级开展特色主题培训，包括执行力建设、管理技能提升、危机事件处置等。推进财力集约化管理，加强资金管控。夯实会计基础管理，成为首批国家电网公司会计基础管理规范化评估达标单位。开展物资清仓利库工作，有效压降库存物资。强化同业对标过程管理，深化对标五级管控，开展对标班组落地与对标手册试点应用，有序推进乡镇供电所同业对标管理，5项典型经验入选公司典型经验库。强化依法治企管理，推进农村供电所自办企业处置工作，依法合规开展资产处置。科学合理制定方案，推进通州公司35项业务委托工作实施。完成2项群众性创新项目验收，获得国家专利申请号14项，授权11项。推进漷县、永乐店供电所营业厅建设改造项目。梳理完成通州公司130处土地房产，完成办公用房清理整顿，推进房屋土地确权。发挥集体资产监督管理委员会作用，注重集体企业规范化管理，加强安全质量管控，提高企业市场竞争力，全年完成营业收入60184万元，完成年度指标的100.31%；完成利润总额4886万元，完成年度指标的101.79%。潞电公司质量、环境和职业健康安全管理体系通过复评认证审核。

【安全生产】健全安全责任保障体系，落实安全生产责任制，完善146个岗位的安全职责，形成集体控制违章机制。实施全覆盖、多手段的安全教育培训，有针对性开展多次特定场景应急实战演练。强化“双准入”管理，建立外协、外包单位负面清单制度。落实安全风险规范化管控措施，作业现场巡检覆盖率达到100%。推进安全大检查活动，建立隐患排查治理闭环管控的长效机制。深化调控一体化建设，整合规范业务流程，常态化开展设备远方操作，电网运行安全管控能力显著增强。加强二次系统设备运行管控，推进配电网光纤到台区项目进展。落实配电网故障指标责任，加强重点线路的处缺管理，开展故障高发线路会诊巡视，10kV线路永久故障同比减少26%。推进57项配电网改造工程，优化配电网结构。完善19项专项应急预案、32座变电站现场处置方案，组织开展4次联合应急演练。建立风险预警机制，开展电网运行方式分析，动态跟踪设备负载变化，完成春节、度夏、APEC及地区多项重要活动的保电工作。

■ 11月10日，通州公司员工巡视电力线路保障APEC会议供电稳定。

【营销与优质服务】截至年底，通州公司共管理营业客户528004户。其中抄表收费客户35508户，卡表客户492496户；110kV客户2户，35kV客户19户，10kV客户11999户，低压客户515984户。全区共有重要客户14户，其中一级客户7户，二级客户7户，临时（防汛、供暖）重要客户8户。

突出营销指标管控体系的责任分解落实，重点提升短板指标。优化业扩报装工作流程，实施流程串改并，提高报装接电效率。发挥大客户经理作用，主动跟进项目进度，完成2项轨道交通工程、4项保障房工程送电任务。加快用电信息采集系统建设，严格执行换装工艺流程，完成地区智能表换装15.60万具，用户采集覆盖率达到80%，加强台区采集监控，完成台区采集表安装2212具，台区采集覆盖率达到75.37%。开展电价稽查，完成5203具峰谷表换装，规范957户客户档案信息。依托政府完成五龙新村、竹木厂小区临时代永久用电改造。加强电费回收管理，回收欠费390万元。完成6658户高压用户、6222个低压台区、51.24万户低压用户的营配贯通数据采录，超前完成全部工作任务，低压用户贯通率达到100%。开通掌上电力客户端和电力微信服务42271户，完成总任务量的105.68%。开展电动汽车充换电网络建设，推进分布式光伏项目并网接入工作。联合政府加强需求侧管理，编制四级避峰调控有序用电方案，将437户高压客户纳入需求侧管理。规范农村供电所基础管理，完成全年农网智能化改造工程。加强95598工单分析管控，查找服务短板，督促业务整改，形成优质服务闭环管理。

【农电管理】开展“两个提升”工程培训、调研、宣贯等工作，使各职能部门、各供电所对“两个提升”工程有更深一层的认识和理解，能够有针对性地开展相关工作。同时结合公司农电处组织开展的“两个提升帮扶互助活动”，到其他兄弟单位就“两个提升”工程开展情况进行学习，通过相互查摆问题，交流心得，查找出自身的差距与不足并加以改正。

推进乡镇供电所自办企业处置。截至年底，已完成10个乡镇供电所自办企业现场清算审计工作。

**【科技信息】**信息工作方面，强化信息调度规范化管控，加强信息安全防护体系建设，推进信息系统深化应用，为通州公司各项生产经营活动提供坚强的信息化支撑，完成全国两会、国庆65周年、APEC领导人会议周等多项信息安全保障任务。配电网建设改造暨营配调数据深化应用试点工作开局良好。状态检修、用户体验、班组信息系统优化等试点工作获得国家电网公司肯定。

科技工作方面，加强科技管理体系建设、规范科技项目管理流程。注重科技人员培养，提高科技创新能力。在通州公司范围内组织“科技攻关小组”，鼓励科技人员在技术创新、技术革新等方面进行探索。推进科技普及工作，组织“科技大讲堂”培训三期，宣讲科技工作相关知识。发布《通州科技期刊》三期，进行科技成果展示及电力知识科普。积极开展科技进步、群创成果等征集活动，共征集科技进步奖1项、群创成果3项、科技论文5篇，组织开展公司批复的科技、群众性创新项目2项。

**【党的建设与精神文明建设】**贯彻落实党的十八大和十八届四中全会精神，开展党的群众路线教育实践活动，强化党员干部作风建设，开展党的群众路线教育实践活动和“五加强一提升”员工主题教育活动，加强党的建设、企业文化建设和队伍建设，通州公司蝉联年度首都文明单位标兵称号，西集供电所荣获全国文明单位称号，通州公司党委荣获先进基层党组织称号。

加强“四好”领导班子建设，落实“三重一大”决策制度，强化干部队伍作风建设，落实党员发展和党务公开工作。落实主体责任，履行签字背书，建立廉洁共建工作新模式，严格执行“一书两报告”，提升监督执行效能。结合“五心服务进万家”和“在职党员到社区报到为群众服务”要求，共产党员服务队全年共组织活动51次；在乡村地区开展“一知三送”活动，在公司率先实现乡村挂牌全覆盖。

践行社会主义核心价值观和“五统一”企业文化，开展“班组读书月”“特高压交直流电网”读书沙龙，深化企业文化传播工程和落地工程，开展“我身边的共产党员”典型选树和“道德讲堂”活动。开展“以企业文化构建员工精神福利体系”管理创新课题研究，获得公司三等奖。深化党建带团建，开展“团干部走基层”系列活动，加强青年志愿服务，成立“平安电网”青年志愿者服务队，开展电力设施保护“三走进”系列青年志愿活动。

加强企业民主管理，开展合理化建议征集活动。推进职工素质建设工程，开展“中国梦·劳动美·电力情”主题宣教活动，组织参与“安康杯”和供电“服务之星”劳动竞赛，开展职工经济技术创新，三项成果获优秀创新成果奖。深化“职工之家”建设，增设定期心理、法律、健康咨询服务。强化班组建设，开展“创建先进班组、争当工人先锋号”主题活动，一个班组被国家电网公司授予“工人先锋号”荣誉称号，两个班组荣获公司“工人先锋号”称号。

（赵长青　赵美佳）

## 昌平供电公司

**【概况】**昌平供电公司（简称昌平公司）成立于1958年，是北京市电力公司直属供电企业，负责昌平地区1343km$^2$范围内的电网规划建设、运行管理、电力销售和49.99万客户的供电服务工作，肩负着为辖区内党政军机关、重大政治活动和城市运行安全供电的光荣使命。

截至年底，共设置11个职能部门、3个业务支撑与实施机构，下设25个班组、2个供电营业所、14个农村供电所。

共有110kV变电站27座，主变压器57台，容量2707.5MVA；35kV变电站8座，主变压器16台，容量272.6MVA；110kV线路38条，长度191.99km；35kV线路31条，长度162.51km；10kV架空线路143条，长度1515.63km；10kV电缆线路3144条，长度1376.00km。

全年完成售电量57.04亿kWh，同比增长6.87%；完成线损率6.94%；完成业扩报装接电容量81.11万kVA；电费回收率100%。供电可靠率达到99.990%，电压合格率为99.989%。最大负荷123.8万kW。

荣获“全国文明单位”称号、首都文明单位标兵等先进荣誉。

地址：北京市昌平区永安路 33 号
邮编：102200
电话：010-69742681

**【人力资源】** 截至年底，昌平公司共有全民职工 350 人，劳务派遣职工 9 人，其他职工 0 人。其中研究生及以上学历 43 人，本科学历 154 人，专科学历 93 人；高级职称 15 人，中级职称 69 人；技师及以上职业资格 214 人，高级工 71 人，中级工 11 人。

开展业务委托，紧密贴合公司实际，梳理人员混岗情况，明确委托范围、职责界面、工作标准，稳妥完成员工转签任务，劳务派遣用工比例显著下降，为规范经营管理奠定了坚实基础。完善绩效管理，突出岗位价值、能力素质、绩效贡献三个核心要素，完成岗位归集、薪点工资测算等工资套改筹备工作。深化“三全”管理，组织公司各类用工开展“一考三促”培训考试。坚持能力导向，组织开展中层干部、青年员工、供电所长培训等，提升队伍整体素质。以“师带徒”为核心，推进岗位成才、专家人才培养等相关工作，帮助员工合理规划职业发展，全年完成 792 人次技能鉴定报名、18 人职称认定、12 人职称评定、44 人后续学历认证、20 名新入企员工及转岗员工师徒合同签订工作，组织 23 名新入企员工开展轮岗实习。公司人才当量密度达 1.102 6，保持排名首位。加强先进人物选树，涌现“党员之星、党员先锋”15 名，王朴获“国家电网公司劳动模范”称号，成为青年员工成长成才的典范。

**【电网规划与建设】** 加强配网规划工作，完成地区“十三五”主网规划编制及“网格化”配网规划修编。主动对接发改委、规划委等部门，完成成果发布，进一步增强电网规划与地区规划的契合度。推动电网项目前期工作，完成霍营切改工程全部前期手续，完成东坨变电站、岭上变电站、七家庄切改项目申报，中滩变电站取得站址规划意见书批复。大力推进重点工程建设，充分发挥属地优势，统筹各方有利资源，历时 2 年攻坚克难，完成国管学院三期规划调整、征地拆迁赔偿工作，实现国家电网公司督办工作目标要求。按期、高质量完成龙兴变电站、北店变电站扩建工程，海鹊落输变电工程获得国家电网公司优质工程称号。突出配网建设改造，成立配网改造工作领导小组，形成项目前期、设计招标、工程管理、结算归档等各专业分工明确、配合有序的组织体系，全年完成 167 项工程的可研编制、评审、收口工作，137 项进入昌平区发改委立项核准程序。

**【经营管理】** 营配贯通成效显著，统筹运检、营销、调控、农电等各部门，明确责任分工，加强部门配合，推动现场数据采集与系统录入工作，贯通台区 3700 个，采录挂接户数 49 万，台区贯通率、用户挂接率分别达到 87.41%、97.77%。集体企业发展提质提量，梳理优化业务流程，拓展代维业务及安装市场，全年签订承包合同 3.59 亿元，完成产值 5.3 亿元，代维收入 3018 万元，同比增长 14%。充分发挥财务服务支撑与监督作用，编制完成公司报销实用手册，业务报销工作流程得到有效规范；落实日常稽核纠偏工作要求，日常稽核与专项稽核相结合，线上稽核与线下稽核相结合，逐步完善财务风险防范体系，《标本兼治，强化管控，实现工程其他费用精益化管理》被评为同业对标典型经验。加强制度建设，对接国家电网公司通用制度，开展昌平公司制度梳理，形成现行有效制度 62 项，完成岗位制度体系名录发布，开展全员学制度、全员考制度活动，考试合格率达到 100%。发挥纪检监督作用，落实协同监督要求，强化对“三公”消费、物资招投标、工程结算等重点领域的日常监督和过程管控，下发协同监督意见书 16 份，完成“八项规定”监督检查范围向集体企业和供电所延伸。《规范供电服务管理》《供电所所长经济责任专项审计项目》分别荣获公司 2014 年度效能监察项目优秀成果一等奖和优秀审计项目三等奖。

**【安全生产】** 强化安全基础管理，加强安全保障体系和安全监督考核体系建设，落实生产、基建、营销等专业安全管理的提升措施。完善基于电网、操作、作业的综合风险管控手段，利用 GPS 定位、科技单兵等多种技术，对充分辨识的安全综合风险实现在线管控。严把整定计算、发电批准书等关键环节，进一步健全以总工程师牵头负责的技术保障体系。落实安全管理“双准入”制，加大施工队伍资质审查，加强工程分包安全质量管理，杜绝不安全行为的发生。提升安全培训实效，重点加强安全工器具使用培训，提升人员自我安全保障能力。加大反外力工作力度，落实“三及时”隐患处置机制，强化保护宣传手段，确保电网运行环境安全。加强消防、交通、信息等领域安全管理，实现公司安全管理全面提升。确保安全思想认识到位，领导班子坚持带头参加班组安全日、专题培训活动，组织安全技能等级和安规培训考试 600 人次，促进事故学习、技能培训有效实施。确保安全监督职责，公司各级领导和安全巡检组实施到岗到位 2956 人次，下发违章单 39 张，纠正违章问题 103 项，完成外协施工单位和关键岗位人员周期性资质审核，有效整改安全审计问题 16 项。开展自动化、继电保护薄弱环节梳理及问题整治，修订《昌平调控中心应急管理组织体系》，完成监控、调度、配网抢修等专业管理模式调整，压缩业务链条，确保事故处理响应及时、处理准确。

提升电网健康水平，投入资金 9100 余万，开展生产类运维、大修、技改项目 173 项，完成重点工程西回一线迁改，分装增容改造台区 44 个，优化切改重载线路 10 条，配网故障率同比降低 12.42%。深化隐患专项排查及常态化检查，以建立制度化、常态化工作机制为核心，全年发现、整改各类安全隐患 337 项。深化设备状态监测应用与评价，拓展超声波、地电波、振荡波等科技检测手段应用，提升故障诊断和试验能力，开展配网专项隐患和缺陷排查，完成检测、评级 3783 项，有效发现重大安全隐患 5 项。强化基础数据治理，实施地区电缆隧道、管沟专项普查，开展调控基础资料滚动修编，进一步提升基础数据对业务开展的支撑作用。完善政治供电常态化工作模式，完成 APEC 会议等保障任务 33 项，累计保电 184 天，全部实现“零闪动”工作目标。

■ 7 月 9 日，110kV 龙兴变电站发电期间，昌平公司线路运行人员正在监测新设备运行情况。（张亮　摄）

【营销与优质服务】截至年底，昌平公司共管理营业客户 49.99 万户。其中抄表收费客户 5.75 万户，卡表客户 8.61 万户；220kV 客户 1 户，110kV 客户 6 户，35kV 客户 20 户，10kV 客户 4739 户，低压客户 49.52 万户。全区共有重要客户 30 户，其中一级客户 17 户，二级客户 13 户。

推进营销基础工作，完成智能表换装 11 万余具，智能表客户占比提升至 77%。加大增供扩销力度，强化部门联动，4 项地区保障房项目如期送电，惠及居民 8670 户，全年完成接电容量 81.11 万 kVA，超额完成 77 万 kVA 下达指标，同比增加 5.6%。电费回收取得突破，积极主动与属地政府沟通，反映昌平公司正当利益诉求，强化稽查监控系统与现场核查综合应用，统筹运用法律诉讼、停电催缴、上门催费等措施，加大陈欠用户、欠费大户的催缴力度，年内完成陈欠电费回收 1173 万元，历史欠费额同比降低 76.38%。规范服务行为，开展“三类热点服务、四种服务行为”专项明察暗访活动，完成各类问题整改 11 项。加强客户投诉、建议管理，深化运营监测手段应用，创新发布 95598 非抢修业务周报，全年处理工单 3471 条，反馈投诉及意见 115 条，信息反馈及时率 100%，处理满意率 100%。持续开展为民办实事工程，加大老旧小区改造工作力度，增强人员配置，优化工程组织模式，裕禄园等 3 项工程竣工投产，12 项工程启动施工，19 项工程进入施工序列。响应政府节能减排号召，组织实施 4 镇 7 村煤改电工程，实现惠及居民 1467 户。优化路灯运行模式，开启半夜控制、隔盏熄灯运行方式，进一步降低能耗。开拓电能替代项目 33 项，节约电量 3484 万 kWh，入网投运自用充电设施及分布式电源 45 个。

■ 4 月 23 日，昌平公司、北京市电力公司、中国邮储银行联合开展便民购电的宣传活动。（闵政君　摄）

【农电工作】加强农电经营管理，以“两个提升”为契机，针对电费回收、营业普查、设备故障率等重点指标，开展对标评价、目标奖惩，提升供电所管理水平。深化农网隐患排查，完成分、换装变压器 43 台，切改、低压换线 38.16km，有效解决部分台区低电压、过负荷问题。强化农电服务规范化管理，通过营业窗口检查、视频监控等措施，推动服务能力及水平提升，全年未发生窗口服务人员投诉事件。加强 95598 工单处理时限把关，全年受理客户投诉 34 件，意见 34 件，全部按时限要求完成处置。深化农电人员培养，完成供电所342人次技能鉴定申报，40名人员技能评价等级实现提升，为工作水平提高奠定了良好的基础。查处违约用电与窃电效果显著，全年共查处窃电与违约用电15起，收取违约使用电费99万元，营业普查追补电量400万kWh，追补电费266万元。规范农电管理，开展供电所2013年账目及年报审计工作，完成2位供电所所长离任审计，初步完成4个供电所“专项经济责任审计”的现场审计工作，逐步推动供电所自办企业处置推进方案编制上报及处置清理工作。配合属地政府，规范电力市场，完成“拆违打非”233起。

【科技与信息化】提升科技创新与软实力，申请项目专利17项，获得专利授权6项。《市场化用工管理提升》获“全国电力企业优秀管理论文大赛”二等奖，《继电保护定值闭环管理技术研究及实现》获公司2014年度科学技术进步三等奖。积极参与国家863计划《主动配电网关键技术研究及示范项目》，并在未来科技城地区全面开展研究与建设。运营监测体系高效运转，以供电服务质量为重点，全面开展故障抢修时限、台区低电压、电价执行异常等主题监测，全年发现处理异动数据327条。推进配电自动化建设，规范接入管理要求和操作方式，2014年实现6座开关站、30座配电室、7台开闭器、1台箱式变压器、1台线路开关、179台用户分界负荷开关接入配网自动化系统，地区配网自动化覆盖率达15%，配网自动化二期项目取得国家电网公司可研批复。总结智能变电站投运管理成功经验，完善规程、规范编制，提升自动化与继电保护专业的融合度，加强人员技能培训，智能站运行管理水平显著提高。

【党的建设与精神文明建设】开展党的群众路线教育实践活动，围绕“为民务实清廉”，坚持“两手抓、两促进”，以反对“四风”、提升优质服务水平、夯实基层基础管理为重点，学习教育、整改落实、建章立制有序推进，取得良好成效。活动中，创新学习模式，丰富学习内容，全体党员干部累计学习4600余人次，撰写学习心得体会159篇，领导班子分9组，开展“六个一”调研整改活动，与基层员工面对面交流，征集意见建议7大类160条，形成问题整改措施110条，按照统一建账、挂号督办、销号背书模式，按项目推进整改工作，整改率实现100%。针对“四风”问题废止8项制度，完善并修订领导干部联系点、客户服务、督察督办3项制度，切实发挥制度治本作用，活动满意率达到100%。提升党建工作水平，组织7个支部创新开展“提素质、亮承诺、树形象”主题实践活动。结合“在职党员到社区报到为群众服务”工作，开展“五心服务进万家”，共产党员服务队建立社区服务站18座，累计注册“爱心卡”用户78户，开展“六送三进”活动104次，惠及群众2.5万余户。企业文化建设进一步推动，开展“中国梦·国网情”巡回演讲、“中国梦·劳动美·电力情”主题教育实践活动，连续两年举办“厚于德·诚于信·敏于行”道德大讲堂，形成昌平公司特色形势政策宣传教育平台。开展趣味运动会、厨艺大赛、手机微电影大赛等文体活动，建立党支部图书角，完善职工体育馆功能，完成职工之家建设，丰富员工业余文化生活。突出重点工作，聚焦一线员工，开展专题宣传策划活动66项，完成社会媒体发稿310篇次、公司媒体发稿425篇次，提升昌平公司品牌知名度和美誉度。

■ 5月6日，昌平公司拍摄的微电影《梦想启航》在2013北京青年微电影大赛中获优秀奖的颁奖典礼现场。（赵学禹　摄）

（党　剑）

## 门头沟供电公司

【概况】门头沟供电公司（简称门头沟公司）是北京市电力公司直属供电企业，负责北京市门头沟地区1455km$^2$范围内的电网规划建设、运行管理、电力销售和12.38万客户的供电服务工作，肩负着为门头沟地区经济社会发展和地区生产、生活安全供电的光荣使命。

截至年底，共设置10个职能部门、2个业务机构，下设15个班组、7个乡镇供电所，2个集体企业。共负责110kV变电站5座，主变压器10台，容量463MVA；35kV变电站6座，主变压器12台，容量110.4MVA；110kV线路5条，长度23.323km；35kV线路27条，长度170.679km；10kV架空线路68条，长度663.265km；10kV电缆线路134条，长度388.604km。

2014年，全年完成售电量9.1284亿kWh；完成线损率7.04%；完成业扩报装接电容量13.6万kVA；电费回收率100%。城镇供电可靠率99.986%，农网供电可靠率99.9589%；城市电压合格率99.990%，农网综合电压合格率99.846%。最大负荷21.59万kW。

荣获全国文明单位、首都文明单位标兵、北京市交通安全先进单位、北京市“安康杯”竞赛组织工作优秀单位、门头沟区文明示范单位。

地址：北京市门头沟区滨河路66号
邮编：102300
电话：010-69844354

**【人力资源】**截至年底，共有全民职工173人，其中研究生及以上学历17人，本科学历72人，专科学历56人；高级职称12人，中级职称27人；技师及以上职业资格55人，高级工60人，中级工6人。共有集体职工11人，业务外包（北京华商电灯有限公司）115人，集体企业直签社会化用工129人，集体企业劳务派遣员工1人；集体企业其他从业人员1人；供电所劳务派遣员工3人。

完成“三集五大”体系建设，推进116项重点任务，客观评估建设成效。落实“五位一体”协同机制建设要求，初步实现流程与各管理要素的结合。研究、实施业务委托，制定方案，开展76名劳务人员转签，在保证234项委托业务不断不乱的基础上有效降低用工风险。

**【电网规划与建设】**开展“十三五”电网规划编制工作，完成地区110kV变电站互倒互联方案梳理。滚动修编“网格化”配电网规划报告，与地区发展有效对接。在区委、区政府的大力支持下，完成西北热电中心、海淀500kV送电等重点工程前期任务，蔚县至门头沟500kV工程路径获政府批复。落实“一镇一站”规划目标，110kV灰峪输变电工程完成设备安装调试，110kV上岸输变电工程获得立项核准。主动对接地区产业转型和棚户区改造民生工程，22项配套电网工程全部完工。狠抓基改建工程过程管控和安全质量，灰峪输变电工程获得安全质量流动红旗。加快配电网建设，梳理2014~2017年建设改造项目107项、计划资金8.6亿元，2014年21项改造项目全部开工。

**【经营管理】**加强财务管理，开展往来款项清理工作，共清理历史挂账4044万元。加强设备资产管理，设备资产对应率和联动率均达到100%。建立预算月度分析评价机制和经济活动分析、业绩考核、同业对标“三维一体”的考核机制，形成闭环管理。完成公司经济责任审计等迎审任务，整改历史遗留问题19项。对接通用制度体系，开展“全员学制度、全员考制度”活动，建立“周学、月评、季考”的规章制度学习考核机制，考试合格率达到100%。加强集体企业管理，推进供电所自办企业注销工作。开拓客户工程与代维护市场，全年实现营业收入25075万元，实现利润2040万元，集体企业综合实力显著提升。开展管理创新实践，首都配电网“147规划建设模式”研究、高校毕业生人才培养规划的研究和探索两项成果分别获得公司管理创新成果二等奖和三等奖。

**【安全生产】**开展春、秋季安全检查活动，发现并整改问题39项。狠抓作业现场规范化管理，作业现场巡检覆盖率达到100%。强化外协企业施工“双准入”管理，安全管理体系逐步完善。开展电网隐患排查，治理隐患239处。完成4座变电站、72km输电线路标准化整治，标准化率分别提高36%和35%。针对故障高发线路开展会诊巡视、隐患排查与状态检测，主、配网故障率同比分别降低50%和30%。加大电网风险管控力度，完成110kV城子变电站保护改造工作。开展2~3年安全滚动校核，针对电网薄弱环节制定有效预控措施。主动应对冬、夏季大负荷及主网线路切改，大范围调整电网运行方式6次，确保电网运行稳定。

■ 11月12日，高堡村煤改电现场。（石腾　摄）

完成迎峰度夏、防汛、APEC供电保障任务，全年未发生人身伤亡事故，未发生六级及以上安全事件，未发生八级及以上信息安全事件，截至年末，累计实现安全生产长周期3513天。

**【营销与优质服务】**落实业扩报装管理模式新要求，规范业扩工程管理，加快接电速度，全年完成接电23.56万kVA，较公司下达的指标提高96.33%。精心组织，完成营配贯通数据采录工作，台区贯通率和用户挂接率全部达到100%，数据准确率和可用率达到95%。推进用电信息采集系统工程建设，基本完成公用台区表安装和用户智能电表换装工作，并率先开展非居民客户智能表的更换。配合北京市清洁空气行动计划，如期完成今年6个村1243户农村居民煤改电任务，9个电动汽车充电桩工程有序推进。加大电费回收管理力度，月度电费回收率持续100%。加强线损“四分”管理，台区线损统计率和10kV分路线损统计率分别达到72%和100%。拓展农村便利店、北京邮政等社会化交费渠道，推出进村售电、智能表远程应急送电、电费短信提醒等服务举措，方便居民缴费。强化服务窗口监督考核，通过场景重现、心理分析、换位思考等方式提升窗口服务水平。建立营销业务“每周一答”机制，不断提升营销人员的业务技能水平。开展共产党员服务队“五心服务进万家”工程，全年开展各类活动72次，惠及居民1.8万余人，共产党员服务队获得“首都学雷锋志愿服务岗”称号。

■ 12月13日，冯村智能表换装现场。（石腾　摄）

**【科技与信息化】**科技创新能力逐步加强，全年完成科技成果3项、群众性技术创新成果4项，申请专利24个，发表科技论文21篇。研究推广的“解决架空绝缘线接地问题”和“配变运维管理系统的研究应用”两个项目分别获得公司年度群创成果一等奖和科技进步三等奖。

**【党的建设与精神文明建设】**围绕“为民务实清廉”主题，开展党的群众路线教育实践活动，坚持“两手抓、两促进”，活动与全国文明单位创建、优质服务、业务委托、配电网建设改造等重点工作紧密结合，取得良好成效。活动期间，共查摆问题100项，制定整改措施218项，全部完成整改。开展“五带头”主题教育、纪念建党93周年“七个一”活动（即开展一次先进典型表彰宣传活动、开展一次讲党课活动、重温一次入党誓词、开展一次“特色党日”活动、开展一次节俭文化传播活动、开展一次“共产党员献爱心”活动、开展一次走访慰问活动）、在职党员进社区等活动，彰显了党员的先锋模范作用。认真落实中央“八项规定”有关要求，整改办公用房21间，业务招待费、会议费、公务用车费用同比下降30.04%、40.51%和13.18%。深化协同监督，促进跨专业问题的整改落实，加强重点岗位人员的监督和管理，有效降低人员廉洁风险。加大人才培养力度，通过“走出去、学回来”和开办技师强化培训班的方式，提升一线人员技术技能水平。组织参加专业调考，邓小龙获得国网物力集约化调考个人第四名，发展建设部获得公司基建专业调考团体第三名。加强与地方媒体、行业媒体的沟通联动，推动“电靓京城”主题传播活动。深化“五统一”企业文化建设，将企业文化融入中心工作、融入企业管理、融入制度建设、融入员工行为。为一线班组购置生活必需品，提高食堂餐饮标准，改善职工生产生活条件。坚持“送温暖”活动，将关心关爱老同志落到实处。落实信访维稳、保密工作责任，职工队伍保持稳定。

（王颖超）

## 房山供电公司

**【概况】**房山供电公司（简称房山公司）成立于1962年，是北京市电力公司直属供电企业，负责房山地区2019km$^2$范围内的电网规划建设、运行管理、电力销售和41万客户的供电服务工作，肩负着为国家党政军机关、重大政治活动和城市运行安全供电的光荣使命。

截至年底，共设置11个职能部门、3个业务支撑与实施机构，下设18个班组，14个供电所，共29个营业网点。

共负责110kV变电站22座，主变压器44台，容量2143MVA；35kV变电站11座，主变压器20台总容量167.25MVA；10kV变电站1座，主变压器2台，容量4MVA；110kV线路34条，长度182.1km；35kV线路44条，总长度约355km；10kV配网线路共393条，其中电缆线路197条，架空或混网线路196条，总长度约2900km。10kV开闭站22座，配电室158座，箱式变压器219座，柱上变压器3919台。实现了3个百日安全记录，公司安全生产长周期达到1684天。

完成220kV及以下售电量56.67亿kWh，同比增长6.17%；电费回收率连续30年实现100%；完成固定资产投资1.69亿元，资产总额达到17.89亿元，较上年增加5.97亿元；实现主营业务收入37.56亿元，同比增长10.92%；110kV及以下线损率完成6.55%，较指标低0.04个百分点；城农网供电可靠率分别达到99.9827%和99.9261%，综合电压合格率分别达到99.992%和99.863%，同比均有提升。最大负荷70.9万kW。

荣获“北京市社会力量参与社会主义新农村建设”先进单位称号。

地址：北京市房山区拱辰街道办事处广阳西路6号
邮编：102401
电话：010-89367287

**【人力资源】**截至年底，房山公司共有职工691人，其中全民工281人，集体员工16人，主业市场化用工394人。全民工当中研究生27人，大学本科146人，大学专科91人；高级职称20人，中级职称37人，初级职称167人；技师及以上职业资格132人，高级工111人，中级工8人。

围绕管理经营型公司建设，顺利完成业务委托，主业人力资源有效盘活，人力资源配置效率显著提高，主业机构人员精干化、集体企业用工管理市场化正逐步实现。印发《全员绩效管理办法》，建立了覆盖管理部门和一线班组各层级岗位的分类量化考核指标体系。强化后备干部队伍管理，3名后备干部走上了中层岗位。“师带徒”培养模式成效显著，14名学员快速成长。充分利用社会教育资源，创新培养模式，77人职称或技能等级得到提升，10人获得学历认证。各层级培训有序开展，员工履职能力和岗位胜任能力得到加强。

**【电网规划与建设】**对接地区发展格局，网格化配电网规划顺利完成。助力区政府成立地区电力建设领导小组，促进了电网建设的顺利开展。全力推动市公司重点工程，“房山—南蔡”线路路径获得地方政府同意。元庄、张坊35kV变电站改造工程获得立项核准，局部地区供电压力将得到有效缓解。强力推进配电网建设改造，150km裸导线更换项目、762台高损变更换项目等97个项目取得立项核准。564电台可靠性提升工程取得初设批复。昊天110kV变电站建设如期完成，通过国家电网公司交叉互查，获得公司安全、质量及无违章流动红旗。普安屯110kV输变电工程有序推进。配合京石二通道建设，完成2条110kV线路及6条35kV线路迁改工程。国家电网公司首个集中式电采暖试点示范项目——韩村河热力站电能替代工程顺利竣工，惠及居民1411户，房山公司被评为“北京市社会力量参与社会主义新农村建设”先进单位。

■ 11月17日，韩村河集中式电采暖工程竣工。

**【经营管理】**完成“三集五大”体系建设评估，落实整改措施。成立工程项目组，工程专业化管理水平不断提升。强化供电所管理，成立农电管理中心，提升农电管理服务效率。夯实财务基础工作，深化在途资金管理，强化预算管控，财力集约化体系建设效果明显，财务管控能力不断提高。物资质量监督到位，集中采购率达到99.9%，物资管理水平逐步提升。完成通用制度对接，落实全员学考制度活动方案，员工岗位制度体系初步建成。深化合同管理，获得公司合同调考团体第一名。完成昊天110kV输变电工程跟踪审计，获得公司优秀审计项目评选二等奖。完成阎村办公区装修，员工工作环境明显改善。规范办公用房，房屋整改全面到位。加强门禁管理，实现人车分流。

主业车辆全部安装 GPS 监控终端，公车使用进一步规范。

推进集体企业整合，健全管理制度，强化队伍建设，加强施工和安全技能培训，集体企业管理水平与市场竞争力不断提高，全年实现营业收入 4.17 亿元，利润 3210 万元。

房山公司 2014 年同业对标综合排序 13 名，与 2013 年持平。其中，业绩指标排序第 12 名，较 2013 年提升 3 名；管理指标排序第 14 名，较 2013 年下降 3 位。

【安全生产】开展反违章工作，现场巡检覆盖率达到 100%。完善安全管理体系，完成集体企业安全质量评估，执行“双准入”，落实负面清单制度。建立质量管控体系，排查隐患 407 项，制定风险管控措施 986 项。

开展负荷预测，优化电网运行方式，成功应对 70.9 万 kW 历史最大负荷冲击，电网运行安全稳定。完成备调系统建设，实施 110kV 变电站状态操作方案，电网运行管控能力不断增强。优化电网监控信息，实现每日每站监控信息 30 条，精简率达 80%。严格停电计划管理，“五率”指标达到 95.9%，设备重复停电次数减少 56%，用户平均停电时间同比减少 8.8%。电力调度控制中心连续三年被公司评为调控工作先进单位。

接收 16 条输电线路、48 条输电通道，完成标准化站线治理，提升电网运维水平。加大综合整治力度，推进隐患治理，城市配电网架空线路绝缘化率达到 92.37%，10kV 配电网架空线路故障次数同比减少 36.6%，设备健康水平显著提高。

■ 12 月 26 日，带电作业现场。

启动应急响应 16 次，开展应急演练 8 项，应急体系运转高效，应急处置能力不断增强。顺利完成 APEC 会议、“两会”供电保障等 63 项保电任务。

■ 8 月 27 日，房山公司工作人员在宣传掌上电力。

【营销与优质服务】截至年底，房山公司共管理营业客户 41.006 4 万户。其中抄表收费客户 17 463 户，卡表 392 601 户；220kV 客户 2 户，110kV 客户 4 户，35kV 客户 30 户，1～10kV 客户 3631 户，低压客户 406 397 户。全区共有重要客户 48 户，其中特级客户 2 户，一级客户 19 户，二级客户 16 户。

规范业扩工作流程，新装增容 2.8 万户，接电容量达 68.25 万 kVA，超指标 25.25 万 kVA。深入推进线损“四分”管理，开展示范区域建设，责任到人，细化考核，线损管理水平稳步提升。落实电价调整政策，强化电费管理，开展异常电量用户排查，追补窃电及违约使用电费 114 万元。超额完成全年 10.5 万具智能表换装任务，用户采集覆盖率达到 90%。完成 3866 个台区采集建设工作，台区采集覆盖率达到 82.6%。按期完成营配贯通数据采录工作。完成 65 个充电桩建设，3 户光伏客户接入电网。营销服务人员持证上岗，大力推广“掌上电力”客户端和“电力微信”等新便民措施，编制重要客户用电保障手册，提升差异化服务水平，提高客户满意度。深化优质服务工作三级管控体系，细致分析投诉原因，最长无投诉时间达 13 周，实现全年“零责任投诉”目标。组织区人大代表、政协委员、行风监督员赴公司参观交流活动，彰显公司倾心服务地区发展的良好形象，受到来访人员的广泛赞誉。

【农电工作】强化供电所规章制度的落实，两个提升工程深入推进。完善 109 项资料记录，规范供电所资料存档，夯实管理基础。加强生产计划管理，开展 10kV 及以下架空线路设备的运行维护，妥善应对度夏、度冬等大负荷冲击，提高应急处置能力。制定统一低压台区图纸与资料模版，完善用户资料信息与电源信息，提升抢修工作效率，降低用户故障停电时间。加强业扩报装管理，强化“小报装”工程协调与监督，加快装表接电速度，提升工程施工业务稳步推进，客户服务水平。积极推动农村“煤改电”工作，深入现场调研勘察，促进工程顺利开展。

**【科技与信息化】**深化科技创新，取得创新成果4项、申报专利9项，专利对标在公司排名第一。“青锋”QC小组《变电站二次设备室新型地板吸装置》成果荣获中国质量协会全国QC成果发布一等奖，《创新供电所人才培养与开发》成果荣获公司管理创新二等奖，《“三集五大”体系下的综合线损管理》等两项典型经验入选公司典型经验库。

**【党的建设与精神文明建设】**围绕“为民务实清廉”主题，坚持“两手抓、两促进”，党的群众路线教育实践活动取得良好效果。活动中，领导干部建立联系点，开展专题辅导，召开座谈会43次，走访基层员工341人次，征集意见建议48条。聚焦“四风”，面对面谈心216人次，领导班子查摆问题66项。针对19项问题，制定整改措施115项并全部落实。

开展“双亮双带”主题教育活动，进行微党课竞赛，开展“追寻革命足迹，争当岗位先锋”主题党日活动。启动共产党员服务队“一所一队”活动。执行“八项规定”，廉洁文化“四进”活动反响良好。注重廉洁教育，设置反腐倡廉专栏，签订廉洁从业承诺书579份，组织200余人次赴检察院、法庭、监狱和反腐倡廉教育基地参观学习，廉政宣教广泛、深入。建立跨部门协同机制，明确监督重点，协同监督效果明显。开展“三学习 两加强”活动，组织“最美员工事迹”评选，形成努力进取、团结向上的良好企业文化氛围。加强团青建设，开展志愿服务活动，12名青年获“房电新星”称号。

■ 10月1日，房山公司共产党员服务队“一所一队”成立。

推进品牌建设，在房山公司内外部媒体刊登稿件700余篇，同比提升43.5%。强化班组建设，开展职工素质提升工程。周口店供电所被评为国家电网工人先锋号，徐扬创新工作室被评为公司先进创新工作室。康树江被评为国家电网公司优秀班组长，徐扬被评为公司劳动模范。完成公司“房电杯”羽毛球比赛承办工作。

（李　刚）

## 大兴供电公司

**【概况】**大兴供电公司（简称大兴公司）成立于1956年，是北京市电力公司直属供电企业，负责大兴地区1024km$^2$范围内的电网规划建设、运行管理、电力销售和46.22万客户的供电服务工作，肩负着为地方政府机关、重大政治活动、城乡居民安全供电的光荣使命。

截至年底，共设置11个职能部门、3个业务支撑与实施机构，下设28个班组、1个供电营业所、14个农村供电所。

共负责110kV变电站27座，主变压器55台，容量2508MVA；35kV变电站3座，主变压器6台，容量56.3MVA；110kV线路52条，长度311.437km；35kV线路9条，长度63.792km；10kV架空线路227条，长度2417.387km；10kV电缆线路598条，长度1283.474km。实现全年安全生产无事故目标，累计安全生产长周期2298天。

全年完成售电量48.58亿kWh，同比增长3.65%；完成线损率6.20%；完成业扩报装接电容量83.5万kVA；电费回收率100%。供电可靠率达到99.9585%，电压合格率为99.964%。最大负荷100.3万kW。

荣获全国文明单位，国家电网公司文明单位标兵，公司先进单位、优质服务先进单位、先进基层党组织等荣誉称号。

地址：北京市大兴区兴政街1号
邮编：102600

电话：010-69223535

【人力资源】截至年底，大兴公司共有长期职工 298 人，劳务派遣职工 54 人，农电业务外包 297 人，集体企业 385 人，其中研究生及以上学历 38 人，本科学历 268 人，专科学历 347 人；高级职称 15 人，中级职称 41 人；技师及以上职业资格 200 人，高级工 436 人，中级工 189 人。

探索实践全员绩效管理，逐级分解指标任务，层层签订绩效合约，强化责任落实和过程管控，提升管理能力。实施业务委托，编制实施方案，完成人员转签；细致核定人工成本，研究集体企业岗位设置，劳动用工管理有效规范。依托实用技术培训基地，开展管理人员、班组长系列培训等活动，组织安全技能、专业技术等培训 164 期，参与人员 3551 人次。

【电网规划与建设】贯彻北京电网中长期发展规划部署，联合发改委完成《大兴地区“网格化”配电网规划》修编并取得区政府批复。主动服务经济社会发展大局，用实际行动赢得各级政府的信任和支持，按时足额取得区政府电网建设配套资金 3.12 亿元，完成 6 处变电站保护性圈地，资金到位和站址储备量居公司前列；主动服务新机场建设，积极向公司主要领导汇报新机场建设情况，开展“1+2+3+4”配套电网规划研究和供电服务保障工作。强化前期工作统筹策划，500kV 房山—南蔡线路顺利取得沿途 6 个乡镇的支持意见，220kV 宝善庄和罗奇营项目前期难点实现突破，4 项 110kV 新开工项目顺利取得核准。按期投产民和、采育 2 项 110kV 输变电工程，完成 7 个试点村、2049 户村民的煤改电工程。实施重过载、低电压整治专项行动，累计分换装变压器 79 台，更换低压线路 43.6km，全力提升春节期间农村地区供电服务质量。抢抓公司配网建设改造的历史机遇，综合运用配网隐患排查成果，梳理 336 项建设改造项目，项目数量居郊区供电公司首位；已取得立项核准 138 项，有 136 项进入设计、物资招标环节，为后续实施奠定坚实基础。

【经营管理】开展“三集五大”体系建设“回头看”和成效评估，落实问题整改；梳理规范部门、岗位职责，实现各项业务高效运转，为“五位一体”协同机制深化应用打下坚实基础。强化预算执行分析，加大成本管控力度，严控一般性和非生产性成本支出。完善物资管理组织体系，落实库房管理业务外委，推进废旧物资拍卖，压减库存。开展对标管理体系深化应用，上下联动推行绩效沟通，多措并举促进短板提升，夯实对标管理基础。

■ 8 月 15 日，大兴公司 10kV 配电架空线路综合整治现场。
（傅瑞婷　摄）

执行“八项规定”，加大“三公”经费等关键领域的监督和检查力度。集中宣贯重要制度，强化制度执行的监督管控，确保制度有效落地。强化协同监督和内部审计，开展 2013 年工程竣工决算、集体企业生产经营等多项内部审计，完善非招标物资和服务采购比质比价办法，降低企业运营风险。面对承接委托业务的新形势，探索集体企业薪酬及绩效激励体系，健全内控体系，完善权力运行和业务处置程序。以经济效益为中心，开拓市场，控制成本，提高自行施工比例，实现经营效益持续提升，完成全年产值和利润等经营指标。

大兴公司同业对标综合排名第 5、业绩考核排名第 5。管理对标中，配套保障管理获得专业管理标杆。

【安全生产】开展安全大检查，实施“安全生产月”活动，充实完善各级安全巡检组织体系，加强隐患常态、专项排查，强化有限空间作业、外协施工作业现场安全管理，累计发现整改问题 41 项，治理隐患 62 项，提升安全管理水平。面对历史罕见的“5·31”特大自然灾害，大兴公司以服务保障民生为己任，第一时间启动一级应急响应，300 余名干部员工连续 48 小时抢险救灾，成功处置 10kV 线路故障 65 路次，快速恢复 1261 户高压用户、40 045 户居民用户供电，受到区政府及社会各界的高度赞誉。针对地区配网薄弱、设备老旧、故障高发的现状，完成 27 条 10kV 线路及 77 个台区的综合整治，配网健康水平稳步提升，故障同比下降 7.5%。完成 APEC 供电保障任务，兑现政治供电“零闪动”的庄严承诺。电网成功经受 100.3 万 kW 大负荷考验，全年未发生上级考核的安全事件。

【营销与优质服务】截至年底，大兴公司共管理营业客户46.22万户。其中抄表收费客户21 998户，卡表客户31 242户，本地费控表客户408 982户；220kV客户1户，110kV客户4户，35kV客户3户，10kV客户12 835户，低压客户15 293户。全区共有重要客户23户，其中一级客户5户，二级客户18户。

开展优质服务系列培训，转变思想，树立“客户就是亲人”的服务意识。创新服务手段，提升优质服务能力，实现2014年零责任投诉。完成智能线损体系阶段性建设任务，推进线损“四分”管理，成为国家电网公司电量线损一体化试点单位。组织开展营业普查及电价稽查，查处窃电及违约用电60户，追补电费及违约使用电费220万元。加强电费实收资金过程管控，确保日清日结。建立电费回收风险防控机制，确保全年电费颗粒归仓，陈欠、新欠双百分之百结零。建立与区各级政府联动机制，开展用电信息采集建设，累计完成12.3万具国家电网公司智能表换装，采集覆盖率达93.6%；台区采集接入5988台，基本实现居民台区全采集，完成年度建设任务。

与发改委联动，确定14项老旧小区改造项目、16项储备项目，满足老百姓用电需求。推进营配贯通，累计完成6400个台区、46万户的数据采录挂接工作，提前实现台区贯通率、用户挂接率等4个100%，超额完成公司下达的年度任务，数据质量名列北京公司首位。自主编制的《营配贯通低压数据采录作业指导书》、标准化作业视频教学片在公司全面推广。建立增供扩销机制，优化业务流程，简化报装手续，报装接电效率不断提高；与承发包公司组建联合项目部，累计压降结存45.9万kVA，占结存总量的53.9%。全年累计接电83.5万kVA，同比增长22.4%，拉动售电量增长7.06个百分点，增供扩销成效显著。积极推广新型业务，完成全市第一户私人电动车充电桩报装及10kV分布式能源并网业务，赢得客户赞誉；全年累计完成27户私人电动车充电桩送电及9户分布式能源并网业务，业务量居公司前列。

■ 1月21日，大兴公司共产党员服务队走入义和庄北里铁路高压自管小区送上贴心服务。（姚华　摄）

【农电工作】推进“两个提升”工程，开展四次帮扶互助活动，持续自查改进，实现各项任务顺利结项。按照“明确目标、找准差距、制定措施、持续改进、务求实效”原则，实施乡镇供电所对标工作，细化指标体系分解，加强数据分析，强化横向竞争，促进供电所管理水平提升。试行乡镇供电所全员绩效管理体系，建立与农电队伍相适应的考核与激励机制。强化供电所人员道德建设、作风建设、能力建设和纪律建设，提升员工业务技能和自身素质。发挥属地优势，强化与地方政府沟通，协调输变电工程、配电网建设改造、“煤改电”等多项重点工程前期，为工程顺利实施奠定基础。

【科技与信息化】以提升科技创新水平为目的，组织开展群众性技术创新项目、专利产权、科技论文等成果上报与应用。全年累计完成上级下达的群众性技术创新项目1项，申报2015年度科技创新项目3项，专利申请9项，专利授权6项，“10kV高压计量柜柜门防窃电装置制作”和“电力营业厅收费办公桌的改进”2项群众性技术创新项目获得公司群众性技术创新成果三等奖。

以加强信息安全管控为主要目标，加强信息专业培训，加大信息安全宣传力度，全员信息安全意识及信息安全得到增强。启动特殊时段值守模式，高质量完成“两会”、春节、国庆等节假日应急指挥系统运维工作，确保应急指挥工作有条不紊。开展信息专业领域安全检查，清查信息网络、信息设备及内外网桌面终端等设施安全隐患。推进配电通信网光纤到台区建设，累计梳理建设项目30项。

【党的建设与精神文明建设】大兴公司党委以“为民务实清廉”为主题，开展党的群众路线教育实践活动，坚持“两手抓、两促进”，把教育实践活动与“三集五大”体系建设、配电网建设改造等重点工作相融合，聚焦“四风”，深入查摆问题。在公司率先召开领导班子民主生活会，会议质量和效果得到国家电网公司督导组、公司主要领导的高度肯定，达到“团结-批评-团结”的目的。在完成“规定动作”的基础上，组织“五加强一提升”主题教育实践活动，完成党支部换届选举，召开中层干部民主生活会，开展“增强两种意识，切实改进工作作风，全面提升工作水平”主题活动，抓好作风建设及问题整改，党员干部作风持续转变。完成领导干部办公用房整改，规范大兴公司业务招待费、会议费、差旅费等支出；精简整合会议，严肃会议计划及公文管理，会议及发文数量同比分别减少23%和12%。深化廉洁从业宣教，组织签订廉洁从业承诺书，开展“业务风险我来讲”等活动，筑牢拒腐防变思想防线。推进协同监督、效能监察，防控企业经营风险。

以“六个一”企业文化阵地为载体，开展全国精神文明单位创建活动，弘扬积极昂扬的企业文化。组织青年团干部“走转改”活动，做实“号、手、队”创建，在青年员工中营造创先争优的良好氛围。

■ 7月23日，大兴公司参观反腐倡廉警示教育基地。（张恩领　摄）

（高　骞）

## 平谷供电公司

【概况】平谷供电公司（简称平谷公司）成立于1963年（原为平谷供电局，2004年建制调整后为平谷供电公司），是北京市电力公司直属供电企业，负责平谷地区950.13km$^2$范围内的电网规划建设、运行管理、电力销售和19.28万客户的供电服务工作，肩负着为地区党政军机关、重大节日活动和城市运行安全供电的光荣使命。

截至年底，共设置10个职能部门，2个业务支撑与实施机构，下设15个班组、10个供电所、1个产业公司。

共负责110kV变电站10座，主变压器20台，容量721MVA；35kV变电站6座，主变压器12台，容量140MVA；110kV线路16条，长度128.027km；35kV线路13条，长度75.247km；10kV架空线路64条，长度1203.45km；10kV电缆线路54条，长度106.586km。实现全年安全生产无事故目标，截至2014年底，累计安全生产长周期1320天。

完成售电量12.6957亿kWh，同比增加2.52%；完成线损率6.24%；完成业扩报装接电容量145.5MVA；电费回收率100%。供电可靠率达到99.9555%，电压合格率为99.935%。最大负荷26.03万kW。

荣获“全国五一劳动奖状”和“首都劳动奖状”，被评为“首都文明单位标兵”，年底被推荐参加“全国文明单位”评选。

地址：北京市平谷区新平南路239号
邮编：101200
电话：010-63671123

【人力资源】截至年底，平谷公司共有全民职工210人，劳务派遣制农电工29人，业务委托制农电工187人。其中硕士研究生及以上学历14人，本科学历121人，专科学历80人；高级职称10人，中级职称54人，初级职称70人；技师及以上职业资格139人，高级工209人，中级工36人。

加强全口径用工管控，开展劳动用工摸底调查。按照公司“三集五大”体系建设要求，深化平谷公司人力资源集约化管理，优化人员结构，将全资控股单位、集体企业的各类用工形式人员全部纳入平谷公司全口径用工管理。在公司的统一部署下，依据定员和用工计划管控全口径用工总量，加强定员与用工计划的分解与应用，进一步完善定编、定岗、定员管理。

全员推进业务委托工作。根据公司全年重点工作安排，进一步推进业务委托工作。结合平谷公司实际，制定人员配置计划并编制完成平谷公司业务委托方案。截止到10月20日，对业务委托后的劳务派遣人员与多经公司进行劳动合同签订工作。

【电网规划与建设】完成“网格化”配电网规划修编，通过公司组织的专家评审，建立2014~2020年35~110kV电网项目规划库和2014~2017年10kV及以下电网项目规划库。完成兴谷110kV变电站增容、光纤入台区、出租车充电站和老旧小区改造等43项主配网工程立项工作。完成云城、云赛35kV线路迁改和马城、马赛35kV线路迁改工程可研编制和评审工作。完成体育中心、社会服务中心等7处公共分散快速补电充电站选址和立项工作。完成陆港110kV输变电工程选址选线批复、水保、环评和可研第三方评估等前期工作。启动东高村110kV输变电工程选址选线和可研编制工作。

夏各庄110kV输变电及配套切改工程顺利竣工投产，新增110kV变电容量63MVA，新增110kV线路长度18km，先后完成变电站消防、环保验收，工程结算、决算，达标投产，创优申报等工作，夏各庄站被评为2014年度国家电网公司输变电优质工程。平粮、金谷东园和太和园3个老旧小区电网配电设施改造工程竣工投产，并完成工程结算及财务决算工作。完成兴谷110kV变电站增容工程和兴韩35kV线路迁改工程物资采购申报。完成滨盘110kV架空线入地工程设计招标申报。实施平谷电动车直流充电站工程，建成直流充电桩10个。

**【经营管理】** 推进管理经营型企业建设，开展“三集五大”成效评估工作，并针对24项反馈问题制定整改措施，体系建设逐步由成果巩固向常态化运作平稳转变；健全合同全链条管理责任体系，2014年累计签订各类合同548份，同比上升29%。

强化廉洁文化宣传教育，以《职工话廉洁》栏目为载体，举办“清风杯”廉洁文化作品征集活动，上载文章、诗歌、图片等各类稿件78篇；响应中央八项规定，精简会议和接待，“三公”消费同比持平；强化线损指标管理，签订供电所线损管理承包责任书，累计查处窃电4户、违约用电32户，追缴电费41.96万元。开展平谷公司所属资产确权工作，完成马坊变电站土地确权。完成管理创新项目1项，被推荐为公司管理创新成果。

**【安全生产】** 截至年底，平谷公司全年未发生人身安全事件，未发生五级及以上安全事件，未发生六级信息系统事件，完成3个百日安全长周期，未发生主要输变电设施责任重复计划停运、非计划停运事件；城市供电可靠率达到99.9862%，农网供电可靠率达到99.9551%。

过程管控。签订421份双向互保责任书，覆盖平谷公司全员；组织1200余人次进行安规及安全管理规章制度培训和考试，重新审核发布“三种人”（签发人、负责人、许可人）权限。排查各类隐患172项，其中一般事故隐患133项、安全事件隐患39项，全部完成整治；风险管控工作，执行风险管控单213张，涵盖公司所有停电工作，针对作业风险做到超前管控；风险指数管理工作落实管控措施219项，对电网、设备、环境风险落实动态管理，各类风险全面实现过程管控。检查工作现场459个，发现72项违章问题，根据违章性质下发违章通知单13张、安全建议单17张。同比检查生产现场增加39.5%，现场违章下降12%。

全年未发生违规连接外网、核心信息设备非计停等信息安全事件；共进行平谷公司层面的应急演练6次，涉及防汛、大面积停电、重要客户停电等内容。

生产管理。对生产管理信息系统（PMS、GIS）的基础数据、运行数据进行自查整改，自查数据211669条，整改数据6642条，年度PMS、GIS应用实用化率综合指标达到100.22%（公司排名第四），台账完整率100%；对5条输电线路和4座变电站开展标准化整治；对16座变电站、12座开闭站、29条35kV及以上输电线路进行带电检测、局放测试及红外测温；度夏期间增加对重载设备测温、测负荷工作，完成全年检测任务（共检测设备900余台套）；开展配网架空线路会诊巡视行动，对22条故障高发线路进行会诊；处理缺陷380个，处理鸟窝1062个；为保障春节期间供电安全，进行了重载变压器分换装和低压线路隐患排查治理，对28台变压器进行分换装，对500余配电台区进行综合检修，春节期间，低压设备故障发生3次（不含表计故障），同比降低57%，所辖内7个供电所实现了公用设备故障“零报修”。

4月1日，工作人员对变压器进行设备清扫。（齐海河　摄）

配网建设。对94条配电线路开展清产核资，自查PMS、GIS基础数据203961条，整改数据5694条；开展配网调度电子图修编，梳理配电室132座、开闭站22座，为配电网建设改造立项提供了决策依据。开展状态检测工作，完成设备检测3000余台次；加装线路防雷保护设施，强化线路保护通道巡检，消除线下高大树木等危重隐患67处，全年未发生主网故障，发生配网永久故障63次，同比降低23.17%。

【营销与优质服务】截至年底，平谷公司共管理营业客户192 818户。其中35kV客户3户，10kV客户1149户，低压客户191 666户。低压客户包括抄表收费客户11 934户，卡表客户3522户，智能表客户176 210户。全区共有重要客户10户，其中一级客户2户，二级客户8户。

业扩管理。平谷公司设立了3名大客户经理，负责重要客户和大客户的报装接电工作，每周召开工程调度会，做到了及时发现问题并解决，保证了区内各项重点工程按计划发电。做好差异化服务，参加兴谷、马坊等报装热点地区项目建设的协调会，为这些地区供电提前做好谋划，对其工程进行重点督办以保证工程顺利实施。2014年累计完成业扩报装接电7293户，容量145.459MVA。

电费管理。地区新增恒信通售电服务缴费终端有20处，协同北京农商行在村委会、居委会安装村村通缴费网点19处。截止到年底，平谷区共有电费代收网点324处。并有409户签署分次缴纳电费协议，降低了电费风险；短信平台共计发送电费通知短信1.32万条、7800余户次。

计量管理。平谷地区2013~2015年智能表计划换装9.46万具，现已全部完成，完成率100%。共计新装高压用户150户，更换变电站老旧表计193具，更换10kV开闭站老旧表计136具，电能表校验312具。开展分时电价表计更换，完成3270具分时电价表计更换，确保电价执行到位。组织开展营配贯通工作，完成16万户营销数据的贯通户数。

优质服务。开展党员服务队活动，在13个社区挂牌共产党员服务队“社区服务站”，服务队累计开展宣传、帮扶等活动50余次，受益用户覆盖平谷全区。同时，全面推进社区经理服务机制，已经建立完成社区客户经理33个。

营销项目完成金谷园、平粮小区、太和园小区改造，涉及居民3248户，投资5180万元，年底前全部竣工送电。会同发改委储备了今后三年23个小区，涉及居民1.5万户的改造项目。

指标管理。重要指标完成情况如下：

（1）售电量：年度指标为12.5亿kWh，累计完成12.695 7亿kWh，同比增加2.52%。

（2）售电均价：累计完成747.38元/MWh，同比增长40.27元/MWh。

5月22日，营销部便民服务进乡村。（安晓静　摄）

（3）电费回收：累计发行电费100 513.86万元。

（4）应收电费余额：年度指标为100万元，累计余额为34.07万元。

（5）违约使用电费：年度指标38万元，累计完成41.96万元。

（6）报装接电：度指标为10万kVA，全年累计完成14.55万kVA，同比增长25.62%。

（7）用电信息采集建设工程完成工作量：年度指标16 019具，完成16 019具，完成率100%。

【农电工作】平谷公司每月召开供电所所长例会，及时传达上级安全文件，对各项工作进行安全培训和技术交底，对重要岗位进行廉政安全教育；开展乡镇供电所对标工作，将各项工作分解为管控小指标，执行月度排名、通报、积分、年度奖惩等考核方式，提升供电所管理水平；积极推进平谷农村煤改电工程，共改造7个村、1482户。新装315kVA智能变压器40台，新装低压配电箱43台。新架10kV绝缘线24.4km，新架低压绝缘线62.07km，敷设低压电缆3.76km，更换低压接户线39.57km，新装各型电杆共314基，钢管杆16基。

10月13日，工作人员对配网线路进行缺陷处理。（安晓静　摄）

【科技与信息化】在群众性技术创新活动中，平谷公司在技术创新、技术革新、新产品试用等方面进行了探索，1项获得上级批复，并获支持资金4万元；组织专家技术人员开展2013年群众性技术创新活动项目验收工作；组织专利申报12项。

开展信息安全保障工作和信息安全全员培训、宣贯工作；开展信息应用系统安全风险评估和加固，制定信息安全应急演练方案；加强网络监控，保证每台接入的办公终端都在控、可控、能控；加强外来人员和外聘维护人员的审查工作，防止信息泄密发生。

【党的建设与精神文明建设】坚持中心组理论学习制度，全年完成中心组学习37次，其中处长讲座4次。6篇中心组成员撰写的学习论文在《北京电力报》等刊物上发表；贯彻落实十八届四中全会精神、中央八项规定，开展党的群众路线教育实践活动，开展“四必谈”活动，共计谈话110人次。制定并落实“两方案一计划”，截至年底，如期完成全部34个整改落实项目、7个专项整治项目。5个党支部全部如期完成换届工作，党支部班子结构得到优化，力量得到增强，人员得到充实。开展“道德讲堂”之“甲午年忆甲午”、心理健康等讲座，丰富职工历史知识和健康知识。开展“小微”志愿服务主题活动，以实际行动让平谷供电品牌广泛传播。开展精神文明“五个一”工程，以“道德讲堂、志愿服务队、文明提示牌、文明餐桌、网络文明传播”为载体，深化干部员工思想道德内涵。

全年平谷公司有4名党员获得公司优秀共产党员称号，1名党员获得公司优秀党支部称号，1名同志获得公司优秀党务工作者称号。

（陈长胜　于起媛　郑　磊）

## 怀柔供电公司

【概况】怀柔供电公司（简称怀柔公司）是北京市电力公司的直属供电企业，负责怀柔地区电网规划、建设和运营，承担着为怀柔地区经济社会发展和城乡广大电力客户提供安全可靠电力供应的重要职责，供电区域为2128.7$km^2$。

怀柔公司共管辖110kV变电站11座，35kV变电站6座，10kV开闭站12座；110kV架空输电线路8条，总长度为86.598km；35kV架空输电线路6条，总长度为127.435km；10kV线路239条，总长度为1981.9km。地区用电客户共计15.5万户，其中二级以上重要电力客户11户，居民用户13.5万户。全年，怀柔地区售电量累计完成16.56亿kWh，同比增长4.96%；营业收入净额累计完成11.25亿元，同比增长11.24%，地区最大负荷达到325.5MW。

怀柔公司现有职工601人，领导班子6人，副总师2人，下设职能部门8个，业务机构2个，集体企业1个，班组18个，乡镇供电所14个。

APEC会议供电保障是党的十八大以来规模最大、级别最高、影响力最强的政治保电任务，公司全体干部职工持续奋战16个月，电网建设、安全生产、客户服务、新闻宣传、后勤保障各领域工作高效推进。APEC会议保障期间，怀柔公司全员上岗，两个指挥部全天候运转，各保障团队24小时上岗值守，创造了“零闪动、零故障、零差错”的优异成绩，兑现了万无一失的庄严承诺，树立了公司重大政治活动供电保障的新标杆。保障工作受到国家能源局、国家电网公司、北京市政府的充分肯定，赢得公司和怀柔区委、区政府的高度赞誉。

地址：北京市怀柔区湖光小区36号
邮编：101400
电话：010-69653415

【人力资源】开展全口径用工管理，做好业务外委工作，转变劳动用工策略，规范各专业劳动用工，优化人力资源配置，发挥绩效激励作用，实施员工成长与发展工程，加强干部、专家和劳模三支队伍建设。在干部队伍发展上，采取多渠道方式，通过职员职级、专家队伍、劳模队伍等全面调动各级干部的积极性、创造性和主动性，为怀柔公司长远发展提供人才支撑。举办各类培训共20项，培训1964人次，全员培训率达到100%，通过对内训师体系建设“选、育、用、留”四个环节的重点把控，建立了一支有不同等级的内训师队伍，使得公司的知识文化得以传承，学习组织型的企业氛围日益强烈，撰写的《企业内训师体系建设典型经验》入选北京市电力公司典型经验库，促进队伍作风素质焕然一新，实现了人力资源管理的全新基础和全新局面。

【电网规划与建设】按照“大规划”“大建设”的运作

模式，以APEC电网建设为中心，进一步强化电网规划的引领作用，围绕建设坚强智能电网的发展战略目标，结合怀柔地区发展实际情况、功能定位和远景目标，完成网格化配网规划的修编工作，形成1份总报告和现状梳理、互导互带分析、配网自动化研究3份专题报告，并依据规划目标网架和现状薄弱环节梳理完成规划项目库；完成地区农网规划报告。共梳理35kV及以上项目23项，涉及资金约14.58亿元，10kV新建及改造项目约300项，涉及资金约15.92亿元；深入开展项目的可研管理工作，完成北房站扩建、辛营、周各庄3项工程的可研编制和审核工作，落实北房站扩建的资金计划，落实辛营、周各庄两项新建项目土建先行的建设模式，开展完成87项10kV项目的可研编制工作，并取得10kV项目立项核准61项。持续推进在建工程的前期手续办理，取得建设工程规划许可证8项，建设用地规划许可证2项。定期召开怀柔公司同业对标及经济活动分析会议，跟踪推动各项对标指标和经营指标发展。完成APEC电网建设各项工作，会都、南华、辛相庄3座110kV变电站按期竣工投产；完成怀柔北220kV变电站建设的属地前期协调工作以及3条110kV线路的切改工程；开展红螺寺升压工程建设工作，取得红螺寺送电工程项目管理流动红旗；完成怀长路10kV联络线迁改工程等22项迁改工程及环湖架空线入地等APEC景观提升工程。

■ 4月30日，怀柔公司110kV南华变电站按期竣工投产。

【经营管理】继续深化“法治电网”依法治企专项活动，建立依法治企工作组，助推基建工程、财务资产、人力资源、物资管理等八个经营管理领域“依法治企”工作常态化。出台《规范资金支出预算和支出审批手续》等一系列管理办法，有效规避财经风险、规范管理流程。出台《怀柔供电公司领导干部职务消费管理办法》，规范“三公”经费使用，深化企业收入分配制度改革、建立和完善企业激励约束机制。

落实“八项规定”精神，对重点岗位实施监督，防控公司廉政风险。对APEC会议供电保障服务、工程建设、财务管理开展审计监督，其中APEC会议供电保障服务效能监察获得国家电网公司优秀效能监察项目，APEC工程电网保障工程审计获得公司三等奖，起到规范经营管理、堵塞管理漏洞的作用。

【安全生产】怀柔公司以确保各类生产作业现场安全、设备精益化管理、电网安全管控为核心，在安全管理方面，安全风险管控持续深化并得到有效落实，确保全年568个作业现场安全风险“可控、能控、在控”。期间，使用“三级安全督导”“三票同签”等管理手段。隐患排查不断深入，年度排查隐患585条并全部完成治理。外协施工队伍安全管理体系日益完善，制定外协企业安全管理规定，确立外协企业月度例会制度。应急突发事件处置效率显著提升，重新修编24项应急预案及10项管理文件，建立较为完善的“平战结合、快速有力”的应急工作机制。全年完成各类输配电线路及站室的综合整治工作，消除各类缺陷1654件。全年未发生大面积停电和调度责任事故，未发生6级及以上信息事件。全年执行设备停电计划600项，执行操作票659张、7818步，保护动作正动率达到100%；安全管控110kV及以下电网风险工作93项，涉及一级+风险7项，截至年底实现安全调度11 626天。结合APEC会议召开的契机，开展配电线路综合检修工作，完成19条架空线路综合治理工作，查出各类缺陷688件，清扫线路332km，配网故障较上一年降低60次。

■ 3月6日，怀柔公司开展APEC供电保障重点变电站设备综合检修。

【营销与优质服务】完成APEC重要客户及相关配套工程的送电工作9项、容量62 365kVA，实现重要客户工程“受理快、勘查快、答复快、验收快、送电快”的“五快”目标，平均缩短送电时间27个工作日，最快的项目从受理到送电仅用13个工作日完成。积极推进APEC供电保障工作，完成13户APEC重点用户的安全评估、大负荷试验和隐患排查工作，排查整改隐患236条。开展同母线用户隐患排查706户，排查安全隐患405条。在营销专业管理工作方面，修改完善客户信息4.2万余条，订正电价3200余户，实现电价执行正确率达到100%。计量管理工作以更换新型电能表为契机，全年居民国网表换装28 649具，完成计划任务量的100.03%。台区采集建设1270个，完成计划任务量的100.63%。完成分时电价更换工作任务4039具。短信开通49 163户。集中器互联互通升级646个，完成计划量的100%。利用营销稽查监控系统提升稽查监控指标。推动营配贯通工作，建立营销生产联动机制，加强客户电源信息规范化管理工作。

以客户为中心，开展普遍与差异化服务。完成49个村村通缴费网点建设工作，惠及村民4.5万户。高度重视每一份投诉工单和意见工单，取得全年投诉13件、无责任投诉的优异成绩。通过细化工程管控节点，完成10个老旧小区改造工程竣工决算工作，完成充电桩建设工程2项，完成充电桩建设190个，完成微电网工程建设，针对营销项目数量多、资金量大、工期紧张的情况，设专人管理把控项目进度。依法合规地开展招投标工作，合理安排资金支付时间，确保资金支付任务按期完成。

**【农电工作】**完成资料档案梳理、精简工作，实现供电所资料目录及存档内容标准化、规范化，减轻员工工作负担；怀柔公司各级领导多次进行属地办公，为供电所开展工作打造良好氛围，确保供电所各项工作稳步推进。推进供电所管理提升工程，切实提升供电所管理水平，促进怀柔公司健康发展。与全部供电所所长与部分业务骨干进行交流，成立专门的组织机构，规范供电所日常业务管理，建立供电所办公用品和车辆维修管理规范，完善运营费用报销流程，细化资金管理要求，稳步推进华商电灯公司运营管理工作。

**【科技与信息化】**持续开展信息通信安全“八不准”守则及典型案例、《信息安全反违章手册》等的宣贯普及，营造良好的信息通信安全氛围。实现全年信息内网终端违规外联和通信安全事件零发生。完成信息通信专业各项建设工程，包括完成APEC供电保障服务中心通信系统建设、应急指挥中心视频会议系统改造工程。为做好信息通信专业应急服务工作，编制现场应急处置预案12项，开展实操演练和各种推演，提升快速反应和事故处理能力。提高应急装备水平，加强通信应急装备、会议电视等系统的配置管理和使用培训，高质量完成APEC供电信息通信保障工作。

■ 12月16日，怀柔公司对雁栖湖坝体太阳能光伏发电设备进行验收。

**【党的建设与精神文明建设】**开展党的群众路线教育实践活动，深入查摆问题，严格落实“两方案一计划”，78条整改措施全部落实完成，确保了活动取得实效。积极总结经验做法，编制《党的群众路线教育实践活动成果事例汇编》。开展“五加强一提升”党员主题教育活动，“3+3”党员学习活动被市国资委评为“学习型党组织品牌活动”。启动“三心促三能”员工素质提升工程，推动职工和企业共同发展。成立APEC会议供电服务保障临时党支部和共产党员服务支队，开展“树旗帜、亮身份、建阵地、讲责任”活动，为供电保障工作提供思想组织保障和主动延伸服务。落实“五心服务进万家”和“在职党员到社区报到为群众服务”要求，开展“电靓山乡寄党情”主题活动。组织团员青年开展“青春闪耀·岗位建功”和“我为APEC供电保障添光彩”主题活动。深化绩效考核体系建设，优化干部考核评价方式，开展中层干部季度述职工作。加强品牌建设工作，连续3年组织“社会责任推广月”活动，组织12次公众开放日活动，有效监测舆情28次，防控舆情2次，提升了怀柔公司品牌形象。开展劳模选树工作。首次被评为“全国文明单位”，蝉联“首都文明单位标兵”，荣获北京市“安康杯”竞赛优胜单位。

荣获公司安全生产先进单位、公司APEC供电保障特殊贡献单位、公司营销管理专业标杆单位、公司管理进步单位。发展建设部（项目管理中心）、运维检修部（检修分公司）获公司先进集体；电费核算班获公司工人先锋号；线路运检一班获公司“学习进步型”红旗班组；变电检修二班获北京市质量信得过班组；运维检修部（检修分公司）、发展建设部（项目管理中心）、电力调度控制中心、营销部（客户服务中心）、北京市怀柔区供用电工程安装公司获公司APEC供电保障先进集体。

（钟玉娟）

## 密云供电公司

**【概况】**密云供电公司（简称密云公司）是北京市电力公司直属供电企业，负责密云地区2229.45km$^2$范围内的电网规划建设、运行管理、电力销售和23.59万客户的供电服务工作，肩负着为密云地区党政机关、重大政治活动和城市运行安全供电的光荣使命。

截至年底，共设置10个职能部门、2个业务支撑与实施机构，下设20个班组、1个供电营业所、17个农村供电所。

共有110kV变电站10座，主变压器20台，容量743.5 MVA；35kV变电站14座，主变压器27台，容量258MVA；110kV线路7条，长度115.192km；35kV线路30条，长度266.01km；10kV架空线路109条，长度1796.188km；10kV电缆线路110条，长度303.759km。

全年完成售电量15.31亿kWh，同比增长3.79%；完成线损率6.67%；完成业扩报装接电容量11.08万kVA；电费回收率100%。供电可靠率达到99.989 5%，电压合格率为99.988%。最大负荷30.69万kW。

荣获首都文明单位标兵荣誉称号，石城供电所被评为国家电网公司同业对标安全生产标杆B类供电所，获得国家电网公司企业文化建设优秀案例二等奖、国家电网公司优秀电网歌曲职工作词三等奖。

地址：北京市密云县新中街3号
邮编：101500
电话：010-69042580

**【人力资源】**至年底，密云公司共有全民职工221人。其中研究生及以上学历12人，本科学历88人，专科学历86人；高级职称17人，中级职称39人；技师及以上职业资格142人，高级工45人，中级工12人。

开展“三集五大”体系建设自评估。落实“三集五大”体系全面建设方案，根据国家电网公司顶层设计以及公司工作要求，开展“五位一体”协同机制建设，促进各项业务有序运转，加强过程管控，及时发现和解决问题。结合业务委托工作，按照“三集五大”体系建设总体要求及国家电网公司“定编、定岗、定员”要求，优化机构设置，对部分班组机构及职责进行整合。探索输电运维一体化、配电（电缆、站室）运维一体化等特色工作模式，拓展售电渠道，与电力科学研究院等专业单位合作提高科技创新水平，深化密云公司“三集五大”体系建设成果。

推进业务委托及劳务派遣转签工作。协调落实运检、调控等专业委托内容，重点解决核心业务缺员问题。优化人员配置，规范用工管理，完成业务委托实施和人员转签。编制委托业务及劳务派遣转签方案，调整职责界面划分和流程，落实各级安全生产责任。加强转签工作的宣传、组织，保持劳务用工队伍稳定。组织123名劳务派遣人员进行相关转签手续，共完成106人的转直签合同，完成17人转派遣合同，转签率达到100%。通过技术讲座、传帮带等多种形式，开展岗位培训，强化专业知识及操作技能，提升岗位胜任能力，培养集体企业骨干力量，提升集体企业业务承接能力，确保各项业务有序衔接、顺畅运转。

■ 5月8日，密云公司开展岗位练兵现场。（梁旭　摄）

深化员工教育培训和人才培养工作。探索科学管理模式，以员工需求为出发点，开展营业窗口培训、变电运行知识培训、交通安全讲座、职工大讲堂等培训项目。实现全员学习培训，职工参培率达到100%。以技能鉴定为手段，不断提升技能水平。共有113名员工报名参加技能鉴定。组织参加北京市送电线路专业、农网配电专业和电气试验专业职业技能竞赛，发挥人力资源集约化优势，为参加技能鉴定和技能竞赛的职工提供学习培训，提升技能鉴定通过率。为推进后备人才管理工作的科学化、民主化、制度化，建立和完善后备人才工作的科学机制，为密云公司实施长远发展战略提供组织与人才保障。开展“师带徒”活动，推动人力资源管理方式由“人才管理型”向“人才开发型”转变，为密云公司选拔优秀人才提供可靠人力资源保障。

【电网规划与建设】编制完成《密云供电公司“大规划”体系建设操作方案》；取得《密云县“网格化”配网规划报告》批复文件；完成密云县2014~2020年电网梳理及问题分析、电动汽车接入研究专题规划；主导街区深化控规的编制、审核工作5项；梳理区域配网控制性详细规划13项；完成可研评审67项，取得可研批复59项；办理间隔批复6项，其中北京市批复2项。

工程建设项目共计122项，其中新开工项目67项，续建项目55项，投资额度4.22亿元。全年新增110kV线路8.6km。配网建设工程投资额度1.1亿元，项目包括配电线路标准化改造、可靠性提升、光纤通信建设等工程，工程的实施将为密云地区建设坚强可靠的配电网打下坚实基础。

开展APEC会议重点配套工程建设，按期完成APEC会议怀柔会都变电站二电源工程建设任务。该工程新建110kV架空线路2.4km，新建铁塔12基。完成清水河变电站10kV切改工程；完成西智35kV变电站扩建间隔工程，为南水北调工程提供供电电源支撑。

【经营管理】利用经济活动分析平台，开展同业对标管理诊断分析，及时发现生产经营过程中的各种问题和隐患，落实针对性举措，实现指标的全过程管控，1篇典型经验入选公司典型经验库。制定内部利润管理、可控成本执行偏差率管理、竣工决算管理、工程暂估增资管理、固定资产设备联动率、固定资产设备资产对应率指标管理等办法。统筹安排各项财务资源，强化全面预算管理，推动预算管理创新，严格控制非生产性消耗。理顺管理流程，提高资源配置能力。对接国家电网公司通用制度，梳理废止无效制度86个，发文明确现行制度50个。

【安全生产】开展安全管理提升工作，依托安全监督审计、安全质量评估、安全大检查，诊断安全管理的不足，制定有针对性的提升措施。开展系列安全活动，夯实安全基础。开展春季安全大检查活动、安全月活动、专题安全日活动等系列活动，消除隐患，提高公司所辖设备健康水平，员工的安全意识得到加强。组织安全技能评价考试、三种人考试、外协队伍工作负责人考试10次，参加考试792人次。加强风险管控，强化安全措施落实到位。加大生产现场特别是对小施工现场的检查监督力度，确保安全措施落实到位。对非停电计划工作进行公司统一管理，确保安全监督不留死角。加强职能管理，布置隐患排查工作。组织召开隐患排查月度工作会，通报、总结阶段工作。

成立APEC会议供电保障二级指挥部，由6个专业保障组组成。开展供电保障方案制定、隐患排查治理、专项应急演练等准备工作。会议期间抽调300余人、密云县各镇街安排278人投入统军庄、太子务2座110kV变电站及220余km输电线路保障工作。配合怀柔供电公司完成县域内APEC会议电源前期工作。配合处理树线矛盾隐患1342处。成立密云供电公司APEC会议供电保障朝阳现场指挥部，选拔技术骨干，历时7个月，协助朝阳供电公司完成供电保障任务。

深化专业协作，做好安全风险管控、现场安全巡检、APEC供电保障、配电网建设改造、营配贯通、防汛度夏、春节供电保障等重点工作。变电故障同比下降200%，输电故障同比下降25%，配电永久故障同比下降26%。完成政治供电任务23项，累计保障天数93天。

完成4条、63km输电线路标准化创建，以及8座变电站精益化管理创建工作。开展防雷、防鸟、反外力工作，配电网故障同比降低26%。强化配电关键指标的管控，配电缺陷发现及处理能力同比提升185%，配电运行数据录入同比增加520条。拓展带电作业业务，带电作业次数同比增长300%。

开展技术监督、状态检测、风险管控、状态检修等工作。全年排定并执行各类生产计划254项，巡视变配电室1800余次、输配线路13 700余km，开展状态检测1300台（条）次、红外测温1231次。电网检修工作质量显著提升。

完成16条同塔双回输电线路差异化防雷改造，完成石清线路防鸟综合整治，完成5座变电站开关柜10kV母线绝缘化整治，开展配网架空线路会诊巡视和设备隐患排查，强化综合检修项目实施力度，消除缺

■ 9月5日，唐庄110kV变电站检修工作现场。（林一轩　摄）

陷347处。协调县政府开展电力安全隐患治理专项活动，形成政府主导开展电力安全隐患治理良好工作局面，累计消除各类隐患1342处。

农网升级改造工程年内全面竣工。共改造10kV配电架空线路28条；对10个行政村0.4kV低压电网进行整体改造，共计改造线路530余km，超过密云县农村电网总长度的30%；完成变压器增容141台。改造工程涉及密云县境内16个镇，174个行政村。平均每个镇改造线路30余km，惠及农村居民约5.5万户。工程施工中全面应用防雷新技术，经改造线路路段在汛期仅发生一起雷击故障，达到预期效果。

■ 12月3日，不老屯地区10kV变压器分换装工程施工现场。（林一轩　摄）

**【营销与优质服务】**建立密云公司对供电所的营销指标管理体系，按照周调度、月发布、季考核的管控方式，夯实专业基础，规范营销管理工作。开展电价专项稽查，完成931具峰谷表的更换工作，实现峰谷分时电价全部执行到位。完成非居民客户销售电价调整工作，完成1241户宗教场所、监狱、城乡居民住宅小区公用附属设施执行居民优惠电价的调整工作。跟踪政府关停的四家砖厂，通过预收电费、分次抄表收费等措施，未发生欠费问题。向法院提起诉讼2户，与政府协调成功收回北京正圆世嘉房地产公司欠费。开展营销95项业务质量实时在线监控，整改不完整数据3813个，整改不准确数据7417个，营销系统数据可用率实现100%，营销稽查监控数据异常率降至0.065 6%。完成全年理论线损计算，根据电网结构变化及时调整区域和分压关口，逐步理顺10kV线路与台区、台区与低压用户的对应关系。

更换智能表2.65万具，未发生相关投诉事件。完成697个公共台区采集安装及调试工作。完成全年低压非居民计量改造工程的设计、监理、施工招标；启动光纤到台区对接、老旧采集器更换、水利变压器采集安装3项工程可研编制、初设等工作。严控10kV用户采集运维质量，远程自动抄表核算比率较2013年提升12个百分点。强化采集系统监控对表计运行质量的指导作用，实现数据日统计、周通报，全年共处理故障智能表1997具，电量下发成功率、过零不跳表计占比由劣势指标向优势指标转变，同时采集成功率指标始终保持在公司前列。

发布《员工优质服务风险评价手册》，建立岗位风险名录。首次举办跨专业的全员综合业务知识培训。建立视频监控问题点评机制，强化有投诉倾向业务工单的跟踪，解决客户合理诉求，并将投诉纳入到绩效考核中。开展优质服务“五星单位”和服务之星的评选工作。设计宣传海报，开展覆盖全县所有行政村的用电安全知识宣传。创新山区便民服务举措，在基层供电公司中率先推行邮递员送电费充值卡上门服务，2014年度累计送卡3.5万户次、售卡1797万元，获北京公司管理创新三等奖。智能表24h远程应急送电服务2300次，1h内下发成功率达到97.43%。开展APEC会议、高考、中考等客户端供用电安全服务保障，建立各级用电安全服务人员与重要客户间畅通的

■ 5月22日，密云公司开展“供电服务进乡村便民交费日”活动现场。（梁旭　摄）

联系渠道，解决重要客户在安全用电方面的实际问题。开展爱心用户走访活动，帮助弱势群体换灯泡、检修老化线路；开展电力爱心课堂活动，进校园讲解电力安全、电力法规等专业常识。完成低压用户、高压用户、营销资源及专线等年度营配贯通采录目标。

优化业扩报装手续，实施同城报装及流程串、改、并等业务办理；加强对业扩报装服务时限和竣工资料的准确性、完整性的管理。完成分布式电源并网发电3户，完成自用充电设施接电3户。完成华润希望小镇、县医院、密云县避难所等重点工程的发电工作，开展南水北调、保障房等重点工程的协调工作。全年实现节约电力电量767.49万kWh，完成计划指标的201%；完成密云地区10户节能审计和2014年有序用电方案编制工作；落实充电设施建设用地6处，完成37个充电桩的本体工程建设工作。开展打击窃电专项活动，检查用户0.21万户，查处窃电案件2件、违约用电行为6件，追补电量8.3万kWh，实现普查收入24.69万元。

■ 位于密云公司城关供电所营业厅门前的电动汽车公共分散充电桩。

（林一轩　摄）

（周福新）

【农电工作】推进农电工作，开展农电“两个提升”工程，以供电所同业对标为抓手，夯实管理基础，促进规范管理。完成29台智能变压器的换装工作。每月定期召开供电所所长例会，及时解决供电所在工作中遇到的问题，提升供电所管理水平，确保农电队伍稳定。

【科技与信息化】开展科技创新，获专利授权5项，群众创新成果获公司一等奖。规范电网运行数据，组织绘制完成配电线路电子图册。更新完成《密云供电公司变电站一次系统图》。组织员工签订信息安全承诺书530份。将无业务主管部门、无运维部门、无安全督查部门的“三不管”7台服务器系统清理下线。将15个供电所方式接入综合数据网，提高密云公司网络通信安全、稳定度。

【党的建设与精神文明建设】从2月下旬开始，全体在职党员参加党的群众路线教育实践活动，共征求内、外部意见、建议超过200余条。领导班子提出62项具体整改措施，截至年底，全部整改完毕。全年共组织中心组学习31次，其中扩大学习5次，交流研讨4次，党委书记讲党课1次。成立APEC会议供电保障朝阳现场指挥部临时党支部。组织开展党建知识培训，聘请国家电网公司专家培训企业文化知识。加强党员教育管理，组织开展“在职党员到社区报到为群众服务”工作。

共产党员服务队成立“京采夕阳”服务支队，开展离退休人员服务工作。原创歌曲《守望光明》，在国家电网公司优秀电网歌曲比赛中获得职工作词三等奖。

开展党组织共建工作，与15个镇（21个村）签署和谐共建协议。通过各类载体宣传、“道德讲堂”宣讲、艺术团艺术创作等多种形式，对劳动模范、先进生产者等先进典型进行全方面、深层次的宣传。开展企业文化实践工作，撰写的培育和践行社会主义核心价值观理论文章在《国家电网报》上发表，公司获得国家电网公司2014年度企业文化建设优秀案例二等奖。

落实“五加强一提升”员工主题教育实践活动，组织开展“十全十美·璀璨团队”和“十全十美·传承美德·出彩电力人”评选工作。建立全链条职工关怀体系，开展“关爱离退休老职工，关切青年员工成长，关心职工子女成长”三关工作。深化“守望光明”艺术团建设，两次面向广大职工演出，弘扬公司企业文化，倡导正能量和健康向上的生活方式。

开展“职工之家”实体化建设工作，采取“大家+小家”的建设模式，因地制宜，一室多用，配备减压椅、视听沙发、台球桌等设备，开展大讲堂、心理咨询、娱乐比赛等活动；开展5月健身文化月活动，组织开展篮球、棋牌等文体活动，共有500余人次职工参加。

（相英杰　杨　彤）

## 顺义供电公司

【概况】顺义供电公司（简称顺义公司）成立于1957年，是北京市电力公司直属供电企业，负责顺义地区

$1020km^2$ 范围内的电网规划建设、运行管理、电力销售和供电服务工作，肩负着为顺义区域内党政军机关、高科技园区及首都机场和全区 90 余万常住人口安全供电的光荣使命。

截至年底，共设置 11 个职能部门、3 个业务支撑与实施机构，下设 22 个班组、19 个乡镇供电所。共负责 110kV 变电站 22 座，主变压器 47 台，容量 2086.5MVA；35kV 变电站 11 座，主变压器 22 台，容量 223.2MVA；110kV 线路 49 条，长度 402.028km；35kV 线路 31 条，长度 214.254km；10kV 架空线路 208 条，长度 2159.42km；10kV 电缆线路 437 条，长度 852.3km。实现全年安全生产无事故目标，累计安全生产长周期 6561 天。

全年完成售电量 59.1 亿 kWh，同比增长 1.56%；完成线损率 4.72%，较计划值降低 0.8%；完成业扩报装接电容量 42.9 万 kVA；城网供电可靠率达到 99.980 4%，农网供电可靠率达到 99.969 7%；电费回收率 100%。最大负荷 115.2 万 kW。

荣获全国学习型企业创优工程实践功勋奖、首都文明单位标兵、北京市交通安全先进单位等荣誉称号。

地址：北京市顺义区顺达路 6 号
邮编：101300
电话：010-81483347

**【人力资源】** 制定《国网北京顺义供电公司青年员工培养方案》，形成入企见习期、岗位学徒期、岗位成长期三个阶段的专家型人才成长通道。根据《国网北京顺义供电公司生产技能专业人才聘任管理办法（试行）》（顺供人〔2013〕38 号）的相关规定，聘任 7 名生产技能专业人才。

发布年度岗位绩效指标体系及一线班组工作积分标准体系。创新部门绩效考核评价方式，形成同业对标排名直接对应部门关键业绩指标得分的考核机制。参与国家电网公司一线员工绩效结果与薪酬分配挂钩机制建设试点工作，标准工分乘以标准工时的工作积分计量方式得到国家电网公司认可。

坚持月报制度，掌握并严格执行上级人力资源制度标准、计划管理标准，控制用工总量，规范各类人员工资、福利、保险、培训、劳保费用等人工成本支出。

全年共组织 224 余人报名参加技能鉴定考试，其中 10 人申报技师，5 人申报高级技师；共 43 人申报职称认定及评定，其中 7 人申报高级职称评定；共 24 人认证后续学历，其中 8 人为在职研究生。开展各类培训 150 余项，参训 5900 余人次，人均接受培训 7 次以上，实现全员培训率 100%，学时、学分达标率 100%，年度教育培训计划完成率 100%。

截至年底，共有全民职工 308 人，劳务派遣职工 40 人，业务委托用工 277 人。其中研究生及以上学历 35 人，本科学历 153 人，专科学历 70 人；高级职称 15 人，中级职称 64 人；技师及以上职业资格 149 人，高级工 103 人，中级工 17 人。

**【电网规划与建设】** 完成“网格化”配网规划修编及互倒互带能力分析，推进“网格化”配电网规划在业扩方案、市政工程等配网工程中的实际应用。开展老城区配网规划工作，为建成区域高可靠性配电网奠定基础。落实配网建设思路，组织梳理建设改造项目 247 项。66 项配网改造工程在公司首批获得属地发改委立项核准。

加大重点工程建设力度，米各庄 110kV 主变压器增容工程、110kV 李桥站切入仁和工程和西府 110kV 输变电工程建成投产。庄子营 110kV 输变电工程、大孙各庄 35kV 线路切改工程、军营及新城 110kV 输变电工程开工建设。梁庄 110kV 输变电工程土建完工，并获公司标准工艺应用示范项目荣誉称号。全年新增变电容量 16.3 万 kVA、线路 39.2km。

■ 12 月 29 日，西府 110kV 变电站正式投入运行。

**【经营管理】** 巩固“四会合一”诊断分析机制，加强指标过程管控，提高经营效益和发展质量。实施业务委托工作，完成人员转签、机构调整、人员转岗及培训工作，分阶段完成集体企业业务承接工作。参与国家电网公司一线员工绩效结果与薪酬分配挂钩机制建设试点工作，标准工分乘以标准工时的工作积分计量方式得到国家电网公司认可。完成 2013 年竣工决算工程审计，开展产业公司工程管理和转分包管理等自主审计项目。推进规章制度建设，开展“通用制度十分钟导读”活动，强化通用制度的宣贯培训和对接执行。加快集体企业实体化建设，通过加强人才队伍建设、规范经营管理、提升装备水平和加大市场开拓力度等措施，实现集体企业硬实力和软实力的同步提升。推进科技创新，专利完成情况取得历史最好成绩，国网智能表非金属计量箱等两项群创项目分别取得北京公司群创成果一、二等奖。梳理顺义公司各项规章制度，利用书籍、讲座、刊物、征文等形式开展法制宣传教育。截至年底，共办理诉讼案件 7 起，审结 4 起；对外签订经济合同 832 份，未发生合同纠纷，合同履约率达到 100%。

全年，顺义公司在公司同业对标体系评价中荣获管理标杆以及物力、建设、运行、营销四项专业管理标杆，绩效考核管理、基建质量管理及电网风险预控三项典型经验成功入选公司典型经验库。

【安全生产】开展“安全生产月”、安全大检查等专项活动，推进安全管理标准化建设。强化作业现场安全监督管理，主配网现场巡检率达到 100%。落实电力隧道、管井断面管理要求，强化有限空间安全管理，提升安全防护水平。深入分析电网运行薄弱环节，强化安全校核与风险防控。完成地区电网备调建设工作，提高应急调度指挥能力。加强保护、自动化等二次管理工作，110kV 变电站实现综自率 100%。

9 月 1 日，顺义公司全力开展雨夜抢修工作。

实施重点线路差异化管控，强化特巡和定点看护，明确通道运维管理职责标准。健全电力设施保护协调工作机制，有效遏制外力故障，改善设备健康水平和运行环境，配网故障同比降低 41%。深化应急管理，建立电网预警机制，组织开展防汛度夏、APEC 保障等应急演练 42 次，提升应急处置和风险化解能力。累计梳理完成 2014~2017 年度配电网建设改造项目共计 247 项。配电自动化系统新建工程完成立项工作，部分物资完成协议库存招标，配电主站完成小系统搭建。开展输变电设备标准化整治工作。完成李桥站综自改造、米各庄站主变压器增容 14 项主网大修技改项目；完成 17 项配电线路专项技改工程。完成输电线路资产移交及线路通道属地化运维工作。完成 36 座配电站室的屋顶平改坡工作。完成变压器分换装 56 台，低压线路切改、改造 40 余 km。完成 15 个村低压线路改造工程。

截至年底，顺义公司未发生任何安全考核事件，成功经受 115.2 万 kW 历史最大负荷考验。完成 2014 年 APEC 领导人峰会、全国“两会”等政治供电任务 33 次，获得“APEC 供电保障突出贡献单位”荣誉称号。

【营销与优质服务】落实简化业扩报装流程工作要求，推行重点工程客户经理代表制，确保各环节有衔接、有反馈，年报装接电 41 万 kVA，完成目标值的 107.9%。加大计量改造力度，完成 9.2 万具智能表换装任务，台区自动抄表核算比率达到 95.6%。积极防范营业窗口现金风险，实现全部窗口银行上门收费。大力推广“掌上电力”等多种非现金缴费方式，满足客户多样化、个性化需求。

8 月 29 日，顺义公司党员服务队走进社区推广“掌上电力”购电业务。

开展营配贯通工作，累计完成 2502 个台区信息采录工作，提前完成公司下达的全年台区采录率及贯通率指标。加快电动汽车充换电服务网络建设，首都机场、俸伯“P+R”充电站建成投产，新装直流充电桩 63 个，交流充电桩 25 个。推进保障性住房及老旧小区改造等民生工程电力服务，完成石园西区、义宾南北区电力改造工程。

截至年底，共管理营业客户 373 665 户。其中抄表收费客户 12 906 户，卡表客户 2153 户，网络表用户 93 523 户，本地费控 265 083 户；110kV 客户 6 户，

35kV 客户 10 户，10kV 客户 5583 户，低压客户 368 066 户。全区共有重要客户 35 户，其中特级客户 2 户，一级客户 5 户，二级客户 11 户，临时重要用户 17 户。

**【农电工作】** 加强农电精益化管理，开展供电所专业物资盘点。开展供电所负责人集中培训、营销窗口人员培训、基层人员业务知识培训、智能电能表培训工作，使基层供电所人员业务素质得以提升。完成杨镇、后沙峪、李遂、北石槽、木林、南法信、高丽营 7 个供电所的非生产性大修工程。完成供电所 81 辆公司户头车辆加装 GPS 工作。

全年顺义煤改电项目涉及顺义区 6 个镇 7 个自然村。7 个村已经全部完成变压器新装增容、低压线路改造任务，以及 2616 户居民的电采暖计量表换装任务，满足居民冬季电采暖的实际需求。

■ 10 月 25 日，顺义公司煤改电施工现场。

深入分析农村地区购电特点，在原有的营业网点售电业务基础上，开展农村购电"村村通"推广工作，完成顺义 180 个村充值卡代售点建设工作任务，占全区总村数的 46.15%，初步实现农村 10min 购电圈，受到农村用户的广泛赞誉。

**【科技与信息化】** 共开展群众创新项目 1 项，完成群创项目验收 2 项；完成专利申请 23 项，完成专利授权 6 项。

开展设备线路巡视、缺陷处理工作，全年累计巡视 750km，处理各类通信报修 1100 余次。完成 2 座配网开闭站的通信网络建设工作，共敷设光缆 26km，安装设备 4 套。开展公司旧址网络及通信线路共计 290 余个网点的改造工程。

加强 VRV 网管系统的应用，做到网管实时监控，发现问题当日处理。加强信息网络的接入审计管理工作，做好端口 MAC 绑定工作，做好网络授权接入管理。加强信息网络隐患排查工作及网络设备的运维管理，完成各类工单 400 余张。完成 IT 资产的核对录入工作，累计完成 IT 资产的核对及录入 2500 余条。为满足信息安全的要求，对 Windows XP 系统的办公计算机安装 360 盾甲共计 556 台次。完成办公计算机杀毒换装工作共计 619 台次。为响应反腐倡廉的要求，对办公场所进行网络改造，增加网点 170 余个，保证信息安全的要求。完成老旧办公计算机的更换工作，累计更换计算机 120 台次。

**【党的建设与精神文明建设】** 开展以为民务实清廉为主要内容的党的群众路线教育实践活动，完成学习教育、听取意见，查摆问题、开展批评，整改落实、建章立制三个环节的各项工作，先后开展集中学习 28 次，组织召开座谈会 14 次，收集 11 类 77 条意见，制定整改措施 148 项。开展全国文明单位和首都文明单位标兵创建工作。开展司史整理和道德讲堂活动，大力弘扬企业精神和核心价值观。实施企业文化传播、落地和评价三大工程，促进国家电网公司"五统一"企业文化落地。推进"会家和一"职工之家实体化建设，丰富员工文体生活。深化党员服务队"三化"建设，完善社区客户经理模式，推进党员服务队"五心服务进万家"工程。加强重点岗位人员廉洁从业监督管理，完成重点岗位人员交流 46 人，开展交接监督 5 次共 15 人。搭建职工技术技能竞赛平台，做实做优李孟东劳模创新工作室。坚持党建带团建，加强青年员工的思想引导和职业规划。深挖"电靓京城"品牌内涵，积极开展正面宣传引导。推进社会责任根植，便民缴费"村村通"履责实践项目在公司社会责任项目制成果评比中荣获第二名，成功入选 2014 年履责十佳案例。

（蔡溪源）

## 延庆供电公司

**【概况】** 延庆供电公司（简称延庆公司）成立于 1962 年，是北京市电力公司直属供电企业，负责延庆地区

1993.75km$^2$ 范围内的电网规划建设、运行管理、电力销售和供电服务工作，肩负着为延庆地区经济发展、政治供电和人民生活提供安全供电的重要责任。

截至年底，共设置8个职能部门、2个业务支撑与实施机构，下设12个班组、7个农村供电所。

共负责110kV变电站6座，主变压器12台，容量452MVA；35kV变电站9座，主变压器14台，容量92.85MVA；110kV线路15条，长度136.863km；35kV线路14条，长度203.768km；10kV架空线路81条，长度1237.316km；10kV电缆线路31条，长度225.792km。实现全年安全生产无事故目标，累计安全生产长周期5079天。

全年完成售电量7.83亿kWh，同比增长5.67%；完成线损率7.99%；完成业扩报装接电容量7.47万kVA；电费回收率100%。供电可靠率达到99.988%，电压合格率为99.923%。最大负荷18.31万kW。

荣获“全国文明单位”称号，连续七年摘得“首都文明单位标兵”称号，连续四年被列为行风测评免评单位，被评为北京市“青年文明号”，荣获“首都学雷锋志愿服务站”“延庆县学雷锋志愿服务品牌团队”“延庆县交通安全管理先进单位”等荣誉称号。

地址：北京市延庆县庆园街53号
邮编：102100
电话：010-69101219

**【人力资源】** 截至年底，共有全民职工164人，集体职工7人，银杰职工3人，华商职工198人，集体企业职工225人。全民职工中研究生及以上学历17人，本科学历56人，专科学历77人；高级职称11人，中级职称23人；技师及以上职业资格13人，高级工110人，中级工1人。

按照公司统一部署，完成《延庆公司业务委托方案》，并得到正式批复，完成业务委托一线班组机构和岗位调整。丰富员工培养手段，完成兼职培训师聘任、师带徒协议签订。开展送电线路工技能比赛、年度职业技能鉴定、年度学历认证、年度职称认定及评定等员工职业技能提升工作。强化干部队伍建设，组织开展两期中层干部与一线班组长集中脱产培训。

**【电网规划与建设】** 强化项目规划库管理，形成《北京电网110kV和35kV电网可靠性提升方案》。完善“网格化”配电网规划，取得“四图一表一清册”和“1+5”报告的规划成果。梳理配电网建设改造项目，累计储备4年103个项目，完成25项工程施工条件准备。完成配电网规划对接发布，取得县政府对地区电网建设改造的资金和政策支持。推进配网通信网光纤到台区重点工程，完成开工前各项手续办理。服务地区重点项目，按期完成世界葡萄大会展览馆配套电力工程，实现八达岭太阳能光伏发电110kV送出工程的合法开工。推动重点项目前期工作，取得500kV张昌三回送电工程延庆段路径复函，完成地区规划220kV变电站现场踏勘，开展永宁110kV变电站站址围挡和可研编制工作。完成110kV延庆站保护自动化改造工程。规范工程项目管理，完成张山营110kV输变电工程10kV切改工程、延庆出租车充电站工程竣工决算，累计增资1497万元；张山营110kV送电工程设计方案荣获2014年度基建工程优秀设计奖。

5月16日，110kV延庆变电站保护改造现场。（张旭　摄）

**【经营管理】** 开展“三集五大”体系建设成效评估工作。巩固“四会合一”诊断分析机制，完善全面预算管理体系。推进业务委托工作，实施人员转签、竞聘和转岗工作，完成17名班组长和47个生产岗位人员配置。超前介入地区重点工程，推进电能替代，全年完成报装接电容量7.47万kVA，完成年度指标124.33%。开展“打窃专项行动月”活动，推进欠费清理，追回陈欠电费24.74万元，率先实现陈欠电费清零。推进年度重点督办任务过程管控，年度58项督办任务办结57项，完成率达98.3%。开展“线损管理提升年”活动，强化线损管理，自用电同比降低32.96%。推进全面预算管理，健全预算执行审核机制，提高预算执行刚性。强化内部模拟利润管理，内部模拟市场管理成果获得全国电力企业优秀管理三等奖。提升资金保障能力，强化财务专业与业务前端的衔接，有效调配资金资源。开展“我要讲制度”系列活动，加强制度宣贯学习和执行力建设，取得基建专业制度建设和岗位制度体系建设双试点成果。实时监测分析延庆公司主营业务活动，全年共完成月度异动分析73条，专题监测分析56条。

■ 6月30日，延庆公司开展“我要讲制度”通用制度宣贯系列活动。（韩戈奇 摄）

【安全生产】宣贯新《安全生产法》和《国家电网公司安全工作规定》，根据机构和人员调整情况，细化安全生产目标和保障措施，落实安全生产责任制。开展“安全生产月”、安全大检查等专项活动，推进安全管理标准化建设，累计发现问题67项，整改完成52项，整改率达到77.6%。完善安全日组织形式和活动内容，累计开展专题安全日12次。规范领导干部与管理人员现场检查到岗到位要求，累计安排到岗到位146人次，发现并整改落实问题10项，主配网现场巡检率100%。强化作业现场巡检效果，加大违章行为曝光和考核力度，累计检查作业现场375个，实现重点工程和带电作业现场全覆盖。完善隐患排查治理长效机制，细化隐患排查工作职责、流程和考核办法，完成年度隐患排查任务23次，发现并治理隐患266条，治理率达到100%。加大安全教育培训力度，开展各类专题安全培训23次，参培2528人次，组织安规普考、关键岗位普考等各类考试5次，参考976人次。在年度安全技能等级评价考试中，在21个单位中取得第三名；在公司有限空间作业比武中获得二等奖。强化电网运行管理，累计编制运行处置预案60项。完善度夏度冬大负荷与防汛期间的应急预案，开展重大事故、拉路序位和防汛电网运行演练。完善应急联动机制，累计开展应急演练4次，应急野外拉练1次，全年9次启动应急响应。开展配网架空线路缺陷隐患排查治理专项活动，全年排查缺陷隐患1638条，配网故障率同比下降36.7%。根据季节特点开展输变电设备特巡和输配电线路去树、防雷、防鸟害等季节性工作，共治理树线矛盾存量隐患19 003棵。完成2014年世界葡萄大会、APEC等26项保电任务。

【营销与优质服务】截至年底，延庆公司共管理营业客户147 421户。其中抄表收费客户22 789户，卡表客户4083户；110kV客户2户，380V客户6863户，10kV客户1884户，低压客户145 535户。全区共有重要客户10户，其中一级客户1户，二级客户6户，临时性重要客户3户。

围绕“工作提质、指标提高、任务提速、服务提升”工作理念，开展营销管理深化年活动，筑牢营销管理基础。超前应对优质服务新要求，启动“优质服务年”专项服务提升活动，拓展系列特色服务举措。开展95598全业务割接上线演练，完成95598全业务集中工作。提升窗口人员服务意识和综合服务质量，“以评促先”开展“服务之星”评比活动，强化“服务标杆”示范带动效应。推进低压营配贯通数据采录，采录现场表计12.05万具，实现系统贯通10.4万户，年度指标完成率达到116.98%，采录进度位于公司前列。实施用电信息采集建设工程，提前完成4万余具智能表的更换任务，计量同业对标排名保持A段水平。实施重要用户安全用电管理，加大与政府对接沟通，累计开展重要客户用电巡检487户，消除各类隐患32项。推进自助缴费网点建设，新增缴费网点43个，布点缴费购电网点287个，基本完成“十分钟缴费圈”建设。拓展共产党员服务队服务形式，累计开展特色服务活动43次，延庆公司党员服务队被评为北京市“首都学雷锋志愿服务站”，并荣获延庆县“学雷锋志愿服务品牌团队”称号。

■ 9月5日，延庆公司共产党员服务队到庆源打工子弟学校开展特色服务。（张旭 摄）

【农电工作】夯实农电管理基础，完善对标管理体系，开展“金牌供电所评比”和“百日争先”等特色活动，建立供电所创先争优推动机制。制定《供电所员工考勤及休息休假管理办法》《供电所干部测评及供电所所长后备人选推荐工作实施方案》等管理措施，加强关键岗位人员管理。加强供电所动态考核。开展供电所所长、班长工作绩效测评和所长后备干部推荐工作，探索供电所人员考评和人才晋升途径。加大供电所全员培训力度，挖掘优秀专业技术人才。

**【科技与信息化】**实施群众创新项目1项，1项群众创新项目通过验收，申报专利23项、获得专利授权6项，上报科技论文4篇，1篇科技论文获得国网北京市电力公司年度优秀科技论文三等奖。

完成信息和通信系统日常维护，累计处理缺陷1848个。完成256项会议保障工作，处理缺陷75次；完成信息、通信系统周报、月报与月运行分析、设备评价报告。完成桌面标准化管理系统升级任务。完成国网IMS系统台账核查阶段任务。完成变电站信息设备梳理排查阶段任务。完成配电通信网建设工程的前期及招标工作。完成通信费结算工作。完成信息耗材超市化采购工作。完成年度信息、通信2项大修维护项目。完成2015年15项信息、通信大修技改工程项目储备工作。

**【党的建设与精神文明建设】**推进党的群众路线教育实践活动，夯实各环节工作实效，推进问题整改落实，深查细找在“四风”、优质服务等方面的突出问题，制定61条整改措施，整改完成率达到98%，初步形成反“四风”长效机制。强化“八项规定”监督检查，针对公务接待、车辆管理、窗口服务等领域定期开展联合检查，及时督导整改落实。强化风险防控成果应用，编制完成《依法治企典型风险管控指导书》工程管理分册和“三公”消费分册。强化专业协同，规范审批程序，压降“三公消费”支出，全年业务招待费、会议费、车辆使用费同比降低24.08%、23.28%、14.52%。完善党支部和党员积分管理指标体系，强化基层党组织管理。推进精神文明建设，层层签订精神文明建设责任书，部门、班组签订率达到100%。开展“道德讲堂”“中国梦 国网情”诗歌朗诵等特色活动，参加地区先进典型选树活动，延庆公司两名员工分获北京市级“首都精神文明建设奖”和延庆县级“北京榜样”称号。抓好“五个一”建设，延庆公司蝉联“首都文明单位标兵”荣誉称号，并被推荐参加“全国文明单位”评选。挖掘“电靓京城”品牌内涵，在公司及以上媒体共发布新闻356篇。落实干部轮岗交流制度，共涉及中层干部19人次；结合业务外委工作，开展班组长竞聘工作，16名班组长竞聘到相应岗位端。开展兼职培训师聘任、中层干部与一线班组长脱产培训等特色工作，提升人员履职水平。开展“健康关爱”职工长走、趣味运动会等特色活动8项，丰富员工生活。开展“三必谈、两必访”活动，累计走访慰问生病、家庭困难员工73人次，定期走访慰问62名退休职工。

■ 10月10日，延庆公司开展第三期“道德讲堂”活动。

（张旭　摄）

（韩戈奇）

# 业务支撑机构及其他单位

# 经济技术研究院

【概况】国网北京市电力公司经济技术研究院（北京电力经济技术研究院）为北京市电力公司的业务支撑机构，其中：国网北京市电力公司经济技术研究院（简称国网北京经研院）为北京市电力公司的分公司，北京电力经济技术研究院（简称北京电力经研院）为北京市电力公司的全资子公司，两种模式并行运营、合署办公。

国网北京经研院具有国家送变电工程设计甲级、工程勘察甲级、火电类咨询甲级、通信信息咨询甲级、电力行业设计乙级、工程监理乙级等资质。主要从事1000kV及以下电压等级的规划设计和咨询、项目评审、项目管理、质量监督、结算监督、定额管理、工程监理等业务，分别支撑国家电网公司和北京市电力公司PMS 2.0系统运维、资产全寿命周期管理体系建设。通过了质量、环境和职业健康安全管理体系认证，是国家高新技术企业、国家科技企业档案管理一级达标单位、中国电力规划设计协会常务理事单位、中国水利电力质量管理协会电力分会理事单位。

国网北京经研院共设办公室、党群工作部（监察审计部）、人力资源部、财务资产部、计划经营部五个职能管理部门和规划评审中心、设计中心（中心设计院）、技术经济中心（定额站办公室、质监中心站办公室）、建设管理中心、数据中心、监理公司六个专业机构。

地址：北京市西城区广安门车站西街15号
邮编：100055
电话：010-63678988

【人力资源】截至年底，国网北京经研院（北京电力经研院）共有职工186人。其中，高级职称63人，中级职称45人，中级以上职称占比58%；博士14人，硕士67人，本科80人，专科及以下25人，硕士及以上占比43.5%；注册在院的执业人员共25人次；人才当量密度1.115 7。

国网北京经研院服从、服务于公司工作大局，在深化“三集五大”体系建设的背景下，严格按照批复方案进行机构和人员调整，并进一步运用绩效与薪酬的杠杆推动业务全方面持续发展。开展全员培训，促进人才队伍建设，共组织开展履职能力和工作胜任能力培训等各级各类培训110余期，组织参加国家电网公司竞赛调考7项，优化人才队伍结构，提升全院人员综合素质。全年，国网北京经研院1人入选电力勘测设计行业资深专家，11人入选公司评标专家。

【安全生产】加强“三标”管理体系运行监测，完成2014年内部审核活动，并顺利通过外部审核。开展“安全生产月”等活动，增强职工的安全生产意识，提升安全生产管理水平。贯彻落实基建安全管理工作的各项要求，有效应对大风、大雨等恶劣天气。加强与客户的联系沟通，组织客户回访活动，对重点工程和公司建设部、城区、海淀、平谷等部门单位进行回访，提升服务质量。截至年底，实现安全无事故4532天，安全质量总体情况良好。全年，霍营输变电工程获得国家电网公司年度第一批输变电优质工程；永定220kV变电站获得公司无违章流动红旗；未来城220kV智能变电站为国家电网公司六座新一代智能变电站示范工程之一，荣获国家电网公司安全管理流动红旗。

■ 5月15日，国网北京经研院召开公司资产全寿命周期管理体系建设推进会。

【经营管理】累计签订合同230份，签订金额3.757 5亿元。坚持各项工作的全流程闭环管理，强化督察督办的互动性和实时性，切实做好多专业、跨部门工作的信息共享和信息集成，有效提升企业管理效率，各项经营指标完成情况总体优于公司考核指标。其中，利润总额完成1.316 4亿元，同比增加9321.57万元；资产负债率5.53%，同比增加1.38

个百分点；净资产收益率 25.83%，同比提高 18.45 个百分点。

【科技进步】着力提升科技工作管理水平，各项工作取得较大进展。在科技成果方面，承担的国家 863 计划课题“主动配电网关键技术研究及示范”获得重大进展，“交直流混合配用电关键技术”获得国家 863 计划重大项目立项。4 项新技术入选《国家电网公司依托工程设计新技术推广应用实施项目（2014）》。全年共获得省部级科技进步奖 3 项，网省公司级科技进步奖 7 项，群众性创新成果奖 2 项，创造历史最好成绩。获得年度国家电网公司输变电工程优秀设计二等奖 2 项，三等奖 2 项；年度电力行业优秀设计一等奖 2 项，二、三等奖 4 项；年度电力行业优秀工程咨询成果奖一等奖 3 项，三等奖 2 项；北京市优秀工程咨询成果二等奖 2 项，三等奖 2 项。两个项目荣获首届中国电力工程数字化设计（EIM）大赛优胜奖；同时还获得了由中国勘察设计协会举办的首届“创新杯”数字化工厂（DF）设计大赛最佳绿色工厂设计三等奖 1 项。

全年共获授权、申请专利 55 项，其中获授权专利 21 项（发明 1 项，实用新型专利 18 项，外观专利 2 项），申请专利 34 项（发明专利 16 项、实用新型专利 13 项、外观专利 2 项、海外专利 3 项）。此外，“高压电缆护套感应电压计算软件”获得计算机软件著作权；“特殊运行方式-220kV 线路‘双掉单投’的备自投解决方案”“多回路电缆敷设相序的节能优化”两项技术获得电力工程设计专有技术。

【优质服务】强化生产管理能力，合理安排月度生产计划，加强规划前期的协调工作和与公司相关部门的沟通，定期组织召开生产调度会、发布生产与技术管理工作周报，动态跟踪设计过程，主动与北京市规划委员会、公司沟通了解规划前期落实情况和设备订货情况，为工程开展奠定坚实基础。积极参与公司电网规划和智能电网建设，围绕“强化服务理念，明确服务职能、规范服务行为、优化服务方式”等方面开展服务管理工作，以员工平安、电网安全、优质高效地完成各项基建工程为出发点，以全面加强设计产品安全质量管理和现场工代服务为工作重点，通过客户服务热线、工代服务、设计回访、顾客满意度调查等多种渠道收集服务反馈信息，及时发现问题、分析问题、解决问题，采取有针对性的措施全面提升服务水平，满足不同层次客户个性化、多样化的服务需求，与客户建立和谐、信任的关系，提高自身设计能力及科技水平，为北京电网建设提供坚强有力的技术服务支持。

全年客户满意度测评综合指数为 93.23 分，顾客对国网北京经研院提供的产品和服务质量总体评价处于较高水平，并且呈现逐年上升的趋势。

【党的建设与精神文明建设】国网北京经研院党委扎实开展党的群众路线教育实践活动。活动以“为民务实清廉”为主题，按照“照镜子、正衣冠、洗洗澡、治治病”的总要求，集中查摆“四风”问题，初步形成贯彻群众路线的长效机制。完成学习教育、听取意见，查摆问题、开展批评，整改落实、建章立制三个环节的各项任务。制定并落实“两方案一计划”，对照收集汇总的 97 条意见建议，归纳梳理出 13 个突出问题，提出 69 条整改措施，开展整治文风会风、检查评比等 7 方面专项整治。截至 2014 年底，所有整改措施已全部落实到位。领导干部主动深入一线调查研究，根据群众反映的问题，调整工作时间、优化院内停车位、提高食堂用餐品质、安装卫生间热水器、扩建职工之家、建立 360 度健康咨询系统，及时解决影响职工切身利益的突出问题。同时，紧密围绕“三集五大”体系建设、北京电网工程建设、依法治企等年度重点任务开展特色活动，并努力转化活动成果，建立了成果应用长效机制，活动达到了预期目的，得到了公司第四督导组及教育实践活动领导小组的充分肯定。在对院干部进行民主测评中，活动满意率及解决“四风”等突出问题满意率均达到 100%。

加强领导班子和干部队伍建设。院领导班子积极营造团结协作、密切配合、相互补位的工作氛围，坚决贯彻民主集中制，严格执行“三重一大”决策制度，按照“集体领导、民主集中、个别酝酿、会议决定”的原则，实行集体领导与个人分工负责相结合。全年共召开党政联席会 38 次，决策事项 133 项。院党委认真执行中心组理论学习制度，系统学习党的理论、习近平总书记系列重要讲话精神。中层及以上领导干部共同参与中心组集中学习共计 36 次，党支部组织党员开展集中学习共计 32 次。班子成员在报纸杂志发表思想理论文章共计 9 篇。

加强党的组织建设和党员队伍建设。全年增加了监理公司党支部，原集体企业党支部更名为金电联党支部；坚持严把党员入口关，重视吸收生产一线中的优秀分子加入党组织，并将外聘员工纳入了培养考察范围。全年接收预备党员 4 名，预备党员转正 6 名，党员人数由年初的 101 名增加到 146 名；各党支部通过为党员过政治生日，将广大党员的热情转化为岗位建功的动力，营造了“全院上下齐努力，立足岗位争先锋”的氛围。以建党93周年为契机，召开创先争优表彰大会，表彰公司及院级先锋党支部、优秀共产党员，观看“扬正气　树楷模　做先锋”宣传片，重温入党誓词，营造向榜样学习的良好氛围；在持续推进“两个转型”的关键时期，在安全生产、科技创新、经营管理等工作中，院广大党员严格履诺，冲锋在前，确保各项生产任务的顺利完成。

4月25日，组织召开国网北京经研院志愿者服务队启动仪式，正式成立志愿者服务队。服务队以“知识奉献爱心”，下设三个分队，开展道德大讲堂活动，邀请全国道德模范、全国优秀共产党员叶如陵来讲课，与延庆县新合营村开展城乡共建活动，组织开展文明餐桌活动。制作道德宣传展板、社会主义核心价值观展板，加强道德宣传，弘扬社会主义核心价值观。开展网络文明传播活动，在新浪、腾讯、中华文明网等媒体上积极传播文明风尚。在全院开展员工满意度调查，及时掌握员工思想状况。

执行“两书两报告”制度，加强廉政风险管理、强化对重点工作和重要岗位的监督检查，全年签订党风廉政建设责任书371份，重点岗位廉洁从业承诺书78份。开展“以史为鉴扬正气，以案为戒促廉洁”主题教育活动，举行自上而下、覆盖全院的“讲廉”活动，将“八项规定”监督检查、依法治企和审计检查问题整改落实、设计变更、合同管理、工程资金支付等重要廉政风险防控纳入协同监督。运用数据统计的方式，定量分析各关键业务量变化与廉政风险防控的关系，形成关键业务领域廉政风险防控分析报告。规范工程建设领域专项治理相关制度程序，完善设计变更、专家管理和合同管理制度，将公司协同监督整改通知纳入效能监察，进入酒仙桥等工程施工现场进行监督检查，提升效能监察工作的监督质量。

■ 4月4日，院党委组织党的群众路线教育实践活动知识竞赛。

（张　健）

## 电力科学研究院

**【概况】** 国网北京市电力公司电力科学研究院（简称电科院）是北京市电力公司的直属单位，负责技术监督、技术研发、技术支持、技术服务；负责系统调度控制、电网设备监控、调度计划、运行方式、继电保护、调度自动化、网源协调、水电及新能源、信息通信、环境保护、输变电设备状态在线监测与分析、物资质量监督等专业技术支持；负责信息通信技术支持、信息通信系统和设备测试、信息通信专业技术监督和信息安全技术督查；承担电网物资质量检测业务；负责开展科技创新工作，负责公司科技情报工作；协助开展运营分析、编制分析报告，提供常态化的运营监测及分析模型、工具、方法等研究与技术支持，协助开展“大数据”挖掘等业务；负责电网设备专业管理、状态检修、全过程技术监督及性能质量抽检；负责所辖±660kV及以下直流和500（330）~1000kV交流变电设备状态监测评估；负责计量器具检定配送等省级集中业务执行；负责公司节能服务业务；承担电源技术服务业务。

截至年底，共设置7个职能部门，分别为办公室、人力资源部、财务资产部、科技部（技术服务中心）、发展安监部、党群工作部、监察审计部，设置5个专业机构，分别为电网技术中心（信息通信技术中心）、设备状态评价中心（物资质量检测中心）、电源技术中心（照明技术研究中心）、计量中心、节能服务公司。

全年，全院人、财、物资集约化管理年度任务完成率均达到100%；技术支撑和科技创新工作实现跨越式提升，年度累计完成支撑任务15 389项，其中重点技术支撑任务1276项，智能电能表检定数量突破270万只，获省部级以上科技进步奖励10项，专利获授权59项，公开发表论文100篇；4人入选国网领军人才培养计划；蝉联公司“先进单位”“先进基层党组织”等多项重要荣誉称号。

地址：北京市丰台区南三环中路30号

邮编：100075
电话：63677123

**【人力资源】**截至年底，电科院共有在岗职工 564 人，其中全民职工 223 人、集体职工 70 人，主业劳务派遣 22 人，集体企业劳务派遣 52 人，直签自聘 194 人。另有全民、集体离退休职工 306 人。具有初始博士学历 14 人、硕士学历 79 人；具有高级工程师 49 人、工程师 58 人。

加强对业绩考核指标的梳理、分解与过程管控，外请咨询公司完善全员绩效考核评价体系，树立“比贡献、讲业绩”的正确理念。建立定期技术交流会机制，营造浓厚技术氛围。细化大学生培养方案，实施“青蓝同辉”员工成长计划，加快新员工成长。强化中层干部交流，完成 15 人次交流任职。开展年度“科技先锋”“最佳新人”评选，选树先进典型。

**【安全生产】**强化安全管理。坚持“大安全”理念，全面做好各方面安全管理，组织开展春秋季安全大检查、安全生产月、质量月、消防安全月等各项安全活动。每月开展安全管理过程评价，从现场作业安全、安全教育培训、安全责任落实等方面对安全情况进行评价，查找安全薄弱环节并加以治理整改，共排除 1 次火灾隐患、发现并解决 15 个安全管理问题。

做好公司安全管理支撑。组织开展公司安全审计、安全质量评估、应急能力评估、电力可靠性分析、安全隐患排查治理等 5 项安全评价工作，完成公司 6000 余名生产员工安全技能等级评价，以及公司 9 类、2282 件安全工器具抽检。

**【经营管理】**完成“三集五大”体系建设。推进电科院与计量中心实质合并，优化组织机构、人才配置，理顺工作流程。财务管理规范化和预算管控水平持续提升。拓展集中招标范围，物资集中采购率达到 100%，工程及服务类达到 98%。初步建成员工岗位制度体系，开展全员学制度、全员考制度活动，考试合格率达到 100%。

依法治企能力提升。开展业务委托，顺利完成 179 人转签和转派遣。完成上级审计检查配合工作，开展历次审计发现问题整改“回头看”和问题整改。强化科技、营销等重点领域审计监督，推进工程专项治理效能监察。

节能服务公司紧紧围绕节能业务、分布式能源业务及新能源业务“三大板块”，超额完成全年各项指标任务。全年完成利润总额 202.61 万元，实现企业扭亏为盈；实现节约电量 13 239.06 万 kWh，完成考核指标的 115.52%；实现节约电力 5.58 万 kW，完成考核指标的 223.58%。

**【技术支撑】**增强专业能力，提高服务意识，拓展支撑范围，提升服务质量和满意度，支撑公司配电网建设改造。坚持“科技保电”，在 APEC 会议、“两会”、抗日战争纪念日等重要保电任务中发挥重要作用。

“大运行”方面，服务公司配电网建设改造，完成公司 3 类工程典型设计编审，开展 27 类配电网主要设备和 6 类低压设备选型原则和检测技术规范、《配电网施工工艺及验收规范》编制及宣贯培训。持续加强系统方式校核能力，首次配合公司组织地区电网完成 2~3 年安全滚动校核分析，完成 APEC 保电仿真分析。电能质量在线监测能力显著提升，监测终端增加至 49 台，监测重要客户数增加至 38 户，监测电压暂降事件 143 次，同比增长 2 倍。持续开展电厂技术监督。参与 3 座智能变电站的厂内联调和现场调试验收，购置仪器设备，提升智能变电站调试能力。

11 月 7 日，电科院协同检修分公司赴 APEC 雁栖岛现场开展 UPS 应急发电车带载测试。

“大检修”方面，完成电气设备检测 1870 次、仪器仪表检测 89 台、油气化验 3216 次、杆塔接地电阻检测 85 基。开展两会保电、专项评价和会诊分析 18 次。完成怀柔、朝阳地区 APEC 会议重要用户状态检测支援。开展皖电东送与浙福工程特高压 7 座 1000kV 变电站、甘肃 750kV 麦积山站与武汉 110kV 江汉路变电站带电检测支援。完成国家电网公司运检部组织的 2 批次共计 92 台局部放电类带电检测仪器专项检测。发布电缆中间接头缺陷等电网一次设备告（预）警单 5 项。完成 67 起主配网设备故障分析。开展设备异常诊断 20 次，确认设备隐患 8 条。建成国网系统首个配网雷电定位系统。

■ 4月8日，电科院评价中心负责1000kV皖电东送特高压淮南、安吉和练塘变电站专项带电检测工作。

“大营销”方面，检定电能表272.30万只、互感器14.60万只，配送电能表261.49万只、互感器13.25万只，计量设备供应达到历史最高值。实现智能电能表新旧标准平稳过渡，完成微功率无线互联互通技术方案及产品技术标准的编制，建立微功率无线互联互通检测平台。完成现场检验关口电能表1881具次，电压互感器二次回路压降测试476路次，全年计划完成率为100.48%和101.49%，完成新、改（扩）建工程电能计量装置现场验收37站次，共计532路，处理关口计量装置现场故障4起，有效保证公司的经济效益。省级计量中心建设得到实质性推进。牵头制定营配贯通采集设备技术规范，提供645万个表箱条码，“四表合一”采集技术研究与试点工作稳步推进，支撑公司各项营销工作顺利开展。

■ 2014年，智能电能表检定数量突破270万只。

电动汽车和照明技术支撑方面，完成电动汽车充换电智能互动服务平台建设。拓展电动汽车检测调试业务，开展北京地区新建充电设施与电动汽车匹配性对接测试，涉及9个充电设施厂家的12款充电桩和7款电动汽车。开展北京地区公开招标充电桩的到货和验收检测，涉及810台直流桩、527台交流桩、201个充电站点。完成动力电池季节性检测7套23箱、到货检测1套8箱、直流屏检测3套。完成朝阳公司2座变电站的照明评估。

物资管理支撑方面，开展设备到货检测7450件，检测出不合格电力电缆135条，不合格配电变压器23台，确保了入网设备质量，为电网安全可靠运行奠定了基础。

信息通信支撑方面，全面开展信息安全自查和督查，形成督查报告400份，同比增长100.5%。排查国网公司首发漏洞317个，同比增长26.55%。组建公司信息安全红队。编制《通信设备与光缆抽检作业规范》，服务公司配电通信网建设。

运营监控支撑方面，完成公司运营动态8份、外部环境监测月报8份及资产全寿命周期分析、电能质量监测月报4份，开展“科技成果转化”“配网资产运行效率模型验证”等专题分析3次。

**【科技进步】**全年在研科技项目59项。成立电网动态仿真、电动车智能快速充电等项目攻关团队，参与公司重大科技攻关，完成863课题研究任务1项，顺利推进“主动配电网关键技术研究及示范”国家863课题研究，参与成功申报“交直流混合配电网关键技术研究及示范”国家863课题和国网公司智能电网创新示范工程，成功申请2015年储备项目北京市科委项目3项、国家电网公司项目15项、公司项目13项。科技成果获全国电力职工技术成果奖2项，国家能源局科技进步奖3项，北京市科学技术奖二等奖、三等奖各1项，国家电网公司科技成果三等奖1项，北京市金桥工程三等奖2项、优秀组织奖1项，获北京公司科技进步奖一等奖1项、二等奖3项、三等奖7项。完成专利申请106项，指标完成率161%。参与标准起草38项。获全国QC成果一等奖2项、二等奖1项，被中国质量协会授予“全国优秀质量管理小组”荣誉称号。新建照明技术实验室。7个实验室顺利通过CNAS认可复评审，与中国电力科学研究院系统所、高压所等8个研究所签订技术合作协议。成功申报“北京电动车辆协同创新中心”。

**【党的建设与精神文明建设】**党的建设方面，扎实推进党的群众路线教育实践活动，围绕“为民务实清廉”主题，教育引导党员树立群众观点，增强服务意识，弘扬优良作风，保持清廉本色，制定教育实践活动“两方案一计划”，推进34项整改措施。开展党支部“手拉手”结对创先活动，促进文化融合。加强党风廉政建设，开展领导干部讲廉课、员工知识竞答等教育活动。强化协同监督，落实21项整改意见。

精神文明建设方面，组织开展“道德讲堂”“科技靓青春”“社区智能用电课堂”等活动，加强首都文明单位创建。举办实验室、计量公众开放日活动，制作智能表系列科普宣传片，履行国企社会责任。开展“首都劳动奖章”“国网领军人才”等先进典型宣传，塑造电科院科研、创新形象。9项合理化建议获得公司“我为配网献一策”优秀合理化建议活动表彰。承办北京市“职工技协杯”电气试验工技能大赛实操比赛。“陈光华创新工作室”被评为公司先进职工创新工作室。

（王晓晨）

## 北京电力工程公司

**【概况】**北京电力工程公司（简称工程公司）成立于1953年，是北京市电力公司的全资子公司，下设输电、变电、电缆、土建、调试、机具等多个专业分公司，主要从事电网建设及其相关服务，承担运维检修、应急抢修工作职责。

工程公司具有电力工程施工总承包一级资质、市政公用工程施工总承包二级资质、房屋建筑工程施工总承包三级资质，同时具备承装（修、试）电力设施许可一级资质，可以承揽各种电压等级送变电工程、变电站建筑施工任务和市政工程施工任务。工程公司具备年施工220kV及以上电压等级线路工程500km、年敷设110kV及以上电压等级电缆400km的施工能力，包括架设200km城市复杂环境架空输电线路和年安装、调试28座110kV及以上电压等级变电站的施工能力。

经过60多年的发展和积淀，工程公司积累了丰富的施工经验。在城市电网建设及电网改造、多回同塔并架线路架设、长距离张力放线、户内型变电站组合电器安装、高压电力电缆垂直敷设、大截面高压电力电缆施工技术方面处于国内领先水平。

地址：北京市丰台区南四环西路188号总部基地8区8、9、10、11、12甲、12乙号楼
邮编：100070
电话：010-63678123

**【人力资源】**截至年底，共有全民职工387人，其中高级职称34人，中级职称50人。获得职业技能高级工及以上专业人员280人，其中高级技师17人、技师19人、高级工244人。现有注册一级建造师22人，注册二级建造师13人，注册安全工程师7人，注册质量工程师2人，3人获得公司级专家称号（国家电网公司级专家称号），33人获得公司评标专家资格。加强岗位技能培训，明确培训目标，定期跟踪培训效果，加强考核力度，截至12月底共计完成培训76项，培训4959人次，全员培训率达100%。

通过“引带”培养模式，采取双向考核办法，促进新入企员工早日成才；制定建造师激励机制，精心组织考前培训，人员综合素质和企业资质需求得到了明显改观；坚持以赛促培、以考促培，加快技术人员成长。通过成立作业型输电施工分公司，加大各专业技术培训和人才培养，提升施工力量；根据施工要求提前布局，加大新的施工队伍选拔、引进，核心施工队伍初具雏形。加强管理培训，完善管理措施，推动向管理高效型队伍转变；开展中层干部能力测评，加大年轻干部培养力度，基本形成了梯队型的人才储备；深化绩效管理，细化指标任务，提升管理队伍能力和素质。

**【安全生产】**开展“安全管理提升”“隐患排查”“安全月”“安全审计”等安全活动，落实各项安全管理专项活动，落实安全生产责任制，开展反违章和安全生产专项整治活动。实现安全生产365天，实现3个安全一百天，安全纪录累计2922天。全年未发生安全生产考核事件，完成各项安全目标，荣获公司应急管理先进单位荣誉称号。

树立“大安全”管理理念，以“安全管理提升活动”为契机，不断夯实安全基础。通过开展“打非治违”“专项整治”等活动，总结经验，查找问题，制定整改方案，夯实安全管理基础，提高管理水平，改善安全生产工作。开展“三查四防”工作，对工程项目进行全方位风险识别，对重大施工作业风险施行“挂牌督查”；加强现场安全监管，执行安全违章通知单和安全建议单，建立现场巡检日通报制度，把控现场安全风险。梳理各专业工器具管理台账，实现账物清晰；编制年度采购计划，履行审批程序，合理购置安全设施；建立安全工器具配送标准，在输电、变电、电缆专业试点开展统一配送，提高安全管理水平。

**【经营管理】**加强政策研究，加大市场分析，北京基建

市场主体地位得到进一步巩固；及时了解市场变化，合理调整市场布局，国网市场份额显著增长。通过建立经营协调周例会制度，细化经营数据统计、分析，强化经营计划执行效果，及时协调解决经营过程中重点、难点问题。加快推进工程结算，加速工程款回收，严控垫资施工和超进度付款；加强历史遗留工程清欠力度。修订完善成本考核办法，合理下达成本指标，严格计划过程控制，日常可控费用同比下降 1011.22 万元；强化材料采购控制，材料采购较经营指导价格平均下降 20%，降低成本约 3113 万元。

**【工程建设】**全年中标 116 项，签订施工合同 170 项。累计投产输电架空线路 371.49km/回，其中 500kV 及以上线路 84km/回，220kV 线路 186.56km/回，110kV 线路 100.93km/回；变电站主变压器安装容量 676 万 kVA；敷设电缆 244km。全年竣工工程共 61 项，其中北京地区工程 59 项（含配网工程 12 项），海淀 500kV 输变电工程，怀柔北、菜市口、温泉、永定、远大等 220kV 输变电工程，庆羊、金宝街、后八家等 110kV 输变电工程；外埠工程 2 项，浙北—福州特高压交流工程线路工程、广东±500kV 宝安换流站扩建工程。

■ 6 月 7 日，海淀 500kV 送电工程电缆竣工交接耐压试验施工现场。（尤雪飞　摄）

充分调动管理资源，克服重重阻力，完成西北热电中心、海淀 500kV、怀柔 APEC 等重点工程任务。修订采购控制程序，编制采购实施细则，加强公司议价能力，通过内部招标平台，有效降低物资采购成本；主动开展废旧物资处置工作，加大库存物资处置力度，规范管理流程，有效降低仓储管理成本。充分利用基建管控系统，规范开、竣工手续管理，工程基础管理得到不断完善；通过开工前抓策划、施工中抓协调、投产前抓消缺等措施，确保了各项工程任务按计划推进。

**【工程创优】**落实施工方案审批制度，坚持三级质量检验，在输电、变电专业推广质量控制标准化作业卡，开展全过程质量管控，质量管理水平得到全面提升。加强现场创优策划指导，分专业开展创优工作培训，对创优工程实体和资料进行整改，25 项工程创优工作顺利完成，淮上特高压交流输电示范工程荣获国家优质工程金质奖。发挥创新工作室技术优势，总结经验，提炼成果，促进转化应用，深化技术培训，切实提高工艺质量。海淀 500kV 电缆交流耐压试验，创造了世界城市电网耐压等级最高、时间最长，并开创了同步局部放电检测的先例，电缆安装公司 QC 小组荣获“2014 年全国优秀质量管理小组”称号，张文新职工创新工作室荣获“全国示范性劳模创新工作室”称号。

■ 8 月，浙福特高压工程第 3 标段正在进行导线压接工作。（张塞　摄）

**【技术装备】**送电专业拥有 24 台套进口、28 台套国产大型张力机、牵引机，拥有轻型落地式回转式双平臂钢抱杆 1 套、动力伞放线设备 1 套；变电专业拥有 6 套真空滤油机、6 台真空机组和 5 台大型 $SF_6$ 回收装置等变电安装装备，能够满足各种室内变电站的安装需要；电缆专业拥有专业电缆运输车 6 辆、电缆输送机 310 台，可以满足各种电压等级大截面电缆的放缆施工任务；试验专业拥有德国海沃变频谐振升压设备、交联电缆变频谐振试验系统及油务试验系统等装备，能独立完成 500kV 及以下电力系统常规电气试验。应急抢修专业拥有水陆两栖车、空气动力船、雪地摩托、履带车等装备，针对北京城市地形复杂的特点，开展应急装备的配备和研发，实现应急抢险救援装备的现代化、信息化。

**【应急运维】**完善应急体系建设，完成应急响应工作卡和 19 项专项政治供电预案编制工作；加强应急培训，完成汛期应急、现场救援和野外拉练任务，组织开展京津冀三地联合演练；对应急工作快速反应，完成“2·16”广渠门电缆故障、“6·10”大兴供电设施抢修等应急抢险任务，提升应急救援能力。

■ 10月，工程公司应急救援队开展 APEC 应急演练。
（尤雪飞 摄）

梳理工作流程，细化工作职责，提升精益化管理水平，完成通朝、安朝500kV标准化线路示范建设工作；组织专业人员培训，加大前沿技术学习，完成春节、“两会”、APEC保电等重要任务；完善巡检方案，明确责任分工，加强线路巡视，全年消除缺陷48件，消缺率100%，确保电网安全可靠运行。

【党的建设与精神文明建设】开展群众路线教育实践活动，制定活动方案，明确责任分工，确保活动稳步推进；抓住活动契机，积极开展“3211”能力提升活动，切实推进领导班子工作作风转变；制定专项整治方案，细化工作内容，确保整改落实到位。深化首都文明单位创建活动，工程公司连续三年获得“丰台区文明单位”荣誉称号；推进“工程家园”建设，通过实体化的娱乐活动、生活互助、沟通交流平台，促进员工队伍稳定、企业和谐发展。开展规章制度体系建设，促进制度有效运行；依据“八项规定”要求，开展内部审查，重点岗位廉政风险防控得到有效加强；加大“依法治企”推进力度，选择典型工程，开展全过程工程管理审计。利用公司“一报一刊两网一视频”内部宣传载体，围绕重点选题，完成《北京电力报》工程专版4期，新闻专题策划24项，全年在《人民网》《国家电网报》等社会及行业媒体发稿247篇，在国网北京市电力公司媒体发稿323篇，为企业发展营造了良好的舆论氛围。纪录片《工程公司企业发展史》荣获2014年度“中电传媒”杯最佳纪录片二等奖。

（张 塞）

## 检修分公司

【概况】国网北京市电力公司检修分公司（简称检修分公司）作为首都主网专业运维检修单位，主要负责北京地区6条500kV、全部220kV、城近郊及远郊跨区35kV和110kV输电线路的运行维护、综合检修、带电作业、隐患治理和综合评价等工作。负责220kV及以上变电站的运维检修工作。负责北京地区35kV及以上电压等级电缆线路的运维检修、技术改造以及电缆网运行方式分析等工作。承担着城近郊6个供电公司153座变电站所有一、二次设备以及远郊10个供电公司243座变电站主设备的专业化检修任务。负责城近郊10kV配电线路带电作业的现场实施和远郊10kV复杂带电作业支援工作，负责发电车政治保电和应急供电工作。作为公司应急抢修常备队伍，负责实施应急抢修。

截至年底，检修分公司共设置7个职能部门，6个生产中心；2家集体企业管辖变电站77座，其中500kV变电站4座，220kV变电站73座；维护35kV及以上架空输电线路4906.228km；负责35kV及以上电缆线路1812.727km，电力隧道718.059km，电缆线路和电力隧道长度均位于全国前列。现有应急发电车14台套，3台UPS车，发电容量1.3万kW。

检修分公司认真落实国家电网公司和北京市电力公司各项决策部署，坚持以“四个突出、四个提升”为指引，以安全稳定为基础，以“用心共担”为保障，以精益管理为着力点，持续深化“大检修”体系建设，全力推进专业管理提升，获得国家电网公司先进集体、国家电网公司运检专业先进单位、北京市电力公司安全生产先进单位、北京市安全文化建设示范企业等荣誉，业绩考核连续两年获得北京专业公司序列排名第一。

地址：丰台区万泉寺（菜户营南路）石门甲1号
邮编：100069
电话：010-63120400

（刘 丛）

【人力资源】截至年底，共有职工2406人。其中，全民职工1128人，主业劳务派遣职工118人，集体工

144人，集体企业社会化用工1016人。全民职工中本科及以上学历515人，占全民职工45.6%；高级职称89人，中级职称195人；技师及以上职业资格419人，高级工494人。

完善人才培养机制，全年组织了5期300余人次的干部、管理人员专题培训及多种形式的交流学习，组织各类专家的申报工作36人，参加国家电网公司组织的各类专家培训23人。加强干部管理，实施干部跨专业交流，全年累计调整干部101人，干部平均年龄由42岁降至40岁。组织开展ERP系统信息核查和维护工作，建设人事数据平台。开展人员分析，对各中心借出人员、内部借调人员汇总整理，完善员工日常档案，为专业管理提供坚实保障。全年，参加北京市送电线路大赛，包揽全部前十名，姚磊摘得桂冠；参加北京市“职工技协杯”电气试验员竞赛，囊括前10名中的8个席位，学春明摘得桂冠；参加中国电力企业联合会500kV变电站值班员技能竞赛，获得团体三等奖，朱涛荣获“全国电力行业技术能手”称号；参加国家电网公司220kV输电线路带电作业大赛，获得团体第15名的成绩。

（王文婷）

**【“大检修”体系建设】** 实施机构精简，将主业和产业公司一并调整，全面完成“大检修”体系建设整合调整任务，搭建符合国家电网公司“三集五大”要求的体制机制新格局。主业层面，优化管理和生产两级组织结构，推进核心业务集中，职能部门压缩至7个，15个生产工区整合为6个生产中心。产业层面，继续压缩集体企业数量，提升业务承载能力，年内对外转让1家、清算关闭4家，并率先采用“吸收合并”方式，完成北京通宇华电力工程有限公司、北京市京电电力建设有限公司2家公司的吸收合并，实现由1家母公司5家子公司规范为1家母公司10家分公司的管理架构。接收华商电力管道有限公司，强化业务对接，完成103名职工劳动合同转续签，和105.6km电力隧道及管井业务的运维委托，并召开董事会、监事会选举产生新一届成员及经理层，完善法人治理结构。

（刘　丛）

**【安全管理】** 全年未发生人身伤亡事故、信息系统事件，未发生五级及以上电网、设备、火灾事故，未发生有管理责任的五级安全（质量）事件，未发生恶性误操作事件，未发生本企业有责任的特大交通事故。35kV及以上电网发生六级及以上安全事件70次，其中六级安全事件3次，七级安全事件6次，八级安全事件61次。全面实现政治供电“零闪动”、安全生产“零死亡”目标，安全生产长周期达254天。

全年共执行各类工作票24 549张，把控风险现场4747个。现场巡检累计2584人次，各级领导及管理人员到岗到位3927人次，共计发现整改问题282件次。

4月3日，输电运检中心春检输电检修现场（昌城线15号塔）。

（王佳鹏　摄）

全年，检修分公司以保障生产作业现场安全为核心，以安全风险管控为抓手，深化专业融合，推进隐患排查治理长效机制建设，严格各项安全规章制度落实，把控外协施工队伍安全管理，建立安全生产综合奖励机制，提高安全管理标准化、规范化水平。以持续推进各专业安全管理规范统一为目的，编制各专业现场安全管理规范化要点提示卡及《安全工作要求汇编》。组织开展“携手用心保春检 共担安全铸平安”专项活动。开展“两票”填写竞赛，规范关键岗位人员工作票填写执行。制定承分包商资质管理体系和管理办法，对承发包商及其履约信用、资质变化等情况实施动态跟踪。检查外包单位现场违章问题，严格关键岗位人员准入资格，实现企业、人员“双准入”动态管理。建立专业职能和两级巡检组的督查机制，强化差异化管控措施落实情况监督检查，解决老君堂站退运老旧水塔等安全隐患。创新安全管理手段，建立安全生产综合奖励机制，开展月度安全过程管理评比及季度兑现，共计发放安全生产奖励196.71万元，考核6.85万元。加强重要政治供电保障期间安全保卫管理，完成3800人次的政审、85站次检查工作，确保重点站线的安全。加强应急管理，成功应对严重自然灾害，组织修编各类应急预案1070个，开展应急演练16次，完成19次应急值守任务。

（温春婷）

**【生产建设】** 完成全国“两会”、APEC、十八届四中全会等政治供电任务97项，共计保电时间247天。其中特级保障任务2项、一级保障任务50项、二级保障任务23项、三级保障任务22项。涉及重点变电站418座次，输电架空线路1603条次，电缆线路2899条次。

■ 11月5日，检修分公司发电车在APEC奥运村保电现场。
（王佳鹏　摄）

变电专业，编制运维一体推广方案，成立2个变电维护班，负责变压器呼吸器更换硅胶、GIS设备测微水等维护性工作，公司运维一体化率提升至87%；开展综合检修任务453项，共完成69台变压器、185台断路器、165组隔离开关、197个GIS设备元件及404台其他设备检修工作；完成31座变电站精益化建设工作。编制《智能站继电保护现场作业指导书》《智能变电站光纤、光缆标识标签规范》《保护自动化专业典型作业现场危险点及其控制措施清册》等规范，提高智能变电站运维检修水平。

■ 7月10日，电缆运检中心迎峰度夏期间电缆沟巡视。
（张向东　摄）

输电专业，重点推进线路精益化建设，全年建成标准化线路119条，3189基杆塔，共计1753.664km；完成19条架空线路，187基杆塔，共计178.831km的标准化示范段建设工作。开展架空输电线路集体巡视、交叉巡视和诊断性巡视工作，形成班组、基层管理、职能管理三级监督体系。加强线路巡视质量管理，完成线路通道属地化运维工作。

电缆专业，重点开展老旧砖混隧道的试点整治、"$N-1$"电力隧道及重点电缆线路的防火隔板和监控井盖加装工作。编制《北京电力电缆隧道综合整治手册》《北京电力管线典型隐患图册》《关于电力隧道饱和区域情况的报告》《左安门变电站出线隧道断面资源优化方案》等文件，为有效提升电力隧道精益化和标准化管理水平奠定基础。

带电及发电专业，全年完成带电作业项目2075项，减少停电时户数68 955时户，户均减少停电时间1.21小时。

全年共组织实施工程项目50项、竣工投产22项、专项技改项目72项、完成48项。编制检修分公司实物资产管理办法，完成对31座变电站已拆除的退运设备的清理，推进主业和产业物资存放分库分区管理，实现库房账卡物一致。

（李文彩）

**【经营管理】**突出管理经营型企业建设，检修分公司发展转型取得阶段性成效。推进集体企业实体化建设，京电集团公司取得电力工程施工总承包二级资质证书，具备承担220kV及以下送电线路及变电站整体工程资质。创新开展全口径指标统一管理，监管考核过程，同步规范同业对标指标、业绩考核指标及对口专业管理指标，兑现专项奖励90万元，为确保指标落地、提高整体管理水平提供有力支撑。开展班组对标，评优选出10个标杆班组，起到良好的示范引导作用。全面对接通用制度，每季度梳理和发布检修分公司有效制度名录，废止自建制度111项。加强制度培训，在望京等5个集中工作区开展了职能下基层宣贯活动，促进制度执行落地。制定车辆调整方案，实现主业和产业用车分开，共调整67辆车，其中补充至一线班组用车61辆。统一就餐、收费和补贴方式，检修分公司各大食堂实现规范化管理。

管理创新成果荣获北京市二等奖1个，公司二等奖1个、三等奖2个；QC小组荣获市级优秀小组2个。其中电力检修企业集约发展运营、便携型柱式高压设备检修试验平台的研制分别取得北京市管理创新成果二等奖、公司QC成果一等奖。

（刘　丛）

**【科技进步】**加强科技项目过程管理。完成208万元项目的招投标及合同签订工作；完成2013年15项研究开发项目验收工作，项目验收通过率100%；完成2015年研究开发项目储备计划，共储备科技项目5项，涉及资金465万元，群众性创新项目5项，涉及资金29万元。

在科技领域分别获得国家电网公司、行业级别奖励4项，其中，“配电线路旁路作业设备的研制及应用”获2014年全国电力职工技术成果一等奖及全国能源化学系统职工技术创新成果奖、“配网不停电作业新方法研究、新工具研制及推广应用”获2014年度中国电力科学技术进步三等奖、“10kV配网不停电关键技术研究与应用”获国家电网公司科学技术进步三等奖。另有1项科技项目、7项群创项目及1篇科技论文获公司级别奖励。

■ 7月2日，220kV芦城变电站机器人巡检。（王佳鹏　摄）

完成发明专利申请25项，实用新型专利申请41项，外观设计专利申请12项，发明专利授权1项，实用新型专利授权39项，外观设计授权14项，完成检修分公司专利申请和授权指标。

（赵　璧）

【党的建设与精神文明建设】开展党的群众路线教育实践活动，完成三个环节的相关组织工作。及时调整党支部设置，开展支部书记专项培训，坚持月工作提示机制，组织支部经验交流和成果参观。组织党员常态培训和集中培训，创建“用心共担”共产党员示范岗。推进“用心共担”执行力提升工程，开展“两进三送”活动，通过执行力建设微言论、制度标准微解读、技术技能微培训、主题墙微展评四个“微”主题，促进企业文化落地。指导团组织开展“走转改”实践活动，搭建青年微信平台，促进青年员工在企业中成长成才。推进品牌建设和新闻宣传工作，在中央媒体及市属媒体刊登稿件22篇，在行业媒体刊登稿件121篇，在公司媒体上刊登稿件268篇，在检修分公司网站发稿2314篇；做好突发事件的新闻应急工作，未发生影响检修分公司品牌形象的舆情事件。开展职工之家实体化建设，构筑惠及职工的服务体系。

检修分公司党委荣获2013~2014年度公司先进基层党组织，3个党支部及25名党员荣获先进称号；荣获《中国电力报》优秀记者站荣誉称号，制作的微电影参加中电传媒杯全国电力行业优秀作品展评并获得二等奖、三等奖及优秀奖多项荣誉。高天宝职工创新工作室被评为公司十大创新工作室，全国劳模肖永立的事迹和成果被制作成灯箱布置在王府井步行街显要位置。检修分公司团委荣获2014年度国家电网公司、公司五四红旗团委。

（陈俊廷）

## 信息通信分公司

【概况】国网北京市电力公司信息通信分公司（简称信通公司）是北京市电力公司信息和通信业务的专业支撑机构，负责公司信息与通信系统的建设、运行、维护工作。设置办公室、党群工作部（监察审计部）、人力资源部、财务资产部、安全监察质量部、技术发展部6个职能部门；信息通信调度监控中心、信息通信运检中心、信息通信工程中心3个专业机构。

地址：北京市丰台区南四环西路188号
邮编：100070
电话：010-63123865

（朱　颖）

【人力资源】有全民职工212人，平均年龄45.4岁。其中年龄为40岁以下人员64人，占比30.2%，40~50岁人员51人，占比24%；50岁及以上人员97人，占比45.8%。全民职工中研究生及以上学历27人（其中博士3人），占比12.7%；本科学历77人，占比36.3%；大专学历38人，占比17.9%；大专以下学历70人，占比33.1%。生产一线员工中专科以上学历占比51.1%，其中信息通信或电力背景38人（不含电力背景为28人），占比28.1%（20.7%）。

完成114名劳务派遣人员的转签工作。全年完成培训2785人次，人均学时138h，员工培训率达100%。推进专家人才队伍建设，强化专业技术人才培养，1人当选国家电网公司信息通信专业领军人才，2人在国网信通部运行处挂职锻炼学习，1人继续当选公司网省级专家人才，6人继续当选公司地市级专家人才。加大后续学历认证力度，优化学历结构，通过后续学历（学位）认证10人次，其中硕士研究生学位认证1人、大学本科学历认证3人。人才当量密度1.020 9。

（朱　颖）

**【经营管理】**完成全年财务绩效考核“可控成本”“财力集约化”两项指标。其中，财力集约化管理指标在直属单位中排名第三。完成2012~2013年三公消费、差旅费、培训费、项目法人管理费的再次梳理自查和财务风险隐患的排查工作。完成信通公司依法治企八项规定检查、信息化项目专项审计、工程竣工决算审计等工作。完成国家电网公司开展的会计基础管理创优工作，被授予“国家电网公司会计基础管理规范化评估达标单位”。编写完成《信通公司财务报销管理指导手册》。

（李秀芳）

**【安全生产】**全年完成3个百日安全长周期，累计安全生产983天。完成APEC等政治供电保障任务174项，会议电视系统运行保障时长累计超过2000小时。完成应急指挥中心改造，建成具备应急卫星通信、3G单兵等五大类应急通信手段的应急体系。业务委托工作有序开展，调整检修、调度等6大类业务流程。组织通信电源系统等专项隐患排查，全年排查治理隐患79项。开展26家外协施工单位准入管理。完成公司全范围终端防病毒软件与360XP盾甲安装推广。完成16个地区网、综合数据网方式梳理。开展通信电源远程监控完善提升，实现网内在线监控率100%，加强线路反外力工作，对41处外力实施差异化管控。完成新信息通信调度监控大厅建设。将80余个信息系统纳入基地统一管理。开展“21186”服务质量评估考核，开展用户性能体验测试，开展自建系统清理和数据消重，下线自建系统15个，消除数据重复录入问题78项。

■ 5月27日，红军营变电站施工现场。

（王　磊）

**【科技进步】**完成专利申请18项，其中发明10项，实用新型8项。获得专利授权4项。

获得公司科技进步奖6项。其中，与电力调度控制中心合作的“气象信息在电网调度运行中的可视化应用关键技术研究”、和营销部合作的“掌上电力手机客户端的开发与应用”获得科技进步一等奖；“电力无线宽带通信专网技术研究与应用”“大型数据中心可靠性研究与实践”获得科技进步二等奖；“基于大数据的低电压状态监测研究”“电力安全生产隐患排查治理应用与研究”获得科技进步三等奖。电网设施现场采录仪研制获得群创项目三等奖。

“电网运营监测（控）信息支撑系统”“基于动态组件的重要客户差异化服务管理的研究及应用”“北京电网气象信息平台研究与应用”“安全生产风险指数体系研究及应用”四项分别获得电力行业信息化优秀成果一、二、三等奖。

（陆醒晔）

**【优质服务】**信通公司全面支撑公司及1家合作单位的企业日常管理业务。全年，处理“21186”电话服务请求62 514件，服务满意度为100%。信通公司根据系统重要等级、保障级别不同，采用差异化运维策略，将公司平台类、综合管理类、生产类、营销类等80多个系统全部纳入运维基地统一管理，初步建成信息系统应用集中运维基地。推进信息系统用户性能体验工作，累计收集数据30余万条，发现信息系统登录不畅、操作速度过慢等5大类78个问题，并分别通过系统性能调试、增配办公终端、数据中心迁移等方式加以解决。信通公司为市民购电预付费管理系统升级提供技术支撑和服务保障。完成春节、两会、迎风度夏、国庆、APEC会议等各项应急响应14次，发布各类应急指令和应急信息756条。

（郝　颖）

**【党的建设与精神文明建设】**加强领导班子和干部作风建设，领导班子成员在公司及以上刊物发表论文及学习体会共计7篇。夯实党支部基础管理，完善工作制度化、标准化机制。深化创先争优，延续开展“五型党员”活动，组织党员社区为民服务，践行立足岗位、服务奉献精神。

创新员工专业技能培养。扩展延伸“师带徒”及“导师制”活动，引入“先锋营”培训理念，分级分层实施“火车头计划”“精英计划”和“接班人计划”。组织员工参加各类专业岗位技能比赛，在国家电网公司组织的各类专业调考中，取得信息通信建设专业个人第三、团体第八名，以及国家电网公司财务内控比赛个人三等奖。加强职工创新工作室建设，推进革新成果转化，郝佳恺创新工作室全年完成重要课题5项，申报科技成果10项，申请群众性创新4项。一名创新工作室专家成员荣获2014年度国网专业技术领军人才称号。

开展精神文明建设，践行社会责任，连续3年被评为首都文明单位。

■ 10月31日，举办读书演讲活动。

（王　辉）

## 培　训　中　心

【概况】国网北京市电力公司培训中心（简称培训中心）是北京市电力公司职工教育、人才培养的基地，担负着公司党政领导干部、管理人员和技术技能人员培训、职业技能鉴定工作，承担各类会议的服务保障工作。培训中心分为模式口、大雁楼2个校区，总部设在石景山模式口校区。共设置8个部门，职工总数141人。

2014年被授予“首都文明单位”荣誉称号，荣获公司先进单位、先进工会、离退休工作先进单位、工会宣传工作先进单位、2014年管理创新成果三等奖、2014年“房电杯”职工羽毛球联赛优秀组织奖、2014年“检修杯”职工篮球邀请赛优秀组织奖，获得全国电力行业职业技能鉴定先进鉴定站，获得北京市石景山区交通安全先进单位。

地址：北京市石景山区模式口三号院
邮编：100041
电话：010－63679500

【经营管理】培训中心围绕深化核心能力建设，以强化管理为目标，落实依法从严治企的要求，规范基础工作，强化内部管理。组织开展内部风险隐患排查，强化培训中心各部门及在岗人员依法治企的意识，规范内部管理。

组织制定《2014～2016年培训中心发展规划》，全面规划培训中心的发展目标和方向，借鉴知名企业大学的建设经验，明确发展思路。

推进业务委托工作，深入调研、梳理业务分类和人员情况，制定并落实业务委托实施方案，完成业务委托工作。

贯彻落实国网通用制度，对现有制度进行梳理和废止，开展通用制度的学习宣贯，完成岗位制度体系建设。

推进并落实ISO9001质量管理标准和ISO10015培训管理标准，开展自查和内审，顺利通过复评审核，再次获得认证证书。

在科技创新方面，《电力行业特有二维码证书》等三项与培训工作相关的专利申请已经得到受理，《交叉培训提升员工业务技能》获得公司管理创新成果三等奖。

所属集体企业落实公司各项工作要求，调整经营管理策略，开拓市场，实现经营利润的不断提高。年度产值达到11 405.66万元，与去年持平；利润达到704.55万元，同比增加201%。

【培训工作】完成公司领导干部培训班等重点班次培训组织实施工作；组织进行专业调考及知识竞赛；完成各项技能鉴定考核工作和北京市职业技能竞赛的组织工作。完成公司职代会暨工作会、年中工作会及各个专业会议的服务保障任务。全年完成各类培训、会议、考试、鉴定、竞赛共399期，培训量达到48 541人次。承办国家电网公司物资评标会78个，接待会议人员

5659人次；开办进网作业及特种作业培训班105期，培训人数8070人次。

发挥业务支撑作用，配合公司其他二级单位开展生产技能人员和管理人员的培训，先后与城区公司、丰台公司、昌平公司、房山公司、通州公司、密云公司、华商电灯公司等28个单位进行培训协作，做好培训方案策划、组织实施等工作，扩大培训业务覆盖面。

完成公司下达的年度培训工作绩效考核指标，加强培训质量的管控，在重点班次的组织管理工作中实现工作水平的新提升，培训任务完成率达到100%；综合服务满意率达到94%。

探索开展培训效果三级评估工作，为不断深化质量管理、提升质量管理水平积累宝贵经验。培训管理信息系统正式上线运行，促进工作效率提高、增强培训管理工作规范性。技能鉴定工作努力创新考评手段，推进理论考试网络化，大幅度增加实际操作考试比例，进行实际操作考试人数达到55.85%，促进鉴定工作质量和效果的全面提高。

**【服务保障】**培训中心承担公司多次重要会议、国家电网公司评标会议和APEC服务保障团队等高标准服务接待工作，不断创新服务理念，从细节入手，全面提升服务水平。以规范服务、优化流程、细化标准、人性化关怀等举措提高管理水平、服务能力和服务质量，得到各级主办单位的一致好评，在国家电网公司、公司系统树立服务保障工作的优质品牌。

大雁楼宾馆完成外立面装修改造和水榭长廊建设工程，装修改造总面积达到18 261$m^2$，新增建筑面积720$m^2$，提升宾馆硬件水平。模式口校区改进现有基础设施，使培训条件得到改观。更新学员公寓的设施，改善住宿条件。建立教室实时监控和录像系统，提升培训设施水平、改进管理手段。完善安全监控系统，实现园区全方位安全监控。粉刷教室和会议室，在培训楼加装电梯，积极争取资金，改造临建房屋、更换阻燃房顶，创造良好的培训工作条件。

11月14日，"安康杯"急救知识竞赛。（马建飞　摄）

**【党的建设与精神文明建设】**培训中心按照国家电网公司、公司关于第二批群众路线教育实践活动统一部署，全面开展教育实践活动的各项工作。针对"四风"、优质服务等方面存在的突出问题，对症下药、标本兼治，以钉钉子精神狠抓整改落实，制订54条整改措施，组织开展7个方面的专项整治工作，集中治理突出问题，严肃整改落实。

培训中心党委在全体职工中开展"五加强一提升"主题教育实践活动，在全体党员中开展"实践群众路线　履行党员承诺"活动，切实促进党员履行承诺、打造"党员示范岗"。开展"评五强五好 学身边榜样"主题活动，营造学先进、做先进的良好氛围。推进文明单位创建工作和"五个一"文明创建工作，顺利通过区文明办组织的验收检查。

加强党风廉政建设，通过风险梳理、业务风险宣讲、精品制度流程创建等工作，深化廉洁风险防控工作，强化全体员工廉洁从业的意识。

加强团组织自身建设，强化青年员工思想教育，开展"号手队"创建活动、青年志愿者活动，打造适合培训中心发展要求的青年员工队伍。

7月29日，培训中心青年员工"好书共赏"活动。（马建飞　摄）

工会继续以职工素质提升工程为抓手，组织开展第一届"培训之星"劳动竞赛、青年主持人大赛等多项竞赛活动。完成"职工之家"实体化建设，打造服务职工的平台和载体。举办第二届"幸福杯"职工羽毛球比赛，组建篮球队参加"检修杯"篮球比赛，把关心职工、关爱职工落在实处，开展"送温暖"活动，促进和谐企业建设。

（卢　焰　娄　强）

## 物资分公司

【概况】国网北京市电力公司物资分公司（简称物资公司）作为北京市电力公司直属二级单位，经历了60多年的发展历程，有着优良的传统和企业文化，承担着公司大宗物资招标、采购和仓储配送以及非电力物资供应重任，主要负责公司各单位物资供应和物资仓库管理，物资计划收集、汇总和结算审核，招标和非招标物资采购、合同签订和结算，履约协调，产品质量，供应商关系管理，仓储配送，废旧物资处置及应急物资管理等工作，是公司的物资保障机构。

物资公司领导班子成员6人，下设综合管理部、财务部、物资计划部、合同管理部、质量监督部、招标部、物资供应部（含物资调配中心）7个职能部门和仓储配送中心1个业务工区。集体企业有北京市华德工程中心1个经营实体。

始终遵循国家电网公司物力集约化建设的思路，立足于电网物资供应保障和物资公司发展大局，发挥党组织的政治核心作用和党员带头模范作用，为物资公司开展“物力资源集约化建设”提供组织保障。作为APEC物资应急保障的重点单位，对加强物资保障应急演练、APEC会议期间的人员到岗到位等进行了提前安排部署，物资公司严格执行物资仓库门禁制度，强化安保管理，增强防恐意识，确保APEC物资应急保障工作万无一失，为APEC保电任务的完成提供了坚强的思想和政治保障。

年内，物资公司得到国家电网公司和公司的高度认可，获得“2014年度物资工作先进单位”等荣誉。

地址：北京市西城区樱桃二条七号
邮编：100054
电话：010-63679119

【人力资源】截至12月，物资公司全民职工157人，劳务派遣及多经直签职工39人。其中研究生及以上学历13人，本科学历69人，专科学历28人；高级职称13人，中级职称10人；技师及以上执业资格77人，高级工27人。

物资公司以“物力大讲堂”为依托，开展输变电现场实训、设备制造观摩、变压器故障检测、招标师培训等8次专项培训，累计260人次参加，全员覆盖率100%。加大人才培养力度。与高校建立定期协作机制，利用高校资源，丰富员工专业技能，加快物资专业人才培养。以国网竞赛、调考为契机，进行全员岗位“大练兵”，积极引导员工岗位成才。全年，合同管理、物资管理等专业获得国家电网公司调考好成绩。建立招标师奖励机制，提升员工内在动力，共有4名员工取得招标师资格。

【安全生产】全年没有发生人身轻伤以上事故，没有发生设备事故及防火防盗事故。截至年底，实现安全生产9536天，防火12 380天，交通安全12 580天。

牢固树立“大安全”意识，深入学习贯彻新《安全生产法》，确保各项要求措施落到实处。开展全员安全规程考试、消防安全知识讲座，持续提高员工安全技能水平。修订完善仓库防汛应急预案，组织开展防汛应急、消防演练，确保仓库生产安全。编制应急工作卡，完善应急物资领用流程。在“5·31”应对强降雨恶劣天气时，物资公司及时将保障物资运至抢修现场，为事故抢修提供了坚强的物资保障。针对安全保障设备老旧问题，更换了牛街办公楼、仓库消防、技防设备，重新购置了安全防护装备，配备到各仓库、施工现场，确保消除安全隐患不留死角。

【经营管理】招标公司筹备工作取得突破。成功取得中央投资项目与工程建设项目招标代理资质。建成技术、商务评标专家库。新订招标代理机构管理制度和标准41项，为规范开展招标代理工作奠定坚实基础。

业务委托稳步实施。在综合测算物资计划、合同、供应、质量监督、仓储配送以及后勤服务等业务人工成本和运行成本的基础上，与受托产业单位明确安全界面、业务界面和权利义务关系，完成业务委托的人员范围39人，劳务派遣转签27人，进一步理顺了用工关系，降低了劳务用工的法律风险。

资金支付安全风险有效管控。规范物资结算管理，把控结算流程节点，消除资金支付漏洞，确保资金结算零差错。开发系统“一键式”结算功能，减少人工工作量，大幅缩短结算时间。开展物资公司历史遗留问题清理，梳理近三年应结算的110kV以上工程111项，实现物资采购的资金流、物资流、信息流一一对应。

“三集五大”体系建设全面落地。开展“三集五大”体系建设自评估工作，对照32项成效指标开展评估，梳理各项工作，查找不足，检验“三集五大”体系建设质量，促进专业流程与管理要素的深度磨合。

“五位一体”协同机制基本建成。推进“五位一体”协同机制应用，修订、完善形成59项业务和管理流程，明晰各流程与工作岗位的对应关系，初步实现职责、制度、标准、考核与流程的有机融合。

制度标准体系建设成效凸显。完成通用制度宣贯、差异条款上报和相关制度标准的废止任务，对接国家电网公司通用制度36项，树立业务流程81项，清理物资公司原有规章制度、管理标准59项，制定26项专业流程标准化手册，为物力集约化体系高效运行提供制度保障。

集体企业健康发展。健全管理机制，完善管控体系，取得输变电乙级监理资质，为培育新的业务增长点奠定基础，开拓市场业务，完成物资配送477批次，配送量取得新突破。

**【科技进步】**智能盘点巡检系统通过国家电网公司科技创新项目验收，系统功能达到国内领先水平。全年形成各类成果5项。其中，《电力物资仓储巡检盘点系统的研究应用》《电力物资储备管理与应急调配策略研究》等项目分别获得公司科技进步二、三等奖、管理创新三等奖。《电力物资仓储巡检盘点系统二期》《电力物资招标履约主流程管理及时交互系统研究》2个项目被纳入公司2015年重点课题。

**【优质服务】**针对PAEC物资保障，统筹储备各类应急物资，组织精干人员，以物资调配中心为应急指挥机构，执行24h值班制度，对制约工程进度的设备物资，派专人驻厂督造，协调设备厂家技术人员驻京值守，完成APEC供电物资保障，得到公司领导的充分肯定。建立重要物资供应绿色通道。针对“西北热电工程建设期由3年缩减至1年，1个月内3座220kV配套变电站竣工投产”等提速要求，成立物资保障专项指挥部，打通物资供应绿色通道，实行设备制造工厂和工程施工现场24小时专人盯守，完成物资供应任务，确保西北热电中心7项输变电工程如期竣工投产。强化重点工程物资集中管控。针对配网大规模建设改造，扩大协议库存采购范围，加强与建设单位、设计单位沟通，完成738项配网工程协议库存物资匹配，保障配网工程建设按期进行。积极应对“煤改电”、充电站工程物资集中供应高峰，推行供应商“一站式”服务，灵活调配物资和配送资源，确保供暖季前全部煤改电工程如期投运。

**【党的建设与精神文明建设】**推进党的群众路线教育实践活动，针对发现的11类问题制定整改措施61项，整改完成率100%，新订、修行制度9项；完成办公用房标准化整改。精神文明创建活动深入推进，组织签订《精神文明绩效考核责任书》，将“学制度、促廉洁、保发展”主题宣教活动融入中心组学习，落实党风廉政建设责任制，开展重点领域监督，巩固干部员工宗旨意识和廉洁自律意识。全年未发生违反“八项规定”事件。企业文化丰富新内涵。召开第三届“榜样的力量”表彰大会，树立先进典型，激发弘扬正能量；宣传载体发挥凝心聚力作用，围绕APEC供电保障、党的群众路线教育实践活动、配网建设物资保障等重点选题，完成策划报道21项，平均每周报道量达2篇，有效提升公司品牌价值。积极落实国家电网公司“五统一”企业文化要求，员工对企业核心价值目标的认识及认可度达到95%；发挥工会的桥梁纽带作用，开展“业务、身体、心理”三大素质提升工程，举办“优雅女性 魅力课堂”“心灵环保”等专题讲座，关注员工潜在需求，“职工之家”实体化建设投入运行，员工的业余文化生活更加丰富，企业文化的感召力和凝聚力明显增强。坚持党建带团建，推进团委“走近青年、转变作风、改进工作”教育实践活动，开展“号、手、队”规范化建设，构建青年员工岗位成才的平台。

面对严峻的外部形式和繁重的发展任务，物资公司要充分发挥党委政治核心、党支部战斗堡垒和党员先锋模范作用，为电网和公司发展提供坚强保障。开展党的群众路线教育实践活动“回头看”，防止“四风”问题反弹。加强学习型、服务型党组织建设，巩固精神文明建设成果，做好退休老同志的服务工作和青年员工的成才工作，努力构建和谐企业。抓好党委主题责任和纪委监督责任的落实，切实担负起抓党风廉政建设的政治责任，完善责任分解、责任考核、逐级报告、问责追究等制度，完善协同监督工作机制，牢固树立不抓党风廉政建设就是严重失职的意识，把廉政责任落实到每个环节、每个岗位、每个职工。

（武　鹏）

## 综合服务中心

【概况】国网北京市电力公司综合服务中心（简称中心）成立于2013年4月，是北京市电力公司的直属二级单位。负责人事（不含干部）、科技、基建、会计、文书、声像等档案管理工作；负责公司续志、年鉴资料搜集和编撰工作；负责公司报刊出版发行、内外网站新闻宣传及影像新闻制作；负责公司各类学协会等社团的归口管理，受托承担农村电气化期刊社和中国农村电气化信息网的日常工作；负责公司层面临时机构专职人员、外借人员、本部司机等员工的人事关系管理。

共有领导班子成员3人，下设综合管理部、人力资源服务部、财务部、媒体业务部（报社）、学协会管理部5个部门。其中，综合管理部内设档案馆、史志办公室；媒体业务部（报社）内设编辑处、影像处、网络宣传处、新闻采访处；学协会管理部内设学会管理处、协会业务处、期刊编辑处、期刊发行处。

地址：北京市西城区前门西大街41号
邮编：100031
电话：010-63127196

【综合管理】按照上级工作部署，以规范工作流程和提高服务水平为重点，结合经济法律部、后勤工作部、思想政治工作部和科技信通部等职能部门各项工作要求，加强制度建设、执行和考核。同时做好中心内部各项综合事务协调、会议组织筹备以及后勤保障工作，保证各类综合事务工作顺畅，稳步推进。

【人力资源】按照公司人力资源管理相关文件要求，完成中心全年的薪酬、保险、福利的核定、发放及人资报表统计、上报工作；完成2014年278名新入企学生的薪酬、福利、保险、公积金开户建档工作；完成人力资源专项审计工作，整理迎审五大类相关资料、表格600余页。

【财务管理】制定并印发《综合服务中心费用报销指导手册》，规范资金审批和报销流程；完成会计基础管理创优工作，成为公司首批国网会计基础工作管理创优达标单位；加强预算管控，确保全年支出水平控制在预算额度内；完成年度会计核算及决算工作；接受各类专项检查工作，通过自查及迎接检查，及时查缺补漏，提高财务管理工作水平。

【档案管理】一是强化档案基础业务建设。推进档案工作标准化、规范化，共计接收、审核公司收发文件11 000余件、人事材料10 855件，接收工程竣工档案1323卷，会计档案1738册。完成整理立卷工作，其中工程档案1323卷，文书档案780卷，授权委托合同1046件，员工档案规范整理10 855册，归入人事材料10 855册。全年提供档案利用5255卷，出具证明材料257件，接待215人次调卷。上报国家电网公司档案馆年度重要档案19件。配合霍营变电站等9项220kV工程创国家电网优质工程工作，对项目建设的全过程档案进行审核约2000余卷。二是积极推进档案数字化建设。按照公司档案工作的整体安排，启动公司档案数字化建设工作。执行国家电网公司档案数字化相关要求，加强过程管理，截至目前共完成存量档案扫描工作130万页，挂接26万页，声像档案数字化450h。三是继续推广国家电网公司档案管理系统离线客户端软件的应用。结合软件使用问题，进行专题培训，做好日常的来电咨询和解答疑难问题工作，提高专业人员工作能力，为项目竣工归档工作提供保障。保证档案的齐全、完整、准确性，案卷质量，以及纸质档案与电子档案的一致性，收到良好效果。四是不断加强档案专业队伍建设。到工程施工现场进行档案培训及档案交底工作，现场指导施工人员制作纸质档案和电子档案，把项目档案归档案卷质量关口前移，使档案的收集积累工作与建设项目同步进行，为项目档案进馆审核、竣工归档工作创造条件。档案馆工作人员积极参加北京市档案局组织的重点建设项目档案专题培训，加强自身建设。

【志鉴工作】一是精心策划，有序推进《国网北京市电力公司年鉴（2014）》编撰工作。在完成公司年鉴编撰工作的同时，史志办按照上级要求先后完成向《中国电力年鉴》等编辑部提供公司电力篇编纂稿件。被评为2013年度《北京志工业志》编纂工作先进集体，1人获得先进生产者称号。首次参加北京市首届年鉴综合质量评比，获得专业类二等奖的优异成绩。二是完善出版《北京供电发展1999-2010》内容，特别是对增加的“奥运篇”和“国庆保电篇”章节进行大量编纂调整完善。三是研讨志鉴管理办法等制度。四是全面开展“记忆中的北京电力”史料征集工作，成立史料征集活动领导小组，制定工作制度，为活动的深入开展奠定良好基础。已收集具有历史价值的实物设备共计 189 件，其中老旧变压器 16 台，老旧电杆 5 基；老旧路灯 3 基；电度计量表 15 块；文字材料 385 册；扫描照片 325 张；其他各类文史资料 80 件。

**【学协会管理】**社团管理方面，对公司参加的各类社团组织进行统一的会费预算与管理；农电学会方面，修改完善分会换届方案，积极开展学术交流活动；北京电力行业协会方面，完成专业技术资格认定和评定，举办年度北京电力行业 QC 成果评审等；公司科学技术协会方面，与公司企协分会共同举办了优秀 QC 成果巡展活动。

期刊社工作。《农村电气化》和《农电管理》两刊出版，全年紧密围绕农电企业的中心工作，宣传电网企业承担社会责任、服务城乡广大用户的企业精神，全年共计刊发各类文章 800 余篇。做好“农村电气化网”的更新维护工作，全年贴出各类文章约 1.3 万余篇，其中原创文章占 52%，网站日点击量达 2 万余次。两刊的年度总发行量比同期增长 0.68%。

**【党的建设与精神文明建设】**贯彻落实“三重一大”决策制度，加强党风廉政、精神文明宣传教育，开展干部述职述廉和民主测评工作。按照公司党委统一部署，开展创先争优活动、新闻宣传、文化建设等工作。开展读书、集体学习、参观、长走等多种形式的文化活动，营造良好的工作氛围，提升整体凝聚力和战斗力。

（居　然）

## 客户服务中心

**【概况】**国网北京市电力公司客户服务中心（简称中心）是北京市电力公司直属二级单位，作为公司“大营销”体系业务支撑和实施机构，承担着重要客户差异化服务、市场研究及大客户服务、95598 热线服务、电费业务集约处理、营销自动化业务技术支持和代管北京电力展示厅的专业管理职责。

截至年底，共设置 4 个职能部门，分别为办公室、财务资产部、人力资源部、党群工作部（监察审计部）；设置 6 个业务机构，分别为重要客户服务部、大客户服务部、95598 客户服务部（95598 远程工作站）、95598 运营管理部、电费管理部、营销技术支持部，代管北京电力展示厅。下设 1 个集体企业，为北京惟明力通工程监理有限责任公司。

中心获得北京市“首都文明单位”、国家电网公司“文明单位”、“营销工作先进集体”、公司“优质服务先进单位”、“APEC 供电保障先进单位”、“厂务公开先进单位”等荣誉称号；中心党委荣获公司先进基层党组织。

地址：北京市东城区东打磨厂街 1 号
邮编：100062
电话：010-63122088

**【人力资源】**截至年底，中心共有全民职工 125 人，各类市场化用工 127 人。其中研究生及以上学历 26 人，本科学历 107 人，专科学历 93 人；高级职称 20 人，中级职称 51 人；技师及以上职业资格 17 人，高级工 77 人，中级工 40 人。

中心通过选聘、竞聘等方式，员工由 2013 年 110 人增加至 125 人，人员结构更加年轻化、专业化、知识化。落实公司“定编、定岗、定员”工作要求，完成年度内两次岗级调整工作，并完成中心主业、银杰、集体企业全体员工的基础数据录入、更新、统计和分析工作。加强薪酬与绩效考核挂钩力度，加大绩效薪酬比例，强化公平、合理的绩效薪酬等级划分，优化以职工能力、业绩、贡献为主要导向的薪酬分配机制。探索绩效指标分解落实管理，以及绩效考核结果的有效应用，优化绩效管理激励机制。强化培训工作需求分析和过程管控，开发中心人才资源，分层次、分专业拓展培训渠道和主题，推动专业融合。

落实干部培养规划，完善干部梯队建设。开展中心科级后备干部民主推荐，建立健全科级后备干部培养体系。深化中心中层后备干部培养机制，完善考察培养、考核评价、日常监督等工作。依托“专家大讲堂”、公司领导干部培训等形式，强化现职中层干部履职能力建设。以季度绩效测评为依托，加强干部业绩监督考核，健全领导干部监督管理机制。结合各专业工作要求和特点，打造中心专家人才发展通道。

**【安全生产】**结合实际情况，调整安全管理体系和安全生产委员会。组建安全员队伍，建立中心三级安全网。组织签订安全生产责任状，保证安全生产责任制层层落实。以“强化红线意识，促进安全发展”为主线，开展“安全生产月”活动。梳理安全规程、规章制度、管理标准，发布、调整安全基础管理制度14项。健全风险防控体系，深化多维度隐患排查治理和风险管控，编制《关于进一步加强营销作业现场安全管理工作的通知》《营销作业现场安全风险防控措施》《业扩报装项目安全生产管理协议》《送电现场管理人员到岗、到位职责标准》等文件，实现安全管理的制度化、规范化、标准化。

按照“横向到边、纵向到底、上下对应、内外衔接”的工作原则，建立覆盖全面的应急预案体系和高效应急运行机制。编制、修订《国网北京客服中心应急工作管理规定（试行）》《国网北京客服中心突发事件应急响应工作细则》《国网北京客服中心预警响应工作细则》等文件，规范应急组织体系、应急预案体系、应急队伍和人员、应急演练等工作。配合北京公司开展“迎峰度夏应急演习”“迎峰度冬应急演习”“APEC领导人会议周供电保障应急演练”，进一步检验应对突发事件的处置能力。

中心全力确保安全稳定优质服务，全年未发生一起安全责任事故，完成迎峰度夏、度冬、十八届四中全会保电等重点工作。

**【经营管理】**开展“三集五大”体系建设自评估，及时解决体系运转中出现的问题，查找解决业务管理中的交叉点和空白点，强化了横向协同，实现由集中建设向常态运行的平稳过渡。初步建成员工岗位制度体系，参加公司各专业制度普考调考，确保国家电网公司通用制度在中心的有效落地。排查风险隐患，开展“业务风险我来讲”活动。完成国家电网公司依法治企整改“回头看”、工会经费审计、离任审计等各类审计检查，解决历史遗留问题。强化全业务管控，加大了重点工作督办力度，实行日跟踪、周督办、月调度。集约管理涉外会议，统一对外发布中心工作月报。实行项目、预算执行情况月调度，确保工作依法合规有序实施。建立财务与业务部门资金使用联动协调机制，规范费用报销管理，印发《费用报销指导手册》。加强工程竣工决算管理，梳理历史遗留工程，按要求完成9个项目的竣工决算。推进集体企业市场化、规范化建设，完成委托业务承接工作。完成机房改造，信息系统安全运行水平大幅提升，项目被列为公司信息化建设标杆。规范办公用房使用，完成档案室改造升级。执行公务用车管理要求，重新梳理准驾人员，建立车辆管理台账。成立伙食管理委员会，促进食堂管理水平提升。电力展示厅迁址重新对外开放，“内质外形”持续彰显。

**【重要客户服务】**组织制定重大活动保障年历、应急资料汇编、专项服务方案、驻会工作标准，完成各项重大活动保障。深化联动服务机制，梳理重要客户拓扑关系，开展应急后评估服务，组织安全用电主题特色活动，服务举措持续创新、服务品质持续提升。依托低压排查带动公司低压定制电力研究成果在客户侧成功落地，依托公司级的“重要客户服务管理平台研发”科技项目，实现客户档案信息化管理、故障实时告警、影响范围精确定位。延伸服务成果丰硕，《基于重要客户供用电保障常态化服务模式　打造电网需求侧管理特色用电服务品牌》获得2014年度电力行业企业管理创新成果一等奖、国家电网公司管理创新推广成果一等奖；《重要客户低压系统延伸服务创新与实践》获得公司管理创新成果二等奖。

2014年，完成重要客户专项服务工作1185户次，客户个性化需求响应775户次；完成十八届四中全会、APEC领导人会议等重大活动保障工作87项，其中驻会保障21项，保障总时长3005小时。

9月12日，中心组织“军民鱼水情、供电保安全”重要客户交流座谈会。

**【业扩报装】**6月15日，按照公司进一步调整优化业扩报装管理模式的要求，实现城五区2000kVA及以上客户报装的全流程办理。以强化计划管控、发挥各专业班组优势为原则，调整班组职责分工。落实公司简化业扩报装手续、流程串改并工作要求，优化内部业务流程，明确关键环节管控要求，压缩业扩各环节办理时间。执行供电方案“三级”审核制度，履行业扩报装回访和供电方案备案核查职责，提高方案编制质量。与公司发展部建立长效沟通机制，明确开闭站、配电室等间隔审

【人力资源】电动汽车公司共有全民职工24人，其中：硕士研究生及以上10人，本科12人，专科2人；中级及以上专业技术资格16人。

按照公司全面建设“三集五大”体系和建设“五位一体”协同机制工作要求，梳理业务流程和岗位，推进相关工作。

开展全员绩效管理工作，完善绩效管理体系，发挥绩效考核对员工的激励约束作用。推行劳务人员绩效考核，根据电动汽车公司劳务派遣人员绩效考核实施办法，对各级生产运营部门和劳务人员实施分级考核管理，及时总结分析绩效考核实施效果，修订绩效考核指标，提高可操作性和实效性，调动员工工作积极性。

多措并举提升员工的岗位实践能力和综合素质。开展电动汽车政策、新入企员工、充换电服务检修技术技能、安全、制度等培训，提升员工队伍综合能力水平；持续推进技能鉴定工作，截至年底，具有低压及以上电工本的充电站现场工作人员达244人。

（潘　浩）

【安全生产】根据自身工作特点和实际情况，在国家、地方、企业相关标准的制度下，完善并修订了《国网北京电动汽车服务有限公司充（换）电站现场工作安全规程（试行）》，及时签订各岗位人员的人身安全责任书，定期召开安全日活动，以及运行设备隐患排查等专项活动。

强化安全生产管理，贯彻执行公司关于安全生产工作的一系列指示精神，分别制定《充换电站全站停电应急处置方案》《动力蓄电池高温冒烟应急处置方案》《充换电主要设备故障应急处置方案》《交流充电桩被撞应急处置方案》和《人身伤害现场应急处置方案》，组织开展“隐患排查”“应急演练”“道路测试”“电池监测”“安全审计”等系列安全活动，提高安全应急管理水平。

按照电池验收技术标准和验收规范，推进电池系统的技术分析与质量验收工作。截至年底，完成1217组电池验收；针对电池冬季、夏季运行特点，开展电池性能测试分析，编制电池运行分析报告，抽检11个重点充电站19组共计107箱电池。

推进自行检修工作，扩编检修班，完善《交流充电桩标准化作业指导书》，加强现场作业的指导性及安全可靠性；通过多次学习培训及考核，并有针对性地编制《直流充电桩标准化作业指导书》，正式开展直流充电桩检修。开展“运行+就地检修”运维模式试点，选取6个运维班和马家楼充电站开展就地检修和抢修，提升应急故障处缺能力。截至年底，累计开展交流充电桩应急故障处缺186站（次）544桩（次），季度保养27站（次）321个桩（次），累计完成直流充电桩应急故障处缺8站（次）11桩（次）。

■ 10月20日，四惠充换电站开展消防演练。（魏志宇　摄）

（于景阳　魏志宇）

【经营管理】截至年底，电动汽车公司服务电动汽车2451辆，包括电动公交车172辆、电动出租车1050辆、电动环卫车710辆。累计签订电池租赁合同113项，包含车辆2685辆，占计划推广车辆总数3070辆的87.5%；完成充换电服务合同签订23项，涉及车辆624辆。

完成14项充换电设施委托运维合同的编制，以及充换电设施运行及检修报告，运维费顺利落实到位，为更好地开展下阶段的充换电运维工作提供有力保障。开展充换电设施运维标准成本测算工作，为今后运维费标准的制定提供数据支撑。

按月度开展常态化经营分析，形成常态的月度经营分析，完成12篇月度及年度经营分析报告，完善分析模式，侧重重点、难点工作的推进，包括经营指标完成情况、整体经营分析、存在问题及发展建议等方面，为电动汽车公司经营决策提供辅助依据。

加强内部经营管理，控制财务、法律风险，强化增收节支。实施法律风险防范体系建设，开展“依法治企”专项检查，以及专项治理“回头看”工作。积极开展普法宣传教育，强化员工法律意识和自律意识。

（杨　扬　李思诺）

【科技进步】积极配合国网北京电科院做好申报国家

863项目有序充电项目子课题相关工作；完成6项专利申报工作。“检修之星QC小组”荣获北京市第64次QC小组成果发表会优秀质量管理小组称号，QC成果分别获得公司第十次QC成果发表赛优秀奖、第十一次QC成果发表赛三等奖的好成绩。

（贾旭东）

【优质服务】按照公司95598业务部署，提出相关95598业务需求建议，加强客户服务和故障报修业务流程的规范管理，强化业务知识技能培训。电动汽车公司持续加强服务工作体系和服务监督体系建设，推动客户服务与安全生产、技术、检修等工作的融合。推进联合办公工作模式，与电池和设备厂家共同探索更高效、更互助的充换电服务渠道，满足客户需求。

【党的建设与精神文明建设】贯彻落实公司党委部署，开展党的群众路线教育实践活动，做好学习教育、听取意见，查摆问题、开展批评，整改落实、建章立制等各环节工作。召开专题讲座、座谈会、学习交流会10次、参加人员200余人次。征求职工、客户意见，聆听基层声音，收集各类意见建议42条。以整风精神认真开展批评和自我批评，高质量召开民主生活会。坚持问题导向，边学边查边改，认真开展整改落实、建章立制工作，召开领导班子扩大会议研究讨论，明确46条整改措施的责任领导、部门和完成时间，进行过程管控，46条整改措施全部落实到位，确保整改见行动、有力度、出成果。

推广和深化“共产党员示范岗”和“共产党员示范争创岗”创建工作，推广建设到6个站、监控班和检修班，共42个岗位，助推充换电服务工作高效开展；继续面向入党积极分子开展“一对一”帮带活动，做好入党积极分子培养和党员发展工作，全年培养积极分子10人，发展党员2人，如期转正3人；开展“我奉献·我争优”知识竞赛活动；与检修分公司、门头沟供电公司等开展党支部交流活动，调动广大员工爱岗敬业、争当业务能手的积极性和主动性。

加强企业文化建设。组织开展摄影比赛、春季和秋季长走等文体活动，开展职工之家建设，筹建职工书屋，加强对员工的人文关怀，使员工与企业共同进步、和谐发展。

在报纸、期刊、网站上发表文章286篇，在北京公司新闻宣传专项评比中，《四惠充换电站为首都增添一抹绿》获“好文章”一等奖；开展“示范岗推广”及“公众开放日”等活动，接待各级政府部门、中外企业和媒体参观调研45批次共709人次，宣传奉献清洁能源的企业品牌形象。

（瞿传贺）

## 北京市供用电建设承发包公司

【概况】北京市供用电建设承发包公司（简称承发包公司）成立于1985年11月。2012年6月，按照“三集五大”建设要求，对原北京市供用电建设承发包公司、北京华商电力管道有限公司、北京华龙物资公司进行业务整合，成立北京市供用电建设承发包公司，是北京市电力公司的全资子公司，经北京市建委批准设立，在北京市崇文区工商局登记注册。2014年9月，管道公司从承发包公司分离，承发包公司不再承担电力管道建设和运维任务，专职作为北京地区业扩报装的项目管理单位。承发包公司设置9个部门、1个集体企业，分别是办公室、财务资产部、监察审计部、投资经营部、客户服务部、安全质量部、工程管理部、合同预算部、规划设计部及北京京供民科技开发有限公司。

地址：北京市东城区祈年大街8号

邮编：100062

电话：010-63123330

【人力资源】承发包公司共有职工88人，中共党员64人，占职工总数的73%。研究生及以上学历21人，占职工总数的24%；大学本科学历49人，占职工总数的56%；本科以下学历18人，占职工总数的20%。承发包公司员工中持有高级职称22人，占职工总数的25%；持有中级职称37人，占职工总数的42%；持有初级职称21人。

全年，承发包公司以提升人力资源管理精益化水平为核心，打造符合承发包公司发展的高素质员工队伍。落实培训管理实施办法，研究员工实际需求，制定人才培养方案，提升员工能力素质。完成管道公司职责调整及人员划分工作，起草并组织实施管道公司人员及资产处置方案，实现员工队伍的平稳过渡，保障各项工作不断不乱、稳步开展。加强干部梯队建设，注重后备干部培训培养，提升后备力量的组织管理水平与驾驭复杂局面的能力，为承发包公司持续发展奠定人才保障。

**【电网建设】**加强设计技术标准控制，深入落实配网技术原则，累计完成13项设计管理工作。完善招标组织与管理，不断优化招标方式，累计完成业扩施工招标143项，标的金额11.56亿元。推广典型招标应用，整体招标流程时间缩短20个工作日；通过竞争性谈判确定施工单位，进一步提高招标工作效率。为用电客户提供物资框架选择服务2489项，累计选定金额16.89亿元。加强资金收支控制，年度收取工程款30.68亿元，同比增长64.68%；出台资金标准规定及全口径设计概算编制标准，规范工程结算工作，累计完成结算项目299项，结算金额10.83亿元。

1~9月，管道建设项目实现收入5.69亿元，同比增长105.26%。新签订管道建设项目合同118个，涉及金额1.62亿元。受公司委托稳妥推进电力管道租赁业务，实现现金流收入1.44亿元。开工建设管道工程33项，新建电力隧道26.4km、电力管井26.1km；工程竣工20项，建成电力隧道20.1km，电力管井39.2km。利用800MHz数字集群终端开展远程监督，建立施工监理单位检查考核机制，开展工程分包情况专项检查，多措并举提升基建工程安全质量管理数字化、精益化水平。建立电力管道隐患排查常态机制，累计下达隐患排查任务7项，共计排查出各类隐患853项，均已整改。圆满完成保电任务7项，其中一级任务5项、二级任务2项。

开展工程全过程造价控制，严格控制工程量、工程款的审核，优化转变工程结算方式，加快项目结算办理效率。累计组织完成77项客户工程竣工送电，完成送电容量72.5万kVA，新建电力管道36.7km、敷设10kV电缆256.9km，其中国务院事务管理局第二招待所翻扩建工程、国土资源部机关服务局配电室改造工程、人民日报社综合业务楼外电源工程等重点工程如期送电，受到客户赞誉。

**【安全生产】**全年未发生人身重伤、死亡事故；未发生五级及以上电网、设备事件；未发生火灾事故；未发生突发事件、安全事件迟报、漏报、瞒报情况；实现年度"三个百日"安全生产长周期。

完善工程管理制度体系，出台设计变更管理细则、施工分包管理规范，将施工分包管理工作前移，在招投标阶段对施工分包进行明确要求。加大对参建单位安全、质量文件的审查力度，提高安全协议签订效率。发挥项目部保障职能、承发包公司监督职能两级安全管控作用，强化安全制度执行落实效果的监督。持续加强工程进度管理，建立多层级沟通协调调度机制，定期开展项目分析，有效推动工程进展。

**【经营管理】**确定以配电网建设为中心任务的发展战略，解决"走哪条路""怎样走"的问题。制定切实可行的发展目标，不断调整优化各项工作机制。

按照国家能源局、国家电网公司专项审计检查要求，对照暴露出的问题深入推进整改落实，建立健全长效机制。成立业扩清理专项工作组，制定长期挂账项目清理工作方案与清理标准，梳理2011年之前建账的1038项业扩工程，压降结存资金。响应"全员学制度、全员考制度"活动，印发承发包公司规章制度建设工作方案，规范制度订立发布程序，加强制度培训学习及执行落实，建立与各岗位职责相匹配的规章制度体系，增强全员依法依规办事的意识与能力。建立绩效考核指标体系，形成以计划管理为主线、以工程管理为抓手的绩效管理模式。落实厉行节约反对浪费实施办法，严格执行公务接待、会议管理、职务消费等规章制度，业务招待费、会议费、车辆使用费分别同比下降86.9%、100%、56.1%。开展"八项规定"落实情况专项检查，推进办公用房、公务用车整改落实工作，加强工程建设、集体企业管理等重点领域审计监督工作。

**【优质服务】**承发包公司试点建立大兴区域联合项目部，发挥承发包公司、属地公司各自管理资源优势，将所在区域业扩报装项目纳入全流程全方位管理，压缩业务办理环节，提高服务效率，成立至今累计完成10kV及以上送电项目271项，送电容量37.7万kVA，消纳结存45.9万kVA，住宅项目自竣工报验至送电完成比以往节省5天。加强供电方案跟踪管理，宣传用电政策与服务特色，推动项目签约落地，年度累计签订项目管理服务合同327项，涉及供电方案507个、报装容量208万kVA。

简化客户提交资料种类，优化资料审验时序，推行多部门业务办理"串联改并联"服务，压缩业务办理环节，提高业务办理效率。建立、完善服务质量评价机制，常态化客户满意度调查及客户回访工作，定期编写《服务质量分析报告》，累计接打电话3045次，收发短信652条，召开座谈会82次，上门走访67次。开展客户服务信息平台建设工作，对外实现统一客户服务号码电话拨打、接听和短信收发功能，对内初步实现项目全流程办理跟踪、数据统计分析功能。建立客户差异化服务体系，建立大客户基础信息数据库，持续加深大客户走访联系工作，宣传服务特色及成果。

**【党的建设与精神文明建设】**开展党的群众路线教育实践活动，积极落实上级党委工作部署及活动总体要求，深入联系点和客户群体，听取各基层、党员群众代表、用电客户的意见建议。全面对照检查剖析，开展批评与自我批评，针对“四风”、优质服务等6方面存在的40类问题，有的放矢，提出95条整改措施，集中治理突出问题。加强队伍建设，落实培训管理实施办法，研究员工实际需求，制定人才培养方案。完成管道公司职责调整及人员划分工作，起草并组织实施管道公司人员及资产处置方案，实现员工队伍的平稳过渡，保障各项工作不断不乱、稳步开展。加强干部梯队建设，注重后备干部培训培养，提升后备力量的组织管理水平与驾驭复杂局面的能力。完善党员之家、职工之家、食堂建设，丰富职工业余文化生活，全年组织工会活动11次；开展送温暖活动，慰问困病职工、退休职工16人次。

（全　健）

## 物业管理公司

**【概况】**物业管理公司（简称物业公司）是北京市电力公司所属二级单位。物业公司作为公司物业专业唯一具有二级资质和装饰装修三级资质的企业，负责为公司提供后勤保障服务，满足公司系统及职工住宅小区的需要，提供相关服务产品，主要包括办公楼、职工住宅小区的物业管理以及应急抢险等服务；冬季供暖系统的运行、维修及安装；机关职工用餐、用车等服务。

物业公司下设7个职能部门、16个基层单位。保留北京北电华明物业公司和华光锅炉设备安装公司2家集体企业。

截至年底，物业服务面积92.3万$m^2$，其中办公楼9处，28.5万$m^2$；小区物业65处，63.8万$m^2$。餐饮食堂6个。

北京华光锅炉设备安装公司是一家专业锅炉设备安装、改造企业，具有锅炉安装、改造三级资质。物业供暖面积99万$m^2$，涉及8000余户居民，供暖点22处，其中自供暖17处。共有8台燃气锅炉、17台电锅炉，7座热力交换站。

2014年，荣获“西城区文明单位”荣誉称号。

地址：北京市西城区右安门西街3号
邮编：100054
电话：010-63126860

**【人力资源】**截至年底，物业公司共有职工545人。在册正式职工79人，按照用工性质分：全民职工55人，集体职工24人。直签员工73人，派遣职工154人，其他239人。其中大专及以上学历85人，中等职业教育学历123人，高中及以下208人；高级职称5人，中级职称3人，初级职称15人；技能人员中，中、高级工以上72人。管理离退休职工497人。

围绕“四个突出、四个提升”工作思路，不断强化人才培养力度，加强教育培训的规范化管理。规范干部员工考核测评，完善考勤管理办法、劳动合同管理办法、解除违纪员工劳动合同等一系列劳动用工管理制度。完成5名改签人员签订、保险转移等工作，加强用工计划管理，控制用工总量。

建立普考机制。调动职工积极性，分专业重点开展全员制度普考、调考工作。加强规章制度建设，促进制度有效落地，实现将制度建设到岗。

突出岗位职责和业务流程，开展岗位制度体系建设和制度自查反馈工作。梳理完善业务流程体系，建立典型岗位78个，明确班组职责。实现制度、职责、流程相匹配，提升物业公司基础管理水平。

**【安全生产】**全年以安全管理提升活动为主线，开展安全大检查和隐患大排查，完成52项重点任务，实现物业公司第36个安全生产一百天长周期，全年未发生各类安全事故。逐级签订年度安全管理责任状，确保人手一册《岗位危险点对应控制手册》；建立“物业公司安全生产信息指令发布群”，及时发布紧急信息、通知和指令；组织开展了安全生产信息全员调研活动，向全员征集安全隐患，共406条危险点，把安全生产形势的持续稳定建立在全员广泛参与、有效监督的基础上，深化“三个安全”理念；以6个物业点为试点安装了巡更管理系统，设计并安装了128个巡更检查点位，实现由人控向科技、向技术管控迈进；夏季，组织防汛安全演练；冬季，开展锅炉安全运行培训与考试等；开展火灾防控专项活动，消防演习3次，年检灭火器1611具；完善重大节假日安全检查督办制度，全年组织安全检查27次。全年安全培训352人，学习培训课时不少于53学时，优秀成绩占职工总数93.2%。

■ 11月7日，物业公司召开供暖运行大会全力保障居民温暖过冬，与锅炉运行人员签订《安全生产运行协议书》。

**【经营管理】**落实集体企业管理工作部署，执行公司集体企业重组组合方案批复意见。积极与税务所、工商局联系，推进顺达物业、建龙物业清算关闭工作。完成北电华明物业管理有限公司营业执照增项工作。接收海淀公司办公楼、右内小区、右外三条、赵公口、西八里庄等12个宿舍小区的物业服务工作。通过一年来积极主动的工作，赢得了业主单位的信任，做出了物业服务的品牌，提高了市场占有率，也为物业公司开辟了新的收入增长点。

全年实现经营收入8100万元，实现经营利润152万，承接12个单位的物业管理服务。

**【优质服务】**为保障春节期间所辖物业点的安全稳定，成立工作检查小组。物业公司领导带队深入基层对所辖43处物业点进行了安全检查，累计出动1594人次、119车次。保证公司机关办公楼、宿舍小区燃放烟花爆竹的安全防火工作。

物业公司所辖机关办公楼物业9处共28.5万$m^2$。全年机关办公楼设备维修4380余次，接待会议服务2190余次，其中重大接待182次。

负责6个食堂的经营管理。以机关食堂为主，提供机关院内每天1000余人次的就餐服务。参与后勤部组织的健康食堂厨师交流活动。强化活动宣传与组织作用，增进与兄弟单位间的沟通交流，提升机关食堂餐饮的职工满意度。提倡“你用餐，我用心”的优质服务理念，搭建厨艺交流学习比武平台，严把食品进货、制作、监督检验、价格关，提升服务意识、服务能力和规范化、标准化、程序化水平。年度荣获“国网北京市电力公司工人先锋号”。

物业公司所辖小区物业65处共63.8万$m^2$。完善物业服务资料的信息化管理，处理保修900余起。发挥小区物业、家委会作用，积极与市政府沟通联系，争取到政府资金6000余万元进行小区建设改造。如为沙窝铺设柏油马路、倒座庙家属院整体改造、双榆树安装门禁系统等。

自2012年12月11日，机关车辆调度管理中心成立以来，完善派收车流程及各项规章制度，制定《委托领取车辆声明》。对机关42辆公务车辆进行接收、登记、维修、保养，保证公司24h用车服务。全年共派发车辆3900台次，行驶里程225 275km。在此基础上，车调中心不断规范服务用语，按照季节、天气的变化及时发布安全驾驶及操作技巧温馨提示，展示不断提升的员工素质和致力于优质服务的物业文化。荣获年度“国网北京市电力公司先进集体”。

**【重点工作】**为保证2013~2014年度冬季按时供暖，物业公司多次召开会议，研究部署冬季供暖相关工作，并对员工进行了岗位技能和软化水等专业培训。对22个供暖小区锅炉房，8台燃气锅炉、17台电锅炉，7座热力交换站逐一进行隐患排查与处置，抢修处理各类供暖事故420余次，出动人员910余人次，车辆360余次。物业公司于11月7日对所负责的自管热源开始点火试供暖。冬季供暖期间，实行员工倒班制，在供暖服务上采取根据实际温度，随时调整供暖温度的措施，确保冬季供暖工作的节能高效。加强人员巡视，开通24小时供暖服务电话，保证冬季供热安全、稳定、优质达标。

**【党的建设与精神文明建设】**开展党的群众路线教育实践活动。围绕“为民务实清廉”的主题，突出抓好窗口服务；征求到6类、67条意见建议，13个“四风”突出问题，提出79项整改措施，最终整改率达到100%。以此次活动为契机，积极筹划活动载体，试点成立清河安宁庄物业志愿者服务队；各小区利用端午节举办“邻里守望万棕风情包粽子比赛”活动；依托家委会与附近餐馆在西八里庄小区携手试点开办“老人小饭桌”；在右内小区定期开展共产党员“植花护绿”活动；以纪念建党93周年为契机，开展先进典型表彰宣传、讲党课、重温入党誓词、“特色党日”、走访慰问等“七个一”活动；组织开展西城区精神文明单位创建工作；在机关食堂安装超大显示屏，建立食堂菜品库；组织全体职工开展“五加强一提升”主题活动；参加“我的职业我的梦”演讲大赛，实现物业公司首次参赛并获奖的“零突破”。

加强纪检监察工作。围绕“八项规定”等专题学习7次；纪委与岗位变动和新提职人员进行廉政谈话28人次；全年共组织召开协同监督联席会议4次，研究专项监督议题4项。发现需要整改问题9个，制定防范措施15项，问题整改落实9个，落实防范措施15项；组织开展“八项规定”知识竞答活动，全年共上报党风廉政责任制考核月报12份、纪委书记月度报告12份，制作纪检监察专刊12期，利用内网上传政策法规、廉政论坛、廉政要闻、案例分析等60条，上传反腐倡廉报道5篇；开展以优质服务为专题的效能监察项目，发现问题9个，制定并落实整改措施9项。

全年开展各种慰问活动540人次，增强企业凝聚力、向心力。全年未发生对精神文明和党风廉政建设造成重大影响的事件。

（王卫东）

## 北京市城市照明管理中心

**【概况】**北京市城市照明管理中心（简称照明中心）由北京市电力公司和北京市市政市容管理委员会（简称市政市容委）领导，是财政全额拨款的事业单位。照明中心作为公司长期派驻在北京市基础设施运维一线的服务队伍，负责北京市城六区市政道路照明设施的运行维护管理工作，为郊区县道路照明提供技术指导和业务支持，参加本市道路照明规划、工程设计和施工，参加市属景观照明项目的组织、运行维护以及重点地区景观照明设施运行监督管理工作。

截至年底，照明中心管辖路灯26.52万盏，路灯变压器2618台、配电室69座，管辖供电线路7760km、远程监控终端2506台，共有车辆92台，具有运行、抢修队伍8支，直接服务人口1171.6万人，服务面积1385km$^2$。全年中心缴纳路灯和景观电费共计1.53亿元。

照明中心在公司和市政市容委的正确领导下，落实相关决策部署，面对复杂环境和艰巨任务，中心上下全面落实年初“两会”精神，完成公司和市政市容委下达的各项工作任务，中心和首都城市照明发展取得了新成绩。

照明中心先后荣获首都文明单位标兵、北京市交通安全先进单位北京市青年文明号、公司先进集体、公司工人先锋号、公司品牌建设先进单位、国家电网首都电力共产党员服务队优秀服务队、公司APEC保障突出贡献单位等多项荣誉称号。

地址：北京市丰台区方庄路2号
邮编：100078
电话：010-67900899

**【人力资源】**照明中心共有职工146人，其中，研究生学历9人，大学本科学历61人，大学专科学历28人，高级职称14人、中级职称29人，人才当量密度95.59%。加强中层干部管理，提拔任用1人，调整5人次，并组织开展了中层干部考核测评和后备干部推荐，先后组织两批共计6名后备干部到中心共产党员服务队和相关部门进行挂职锻炼。完善人事管理，编制《劳务派遣用工规范管理实施方案》及《劳务派遣用工合同转签操作方案》，完成115名劳务派遣用工合同转签工作。深化绩效管理，编发《2014年业绩考核关键业绩指标和减项指标责任分解表》，保证照明中心年度企业负责人考核指标圆满完成。教育培训方面，组织完成两期中层干部及管理人员培训班，6名新入企大学生的岗前培训，配合完成现职领导干部专业培训班、3次智能化配电网系统建设专题培训、合同管理知识培训及国网组织班组长培训等组织工作。

**【工程组织】**完成市政府“为群众办实事”项目——30条无灯道路路灯建设工程，完成天安门广场高杆灯改造工程，在广场高杆灯改造过程中，克服工期短、施工难度大、协调部门多等不利因素，如期完工，受到政府部门的高度肯定。此外，受市政市容委委托，完成雍和宫桥和农展桥两处桥区景观照明建设工作，这是中心首次承接景观照明建设工程，建设成果获得市政市容委领导的高度肯定。全年开展路灯工程76项，组织工程验收139项，竣工结算133项。完成设计任务194项，设计里程481km，同比增长11%。

**【设备管理】**按照运行检修规程完成路灯在运设备的巡修工作：全年共巡视电缆8375km、架空线6009km、电源2403组、灯杆1.8万基，维修光源4.7万盏。完成2258台变压器、253基华灯清扫检修、66台节电器安装调试和200台有载调压器换油工作。引入状态检修手段，开展变压器夜间状态监测633台次。开展西城和石景山286条重要道路照度普查工作。加强高压设备管理，成立高压班组，启动高压设备接收工作。持续整治GIS数据，优化GIS系统功能。完成全年设备运行巡视维护工作，建立多层次、常态化的亮灯率检查机制，全年开展亮灯率检查246次，亮灯率水平有了较大提升。按月开展应急故障分析，掌握设备动态趋势。建立职工“8小时外”查灯工作机制，鼓励中心广大职工关注路灯设备运行状况，全年职工报修灭灯132次。

完成APEC等重大政治活动及节假日保障任务14项，累计保电天数216天。全年平均亮灯率98.78%、设备完好率96.73%，均达到历史最高水平。

**【安全生产】**落实中心各级人员安全生产责任，分层次签订“安全双向互保责任书”和“人身安全责任书”。开展安全生产月、春检、秋检等专项活动。成立中心安全巡检组，每周进行现场安全检查，加大对违章行为的管控力度。修订领导干部和管理人员生产现场到岗到位管理规定，全年中心各级领导干部、管理人员下现场检查1226人次。制定中心预警响应工作细则和突发事件处置细则，开展专项应急演练工作6次，启动应急响应17次。组织开展安全教育培训6次、“三种人”考试259人、有限空间作业观摩演练1次，选派中心4名员工参加公司有限空间作业大比武。认真开展隐患排查，发现并整改隐患1224处，整改率100%。

**【经营管理】**初步建成中心内控体系，编制内控制度16项，全面提升了风险防控能力和规范管理水平。开展固定资产盘点，完成资产产权登记工作。对接通用制度体系，转发通用制度124项，补充制度81项，初步建成员工岗位制度体系。参加公司全员学制度全员考制度活动，考试合格率达100%。完成115名劳务派遣用工合同转签工作，规范用工管理，改善直签员工餐补待遇。颁布《北京市城市照明管理中心表彰奖励实施方案》，有效激励职工创先争优、奋勇争先的工作热情。积极适应审计工作常态化新趋势，中心全年共接受内外部专项审计7次。审计不仅在次数上创新高，在形式上也从原来的年度审计转变为事前审计和事后评价。在各部门共同努力下，各项检查均取得较好的结果，其中2013年无灯路建设工程两次绩效再评价得分均处于优秀水平。对于审计发现的39项问题，全部督办整改完成。产业公司组建试验班，迈出实体化建设的第一步。对新接管的物资部进行全面梳理，提出物资采购需求计划改进方法，完善物资采购流程。完成年初职代会下达经营指标、公司集体办下达的11项考核指标，并荣获公司“集体企业先进单位”称号。

**【科技进步】**开展科技和管理创新，全年申报专利9项，上报科技和群众性创新成果6项、科技论文5篇、管理创新成果2项，其中“城市照明路灯运行监控关键技术研究及应用”项目获得全国电力行业信息化成果二等奖、公司科技进步一等奖，目前正在申报国家电网公司科技进步奖。

**【优质服务】**优化调整业务流程，规范舆情问答17项，提升服务品质。全年共受理故障报修13 726个，同比下降20.9%，其中紧急故障4780个，同比下降4.93%，受理业务报装41个。规范人民来信处理流程，优化工作方式，提高受理效率，降低服务风险，全年共处理人大建议、政协提案和市民来信184件，均在承诺时间内处理完毕。开展应急培训和实战演练，优化抢修工作流程，提升整体应急处置能力。推进信息系统实用化建设，提升监控系统的故障监测和自动报警水平，提升大片灭灯监测水平。优化人性化开关灯工作，全年共计提前开灯83次，延迟关灯82次，累计延长路灯运行时间1961分钟，同比减少2155分钟。

**【党的建设与精神文明建设】**完成党的群众路线教育实践活动，树立为民服务思想。公司总会计师李路与中心领导班子深入一线，为老旧小区安装路灯。针对征集的64份171条意见建议，分类整理为48项整改措施，全部按时限完成销号，活动满意率达到100%。落实公司“五加强一提升”主题活动部署，党政工团联合开展“提升素质大讲堂”活动。完成“在职党员到社区报到为群众服务”工作，开展共产党员服务队“五心服务进万家”工程，受到市民百姓和舆论媒体的一致好评，全年共收到锦旗7面、感谢信9封。坚持弘扬“诚信、责任、创新、奉献”核心价值观，促进企业文化扎实落地，宋晓龙同志被评为“北京榜样-最美丰台人”。发挥党管干部、党管人才优势，加强干部梯队建设与后备干部培养，抓好民主推荐、指导帮助、培养锻炼各环节工作，组织5名后备干部到服务队负责人岗位锻炼，组织4名后备干部挂职行政副职。修订公司党风廉政建设责任制实施细则和责任分工，促进党委主体责任和纪委监督责任落实。贯彻落实“八项规定”实施细则。认真落实纪委书记报告制度，规范履行协同监督工作程序，全年召开协同监督会议3次。加强廉洁文化宣传教育，落实领导干部“七廉”活动。深化行风纠建工作，促进优质服务水平提升。融入“电靓京城”品牌传播实践，加强新闻宣传策划，打造“掌灯人”企业形象。结合专业特色提炼社会责任实践价值，加强先进典型的选树与宣传。加强职工职业生涯通道建设，连续十年开展职工技能大赛，完成“职工之家”实体化建设，并被评为“北京市工业国防系统职工之家实体化建设示范典型”。落实离退休职工“两项待遇”，获得国网北京市电力公司“离退休工作先进单位”称号。开展“号手岗队”创建活动，激发青年员工创新创效热情。

（赵小菲）

# 公司荣誉

# 2014年北京市电力公司荣获国家、国家电网公司、市级先进荣誉称号

全国文明单位
全国“安康杯”竞赛优胜单位
中央企业思想政治工作先进单位
首都文明单位标兵
北京市交通安全优秀系统先进单位
首都绿化美化先进集体
国家安全人民防线建设工作先进集体
国家电网公司对标综合标杆单位
国家电网公司对标业绩标杆单位
国家电网公司对标管理标杆单位
国家电网公司安全管理专业标杆单位
国家电网公司财力管理专业标杆单位
国家电网公司建设管理专业标杆单位
国家电网公司配套保障管理专业标杆单位
国家电网公司管理典型经验对标银行账户管控最佳实践单位
国家电网公司管理典型经验对标工程其他费用财务管理区域标杆单位
国家电网公司管理典型经验对标电网财务投资能力测算应用入围单位
国家电网公司信息运行方式编制优秀单位
国家电网公司党风廉政建设责任制暨惩防体系建设考核评价优秀单位
国家电网公司办公室工作专业标杆单位
国家电网公司基建管理先进单位
国家电网公司基建基础管理先进单位
国家电网公司基建技术管理先进单位
国家电网公司电子商务平台
国家电网公司后勤管理工作先进单位
国家电网公司工会工作先进单位
国家电网公司办公室工作先进集体
国家电网公司对藏人才帮扶工作先进集体
国家发改委电力需求侧管理目标责任完成优秀奖
《北京志·工业志》编纂工作先进集体
《中国电力企业管理》杂志优秀通联站
中国电力报社先进记者站
北京市安全生产月活动优秀组织奖
北京市“职工技协杯”职业技能竞赛特殊贡献单位
北京市“安全是永恒的旋律”主题情景剧大赛优秀组织奖
第二十九届北京市企业管理现代化创新成果优秀组织单位
全国职工公共安全健康知识普考及竞赛活动最佳组织单位
北京市“中国梦 劳动美—我的安全家园”征文活动优秀组织单位
北京市“中国梦 劳动美—我的安全家园”班组安全管理成果展示活动优秀组织单位
“中国梦·劳动美·幸福路”首届全国职工摄影大赛优秀组织单位
全国电力行业职工羽毛球比赛体育道德风尚奖
北京市第五届职工羽毛球比赛优秀组织奖、优秀领队奖
首都学雷锋志愿服务岗：国家电网首都电力共产党员志愿服务岗、国家电网首都电力青年志愿服务岗
国家电网公司企业文化建设优秀论文一等奖、优秀成果二等奖、优秀案例二等奖
国家电网公司管理创新成果二等奖、三等奖
国家电网公司管理创新推广成果一等奖、二等奖
中国电力行业企业管理创新成果一等奖
中国电力行业企业管理创新五年经典案例一等奖、二等奖
第二十九届北京市企业管理现代化创新成果一等奖、二等奖
第十届“中电传媒杯”全国电力行业优秀影视片展评新闻消息、综合专题、微电影一等奖、二等奖、三等奖
“中国电力新闻奖（影视）”一等奖、三等奖
北京市首届年鉴综合质量评比二等奖
北京市“工体杯”职工篮球邀请赛季军

# 2014年北京市电力公司先进单位、先进集体和先进个人

先进单位（7个）

城区供电公司　通州供电公司　大兴供电公司　电力科学研究院　平谷供电公司　信息通信分公司

# 2014年获省、部级以上先进人物介绍

## 全国五一劳动奖章获得者——陈牧云

陈牧云，女，1976年2月出生，汉族，中共党员，大学本科，工程师，继电保护中级工。1997年7月参加工作，现任国网北京城区供电公司营销部（客户服务中心）主任工程师兼共产党员服务队队长。

作为一名党员，陈牧云一直以满足客户用电为宗旨，在大力拓展服务内涵、创新服务形式方面做出了突出贡献。陈牧云带领城区供电公司客户服务中心营业厅全体成员，通过模拟情景演练，提高员工业务能力，增强应变能力，设立优质服务阳光班青年文明岗，调动员工学习热情；开展“服务因您而变，意见换礼物”活动，体现企业真诚、展现国家电网公司企业形象，用心做到尽善尽美。

2010年9月，公司创建“陈牧云创新工作室”，推出了新的服务举措——“一站式服务”低压业扩工程受理体系。她优化服务流程，减少工作节点，将报装接电时间由30天缩短到5个工作日，省去了客户来回跑路的麻烦，直接装上一户一表，让客户感受到“一站式”贴心的服务。“一站式”服务得到广大用电客户的欢迎与认可，客户满意度达到100%。创新工作室于2011年被北京市电力公司正式命名，陈牧云先后在《中国电力报》《中国科技财富》发表文章。

2011年，城区供电公司成立国家电网首都电力共产党员服务队专职队伍，陈牧云任队长。她带领队员们在北京东、西城区设立了34个挂牌服务站，先后为60余户爱心卡用户义务改造老旧内线；为社区260位高龄老人和残疾家庭创新免费安装遥控节能小夜灯；为北京狭窄胡同安装“太阳能路灯”，解决居民夜间出行难问题；走进学校开展“安全用电进校园”活动，增强学生的安全用电意识；连续17年为西城区福绥境敬老院开展志愿服务。累计开展差异化用电延伸服务760余次，直接受益群众5万余人，陈牧云被社区百姓亲切地称为最美丽的“电力雷锋”。

陈牧云2010年获国家电网公司服务之星、北京市电力公司建功立业标兵、优秀共产党员、巾帼岗位标兵、十佳服务之星；2011年获北京市电力公司十大首都电力之星；2012年获北京市“三八”红旗奖章、全国能源化学系统五一劳动奖章；2013年获首都劳动奖章、中央企业劳动模范、国家电网公司先进班组长、国家电网首都电力共产党员服务队优秀服务队员标兵；2014年获全国五一劳动奖章。

## 首都劳动奖章获得者——王小宁

王小宁，男，1979年4月出生，汉族，中共党员，硕士，工程师。2000年7月参加工作，现任国网北京朝阳供电公司国家电网首都电力共产党员服务分队朝阳供电公司分队队长。

王小宁2000年参加工作，2005年加入中国共产党。工作十余年间，干过线路，出过方案，做过文秘，从事过用电报装服务。但无论在哪个岗位，他热情细致的服务品质、踏实肯干的务实风格都从未改变。由于工作业绩突出，2011年8月，王小宁调任首都电力共产党员服务队朝阳供电公司分队队长，成为北京市电力公司首支专业化服务队的带头人。

将党员服务队打造成为一支技术强、作风硬、服务好的标准化团队，是公司党委的要求，更是王小宁的工作方向。在服务队成立之初，王小宁积极配合相关部门开展工作，参与制定《党员服务队安全管理办

法》《党员服务队工作流程》等11项管理制度及服务流程，为服务队规范化、标准化及专业化建设奠定了坚实基础。

但王小宁依然不满足，因为他懂得，真正高品质的服务绝不是一时冲动，而是要保证服务活动有序、高效和持久地开展下去。于是，他细心观察，认真总结，根据不同服务对象建立起帮扶对象资料库，将每次的服务时间、内容及效果全部记录下来，保障了服务的延续性和针对性；积极走访北京电力客户服务中心，建立有效的互动机制；将服务队员按区域分组，确保工作任务的合理分配及不间断服务。2013年，王小宁带领服务分队严格落实北京公司党委“标准化、专业化、常态化”建设要求，搭建了以专业化班组为核心、兼职队伍为支撑、志愿者队伍为延伸的服务体系，在拓展服务范围、提升服务能力的同时，将党员服务队建设成为锻造品质、孕育爱心的红色摇篮。

朝阳供电公司党员服务队成立以来，先后荣获国家能源化工系统工人先锋号、国网北京电力红旗班组、首批服务队优秀示范点等荣誉称号，真正成为践行党的群众路线、彰显供电企业责任的优秀党建品牌。

王小宁2011年获北京市电力公司建功立业标兵，2012年获北京市电力公司党委党员先锋、北京好人、北京市电力公司建功立业标兵、首都电力之星，2013年获北京市“孝亲敬老之星”“首都志愿者之星”国家电网公司特等劳动模范，2014年获首都劳动奖章。

## 首都劳动奖章获得者——解思江

解思江，男，1974年5月4日出生，汉族，中共党员，硕士，高级工程师。1995年7月参加工作，现任国网北京市电力公司信息通信分公司信息通信调控中心主任。

工作中的解思江兢兢业业、精益求精，朝八晚八一直是他的工作时间表，敬业爱岗、技术精湛是大家对他的一致评价。

近几年来，随着信息化的不断发展，电力企业的“信息高速公路”基本建成，通过构建由数据中心、应用集成、企业门户、IT基础设施与信息安全、技术架构体系及IT管理和服务等组成的信息一体化体系，实现了电网支撑数字化、业务管理信息化、分析决策智能化的目标。与此同时，面临的考验和形势也越来越严峻，因为对信息系统的服务要求也不断提出了更高更严格的要求。

作为一名长期在一线从事生产、管理的信息人，解思江刻苦钻研专业技术知识，熟悉掌握信息系统、信息安全、数据库、中间件等专业技能。在生产管理方面，摸索出一套行之有效的管理方法。他制定本单位管理有关规定和标准化工作流程，协调开展好各项工作，不断推进管理，通过优化管理架构和流程提升信息运维管理和工作水平。此外，通过推行差异化信息系统运维理念、强化系统监控能力，研究信息系统状态检修，保障信息系统安全平稳。与此同时，自主开展了多项研究，通过搭建多套基础架构的虚拟化平台，两套用于数据库集中的集群数据库以及多模板统一管理的中间件平台，实现了在搬迁过程中对信息系统架构的调整和优化，结合数据中心搬迁项目提出了公司软硬件资源池建设的思路和方式，采用虚拟化技术完成了三个虚拟池建设。

精益的管理、扎实有效的研究和举措强化了运行维护与检修操作责任边界，从系统层面提高了应用的可靠性，保障了业务系统的稳定运行。

解思江2008年获北京市能源运行监测先进个人、北京市电力公司保奥运安全供电功臣；2010年获国家电网公司信息化工作先进个人；2012年获北京市能源运行监测先进个人、北京市电力公司十八大保障特等功臣；2013年获国网北京市电力公司劳动模范；2014年获首都劳动奖章。

## 首都劳动奖章获得者——任轶

任轶，男，1982年9月出生，汉族，中共党员，大学专科，高级技师。2002年7月参加工作，现任国网北京电力科学研究院计量中心现场检定工区关口运维班班长。

2005年，任轶从部队退伍到北京市电力公司工作，从一名“持枪”的战士成为手提“秤杆”的电力计量人。刚入职时，他是电力行业的“门外汉”，他

知道，在电力行业飞速发展的今天，只有不断吸取新知识、更新新观念，才能使自己跟上时代的步伐。所以，31 岁的他，本着“热爱本职、忠于职守、积极钻研、开拓创新”的信念，通过自己的努力，一步步从“门外汉”变成现在的技术骨干。

2013 年，北京公司承办了北京市以“创新驱动发展、技能成就未来”为主题的职业技能竞赛，这是一次将技术比武与生产实践相结合、与技术创新相结合的比赛，是发现人才、培养人才、选树人才的重要平台，也是对北京电力人精神风貌、技术水平和意志品质的一次集体检阅。在经历了激烈的初赛、复赛的比拼后，任轶走上现场气氛空前紧张的“装表接电工”决赛赛场。面对高手云集的决赛，任轶感到肩上沉重的压力，他给自己制定了决赛准备计划：在专业理论知识上，知识面要更广；在专业技能操作规范上，要更加娴熟精准。靠着在平时练就过硬的技术操作能力，终于在 2013 年北京市职业技能竞赛决赛中取得理论知识与实际操作综合排名第一名的好成绩。

北京奥运会期间，任轶带队完成变电站 437 台 GIS 式互感器现场检验等重要任务，被公司评为“青年突击队”。任轶工作中认真负责，自其担任组长以来，他管理的 46 座变电站的 1364 具电能表连续三年多实现了关口计量零差错。工作中，他善于发现问题，勇于创新，通过对电能表校验仪箱体的改进，使电能表现场试验时间缩短了 33%，该成果获得华北电网 2011 年 QC 活动成果发布会一等奖。业余时间，他钻研专业技术理论，参与编写了多项标准化作业指导书和《智能站计量装置验收管理规范》，为标准化作业的推广和智能变电站计量装置顺利验收做出了贡献。

任轶 2011 年获北京市电力公司青年安全生产示范岗；2013 年获北京市第三届职业技能竞赛装表接电工技能比赛第一名、国网北京市电力公司先进工作者；2014 年获首都劳动奖章。

## 首都劳动奖章获得者——方文军

方文军，男，1980 年 9 月出生，汉族，中共党员，大学本科，高级技师。2000 年 7 月参加工作，现任国网北京检修分公司吕村运维队副队长。

方文军从事变电运维工作 14 年来，作为基层班组技术负责人，主要参与 220kV 吕村变电站全站消隐改造、多座变电站保护改造、10kV 系统改造、变电站新发间隔、线路切改等工作，在方文军的不懈努力和带动下，其所在的班组一直保持良好的安全生产形势。

220kV 吕村站全站消隐改造时期，方文军在工作上投入巨大的精力，无暇照顾患有肝硬化而生病住院的母亲，直到母亲去世也没有因为母亲的病情请过一天假，没有耽误过一天的工作。方文军为解决变电站 220kV 大卡口地线操作困难的难题，研制了“临时固定地线装置”，并在工作中进行试用，取得了较好效果，在公司 2012 年群众性创新工作当中通过了专家组的验收。在 2013 年北京市职业技能大赛中，方文军夺得变电站值班员竞赛冠军，然而他在工作中依然勤奋踏实、锐意进取，在自己平凡的工作岗位上为电力事业奉献着自己的光和热。

2013 年，方文军获得北京市职业技能大赛变电站值班员技能竞赛的冠军。在此次大赛当中，他获得初赛、复赛、决赛 3 次第一名的优异成绩，取得这样的好成绩对于不了解他的人看来，会觉得有些不可思议，然而，对于熟悉他的同事们，这样的结果却在意料之中，这与他多年来在变电站运行值班工作中的辛勤付出、经验积累、严谨态度有着密不可分的联系，可以说正是这些年他脚踏实地的默默努力，造就了他今天破茧成蝶的辉煌成就。

技术传承是技术人员的重要任务，也是一项重大使命，身为检修公司变电运维中心吕村运维队副队长的他，全面负责班组的培训工作，把自己的学习体会、所得经验毫无保留地传授给同事们，帮助新职工提高理论水平、掌握设备知识和实际操作技能。

方文军2013年获北京市职工高级职业技术能手、国网北京市电力公司先进工作者、北京市职业技能大赛变电站值班员比赛冠军；2014年获首都劳动奖章。

## 国家电网公司劳动模范——黄磊

黄磊，男，1974年10月出生，汉族，中共党员，博士研究生，高级工程师。1998年7月参加工作，现任怀柔供电公司经理兼党委副书记。

黄磊自参加工作以来，历经多个岗位锻炼，积淀了扎实的专业基础和丰富的管理经验。2013年12月调任怀柔供电公司经理以来，他带领全体干部职工积极推进“三集五大”体系建设，加强规章制度建设，促进员工素质提升，营造企业发展环境，完成APEC保电任务，打造了怀柔公司的全新基础和全新局面。

黄磊深入分析公司现状，明确公司发展定位，在确保安全的基础上，完成了全年各项生产经营任务，实现了同业对标指标排名的大幅提升；深化绩效管理，修订办法，按季度开展测评，促进干部履责，推进专业间的协同配合，激励员工主动进步；深化“三集五大”落实，对营销、运检专业队伍进行优化调整；坚持依法从严治企，扎实推进规章制度建设，营造经营管理良好氛围。

作为企业负责人和班子带头人，黄磊始终坚持做讲民主、讲团结的表率，注重班子内部沟通，发挥班子的示范带头作用；着力选育后备干部，培养青年专家人才，选树劳模，通过这三支队伍带动整体职工队伍，营造了“干事创业、团结协作”的良好氛围。

黄磊立足服务地区发展，注重与政府的沟通协作，也通过务实的工作赢得了区委、区政府的信任，一次性完成了6座新站规划。9月，区人大50余名代表到公司调研后给予了高度评价，树立了公司责任央企的良好形象。

2014年，APEC领导人峰会在怀柔召开，电网建设改造任务繁重，他身先士卒，不顾怀有身孕的妻子和年幼的女儿，带领职工出色地完成了保电任务，创新建设了雁栖湖生态发展示范区供电服务保障指挥中心，打造了集调度监控、通信指挥、微网控制、视频会议、抢修力量驻扎于一体的政治供电服务新模式，提升了政治供电服务保障能力。

对黄磊来说，工作永远没有终点，他凭借自己对电力事业的无限热爱，带领着团队不断攀登新的高峰。

黄磊2004年度获华北电网有限公司优秀青年工程师，2008年获国家电网公司奥运保障先进个人，2012年被评为北京市电力公司先进生产者，2013年被评为北京市电力公司党风廉政建设工作优秀领导干部，2014年被评为国家电网公司劳动模范。

## 国家电网公司劳动模范——王朴

王朴，男，1983年9月出生，汉族，中共党员，大学本科，工程师、技师。2005年8月参加工作，现任昌平供电公司运维检修部副主任。

王朴自参加工作以来，始终坚持扎根一线，曾在多个岗位上做出了出色的业绩。特别是在继电保护专业，通过多年不懈的努力和刻苦的钻研，已成长为公司该专业的青年技术专家，被亲切称作继电保护专业“活图纸”。主持或参与编制了多部专业规范，始终以培养更多的专业人才为己任，亲自编写了大量实用材料和讲稿，年均义务开展各类讲座培训超过300学时，上百人从中受益，培养了一大批专业骨干人才。

工作中，他始终保持高度的责任感和使命感，技术上精益求精，多次在验收、检修及巡视过程中及时发现二次设备及回路遗留的重大隐患，凭借精湛的技术安全高效地予以解决，避免了不必要的损失，确保了地区电网的安全可靠运行。在奥运会、国庆六十周年、十八大、APEC 等重大政治保电任务中，他坚守在每一个需要他的现场，多次化解了异常情况，确保了政治供电零闪动目标的实现。凭借精湛的专业技能，3 次在北京公司专业竞赛中位居鳌头。他所在的班组也 4 次获得先进班组称号。

在智能电网建设过程中，主动学习掌握相关新技术，是北京公司最早开展智能变电站技术研究和实践的人员之一。在他的积极参与下，认真研究探索新的思路及方法，北京市第一座智能变电站多个技术难题得以攻克并顺利建成。2013 年，他又积极带头，攻坚克难，大胆创新，以时不我待的使命感，为国家电网公司全国首座新一代智能变电站的顺利投运做出了突出贡献，解决了多个技术难题，将先进设计理念与现场运行要求完美结合，发挥了关键的作用，成为北京公司这一领域的开路先锋。

专业能力突出的王朴，在创新创效方面同样成果丰硕。他主持或参与了 40 余项创新项目，获得各类奖项 30 多个，同时还拥有多项国家专利。以王朴命名的职工创新工作室在全北京市上千家职工创新工作室中脱颖而出，被授予 2013 年度市级职工创新工作室。王朴也是所有市级创新工作室中最年轻的带头人。全国总工会能源化工工会副主席主动莅临王朴创新工作室参观视察，并给予了很高的评价。目前工作室还积极参与一项国家 863 课题的研究。

王朴先后获得过北京市电力公司“青年岗位能手”“优秀共产党员”“党员先锋”“先进生产者”“十大首都电力之星”等荣誉称号；2015 年获评国家电网公司“优秀青年岗位能手”，被授予“国家电网公司劳动模范”荣誉称号。

### 国家电网公司优秀班组长——王晨梅

王晨梅，女，1972 年 11 月出生，汉族，群众，大学本科，初级技术职称。1990 年 12 月参加工作，现任丰台供电公司电费核算班班长。

她没有惊天动地的业绩，也没有耀眼夺目的荣誉光环，只是凭着满腔热情和对电费核算工作的执着追求，在平凡的工作岗位上，勤勤恳恳地工作着，她就是国网北京丰台供电公司电费核算班班长王晨梅。

电费核算班承担着丰台区电力客户的电费应收核

算及核查电价电费工作。作为团队的领头人，她克服电力双职工家庭孩子无人照顾的困难，带领班组保质保量地完成了各项工作任务。

2014 年，在完成日常电费核算任务的基础上，开展量价费异动信息分析工作，全年分析异动信息 8931 条。为提升电价执行准确度，将电价自查工作列为班组年度重点工作计划，全年开展 6 轮电价自查工作，梳理电价信息异常用户 9333 户。积极开展政策研究，重点跟踪电采暖政策变化和发改委电价调整方案，做好与客户的沟通解释工作。顺利完成公司居民住宅小区公共附属设施优惠电价政策的实施，共修改电价记录 6403 条，实施政策性退补电费 931. 57 万元。

在基础工作方面。她努力促进班组的团结稳定，密切关注职工思想动态，了解帮助职工解决工作、生活中的难题，结合班组会加强职工安全教育，内容涉及廉政安全、交通安全等多个方面，并通过案例引导的形式组织研讨，加强落实。

在文化技能方面。她不仅注重加强班组成员理论知识的学习，还在此基础上加强专业技能培训，形成了一套行之有效的机制，做到年有计划、月有落实，达到内容、形式、效果三统一。制定了年度培训计划，促使每名成员都成为多面手，目的是强化电费抄核收基础业务技能，促进电费管理规范化、专业化、精细化，整体提升班组整体工作水平。

在班组管理方面。每周召开班组工作会，就近期工作进行总结。以讨论形式启发班组成员参与到班组管理中，为班组发展献计献策，集体研讨可行性改进措施，充分发挥 1+1 大于 2 的作用。

王晨梅在自己平凡的工作岗位上兢兢业业地奋斗着，无论是甘甜的胜利果实，还是苦涩的坎坷磨难，她始终带领着班组成员们互敬互爱、互帮互助，践行“诚信、责任、创新、奉献”的核心价值观，谱写新的电力诗篇。

王晨梅2013年获国网北京市电力公司巾帼标兵岗，2014年被评为国家电网公司优秀班组长。

## 国家电网公司优秀班组长——康树江

康树江，男，1956年9月出生，汉族，中共党员，大学专科。1980年2月参加工作，现任房山供电公司周口店供电所所长。

康树江自担任所长以来，历经了电管站到供电所的转变。2002年6月，为配合加快两改一同价，搞好农网改造这一指示精神，他对13个村进行了农网改造工程，这期间康树江和职工们起早贪黑、披星戴月、抗严寒耐酷暑整改低压线、更换电能表，改善了农村生活条件，使人民群众感到农网改造确实是一件“民心工程”。

康树江每个月都会主持召开安全、线损、窃电等分析综合会，把一个月中的问题拿到会议上共同探讨，寻求解决方法。针对线损做定期的考核、分析，制定下月线损计划。每月还会不定期进行窃电大检查，对私拉乱接等违规行为开展专项检查，对各村电价电费严格执行电费电价政策，公开收费标准。他对待职工始终保持一颗平常心，像尊重自己一样尊重职工，通过合适的方式将自己的期望适时地表达给职工，充分激发职工们的潜能，使他们释放出巨大的能量。

他根据供电所地域实际情况，结合农村居住分散，且地域面积广的特点，推出“全岗位”服务模式。所谓“全岗位”服务模式就是各班组对内形成精细的标准化岗位分工，但在服务客户时以代表供电所整体的身份面对客户，即精于本岗位技术，又能处理好跨岗位服务的其他工作，使得繁琐程序简单化，如果遇到自己不能解决的问题，要利用自身相对专业的优势，主动协调相关班组，充分利用所内资源，准确、高效地解决客户一切问题，让在电网上发现的所有隐患能够及时处理。这样，既减少了人员车辆浪费，又缩短了客户的故障抢修时间，发挥全能型人才的优势，并且锻炼了员工综合处理事故的能力。通过一段时间的实验，预期效果显著，大大提升了员工的综合技术水平，有效地激发了员工的工作激情。

康树江2014年被评为国家电网公司优秀班组长。

## 国家电网公司优秀班组长——陈旭东

陈旭东，男，1970年7月出生。汉族，中共预备党员，大学本科。1987年12月参加工作，现任房山供电公司周口店供电所所长。

陈旭东于1987年进入通州公司输电运维班，在输电运行的岗位上一干就是近30年。期间曾响应号召参军3年，在军队中锻炼了良好的大局观、责任感及纪律意识。自从2012年担任输电运维班班长以来，他更加严格要求自己，积极贯彻落实公司各项方针政策，凭借出色的管理能力及良好的工作业绩，多次获得公司“优秀班组长”“先进个人”等荣誉称号。

他以安全生产为自己的使命，在“7·21”暴雨抢险救灾、APEC政治保电特巡等重大任务面前，都坐镇一线，完成了各项工作。自从担任班长以来，每逢线路有故障，无论当班与否或天气多恶劣，他都主动带队查线。在他的带领下，输电运维班3年来共成功处理现场事故30余次，未发生一起人员责任事故。

陈旭东总说输电线是电力生命线，关系社会安定与发展，半点马虎不得。他建立隐患闭环管理制度。对于班组中排查出的隐患，他第一时间召开班会开展评估整改。他创新建立了班组成员个性化安全档案，提升了安全管理的精益化水平。

为提升班组精气神，陈旭东建设“阳光班组”，倡导健康生活方式，他每天坚持跑步上下班，建立进门前“停一停、正一正”制度、推行“阳光工作看板”，设立“我来当班长”主题班会环节，调动班组成员积极性。

他还推行差异化的巡线方案，根据线路运行台账制定差异化巡视方案，确定每条线路的安全级别与巡视重点。对于往年的事故及缺陷，都组织班员分析深层原因，针对外力事件中吊车责任集中的情况，组织吊车司机开展电力线路安全防护培训讲座，取得了良好效果。

他敢于善于处理工作中的难题。面对“树线矛盾”隐患，他逐点逐户开展工作，仅2014年就成功去树4000余棵。针对新建线路工程的验收，他严把入口关，通过标准化验收卡把控验收流程中的关键环节，提升电网安全水平。

陈旭东2014年被评为国家电网公司优秀班组长。

# 大 事 记

## 1月

27日　北京市副市长张工到公司检查春节保电工作，并慰问供电一线员工。

29日　国家电网公司董事长、党组书记刘振亚，董事、总经理、党组成员舒印彪一行到公司视察北京电网供电保障工作，慰问干部员工。

## 2月

21日　公司电力展示厅全新规划建设正式建成投入试运营。以“能源、电网、生活”为主题，展示首都电网发展历程，以及电力工业创新对社会进步产生的影响。

26日　国家电网公司副总经理、党组成员帅军庆带领全国两会保电督导组，走进全国两会重要客户和公司某重点变电站，检查全国两会保电准备工作。

28日　中共中央政治局委员、北京市委书记郭金龙，市委副书记、市长王安顺到公司检查全国两会保电工作，高度肯定保电筹备工作和各项措施落实情况。

## 3月

10日　市总工会党组书记、副主席曾繁新到平谷供电公司进行调研。

21日　公司荣获北京市2013年度《北京志·工业志》编辑工作先进集体，1人荣获先进工作者。公司副局级调研员李国华等人被聘为北京市工业志鉴专家。

## 4月

24日　在“电靓京城 为民服务”新闻发布会上，公司发布积极践行党的群众路线教育实践活动、持续深化国家电网公司“你用电 我用心”服务理念的六项具体举措。

## 5月

13日　国家电网公司副总经理、党组成员栾军在总经理助理单业才的陪同下，来到检修公司，围绕我公司安全生产工作及“大检修”体系建设运转情况开展调研。

## 6月

6日　公司与通州区政府签订北京东特高压下送通州500kV项目合作协议。

12日　公司在顺义区举办“2014年电力安全宣传咨询日活动”。

13日　北京日报、北京电视台、北京晚报等13家市属新闻媒体集体采访公司防汛供电保障情况，重点介绍公司在防汛工作中的新举措、新技术，展示公司履责形象。

20日　北京市副市长林克庆一行到公司调研，就再生水厂建设、农村电网改造、防汛电力安全工作进行交流。

23日　国家电网公司董事长、党组书记刘振亚在京与中共中央政治局委员、北京市委书记郭金龙，市委副书记、市长王安顺一行举行会谈，双方就进一步加快北京电网发展达成共识。

25日　公司历时7年建设的海淀500kV变电站竣工投运。

## 7月

2日　公司与市发改委及昌平、门头沟、海淀区发改委联合开展北京市2014年度夏应急演练，检验公司与政府部门之间应对夏季大负荷协调联动能力。

4日　公司召开2014年迎峰度夏供电保障新闻发布会，公布2014年预测负荷情况和多项防范措施，以及建立京津冀三地跨省电力应急救援协调联动长效机制。

4日　公司召开输变电设备资产及运维检修管理调整工作电视电话会议，启动35~110kV输变电设备资产及运维检修管理调整工作。

7日　公司完成中国人民抗日战争纪念馆隆重纪念全民族抗战爆发77周年保电任务。在保电中首次应用自主研发的大容量移动式静态转换开关装置，实现活动场所的高可靠不间断供电。

11日　北京市副市长张工到左安门220kV变电站检查迎峰度夏供电保障工作。

21日　公司就落实6月23日国家电网公司与北京市委市政府达成进一步加快北京电网发展的会谈精神，向北京市市长王安顺、副市长张工进行专题汇报。

24日　浙江省电力公司副总经理孔繁钢带队来公司，就电动汽车充换电网络建设、优质服务、电费回收等营销专业工作进行调研。

30日　公司为怀柔APEC会议供电的110kV变电站投产发电，标志着怀柔APEC供电工程全部建设完成。

30日　北京市人大常委会副主任唐龙率调研组来公司，就智能电网建设及相关前沿科技发展情况进行调研。

31日　公司“在职党员到社区报到为群众服务”携手西长安街街道共筑共建活动正式启动。

## 8月

1日　公司规划建设的外受电通道张南——昌平500kV送出第三回工程，取得沿途乡镇全部支持意见并完成可研编制。此项目的建设将进一步加强京津及冀北电网的“三横三纵”主网架，满足张北风电的送出，增加北京电网100万kW的外受电能力。

7日　公司与天津市电力公司及冀北电力公司应急救援队伍在北京大兴区清源南湖水上训练基地举行夏季联合拉练。

7日　公司11名员工当选国家电网公司专业领军人才。

20日　国家电网95598智能互动网站北京地区“网上交费”功能正式开通，215家银行借记卡支持网上交费购电，惠及470万家用电客户。

22日　北京市发改委主任张建东一行来公司，就北京电网外受电通道建设、配电网建设改造和农村电网改造等工作进行调研。

29日　公司与西城区政府签订《关于建设西城区国际一流配电网合作协议》，双方就加强电力基础设施和国际一流配电网建设、架空线入地、居民用电安全隐患治理、电力设施保护及应急抢修等方面达成共识。

## 9月

1日　北京市遭遇入夏以来最强降雨，公司第一时间启动暴雨预警Ⅲ级应急响应。公司安排139支队伍、1726人、451台车辆在重点站、重点地区供电所值守，并提前15分钟开启路灯照明保障市民出行。

15日　公司印发《国网北京市电力公司重要事项后评估工作管理办法（试行）》，启动重要事项后评估工作。

19日　公司总经理尹昌新与国家审计署副审计长李勇库在丰台区丽泽商务区，就国家审计署项目现场办公，针对电力设备投运、后期运维和可靠供电达成共识。

20 日　北京市委副书记、市长王安顺到雁栖湖生态发展示范区视察 APEC 会议供电保障工作，并慰问一线工作人员。北京市委常委、副市长陈刚陪同检查。

23 日　公司继 2012 年之后，再次荣膺中国电力企业联合会评选的电力标准化工作先进集体。

24 日　公司参加北京市“安全是永恒的旋律”主题情景剧大赛并获优秀组织奖。情景剧《线路那些事儿》、《安全帽的故事》分获大赛企业组一、二等奖。《线路那些事儿》获得最佳编剧奖，高红艳、胡增伟、尤雪飞获最佳演员奖。

26 日　国务院国资委企业改革局副局长刘文炳带领调研组来公司，先后对调控中心和交易中心相关专业工作进行调研。国家电网公司总经济师王相勤及体改办主任葛国平、副主任朱峰陪同。

28 日　国家电网公司副总经理、党组成员帅军庆来公司，检查国庆期间供电保障工作。

29 日　国家电网公司董事、总经理、党组成员舒印彪，副总经理、党组成员帅军庆来公司，慰问坚守一线的员工，考察节日供电保障情况。

## 10 月

8 日　国家电网公司副总经理、党组成员帅军庆在公司值班报告《国网北京电力圆满完成“十一”国庆供电保障工作》上批示：“对北京公司圆满完成国庆保电任务予以表扬。”

13 日　北京市政府召开专题会议，原则通过了北京电网中长期发展规划（2014～2020），并纳入北京市城市发展总体规划，这是公司服务首都城市战略定位和建设国际一流和谐宜居之都发展要求的一项重要举措。

13 日　公司成立配电网建设改造暨营配调数据深化应用试点工作指挥部，以更好地开展亦庄配电网建设改造试点工作。

17 日　国家能源局副局长史玉波任组长的督察组赴怀柔督查 APEC 会议保电筹备工作。国家电网公司副总经理、党组成员帅军庆陪同出席活动。

20 日　公司召开 2014 年 APEC 领导人会议供电保障动员大会。

21 日　国家电网公司董事、总经理、党组成员舒印彪，副总经理、党组成员帅军庆、安全总监李庆林一行来到 APEC 领导人会议重要供电保障区域，检查公司保电工作准备和落实情况，要求做到“五个确保”，实现“零闪动、零差错、零投诉”目标，保障 APEC 会议供电万无一失。

23 日　公司召开干部任免宣布大会，宣布国家电网公司任免决定：赖祥生任公司总工程师，免去王少毅的公司总工程师职务。

23 日　人民日报社北京分社社长朱竞若一行到公司调研，重点了解北京电网中长期发展规划、公司 APEC 会议电力运行保障等工作，与公司沟通近期传播要点。

27 日　公司 95598 全业务顺利割接至国网客服中心运行。

31 日　国家发改委副主任、国家能源局局长吴新雄一行来到北京 APEC 会议重要供电保障区域，考察 APEC 峰会保电准备及落实情况、重要会议场所供电保障情况和应急自备电源配备情况。

## 11 月

2 日　公司承建的北京市重点工程——西北热电中

心7项配套电力工程，历时572天艰苦建设如期竣工投产。这对增加北京西北地区电源支撑，优化电网结构，改善空气质量有重要意义。

2日　公司代表队在2014年中国技能大赛——第九届全国电力行业职业技能竞赛变电站值班员（500kV）决赛中获团体三等奖（第六名），检修公司朱涛获得电力行业技术能手称号。

3日　公司针对配电网存在的“低电压”、“过负荷”等问题开展集中治理工作，以切实提高供电质量，确保今年冬季及2015年春节期间首都供电平稳可靠。

3日　公司召开学习贯彻党的十八届四中全会精神暨2014年四季度工作会议。

4日　公司召开特高压入京新闻发布会，向11家市属媒体介绍特高压入京的相关情况和重大意义，并解读《北京电网中长期发展规划》。

6日　北京市委常委、常务副市长李士祥，副市长张延昆到奥运中心区检查公司APEC供电保障工作。

7日　公司召开党的群众路线教育实践活动督导工作总结会。

11日　2014年亚太经合组织（APEC）领导人非正式会议在怀柔雁栖湖闭幕，公司完成APEC会议保电任务，再次实现政治供电零闪动。

13日　公司收到国家电网公司副总经理、党组成员帅军庆的批示和国家电网公司的表扬信，对公司完成APEC供电保障工作予以表扬。

13日　免去李百顺公司副总经理、党委常委、党委委员、工会主席职务。

14日　中央政治局委员、北京市委书记郭金龙，北京市委副书记、市长王安顺入户检查冬季供暖工作，对公司保质保量完成城区居民“煤改电”工作给予高度肯定。

15日　公司召开干部任免大会，经国家电网公司党组研究决定：柏磊任公司副局级调研员。

19日　公司基于指挥平台开发的输电通道隐患状态图进入试运行，实现通道隐患的可视化管理。

21日　公司第四届供电“服务之星”劳动竞赛闭幕。

21日　全国高压电气安全标准化技术委员会2014年年会暨标准审查会，审查通过公司负责编制的GB/T 31989—2015《高压电力用户用电安全》（送审稿）。这是我国第一部针对高压电力用户用电安全的国家标准。

21日　公司24项管理创新成果获第二十九届北京市企业管理现代化创新成果奖，公司连续两年被评为优秀组织单位。

26日　公司承担的国家863计划课题“主动配电网关键技术研究及示范”取得初步进展。该项目已完成北京未来科技城和福建海西厦门岛两个示范工程的可研编制，并申请发明专利7项，发表学术论文21篇。

28日　公司召开资产全寿命周期管理体系正式评价审核末次会，通过国家电网公司资产全寿命周期管理体系正式验收。

## 12月

8日　公司召开APEC会议保电工作总结表彰大会，总结保电成功经验。

8日　公司召开2014年党风廉政建设责任制考评会。

10日　国务院派驻国家电网公司监事会主席李东序

一行到公司调研指导工作。

16 日　北京电网负荷达到 1582 万 kW，创下历年来冬季电网负荷新高。

16 日　北京怀柔区雁栖湖坝体太阳能光伏发电站正式并入国家电网公司。该站为目前国内最大的坝体太阳能光伏发电站，总容量 3500kW，由 14 100 块太阳能板组成。

16 日　2014 中国企业可持续竞争力年会在京召开，会上发布企业公众透明度蓝皮书《中国企业公众透明度报告（2014~2015）》。公司在“2014 年省级电网公司公众透明度指数”排名中居国家电网公司系统第一名，被授予“2014 年省级电网公司最佳专题报告奖”称号。

19 日　国务院派驻国家电网公司监事会主席李东序一行先后到首都机场、南法信充电站调研公司电动汽车充换电网络建设工作。国务院监事会 19 办主任史军、国家电网公司财务部副主任杨付忠陪同。

# 重 要 文 献

## 公司领导重要讲话

# 再接再厉　持续提升　为全面建设“一强三优”现代公司而奋斗

——总经理尹昌新在公司第二届职工代表大会第五次会议暨2015年工作会议上的报告（摘要）
（2015年1月26日）

### 一、2014年工作回顾

2014年，公司上下全面落实年初“两会”精神，紧密围绕“四个突出、四个提升”工作思路，开拓创新、攻坚克难，圆满完成了各项任务，电网和公司发展取得了新成绩。2014年，公司完成售电量841.45亿kWh，同比（同口径）增长2.89%；营业收入565.15亿元，同比提高6.44%；利润总额10.66亿元，超额完成预定目标；固定资产投资（全口径）161.12亿元，同比增长90.92%；资产总额达到816.60亿元，同比增长7.27%；资产负债率53.49%，同比下降1.18个百分点；全口径劳动生产率110.9万元/（人·年），同比增长22.66%；城市供电可靠率99.9886%；当年电费回收率100%。继续保持国家电网公司对标综合标杆和业绩、管理标杆，安全、财力、建设、配套保障4个专业进入专业标杆行列。

（一）安全生产保持良好局面

精心筹备、周密组织，圆满完成APEC供电保障任务，树立了首都重大政治活动供电保障的新标杆，得到国家电网公司和市委、市政府的充分肯定。建立覆盖多专业的电网风险预警与管理机制，及时发布风险预警202项。深化调控一体化建设，常态化开展设备远方操作，优化故障处置流程，电网运行安全管控能力显著增强。强化“双准入”管理，建立外协、外包单位负面清单制度，安全管理体系更加完善。狠抓作业现场规范化管理，作业现场巡检覆盖率达到97.7%。推行输电通道属地化管理，全年外力引发故障同比减少29%。强化配电网故障分析，开展线路标准化改造和会诊巡视，全年配电网故障同比减少22.2%。规范电缆通道断面管理流程，断面审批效率明显提升。开展二次专业管理提升年活动，完善继电保护、自动化专业风险管控标准。开展应急培训和实战演练，优化应急指挥中心功能，整体应急处置能力明显提高。全年未发生五级及以上安全事件，主、配网安全事件同比分别减少15.1%和7.9%，实现了安全生产“零死亡”和政治供电“零闪动”。

（二）电网发展平稳较快推进

着眼于首都发展的较高要求和配电网相对薄弱的实际情况，全面启动配电网建设改造工程。坚持顶层设计、标准先行，用近半年时间深入研究谋划，先后出台《北京电网规划设计技术原则》《配电网建设改造原则》等指导性文件，详细描绘了配电网建设改造的方案和蓝图，确保整体工作有章可循、有序推进。争取国家电网公司20亿元专项资金支持，梳理2014、2015年建设改造项目1696项，启动亦庄配电网建设改造暨营配调数据深化应用试点工作，建成东管头智能配电网示范培训基地。北京电网中长期发展规划获得市政府批复，编制完成北京电网“十三五”规划和空间布局规划，与各区县政府对接发布网格化配电网规划。蔚县—门头沟等500kV外受电通道前期工作取得突破，完成变电站保护性圈地10.4万$m^2$。积极争取市区两级政府的政策及资金支持，取得外部渠道资金17.54亿元。全年新增35kV及以上变电容量723万kVA、线路（含电缆）643km，电网建设规模创历史新高。海淀500kV输变电工程历经六年艰苦努力建成投产，有效完善了西北部地区网架结构。西北热电中心7项配套电力工程克服重重困难按期竣工，较好地服务了政府工作大局。开展地下变电站、电缆隧道工程专题造价分析。坚持实施基建安全质量“亮牌”管控机制，110kV及以上输变电工程创国家电网公司优质工程率达到100%。

（三）优质服务水平持续提升

开通手机客户端、电力微信便利服务渠道，建成“六位一体”智能互动服务平台。智能表远程应急送电和短信服务分别惠及客户11万户和252万户。拓展有线电视、手机银行等多元化交费方式，开通电费充值卡社会化代销渠道，农村交费网点覆盖率达到64%。95598全业务平稳集约上划，规范营业窗口服务行为，强化服务质量管控，投诉数量持续下降。优化业扩报装组织模式，精简申请资料，实施同城受理、流程串改并、取消接入系统方案等优化措施，定期发布可开放容量。完成分布式电源并网发电83项、自用充电设施接电352户。推进民生工程建设，完成23个老旧小区改造，16项轨道交通、750多万$m^2$保障房项目如期送电，完成2个集中式电采暖试点及城区1.7万户、农村1.55万户分散式“煤改电”工程。完成230万具智能表换装，用户采集覆盖率达到77%；完成2.7万个台区采集建设工作，台区采集覆盖率达到75%。完成6万高压用户、5.8万低压台区、683万低压用户的营配贯通数据采录工作，低压台区贯通率达到88%，高、低压用户挂接率分别达到100%、92%。开展电价专项稽查，有效规范电价执行。建成首都机场、APEC核心岛、城际高速等充电设施，基本建成城市十分钟快充网络。城市照明设备完好率、亮灯率持续保持较高水平，完成30条无灯道路路灯建设工程。

（四）经营管理取得显著成效

稳步实施业务委托，明确委托范围、职责界面、工作标准和成本费用，劳务派遣用工比例由36.6%下降至11%，在保证各项业务工作不断、不乱的基础上有效降低了用工风险，为建设管理经营型企业打下了坚实基础。完成“三集五大”体系全面建设，客观评估检验建设成效，32项工作经验入选国网典型实践案例库，33项管理创新成果获得省部级以上荣誉。基本建成“五位一体”协同机制，初步实现流程与各管理要素的有机融合。运营监测（控）中心通过试点验收，累计接入指标1521项、明细数据1.2亿条。初步建成员工岗位制度体系，开展全员学制度、全员考制度活动，考试合格率达到100%。电价矛盾疏导取得重要突破，促成年内两次电价调整，专项疏导电网投资环节矛盾0.5分/kWh，提前疏导新增“煤改电”用户电价矛盾。推进全国统一电力市场建设，开展外购东北富裕风电跨区跨省直接交易。针对18项固定资产投资项目、87项大修项目、11项专业管理和26项重点工作任务深入开展后评估。拓展集中采购范围，集中采购率达到98.8%，节约资金2.66亿元。推进仓储配送体系建设，优化物资转储调拨流程，完成物资调配中心二期和仓库标准化建设。资产全寿命周期管理体系建设通过评价验收。完成房屋确权21宗、2242$m^2$，土地确权29宗、32.68万$m^2$。圆满完成国家审计署经济责任审计等重大迎审迎检任务，并以此为契机妥善解决一批重点难点问题和历史遗留事项。开展各类审计94项，核减工程投资和促进增收节支累计1.12亿元。推进集体企业规范化、实体化、市场化建设，全年实现营业收入106亿元、利润9.3亿元，顺利完成委托业务承接工作，客户代维业务收入同比增长109%，全面推行集体企业人事代理服务，初步建成集体企业银行账户资金实时信息系统。合同全链条管理成效显著，法律风险防范体系拓展至工程建设领域。将对标管理作为提升基础工作水平的重要工具，16项短板指标得到明显提升。国家863课题“主动配电网关键技术研究与示范”推进顺利；加大攻坚力度，成功申报“交直流混合配电网关键技术研究”国家863课题。22项科技成果荣获省部级以上奖励，科技创新能力明显增强。

（五）“三个建设”有效加强

紧紧围绕“为民务实清廉”主题，坚持“两手抓、两促进”，把党的群众路线教育实践活动与“三集五大”体系建设、优质服务、业务委托、配电网建设改造等重点工作相结合，取得良好成效。活动中，公司两级领导班子成员建立联系点421个，创新开展“班组一日”活动，与基层员工面对面交流，了解一线实际情况。通过群众提、自己找、上级点、互相帮、集体议等方式，对照“四面镜子”和“三严三实”要求，认真撰写对照检查材料，高质量召开民主生活会，查摆问题2670项，完成整改措施2796项，活动满意率达到99.4%。开展“五加强一提升”员工主题教育实践活动和“在职党员到社区报到、为群众服务”工作。推进共产党员服务队“五心服务进万家”工程，成立第一支由退休人员组成的“京采夕阳”服务分队。修订公司党风廉政建设责任制实施细则和责任分工，促进党委主体责任和纪委监督责任落实。突出严字当头，全面实施正风肃纪行动，深化“八项规定”明察暗访，检查覆盖面达到100%，业务招待费、会议费、办公费、车辆使用费分别同比下降60.4%、46.3%、11.8%和9.5%，没有发生违反“八项规定”、影响企业形象的责任事件。研究协同监督议题461项，建立业务部门协同监督启动联络机制。深化领导干部“七廉”活动，强化重点岗位轮岗交流。从严管理和监督干部，规范领导干部报告个人有关事项，开展超职数配备干部等清理检查工作。持续优化干部考核方式，引入主要业绩公示评价、干部行为反向测评等新的测评方法，干部考核更加科学合理。开展“增强两种意识，改进本部作风，全面提升工作水平”主题活动和本部作风大讨论，培训新进入本部人员，组织本部和基层人员双向培养锻炼42人次。制定2014~2018年人力资源及人才发展规划，明确重点任务和主要措施。进行内部岗位调整5626人次，完成跨单位人员交流374人。组织各类培训1283项，荣获全国电力行业职业技能竞赛500kV变电站值班员专业团体第六名、国家电网公司内控知识竞赛团体第三名，11 人当选国家电网公司专业领军人才。深化与主流媒体合作，主动策划输出重大议题。注册“电靓京城”商标，连续两年发布服务首都发展白皮书。开展青年文明号创建 20 周年系列诚信示范活动。改善班组生产生活条件，压减 20% 班组辅助性工作。“职工之家”实体化建设初具规模。公司连续七年获得全国“安康杯”竞赛优胜企业，平谷公司获得全国五一劳动奖状，陈牧云同志获得全国五一劳动奖章，张文新工作室被评为首批全国示范劳模创新工作室。

回顾过去一年，在重大活动多、重点工作多、改革发展任务重的多重考验下，公司上下开拓创新、攻坚克难，各条战线都取得了丰硕成果，很多工作实现了创新和突破。总结一年来的成功经验，我们深刻体会到：国家电网公司的坚强领导和市委、市政府的大力支持是取得成绩的关键和前提。国家电网公司与市委、市政府就加快首都电网发展成功举行会谈，为我们今后一个时期的工作指明了方向。一年来，国家电网公司始终高度重视首都电网发展，不断加大资金和政策支持力度，给予我们极大的鼓励和鞭策。市委、市政府多次帮助公司协调解决重点难点问题，为我们创造了良好的外部环境。“四个突出、四个提升”的工作思路是取得成绩的正确引领。“四个突出、四个提升”紧密围绕长期影响制约电网和公司发展的主要矛盾和突出问题，全面系统、明确清晰地提出了应对策略和努力方向。一年来的实践充分证明，“四个突出、四个提升”符合上级要求和公司实际，符合发展规律和未来趋势，在认识和实践上破解了一批长期困扰我们的难题，在深化“两个转变”的过程中走出了一条具有公司自身特色的创新道路。党的群众路线教育实践活动的深入开展是取得成绩的重要保证。通过开展教育实践活动，公司上下的工作作风得到显著改善，有效促进了各项工作。公司领导班子自觉落实群众路线要求，在一系列重点工作中坚持实事求是，深入调查研究，广泛听取意见，强化顶层设计，尊重实际情况和客观规律，注重统一思想、凝聚共识，始终做到“谋定而后动”，有效增强了决策的科学性和准确性。公司各级领导干部围绕公司决策部署，强化落实、真抓实干，保证了各项工作扎实有序推进。顽强拼搏的干部员工队伍是取得成绩的有力支撑。面对一年来繁重的工作任务，公司广大干部员工讲政治、顾大局，始终以奋发有为的精神状态和爱岗敬业的工作作风奋战在推动电网和公司发展的第一线，为圆满完成全年工作任务贡献了聪明才智、付出了辛勤汗水。在此，我代表公司领导班子，向公司全体干部员工致以崇高的敬意！向一直关心支持公司工作的离退休老领导、老同志和职工家属表示衷心的感谢！向本次大会上受到表彰的先进集体和个人表示热烈的祝贺！

**二、坚持“四个突出、四个提升”，全面深化“两个转变”**

以习近平为总书记的党中央做出了全面建成小康社会、全面深化改革、全面依法治国、全面从严治党的重大部署。全面建成小康社会，具体到北京的发展上，主要体现在强化首都“四个中心”的核心功能和建设国际一流和谐宜居之都的发展目标。未来北京的城市建设特别是基础设施建设将向国际一流标准看齐，治理大气污染的力度将持续加大，京津冀协调发展和非首都核心功能疏解的步伐也将不断加快。按照这一定位和目标，我们的电网建设和服务保障水平要加快向国际一流标准迈进，同时要大力实施“以电代煤、以电代油、电从远方来、来的是清洁电”发展战略，积极应对产业结构调整给电力市场带来的不利影响。全面深化改革，要求我们顺应改革趋势，做改革的推动者和实践者；特别要围绕与公司未来发展息息相关的电力体制改革，深入研究、超前谋划，从各个方面做好充分准备。全面依法治国，要求我们不断加强依法从严治企和规章制度建设，加快建设法治企业，真正实现用制度管人、管权、管事、管企业。全面从严治党，要求我们持续加强党的建设、作风建设和队伍建设，把严的要求全面落实到企业管理和队伍建设的各方面、各环节。

刚刚召开的国家电网公司 2015 年“两会”，就进一步深化“两个转变”、基本建成“一强三优”现代公司做出全面部署，为当前和今后一个时期的工作指明了方向。对照国家电网公司的工作要求，从公司自身发展看，实施“四个突出、四个提升”一年来，一些影响制约电网和公司发展的突出问题虽然有所缓解，但在一定时期内仍将长期存在。一是电网发展任务艰巨。配电网建设改造刚刚起步，特高压下送通道建设日益紧迫，农网网架结构薄弱、历史欠账问题突出。二是安全压力依然较大。各级电网建设改造任务繁重，现场工作量大，安全风险较为突出；业务委托模式下的安全质量管控仍需加强。三是优质服务有待提升。优质服务基础需要进一步夯实，报装结存容量居高不下，客户满意度有待提高。四是经营管理面临挑战。售电量低速增长成为新常态，给营业收入、利润水平和可持续发展能力带来较大影响，业务委托等新的业务组织和管理模式有待巩固完善。五是依法治企任重道远。一些出血点、发热点尚未根治，“习惯性违章”

仍有不同程度表现，还不能完全适应外部形势变化和公司自身持续健康发展的要求。六是队伍建设急需加强。专家型人才较为匮乏，部分专业人才梯队建设滞后，跟不上电网和公司发展需要。

总体来看，这些内外部形势的发展变化，与公司提出“四个突出、四个提升”时的分析判断是高度一致的，迫切要求我们把“四个突出、四个提升”作为贯穿今后一个时期的工作思路持之以恒地坚持下去，在实践中不断挖掘新内涵、丰富新举措，始终保持抓“四个突出、四个提升”的方向不变、力度不减、劲头不松，努力实现电网和公司发展的新突破。

（一）全面建设国际一流智能配电网

通过过去一年来的实践，我们对建设国际一流智能配电网的重要性和迫切性有了更加深刻的体会和认识。建设国际一流智能配电网是首都发展的需要。北京配电网当前的发展水平与首都的定位和目标很不相称。建设国际一流智能配电网符合北京建设国际一流和谐宜居之都的发展要求，得到了市委、市政府的充分认可与大力支持，具有广阔的发展空间和难得的发展机遇。建设国际一流智能配电网是争创国家电网窗口标杆的需要。公司作为国家电网公司在首都的形象窗口和标杆单位，客观上要求我们各项工作走在前列。公司配电网建设由于历史原因欠账较多，与系统内先进水平存在一定差距。建设国际一流智能配电网，是构建全球能源互联网在配电和用电侧的探索与延伸，完全符合国家电网公司的战略构想。只要我们坚持高起点布局、高标准规划，做好顶层设计，发挥好后发优势，苦干、实干、巧干，就一定能够率先取得创新和突破。建设国际一流智能配电网是实现精益化管理的需要。公司的管理水平、经营效益和服务质量向更高层次迈进，都必须有一定的技术、信息和管理手段作为支撑。这既是建设国际一流智能配电网的重要出发点和落脚点，也是实现精益化管理的必由之路。建设国际一流智能配电网，也将强有力地促进“五位一体”协同机制在生产服务一线和业务末端充分发挥作用，为改进管理、强化创新开辟广阔空间、激发更多活力。建设国际一流智能配电网是主动适应电力体制改革的需要。电力体制改革的总体方向已经日趋明朗。我们只有把握当前的宝贵机遇，集中精力、抓紧时间把配电网建设好，真正做到安全服务有保证、降本增效有抓手，才能从容应对改革带来的各种机遇和挑战，始终立于不败之地。

建设国际一流智能配电网时间紧、任务重、要求高，我们要进一步统一思想、明确方向、抓住机遇，力争再通过两到三年时间，实现初步建成结构合理、技术先进、灵活可靠、经济高效的智能配电网这一既定目标。一要牢牢把握建设高可靠配电网这个基础。按照总体规划和技术标准，以完善配电网网架结构、增强互倒互带能力为重点，持续增强配电网抵御各类风险的能力，有效保障终端客户安全可靠供电，筑牢服务终端客户的“最后一公里”，将配电网建设成一张坚强可靠的能量网。二要牢牢把握信息贯通这个关键。坚定不移地加快光纤到台区、智能电表换装、营配贯通和用电信息采集进程，提升配电网的信息化水平，打通信息壁垒、消除信息孤岛，实现对各类信息的充分掌握，将配电网同步建设成一张双向互动的信息网。三要牢牢把握精益化管理这条主线。打通能量网和信息网，为精益化管理提供了丰富的数据支撑和有效的管理手段。我们要大胆创新，努力在数据深化应用和管理提升上下功夫，逐步实现以资产全寿命周期为主线、以状态检修为核心的设备运维精益化，以自愈为特征、以快速响应为标志的运行管控精益化，以智能用电为方向、以互动平台为载体的客户服务精益化，以及以台区为管理考核单元、以资产效能分析为手段的投入产出精益化，推动“五位一体”协同机制更好地落实在生产服务一线和业务末端，从根本上提升运营管理水平。

（二）全面建设管理经营型公司

当前，公司“三集五大”体系全面建成，管理经营型公司建设迈出坚实步伐，有效缓解了总量缺员严重、劳务派遣用工方式法律风险突出等现实问题，为进一步提升管理水平和经营效益创造了条件，是我们化劣势为优势的关键举措。企业发展转型是一项具有长期性、系统性的艰巨任务，我们要坚定信心，持之以恒，做好战略谋划，勇于破解难题，深入推进管理经营型公司建设。一要实现“三集五大”体系高效运转。坚持以标准化、信息化为手段提升“三集”管理，加大量化考核力度，提高管控实效性，实现管理精益化。坚持以流程为主线、效率为导向、制度为保障提升“五大”体系，发挥“五位一体”关键作用，破除各业务横向协同障碍，深化业务融合，消除管理壁垒。二要做深做实业务委托。业务委托是对业务组织和管理模式的深层次调整。经过过去一年的努力，我们在业务委托上走出了重要的第一步，但受客观条件限制，很多业务只是在形式上实现了委托，我们要坚持以确保安全质量为基础、以有效监督管控为手段、以提升效率效益为重点，使业务委托真正发挥出作用、体现出效果，实现从“量变”到“质变”的转变。三要增强集体企业发展能力。业务委托为集体企业带来了宝贵机遇，未来将逐步成为集体企业的主要支柱性

思维解决问题的习惯，提高适应新体系、驾驭新体系的能力和水平，使新体系在思想上牢牢扎根、在行动上成为自觉。

完善管理机制。持续优化“五位一体”协同机制，以流程的全业务覆盖、全环节贯通、信息化固化为主线，全面推进深化应用，实现“五位一体”常态运行。完善统一的规章制度体系，全面对接通用制度，开展自建制度清理。持续深化全员学制度、全员考制度活动，将掌握相关规章制度作为上岗先决条件，确保制度掌握到位。以“三个中心”为平台，强化在线监测和分析管控，提升对电网运行、公司运营和客户服务的实时管控能力。深入开展重要决策、重点工作、重点项目后评估，不断强化闭环管理。

夯实“三基”管理。加强供电所和基层班组建设，深入调查研究，畅通信息直报等问题反馈渠道，及时发现并系统解决基层反映突出的问题。强化支撑机构建设，提升资质水平、业务能力和队伍素质，为公司核心业务提供坚强支撑。狠抓制度执行、数据治理等基础工作，消除管理盲区和薄弱环节，进一步减轻基层负担，提高工作效率。

（四）提升优质服务水平

践行“你用电、我用心”服务理念和“一型五化”要求，健全以客户需求为导向的供电服务体系，夯实服务基础，完善服务手段，全面提升客户满意度水平，树立优质服务新形象。

完善服务手段。深化“六位一体”智能互动服务平台应用，逐步提高非接触性服务和离柜服务比例。完成全部智能表换装，推进采集系统互联互通；开展计量抢修、采集运维一体化管理，实施台区光纤对接，提升采集数据应用水平。完成营配贯通全部数据采录并开展“回头看”，建立数据同源管理机制，巩固数据采录质量，试点开展高压客户勘查预约服务、停电信息互动服务等深化应用。推进省级计量中心“四线一库”建设，强化表计质量管理和运维监控。开展电价专项稽查工作，提升电价执行水平。实施农村供电所管理提升工程，完善对标指标体系，开展“抓两头、带中间”帮扶活动，综合治理薄弱环节，深查彻改突出问题。

深化95598转型升级。完善业务集约后的新型管理模式，推动客服中心向服务调度、业务处理、信息分析和稽查管控中心转型。建立与国网客服北中心沟通协作机制，强化内部联动，实现信息互通、有效预警。进一步优化业务流程和职责界面，严格服务标准，加大热点和敏感信息关注办理力度，强化典型投诉督办，确保客户诉求响应及时、妥善处置。建立投诉源头追溯机制，深化95598信息资源分析应用，提高服务针对性。

强化业扩报装管理。落实断面审批、沟道占用费收取等管理规定，进一步精简申请资料。提高供电方案编制深度，为客户工程设计提供明确技术要求，提高免审批容量裕度，简化供电方案审批流程。梳理客户和配电网基础信息，加强数据治理，建立信息共享平台。简化普通客户设计审查和中间检查，实行设计单位资质、施工图纸与竣工资料合并报验。完善跨部门协同机制，理顺流程衔接节点，建立评价考核机制，提升业务办理效率。细致梳理可开放容量，有序安排停电计划，努力压降报装结存。

对接政府重点任务。落实大气污染环境治理要求，继续推动实施城市核心区无煤化改造和农村电采暖建设，开展城六区无燃煤锅炉改造，加大远郊区县燃煤锅炉清洁能源改造力度，大力推进热泵、蓄冷空调等清洁能源应用。围绕2015年新能源汽车推广工作计划，继续开展高速路城际快充网络建设，构建私人电动乘用车城际互联网络。

（五）提升经营管理水平

适应全面深化改革形势要求，以提高发展质量和提升效率效益为中心，转变发展方式，强化运营管控，深化业务委托，提升集体企业竞争实力，加快推进管理经营型公司建设。

提升经营效益。密切关注经济形势和政策动向，持续优化购电结构和经营策略，努力实现增供促销。稳步推进销售电价分类结构调整，积极疏导燃气电价矛盾。开展实时费控应用建设，降低电费回收风险。推进一体化电量与线损系统试点应用，实现线损“四分”按日实时计算和层级管理。强化综合计划和预算管控，杜绝计划外项目和预算外支出，加强工程里程碑计划与资金、招标计划的协同衔接。强化成本管控，促进业务与财务管理深度融合。灵活运用工程及服务集中采购模式，扩大协议库存和超市化采购范围，提升招标采购效率。加大工程剩余和库存积压物资再利用力度，理顺退运和废旧物资处置流程。建设后勤资源管理系统，加强后勤资源集约化管理和统筹规划利用。

深化业务委托。完善委托业务监管模式，优化监管人员配置，健全委托业务监管办法和质量评价标准。强化安全质量和对外服务监督管控，坚决杜绝“以包代管”。开展委托业务专项检查，摸清集体企业实际承载能力，严禁转包和违规分包。加大对承担委托业务的集体企业帮扶力度，择优选派生产骨干、管理人员支援集体企业，安排新入企大学生到集体企业实践锻炼。

做强集体企业。加强规范化管理，有序推进集体企业重组整合，优化产业布局，明确发展方向，进一步压缩数量和产权级次。加快实体化进程，充实人才队伍、提升装备水平、增强管理能力，提升核心骨干企业资质水平。实施市场化运作，拓展客户代维市场和新能源产业市场，不断提升市场竞争实力；完善薪酬绩效管理和人才培养模式，增强员工队伍的积极性。落实国家电网公司厂办大集体改革方案，按期完成改革任务。

提升研究水平。紧密围绕电力体制改革、国有企业改革等重大问题，有重点地开展前瞻性、战略性、全局性政策研究。大力推进“主动配电网关键技术研究与示范”和“交直流混合配电网关键技术研究”863课题，力争申请国家发明专利16项、发表SCI和EI等高水平学术论文15篇。全面实施延庆智能电网创新示范区工程，积极培育技术成果。

发挥运监作用。建立运营数据资产管理机制，推动信息数据共享融合，夯实运监工作基础。全面导入综合计划和预算管控，开展执行进度监测分析，强化业务过程管控。以配电网信息贯通为契机，积极探索数据分析及成果深化应用，通过典型引导、动态预警和及时纠偏，持续提升配电网精益化管理水平。

深化对标应用。总结对标典型案例和管理改进经验，大力推广实践成果。制订重点指标提升行动计划并持续开展对标专题协调，改善管理薄弱环节和短板指标。对于基层单位长期存在的对标薄弱专业，组织专业团队进行“一对一”帮扶，切实解决基层困难，提升公司整体管理水平。

（六）强化依法从严治企

全面落实法治企业建设任务，建立健全现代企业治理体系，解决经营管理突出问题，不断推动企业安全健康发展。

健全依法治企体系。完善重大涉法决策法律论证管理办法，将风险评估和合法性审查作为必经程序，实现涉法决策法律审查率100%。落实“六五”普法规划，组织开展多层次宣传教育活动，把法治精神融入到企业核心价值观。建立依法治企评价体系，将法治企业建设纳入领导干部和企业绩效考核范畴。

加强突出问题整治。全面加强营销服务、工程建设和物资招标采购等重点领域管理，大力解决小型基建、资金使用、劳动用工和“三公”经费等方面问题。强化供电所、营业厅等流程末端管理，及时解决基层反映的制度执行难题，坚决杜绝各类“习惯性违章”行为。加大业扩报装、智能电表换装等重点工作的明察暗访力度，严防法律风险和责任舆情事件。

加大监督检查力度。认真开展依法治企对照检查活动，对历年内外部检查发现问题等15类重点监督事项进行全面盘查，建立检查责任和整改落实“双签字背书”机制。加大重点领域、关键环节的审计监督力度，努力实现审计监督全覆盖。深化领导干部经济责任审计，完善审计评价和责任界定。试点子公司、集体企业总会计师报告制度，进一步强化子公司、集体企业审计监督。

（七）加强队伍建设

完善干部选拔任用方式，培育良好的工作作风，加强全体员工培训培养，提升员工队伍综合能力水平。

加强干部队伍建设。各级领导干部要自觉落实“三严三实”要求，严明政治纪律和政治规矩，勇于担当、敢于负责，抓好班子、带好队伍，充分发挥示范带头作用。按照五条“好干部”标准，健全完善培养、选拔、使用机制，强化领导班子、领导干部综合考核分析，不断提升各级干部的岗位胜任能力。坚持从严管理干部，加强对班子和主要负责人的教育、监督和管理，严格落实选人用人“一报告两评议”。加强干部培训培养，落实干部培训规划，统筹做好干部梯队建设，注重在艰苦环境、困难条件下培养锻炼干部，切实提升干部的生产经营管理能力。

提升人力资源管控水平。加强“全员、全额、全口径”管理，落实2014~2018年人力资源和人才发展规划，完善管理制度体系。进一步规范机构岗位管理，完善各类岗位层级设置体系。深化薪酬分配机制建设，加快推进工资改革，统一顶层设计，引入薪点工资管理模式，实施岗位绩效工资制度，将员工收入与岗位价值、绩效贡献、能力素质科学挂钩。加强业绩考核和全员绩效管理工作，增强指标考核主体的内升动力。建立各岗位人员的胜任能力模型，强化针对性培训，完善人才培养选拔体系。

规范农电用工管理。在确保队伍稳定的基础上，完善乡镇供电所业务委托运营模式，全面理顺劳动用工关系。严格农电用工计划管控，健全用工、绩效及培训管理体系，逐步统一组织模式、用工方式和管理制度，全面提高农电用工管理水平。

（八）加强党建和精神文明建设

巩固党的群众路线教育实践活动成果，全面落实从严治党要求，加强精神文明、企业文化和品牌建设，营造良好的发展氛围。

加强党的建设。学习贯彻习近平总书记系列讲话精神，坚持从严治党，把守纪律、讲规矩摆在更加重要的位置，巩固和扩大党的群众路线教育实践活动成果，认真做好整改落实情况“回头看”，形成作风建设长效机制。结合公司改革发展实际，推动和完善基层党建责任制，不断加强队伍政治素质、道德素质、法治素质、职业素质建设。加强基层服务型党组织建设，积极推进共产党员服务队“五心服务进万家”工程，提升品牌影响力。

加强党风廉政建设。树立“抓好党风廉政建设是本职、不抓是失职、抓不好是渎职”的理念，强化党委对反腐倡廉工作的统一领导和纪委的监督执纪问责效能。发挥协同监督平台作用，明晰业务部门主体责任，促进跨部门、跨专业问题的协同监督管控，形成“大监督”格局。强化红线警示教育，推进重点岗位人员交流轮岗，促进人员廉洁安全。深化正风肃纪行动，以群众关心、媒体关注的问题为重点，对“八项规定”、配电网建设改造、业务委托、验收接电等领域环节开展专项检查整治，对违规违纪行为坚决查处、严肃问责。

加强精神文明、企业文化和品牌建设。深化“中国梦·国网情”主题宣传，推进社会主义核心价值观和公司基本价值理念内化于心、外化于行。创新企业文化传播、落地、评价工程的内涵和形式。坚持典型示范引领，开展思想政治工作创新展示。推进“电靓京城”品牌传播工程，完善新闻发布体系。推动舆情防控与专业管理有效融合，强化舆情风险源头防控和事后评估。丰富履责实践行动，主动回应社会关切和利益相关方期望。推进公司媒体融合创新发展，有效发挥内宣思想引领、精神凝聚作用。

努力构建和谐企业。各级领导干部要关心关爱员工，认真倾听员工诉求，耐心解决员工关切问题；特别是在处理改革发展和历史遗留问题过程中，要正确对待员工的合理诉求，努力化解矛盾，力戒简单粗暴。加强职工民主体系建设，发挥总经理联络员、职工代表作用，落实厂务公开管理制度。实施职工素质建设工程，搭建劳动竞赛平台，广泛开展职工经济技术创新。建立班组减负长效机制，改善班组工作条件，实现员工“体面劳动、舒心工作、全面发展”。落实青年领军人才摇篮计划，促进青年员工成长成才。关心离退休老同志，做好服务工作。严格落实信访责任，确保队伍稳定。强化保密管理，确保不发生失泄密事件。

# 巩固教育实践活动成果　全面加强队伍和品牌建设 推动公司和电网发展再上新台阶

——党委书记杨新法在公司2015年思想政治、品牌建设暨反腐倡廉建设工作会议上的报告（摘要）

（2015年1月27日）

## 一、2014年工作回顾

2014年是公司认真贯彻落实党的十八大和十八届四中全会精神，深入开展党的群众路线教育实践活动，围绕“四个突出、四个提升”，充分发挥各级党组织和共产党员作用，全面提升公司思想政治工作水平的一年。2014年，公司继续保持全国文明单位和首都文明单位标兵荣誉称号；连续七年获得全国“安康杯”竞赛优胜企业。

### （一）深入开展党的群众路线教育实践活动，公司党建工作水平不断提升

党的群众路线教育实践活动圆满完成。2014年2月下旬开始，公司本部、所属38个基层单位，220个基层党支部，5798名党员以及466名流动党员参加了活动。公司分层次建立两级活动领导小组及办公室，制定工作方案，明确方法步骤；各单位紧紧围绕“为民务实清廉”主题，按照“照镜子、正衣冠、洗洗澡、治治病”的总要求，聚焦作风建设，突出抓好窗口服务；各级党组织和党员干部高度重视、踊跃参与，广大员工积极响应、热情支持，共同完成三个环节各项任务，公司上下认真制定并落实“两方案一计划”，持续推动整改落实、专项治理和长效机制建设，“四风”问题得到有效遏制，同时，围绕“三集五大”体系建设、安全生产、APEC供电保障、配电网建设、营配贯通、业务委托、依法治企等重点任务，努力转化活动成果，推动公司和电网科学发展，活动达到了预期目的，得到了国家电网公司第一督导组充分肯定。在对各单位干部员工进行民主测评中，活动满意率达到99.4%，解决“四风”等突出问题满意率达到98.9%。

领导班子和干部队伍建设得到加强。一是领导班子建设持续深化。落实中央改进干部考核工作新要求，加强基层单位领导班子建设，不断丰富考核手段、强化考核分析，引入干部主要业绩公示和评价、干部行为反向测评等新的测评方法，着力建设科学、完备的干部考核测评体系，各单位领导班子运行机制得到进一步加强，各级干部干事创业的氛围更加浓厚。二是干部队伍作风建设不断加强。认真落实中央精神，从

严监督和管理领导干部，以严格的标准开展严禁超职数配备干部、领导干部报告个人有关事项等工作，强化干部的日常管理和监督，干部队伍服务意识、群众观念不断提升。三是干部队伍能力素质得到提升。适应深化“三集五大”体系建设需要，不断加强干部培养和选拔，有序推进干部交流，强化后备干部培养，加强中心组学习管理，全年举办现职领导干部、本部管理岗位、智能化配电网系统建设专题等各级各类干部培训班共20期，培训人数达5000余人次，全面提升了领导干部政治理论水平、履职能力和综合素质。四是大力加强本部作风建设。组织实施“增强两种意识，改进本部作风，全面提升工作水平”作风建设主题系列活动及“本部支部联基层”活动，通过开展本部作风建设大讨论、本部和基层单位管理人员双向培养锻炼、优化本部绩效考核模式等多种形式，切实转变本部干部员工的思想观念、思维模式，改进本部工作作风，解决突出问题，并逐步建立长效机制，不断提升本部统领全局、服务基层的能力和水平。

党的组织建设和党员队伍建设得到加强。一是夯实党的组织建设。结合公司深化“三集五大”体系建设，及时调整党组织，确保党组织全面覆盖；以纪念建党93周年为契机，认真开展“七个一”活动，完成政工干部、党支部书记和入党积极分子培训工作。二是加强党员队伍建设。结合公司教育实践活动，加强党员理想信念和群众路线教育，圆满完成基层党组织专题组织生活会和民主评议党员工作，完成年度发展党员任务。三是积极推进共产党员服务队建设。结合“在职党员到社区报到为群众服务”工作，开展党员服务队“五心服务进万家”工程，持续打造“五个平台”，在国家电网公司系统内建立首个党员服务队微信公众号，积极加强宣传，努力将服务队打造成公司党建和公司形象品牌。

党风廉政建设得到有效加强。一是主责担当更加到位。坚持把落实主体责任、发挥领导核心作用放在突出位置，认真贯彻《国家电网公司党组关于落实党风廉政建设主体责任和监督责任的意见》，不断完善“党委统一领导、党政齐抓共管、纪委组织协调、部门各负其责、依靠群众支持和参与”的领导体制和工作机制，促进各级党政主要负责人切实担负起党风廉政建设第一责任，公司各级共签订责任书6553份。二是正风肃纪更加有力。坚决贯彻上级八项规定精神，突出严字当头，抓好专项清理，公司没有发生违反八项规定、影响企业形象的责任事件。三是监督保障更加有效。连续3年深化实施“七廉”活动，全年公司党委中心组围绕八项规定等专题学习17次，各级党政主要负责人、分管领导带头讲廉课112场次；完善协同监督机制，提高监督防控效能，全年公司两级共召开协同监督联席会议87次，研究监督议题461项。加强制度建设，开展明察暗访，有效提高了干部员工的遵章守纪意识和依法合规办事水平。

（二）落实以人为本，企业文化建设和队伍建设水平不断提升

企业文化建设工作持续改进。组织企业文化培训及考试，加强企业文化通用制度的学习宣贯。制作并下发《“五统一”企业文化系列屏保》，创新企业文化传播载体和形式。开展企业文化专题调研，强化企业文化在班组的落地实践。公司及所属单位主要负责人带头撰写培育和践行社会主义核心价值观的理论文章，并先后在《国家电网报》上发表。公司企业文化建设多项成果分别获得国家电网公司年度企业文化建设优秀成果和优秀案例二等奖、优秀论文一等奖以及国家电网公司“三集五大”最佳实践案例。

员工队伍素质建设持续加强。一是“五加强一提升”员工主题教育实践活动取得良好成效。以“好书共赏”读书活动、“为民务实清廉群英谱”宣传、道德讲堂活动、“北京榜样”“国企楷模”评选等为载体，促进干部员工提高履职能力，规范个人行为，保持优良作风，提升道德修养。共推荐了七大类16本图书供员工阅读，选树宣传了“诚实守信”“敬业奉献”“创新钻研”“勤俭节约”“为民服务”先进典型32个，2名个人和1个团队荣获国网系统“为民务实清廉”先进典型，1人当选市国资委“国企楷模”优秀人物，24个单位开展了“道德讲堂”活动78期。平谷公司获得全国五一劳动奖状，陈牧云同志获得全国五一劳动奖章。二是文明单位创建工作不断加强。将文明单位创建延伸至班组、站所，有效激发和调动了公司员工参与文明创建的积极性。2014年，公司所属25个单位被推荐为首都文明单位及标兵候选；门头沟公司继续保持全国文明单位，另有8个单位和1个供电所新获全国文明单位推荐资格。此外，4个单位被推荐为国家电网公司文明单位候选。三是广泛开展劳动竞赛。承办2014年北京市“职工技协杯”技能竞赛，230名职工获得职业资格晋升，20名职工获得技师及以上证书，6名职工获得“北京市职工技术能手”称号；公司所属各单位共举办各类劳动竞赛35场次，参与职工超过5000人次。

（三）深入落实品牌引领战略，公司品牌建设和新闻宣传工作水平不断提升

重大主题传播开创新局面。以“电靓京城 温暖家园”为主题，紧扣配电网建设、APEC供电保障等中

心工作，主动设置39项传播议题。借助中央及市属权威媒体的传播力和影响力，呼吁社会关注电力设施运行环境、“临时代永久”供电等难点问题，得到政府支持和市民理解。依托北京市、市国资委典型选树平台，主动宣传公司先进典型。一年来，在人民日报、新华社、中央电视台等中央级媒体发稿323篇，在北京日报、北京电视台等市属媒体发稿1350篇，网络媒体报道及转载7500余篇次，形成强大的正面舆论声势。

舆情风险防控与处置取得新成效。加强舆情风险事前会商，围绕西北热电并网工程、智能电表推广等重点工作，提前分析研判，制定实施舆情防控预案，保障了各项工作顺利推进。强化舆情预警，针对电动汽车充换电服务、停电催缴电费等容易引发负面舆论的风险，开展两级舆情预警247次。主动回应社会关切，选取“智能电表被加速”“电磁环境”等焦点问题，通过中央和市属主流媒体开展深度调查报道，消除公众疑问。公司全年共妥善处置化解各类舆情风险136件，未发生重大舆情事件。

社会责任实践实现新突破。推动全面社会责任管理由局部试点转向全面推广，实施配电网建设改造、智能表换装等55项社会责任实践项目，夯实了“332”社会责任管理机制。与中国电力出版社合作，出版发行《供电所履行社会责任工作手册》，连续两年发布服务首都发展白皮书，连续三年组织“社会责任推广月”活动，公众开放日活动吸引1000多名政府部门人员、媒体记者、电力客户走进北京电力。注册“电靓京城”商标，捐建实体化“电力爱心教室”，投放电力设施保护宣传广告，持续传播“国家电网”品牌形象。

内宣工作做出新成绩。紧密围绕公司“四个突出、四个提升”发展主线，精心策划并实施了72项重点宣传选题，采取与行业媒体合作、公司两级联合报道等方式，及时、全面、客观地展示公司工作亮点和发展成就，树立了企业在行业系统的良好形象。拓展宣传渠道，成立《劳动午报》记者站。印发《北京电力报社驻各单位记者站管理办法》，开展“记者在基层”活动，建立了与“三集五大”体系相适应的内宣工作机制，实现了媒体编发质量与专业队伍素质的双提升，公司10件新闻作品获得中国电力新闻奖。

（四）调动一切积极因素，公司群众工作水平不断提升

充分发挥工会桥梁纽带作用。一是着力加强企业民主管理。落实职代会制度，完善民主管理体系，深化厂务公开工作，开展合理化建议征集活动，调动了职工民主参与、民主管理、民主监督的积极性和创造性。二是全面推进职工素质建设工程。开展“中国梦·劳动美·电力情”主题宣教活动，承办农网配电营业工、电气试验员技能竞赛，举办“安康杯”和供电“服务之星”劳动竞赛，职工队伍职业素质、服务水平和安全意识不断提升。三是深入开展职工经济技术创新。依托职工创新工作室开展职工经济技术创新活动，建立职工创新成果孵化基地，张文新创新工作室被评为“全国首批劳模创新工作室”，5项成果获得全国电力职工技术创新成果奖。四是积极推进“职工之家”建设。完成28个“职工之家”实体化建设，开展法律咨询、心理疏导、职工培训等服务项目，形成覆盖全体职工的服务体系。五是不断强化班组建设。开展“创建先进班组、争当工人先锋号”主题活动，创建红旗班组32个，推进班组减负工作，改善班组工作条件，班组管理基础得到夯实。

充分发挥共青团突击队作用。一是拓展了青年成长平台。结合群众路线教育实践活动启动“人才水立方”青年领军摇篮计划，创新开展“一战到底”青年技术比武擂台赛，活动经验在国家电网公司团委交流；以青年文明号20周年、青年突击队60周年为契机，加强“号手队”过程管理，并代表国家电网公司参加团中央展示汇报活动。二是丰富了团青工作载体。推选公司青年自编自导优秀微电影作品参加北京市青年微电影大赛，荣获金奖；推进“青春光明行”活动，进行青年志愿者及服务队星级认定；举办第八届“五四青年月”系列活动。

公司凝聚力得到增强。一是做好员工思想工作。深化作风转变，各级干部深入一线，及时掌握员工队伍思想动态，认真做好员工思想分析，积极开展“三必谈、两必访”活动，关心关爱员工。二是认真做好统战工作。开展“爱企业、献良策、做贡献”活动，结合教育实践活动，认真听取统战人员意见建议，鼓励他们为企业发展建言献策。三是认真做好离退休工作。认真落实离退休人员的政治待遇和生活待遇，深入开展“学习解黎明、热爱国网、奉献社会”主题活动，组建国家电网公司系统内第一支由退休人员组成的“京采夕阳”共产党员服务分队，组织离退休人员开展丰富多彩活动，专业管理水平不断提高，《全国离退休干部信息管理系统》维护年报工作荣获国家电网公司先进。

同志们，回顾2014年的工作，我们取得了可喜的成绩，借此机会，我代表公司党委，代表尹昌新总经理，向所有为公司党群工作事业辛勤耕耘，做出积极贡献的同志们；向奋战在公司各条战线上的广大干部

员工同志们；向所有关心支持公司工作的离退休老领导、老同志和员工家属表示崇高的敬意和衷心的感谢！

## 二、当前面临的主要形势

2015年是“十二五”收官之年；是深入贯彻落实党的十八大及十八届四中全会精神，巩固和拓展教育实践活动成果，持续深化“四风”整治的一年；是大力推进依法治企各项工作，全面深化“两个转变”的一年。

目标任务方面，党中央全面从严治党、加强作风建设的新常态及出台的《关于全面推进依法治国若干重大问题的决定》《关于培育和践行社会主义核心价值观的意见》等，为我们今后工作指明了发展方向；国家电网公司提出2015年要基本建成“一强三优”现代公司，以公司党组一号文件形式印发了《关于全面建设法治企业的意见》，部署了相关工作；北京市加快国际一流和谐宜居之都建设步伐，提出“法治中国首善之区”具体目标；公司作为国网公司在京窗口单位，首都能源支柱大型国有企业，继续坚持“四个突出、四个提升”工作思路，提出了再接再厉、持续提升，全面建设“一强三优”现代公司的工作任务。公司依法治企、“三集五大”体系建设、营配贯通、业务委托等各项工作任务异常艰巨。

外部环境方面，一是国家全面建设小康社会不断推进，全面深化改革进入关键时期。社会结构深刻变动，利益格局深刻调整，思想观念深刻变化，以及信息网络化、新媒体的迅猛发展，带来干部员工思想观念及价值观多元化进一步加剧；社会诚信体系建设步伐加快，对公司干部员工的工作生活也将产生深刻影响。二是电力体制改革和规范国有企业管理不断深入。建设全国统一电力市场、推进售电侧改革、发展混合所有制等改革措施将促使公司运营模式、管理方法等发生转变；中纪委专项巡视工作在央企的全面覆盖，要求我们必须苦练内功，严格遵规守纪；国企高管减薪等政策的施行将在公司干部员工中产生一定的思想波动。三是社会舆论环境依然严峻复杂。公司始终处于舆论关注的焦点，随着微博、微信等新媒体的发展，信息传播更加快速，舆论监督更加广泛，一起小事件就有可能酿成大舆情。

面对新形势、新任务，客观分析我们的工作还存在明显差距和不足。在队伍建设方面，广大干部员工的思想作风、工作态度、专业能力、个人素养都有待进一步提高。一是政治素质：爱党爱国、忠诚企业、奉献社会的意识和行动需要进一步强化，坚持“四个突出、四个提升”，全面建成“一强三优”现代公司的信心和决心需要进一步增强，坚决贯彻落实国网公司党组以及公司各项决策部署的执行力还需要进一步强化。二是道德素质：加强道德修养，践行社会主义核心价值观的主动性还需要进一步发挥；扬正气、干正事、走正道，抵制个人主义、享乐主义、拜金主义的自觉性还需要提升。三是法治素质：法治思维还未牢固树立，学法、懂法、用法、守法的自觉性还需要进一步加强。四是职业素质：专业技术技能、解决问题的能力和水平还需要提高，干一行、爱一行、专一行，立足本职潜心钻研业务的风气还需要进一步形成，公司“独当一面”“一锤定音”的高精尖专业领军人才相对匮乏。在品牌建设方面，全员品牌意识还不牢固，业务管理能力还不能很好地适应社会舆论的变化，专业管理依然存在不少容易引发舆论关注的风险点，舆情事件时有发生。公司上下对品牌建设重要性的认识需要进一步加强，多专业协同联动的品牌建设工作机制有待完善，品牌建设的组织保障、资源整合、能力建设等都需改进；自媒体建设和应用有待进一步加强探索和实践。在思想政治工作方面，与实际工作需要相比，工作的针对性、有效性和时代感存在差距，主动融入主营业务的力度和工作的引导作用还需进一步加强，工作思路、手段、方式方法都需要进一步创新，同时，政工干部的培养、交流还需要加大力度，政工体系建设和“大政工”模式还需要进一步强化。

## 三、2015年工作任务

2015年公司思想政治及品牌建设工作的指导思想和工作思路是：认真贯彻党的十八大和十八届四中全会精神，贯彻公司2015年“两会”部署，巩固和拓展教育实践活动成果，深入开展法制教育和思想道德教育，深化职工素质建设工程，努力提升员工队伍的政治素质、道德素质、法治素质、职业素质，大力加强品牌建设，真抓实干，开拓创新，为推进“四个突出、四个提升”、深化“两个转变”、全面建成“一强三优”现代公司提供坚强保障。

### （一）深化“四风”整治，巩固和拓展教育实践活动成果

认真做好教育实践活动“回头看”工作。公司教育实践活动虽然取得重要成果，但部分问题尚未完全整改到位。各级党组织必须牢固树立持续整改、长期整改的思想，将集中反“四风”、改作风转为经常性的作风建设，形成作风建设新常态。要认真落实《中共国家电网公司党组关于深化“四风”整治、巩固和拓展党的群众路线教育实践活动成果的意见》及国家电网公司教育实践活动领导小组办公室《关于对公司

教育实践活动整改落实情况进行“回头看”的通知》，围绕从严治党，深入贯彻落实习近平总书记系列重要讲话精神和刘振亚董事长的重要讲话精神，以“三严三实”为标尺，对照中央要求和公司关于认真落实整改任务的部署，对照教育实践活动中查摆出的问题，特别是群众反映强烈的突出问题，对照“两方案一计划”，对整改落实的进展、效果和存在问题进行全面、深入的“回头看”，确保整改方案不折不扣落到实处，整改承诺得到兑现，作风建设得到加强，反“四风”长效机制进一步形成。

全面落实主体责任，有效提升反腐倡廉整体合力。一是以细化主体责任为抓手提升组织领导力。牢固树立“抓好党风廉政建设是本职、不抓是失职、抓不好是渎职”的理念，紧紧抓住落实党风廉政建设主体责任这个“牛鼻子”，严格按照上级“两个责任”实施意见，围绕公司改革发展和依法治企中心工作，以构建科学的管控和惩防体系为目标，以党风廉政建设责任制和企业负责人业绩考核为抓手，细化责任分工，明晰各级党委、领导班子、领导干部的廉政建设具体任务，切实落实权力监管、作风建设、干部选用、执纪问责、廉洁自律等五项基本主责，并领导和支持各级纪委推进监督执纪问责工作，做到“既挂帅又出征”。二是以强化协同监督为重点提升监督防控力。坚持监督事和监督人相结合，业务部门纵向监督和监督部门横向监督相结合，结合公司中心工作，进一步整合监督资源，规范方式标准，明晰业务部门的监督主体责任和分管领导的审核把关要求，紧紧瞄准八项规定、工程管理、物资招标、服务行风等跨部门、跨专业的管理监督难题进行监督管控，并健全闭环管理机制。坚持以落实“三重一大”集体决策制度为重点，切实强化对权力的监督制约和源头防控，凡属人财物、工程等“三重一大”事项，尤其是自采物资、自管工程等具有较大自由裁量权的事项，必须经过集体决策，坚决防止违规越权、擅权决策和个人独断专行。同时，完善意见征求和决策后评估机制，提升协同防控效能。三是以推进正风肃纪为载体提升执行保障力。严明政治纪律和政治规矩，加强纪律建设，全面推进正风肃纪行动，瞄准群众关心、媒体关注的重点问题，坚持严字当头，着力开展依法治企对照检查、八项规定执行监督等各类专项检查工作，重点整治“习惯性违章”和“潜规则”，促进职务消费、财务资产、营销服务等各项基本制度严格执行落地，确保公司不发生违反八项规定、影响企业形象的责任事件；保持高压态势，从严从快查处违规违纪问题，抓早抓小，防止小问题变成大事故；对顶风作案，不收敛、不收手的，逐级问责，强化震慑。同时坚持警示教育和文化引领并举，促进不敢腐、不能腐、不想腐长效机制的形成。

（二）加强队伍建设，全面提升干部员工的政治素质、道德素质、法治素质和职业素质

加强领导班子和干部队伍建设。一是积极教育引导各级领导干部带头自觉提高政治素质、道德素质、法治素质和职业素质，深化党委中心组学习，不断增强领导干部党性修养。二是严格落实“三严三实”要求，认真落实中央全面推进依法治国的重要部署，着力提高领导干部的法治思维和依法办事能力，引导各级领导干部勇于担当和负责，作讲规矩、守纪律的表率。三是按照“五条”好干部重要标准，加强选人用人工作，持续深化领导班子、领导干部综合考核分析，加强考核结果的应用，提升各级干部岗位胜任能力；加强干部培训培养和梯队建设，强化多领域、多专业、多层次、多岗位培养锻炼干部。四是持续加强对基层单位选人用人工作的监督与指导。严禁超职数配备干部，严格落实选人用人“一报告两评议”。指导基层开展干部梯队建设和后备干部培养，促进基层干部能力素质持续提升。五是进一步加强本部作风建设。不断增强本部干部员工大局意识和服务意识，持续开展本部与基层之间的双向挂职（培养）锻炼，加大优秀人才的岗位交流力度，全面提升本部员工的能力素质。

全员开展“遵规守纪，岗位奉献”主题教育活动。一是全面开展法制教育。认真落实公司党委2015年一号文件《关于全面深化依法治企加快建设法治企业的实施意见》，坚持把领导干部带头学法用法作为关键，以公司“思想教育论坛”为平台，进一步强化干部员工自主教育，针对历次审计工作中发现的问题，有针对性地开展学法用法活动。二是大力开展社会主义核心价值观教育。深化“中国梦·国网情”主题宣传，结合抗日战争胜利70周年和新中国成立66周年，进一步加强爱国主义教育和形势任务教育，全面开展道德讲堂活动，开展“平凡孕育伟大，劳动奉献光荣”主题宣教活动，深入挖掘和选树在平凡岗位上默默奉献的先进典型，推进社会主义核心价值观内化于心、外化于行。

大力推进职工素质建设工程。一是加大人才培养力度。针对不同人才，进一步打通成长通道；建立员工职业发展助推计划，推进培训全过程闭环管理，健全培训激励约束机制，充分调动员工积极性。二是搭建劳动竞赛平台。继续申办北京市级职业技能竞赛，开展多种形式的竞赛、比武活动，组织参加国家电网公司供电“服务之星”竞赛活动，提高供电服务水

平。三是深化员工经济技术创新。深入推进创新工作室建设，争创国家级劳模创新工作室，深化员工创新成果孵化基地应用，开展员工创新工作室和创新成果评比展示活动，促进公司技术创新水平不断提高。

（三）坚持强基与创新并重，努力提升思想政治工作管理水平

加强政工工作基础管理。一是落实国家电网公司通用制度宣贯。在前期“学制度”“考制度”基础上，注重对“用制度”的指导、检查与考核；不断加强制度建设与执行，确保“五位一体”协同机制建设在政工专业的切实落地。二是做好基础管理工作。落实从严治党要求，加强党组织建设和党员队伍建设，做好“三会一课”、党员教育管理、党员发展等例行“功课”，完善基层党建责任制，力争工作做实做深，积极创建服务型、学习型、创新型党组织；深化企业文化传播工程、落地工程和评价工程的内涵和形式，推进企业文化进班组、进站所，开展好文明创建，努力夯实基层基础。

实现政工工作创新。一是实现党建品牌创建工作创新。认真落实《国家电网公司共产党员服务队管理办法》，结合“在职党员到社区报到为群众服务”工作，积极推进并圆满完成共产党员服务队“五心服务进万家”工程阶段性任务；结合地区新形势新任务优化服务分队设置，进一步提升服务队服务首都经济社会发展的能力；建设维护好“北京电力红马甲”微信平台，运用新媒体加强服务队宣传，提升品牌影响力；开展服务队竞赛，积极向先进网省公司服务队看齐，争取在国网公司共产党员服务队竞赛中取得好成绩。二是探索思想政治工作管理方法创新。启动公司第一届思想政治工作创新成果评选活动，将精神文明建设、企业文化、党支部工作、团建创新等共同整合纳入其中，努力提升创新成果质量，加大推广与应用；探索思想政治工作同业对标新的考核模式，总结 2014 年工作经验，改进指标体系，采用“网格式”检查方法，分片区及小组形式进行互查互评，有效促进基层单位间的交流与沟通，推动公司思想政治工作整体水平不断提高。

加强政工体系建设。一是加强组织体系建设。结合公司改革发展及基层工作实际，选优配强基层党支部书记，加强政工干部及党支部书记培训，关心关爱政工干部成长。二是构建“大政工”管理模式。进一步加强公司各相关部门的横向协同，积极沟通，密切配合；进一步拓展基层工作空间，增加业务授权及委托，发挥基层工作积极性和主观能动性，探索上下联动的全新管理模式，真正形成政工管理工作“一盘棋”。

（四）加强品牌建设和新闻宣传工作，为公司和电网科学发展创造和谐舆论环境

深化品牌传播策略。加强前瞻性研究和传播策划，推进公司重大主题传播。一是持续开展“电靓京城”品牌传播与塑造活动。紧密围绕公司“四个突出、四个提升”各项举措和成效，结合特高压入京、配电网建设、优质服务提升、先进典型人物等重大议题，打造品牌传播事件。二是不断扩宽传播渠道。深化与中央重点媒体、市属主流媒体的沟通合作，加强公司舆论引导专家团队建设，围绕社会关切主动设置议题，主动引导社会舆论。三是有效利用新媒体资源。推进公司两级微博建设，建立“国网北京电力”品牌传播微信账号，强化公司官网服务功能，构建以公司官方微博、微信、官方网站为平台的对外信息发布体系。同时，加强与社会新媒体平台互动，提升传播影响力。

提升品牌维护水平。强化舆情引导和风险防控，完善舆情风险闭环管理。一是进一步提升舆情信息监测预警能力，增强舆情监测广度和深度，编制舆情监测工作指导手册，完善《典型舆情风险信息库》。二是健全重大决策社会风险事前评估会商制度，剖析舆情监测和社会监督反映的问题，加强信息研判，落实舆情防控责任，从源头消除舆情风险隐患。三是依托公司突发事件应急体系做好新闻应急，掌握信息发布主动权，及时澄清不实言论，维护企业利益及形象。

推进责任央企品牌塑造。深入开展履责实践行动，规范公益项目和标识管理。一是推进社会责任管理实践。启动年度社会责任根植项目，发布社会责任管理手册。二是传播展示履责成效。编制发布公司年度社会责任白皮书，继续组织“社会责任推广月”“公众开放日”活动，强化政府沟通、客户沟通、媒体沟通。三是抓好公益项目和品牌推广。丰富公益品牌内容，推广建设实体化“电力爱心教室”。加强对外广告宣传统一管理，规范品牌标识使用范围。

提高内宣工作影响力。把握公司重点工作，聚焦基层一线，充分发挥内宣工作的引导与凝聚作用。一是提高公司媒体服务公司决策部署和服务基层信息交流的能力，开展“寻找最美电力人”“微传动”等活动，挖掘基层一线员工创业、敬业、乐业的精神内涵，发现、培养和树立一批可学可推广的好典型，激发广大员工爱岗干事的主动性和创造性，凝聚与传播企业正能量。二是提高内宣管理水平，深化“一报一刊两网一视频”融合运作机制，加强各媒体与读者的互动，让广大基层员工不仅是新闻报道的“主角”，也

是公司新闻宣传工作的重要参与者；以记者站管理为核心，持续开展“记者在基层”活动，强化策划与报道的两级联动。三是提高与行业媒体及《劳动午报》记者站合作报道水平，推进新媒体应用，进一步增强公司在行业系统的舆论影响力。

完善品牌建设管理基础。深化“三集五大”品牌建设专业体系建设，深度磨合“五位一体”工作机制，持续完善公司新闻发布、新闻应急、品牌标识等管理体系，促进专业通用管理制度落地。加强能力建设，强化人才队伍支撑，提高信息化管理水平，提升在新机制下的适应能力和履职能力。

（五）加强党群共建，调动一切积极因素推进和谐企业建设

加强对工会组织的领导。一是深入推进企业民主管理。贯彻落实《国家电网公司职工民主管理纲要》，加强“双路径、三保障”职工民主管理体系建设，深化厂务公开工作，保障职工的知情权、参与权和监督权。二是持续加强班组建设。开展“创建先进班组，争当工人先锋号”主题活动，推进红旗班组创建，深化班组减负，加强班组自主管理和班组文化建设，打造班组建设品牌。三是积极构建服务职工工作体系。深化“职工之家”实体化建设，丰富服务内容，延伸服务范围，完善服务管理，实现“会家合一”，让广大职工“体面劳动、舒心工作、全面发展”。

加强对共青团组织的领导。一是积极推进领军人才摇篮计划。结合“网络大学”升级“一战到底”系列擂台赛，推动青年人才培养，推动将团干部培养纳入推荐后备人才范畴。二是推进青年志愿服务品牌建设。深化“青春光明行”活动，对“流动展厅进校园”及“扫雷行动”助残活动进行品牌项目化运作，打造首都电力青年志愿服务品牌。三是充分发挥生力军作用，运用好微博、微信等新媒体，坚持引领时尚潮流，保持青春活力。

认真做好统战工作。持续开展“爱企业、献良策、做贡献”活动，培育统战队伍先进典型，认真做好统战人员的关心关爱工作，发挥统战人员的积极性，支持他们在公司发展中建言献策、建功立业。

认真做好离退休工作。认真执行党的离退休工作方针政策，以“让公司放心、让老同志满意”为目标，落实离退休人员的政治待遇和生活待遇，持续深入开展“学习解黎明、热爱国网、奉献社会”主题活动，进一步加强离退休职工的思想政治建设和党支部建设，打造“京采夕阳”共产党员服务队品牌；按照《退休职工服务手册》，关注老同志需求，实现人性化服务，确保离退休金、生活补贴及各种生活待遇的落实，发挥文化养老阵地作用，开展丰富多彩的文体活动，畅通沟通渠道，不断提高离退休工作管理和服务水平。

# 创新思路　开拓进取　全面做好新形势下公司安全生产工作

——副总经理刘润生在公司2015年安全生产工作会上的报告（摘要）

（2015年1月30日）

## 一、2014年安全生产工作回顾

2014年，公司生产系统深入贯彻国家电网公司有关安全生产工作各项部署，紧密围绕公司、电网发展战略，以公司“四个突出、四个提升”为核心，以安全风险管控、APEC供电保障、配电网建设改造和营配调数据深化应用为重点，统筹开展安全管理、运维检修、调度运行、应急建设等各方面工作，确保了APEC供电保障万无一失，圆满完成了全年安全生产任务。

公司全年未发生人身重伤、死亡安全事件，未发生五级及以上电网、设备安全事件，未发生六级及以上信息安全事件。35kV及以上电网发生六级及以下安全事件同比下降14.5%。10kV配网发生八级事件同比下降7.9%。城市用户供电可靠率99.988 6%，户均停电时间同比减少15分钟，农网用户供电可靠率99.953 2%，同比提高0.024个百分点；电网停电工作计划同比下降11.15%。圆满完成迎峰度夏（冬）和防汛任务，完成2014年亚太经合组织会议（APEC）等重大保电任务173项。公司全面实现了政治供电“零闪动”、安全生产“零死亡”目标。

（一）APEC供电保障实现“三零”目标

自2013年7月正式启动APEC供电保障工作以来，公司各部门、各单位严格落实公司相关部署，扎实开展各项保障工作，确保了300余场会议活动供电保障万无一失。回顾整个保障历程，公司上下超前谋划、团结协作，以完成保障工作任务为目标，细致制定各阶段工作计划，明确时间节点、工作目标，强化过程管控和进度调度；相关部门通力配合，打破专业界限，各保障单位协同推进，发挥自身优势，有力地

提升了保障工作效率。各保障单位克服困难，抓住机遇，以确保重要用户安全可靠供电为己任，积极开展电网安全形势分析、设备检修预试、输电通道隐患治理、新增临时用电接入、重要用户安全评估等各项工作。同时，大力推进怀柔地区电网建设，怀柔电网主配网结构、供电可靠性和配电自动化水平得到显著提升。各级领导干部深入基层，扎根一线，以确保公司保障要求有效落地为重点，调查研究解决保障工作存在的实际问题，督导检查各项要求在基层落地情况，并结合基层一线实际，广泛开展保障工作标准、保电口袋书、通信设备使用、防恐应急处置教育培训，组织保障演练和应急演练，确保一线保障人员准确理解、有效落实公司各项保障要求。广大一线保障人员恪尽职守，无私奉献，以舍小家为大家的广阔胸襟，克服天气、交通等带来的不便，在各级指挥部、各相关重点变电站、开闭站、会场、驻地上岗值班，对重点站线进行24小时特巡看护，确保了APEC供电保障万无一失。APEC供电保障取得的优异成绩，得到了上级领导的高度评价和社会各界的广泛赞誉。国家电网公司专门印发表扬信，帅军庆副总经理做出重要批示，市领导也在多个场合对公司提出表扬。

（二）突出基层，抓落实，安全管理更加规范

2014年，公司以确保各类生产作业现场安全为核心，以安全风险管控为抓手，扎实推进隐患排查治理，狠抓各项安全规章制度落实，突出做好外协施工队伍安全管理，公司资产全寿命周期管理体系建设顺利通过国家电网公司验收，安全管理工作荣获国家电网公司专业标杆，公司安全管理标准化、规范化水平显著提升。安全风险管控持续深化。进一步优化调整风险定级标准，明确“一级+”风险定级和管控要求；完善风险会商体系，将继电保护、自动化二次专业纳入公司风险管控体系；建成风险指数管理系统，定期发布各单位安全风险指数，推动风险管控与专业管理工作有效融合。隐患排查不断深入。完善排查治理工作机制，修编隐患排查标准930项，细化“一单、三档、一表”管理规范；组织开展APEC保电、直流系统、电缆隧道专项隐患排查22项，建立隐患专家排查、督查工作机制，强化差异化管控措施落实情况监督检查，确保各类隐患风险可控、能控、在控。作业现场安全管理逐步规范。完善不同类型作业现场安全规范化管理指导意见，实施有限空间作业许可审批，全面应用现场安全管理提示卡；以配网、外协施工人员工作现场为重点，公司巡检覆盖率达到97.67%，不断扩展巡检范围，实现从查禁现场违章到查禁管理违章的延伸。外协施工队伍安全管控进一步加强。在开展外协施工企业资质审核、外包单位关键岗位人员安全准入考试的基础上，依据现场安全事件情况、违章情况，动态调整关键岗位人员安全技能等级和作业资格；建立外协施工企业“负面清单”制度，实现企业、人员“双准入”动态管理。应急突发事件处置效率显著提升。以提升一线人员应急处置能力为目标，编制10个专业的应急响应工作卡，开展三个层次400余人的应急专业培训；深化与冀北、天津公司应急救援协调联动机制，与北京市消防局签订应急合作协议，圆满完成公司应急指挥中心改造工作。

（三）突出精益，抓评价，设备管理更加严细

在过去的一年中，公司深入开展设备精益化管理，扎实推进设备状态评价，全年设备故障、外力故障和配网故障均明显下降，在国家电网公司同业对标排名显著上升，圆满完成了全年生产任务。在主网设备管理方面，深入推进设备状态检修，7个特高压变电站设备状态检测工作得到国家电网公司高度评价；强化智能变电站运维和设备交接验收管理，规范变电站提示卡制作，开展定福庄、韩村河站220kV隔离开关工厂化检修；完成369条输电线路、159座变电站标准化建设。积极推进输电通道属地化运维，建立与市园林绿化局树线安全管理协助工作机制，研究试点杆塔防攀爬技术措施。公司外力故障较去年下降48%，反外力成效显著。在配网设备管理方面，加强隧道及管井进出入管理，开展电缆隧道专项隐患排查治理，完成1660个井盖、6.5km隧道整治；加大红外、超声波等带电检测技术应用，开展配网会诊巡视，编制完善配电自动化设备分工管理规定；营配贯通低压配网数据普测工作有序推进，公司台区采录率达到95.86%、贯通率达到94.07%，圆满完成公司2014年制定目标。在生产组织方面，进一步强化资产管理单位主体责任，完成输变电设备资产优化调整，理顺电缆断面审批和10kV线路迁改管理模式；组织各单位制定生产业务委托实施方案，确定业务委托范围和实施模式；强化大修技改项目实施过程管控，建立项目实施月调度工作机制；结合设备状态评价和监控信息分析，完成2015年项目储备。

（四）突出实效，抓管控，电网管理更加高效

2014年，公司紧密围绕市地两级调控中心电网运行管控能力建设，在持续推进调控一体化、调度一体化建设的基础上，加强电网风险管控，强化两级调度应急能力提升，试点开展地调安全保障能力评估，全面建成配网抢修指挥体系，着力提升二次专业管理水平，确保了北京电网安全稳定运行。风险管控手段不断丰富，试点开展市调层面电网突发事件应急“一键

操作”，扩大两级调控中心远方操作范围，市地两级调控累计完成设备状态操作 195 项，发现并消除设备缺陷 20 项；完善电网运行管理与管控机制，实现电网中长期风险信息预警分析、定级、发布、反馈的闭环管理。监控分析能力显著增强，积极推进变电站无人值守技术条件落实，优化变电站传动接入模式，35kV 及以上变电站集中监控率达到 98.3%。建成监控信息分析管理系统，建立设备异常全过程准实时分析处置工作流程，及时发现并处置 840 项设备异常。二次管理基础不断夯实，全面开展二次专业管理提升年活动，制定智能变电站二次设备调试验收规范，将自动化参数配置单等同继电保护定值单管理，完善作业现场二次安全措施票和标准化作业指导书，积极开展保护自动化一线专业技术人员培训，初步完成厂站端继电保护自动化设备属地化运维检修调整。

（五）突出规范，抓管理，配网建设改造稳步推进

2014 年，公司正式启动配网建设改造和营配调数据深化应用工作，公司相关部门和各基层单位严格落实公司各项决策部署，公司配电网建设改造管理中心和工程实施指挥部强化专业协调，在方案编制、标准制定、项目梳理实施等方面协同配合，高效率、高质量完成了各项工作。在配网建设改造上，以方案制定为抓手，编制完成公司《配电网建设改造技术原则》和《配电自动化建设改造指导意见》，梳理工程改造项目 3894 项，明确工程实施时序、完成时间和目标效果。以标准制定为核心，圆满完成公司配电网设备选型技术原则、检测技术规范、工程典型设计和运维检修标准等 27 项标准的编制发布工作。以项目实施为重点，当年批复的 1023 项工程项目全部完成可研编制批复、项目立项核准、初设编制审核和主要设备材料招标工作；770 项完成施工监理招标，59 项实现进场施工，确保了项目按期稳步推进。在营配调数据深化应用上，科学制定顶层设计，明确涵盖电网运行、客户服务和经营管理等各个方面的 38 项业务提升目标。确定试点先行原则，确定亦庄公司作为试点单位，明确“3+2+1”共计 6 项基础建设任务和 26 项业务提升目标，为推广应用打基础。细致开展需求分析，综合各专业业务需求，仅用 3 个月时间，完成 26 项业务提升需求分析，形成系统开发概要设计，为后续工作顺利推进打下坚实基础。

在过去一年的工作中，公司领导班子高度重视、科学决策、加强领导，为做好安全生产工作提供了重要保证；广大干部员工坚决贯彻公司决策部署，以高度负责的态度和严谨求实的作风，团结一心，扎实工作，确保了 APEC 供电万无一失，圆满完成了安全生产各项任务。在此，我代表公司，向长期以来奋斗在安全生产战线上的广大干部职工致以崇高的敬意和亲切的慰问！向本次会上受到表彰的先进单位和个人表示热烈的祝贺！

**二、深刻认识安全生产面临的形势和要求**

近年来，在广大干部职工的不懈努力下，公司安全生产形势整体保持平稳，安全生产管理基础不断夯实，管理水平不断提升，为公司和电网快速健康发展提供了坚强保障。2014 年国家电网公司系统及公司内部发生的安全事件虽未造成重大影响，但事件的性质需要引起警惕，近期国内连续发生多起安全生产事故，这些都给我们敲响了警钟。与此同时，公司内外部环境正在发生深刻变化，国家新《安全生产法》的颁布，公司生产业务委托的开展、配网建设改造的推进都给我们带来了新的挑战，公司安全生产形势整体上面临“三新两高一薄弱”，即：

《安全生产法》提出新要求。新法明确做好安全生产工作，落实生产经营单位主体责任是根本。同时，要求企业主体责任的内容更加广泛，涵盖安全生产规章制度、教育培训、安全投入、隐患治理和应急救援等多方面内容；并明确了生产经营单位对承包单位、承租单位的安全生产工作的统一协调、管理责任，以往在承发包及专业分包和劳务分包中将安全协议作为规避责任“防火墙”的做法被明令禁止。责任落实要求更加明确，新法要求在各级企业（含集体企业）中建立健全安全生产责任体系，对安全生产管理机构和专兼职安全管理人员的配备提出了明确要求，对各岗位的责任人员、责任范围和考核标准做出了具体规定，突出了对从业人员作业场所、工作岗位存在危险因素、防范和应急措施进行交底的重要性，明确提出安全生产标准化建设要求。违法行为处罚更加严厉，新法加大了对安全生产履职不到位以及安全生产事故的责任追究力度，规定了事故行政处罚、追究刑事责任和行业终身禁入，建立了严重违法行为公告和通报制度。

电源结构变化引发新问题。“十三五”期间，锡盟—南京、蒙西—天津西两条交流特高压将陆续投产，分别在北京东、北京西落点；与此同时，随着北京治理大气污染力度的不断加大，区内燃煤电厂全部关停，届时北京地区燃气机组装机接近 1000 万 kW，新能源并网规模将达到 40 万 kW。特高压落地后，北京主网如何分区，电网运行呈现哪些特性？“强馈入、弱支撑”受端电网的静态稳定和电压稳定如何保障？单一能源结构下，燃气短缺或突发供应故障将对电网安全

稳定运行带来哪些问题？应急处置需要哪些手段？分布式电源并网对配网运行维护带来哪些风险隐患？这些都需要我们超前分析，深入研究，制定针对性措施。

生产组织模式调整带来新挑战。公司调控一体化和设备状态检修模式推进过程中，管理模式及一线人员变化快，新旧运维检修模式转变过程中往往新制度落实不到位，存在盲区死角；人员素质不高，导致设备运维检修不到位。尤其是生产业务委托进入深化应用期，如何加强生产业务委托规范化管理，杜绝违规分包转包和以包代管？如何开展委托业务监管，减少因管理链条加长导致管理弱化而发生安全质量事故？这些是今后很长一段时间内公司及各单位需要重点关注的内容。

作业现场安全风险高。作业现场外协外包队伍多，作业人员多元化，技能水平不高，安全意识不强，管控难度大，依然是公司安全生产管理的最大短板。去年，公司各级巡检组累计发现违章及不安全作业现象1984项，其中外协外包施工人员违章最多，占70%；配网作业现场违章占56%。同时，110kV公主坟站、北店站，35kV新城子站和海淀500kV送电工程中相继发生由于人员失误导致设备停电，110kV邢各庄站、高鑫站，220kV榆芦一线都因保护误动造成设备跳闸，反映出公司生产一线人员对相关规章制度和管理要求不理解、不掌握，更谈不上有效落实，尤其是二次专业作业现场风险管控不到位，监督检查不具体，专业管理不严谨。今年，随着配网建设改造工程开工，配电作业现场及人员将成倍增加，且作业现场分散，近电带电作业多，外协施工及厂家人员多，涉及专业多，确保各类作业现场风险管控措施落实到位，确保不发生各类安全事件，确保施工工艺质量，将是检验公司各部门各单位组织力、执行力和创新力的重要工作，也是确保公司安全形势稳定的关键点之一。

设备运维管理风险高。多年来，公司更多关注设备管理本身，眼睛向内多，向外少，对设备运行管理不到位可能引发社会人员伤害的风险认识不足。2013年11月22日青岛中石化东黄输油管道原油泄漏造成社会人员伤亡的特大安全事故及后续事故处理结果，为我们敲响警钟。公司电网设备遍布全市，可能造成社会人员伤亡等严重影响的设备事故风险也大量存在，$SF_6$设备尤其是气体变压器事故导致有毒气体泄漏和无限制排放对检修运行人员以及社会人员可能造成的人身伤害必须高度重视；建于人口稠密地区和铁路、道路上方的输电、配电架空线路、光缆以及年久失修的退运线路一旦出现倒塔（杆）断线或安全距离不够，极可能引发严重的交通事故和人员伤亡事故，后果不堪设想；建于居民区及住宅、写字楼等建筑地下的变电站、配电室充油变压器一旦发生事故引起火灾，势必造成社会财产和人员的巨大损失；由于井盖、管道管理不到位，人员误入、擅入沟道造成人身伤害，公司也将承担严重后果。

配网管理基础薄弱。从硬件上看，公司配网装备水平仍有待提升，全网在运油开关仍有199台，高损变压器6667台，架空裸导线7858km，无联络配电架空线路31条，仍有40 740个高压用户未安装用户分界开关；从管理上看，各单位配电网运行分析水平参差不齐，部分单位线路差异化会诊巡视未有效开展，缺陷隐患排查不细致，对配网故障分析简单，防雷防鸟害技术措施不完善，反外力尤其是直埋电缆反外力工作亟待加强；配电网及电缆网基础资料及数据缺乏有效管理，数据不全、不准的问题严重制约管理水平的提升；设备大修技改缺乏针对性，设备运维检修、故障抢修质量不高；对配网故障的判断、定位缺乏有效手段，故障抢修超时现象仍时有发生。以上这些都是造成公司配网永久故障多发甚至引发客户投诉的主要原因。据统计，2014年公司配网发生永久故障1600次，公司配网架空线路百公里永久故障次数达到5. 12；全年因供电质量、电压异常问题造成用户投诉153起，与兄弟公司仍存在较大差距。

## 三、2015年安全生产工作主要思路和重点工作

2015年公司安全生产工作的总体思路是“四深化一推进，即：贯彻国家电网公司安全生产工作会和公司二届五次职代会暨2015年工作会议部署，以贯彻新《安全生产法》为抓手，促安全责任落实，深化隐患排查和“双准入”管理；以强化作业现场安全监督检查为抓手，深化作业现场安全风险管控；以加强电网风险分析及预警管理为抓手，深化电网风险管控和应急能力建设；以加强输变电设备评价管理为抓手，深化设备状态检修和精益化管理；以配网建设改造和营配调数据深化应用为抓手，推进配网精益化管理，实现政治供电“零闪动”、安全生产“零死亡”，为建设“一强三优”现代公司提供坚强保障。

2015年公司安全生产工作的主要目标是：

不发生电力生产人身重伤、死亡事故；不发生性质严重或造成较大社会影响的停电及社会人员伤亡事故；不发生五级及以上安全事件；不发生本企业负主

要及同等责任的重大及以上交通、消防等安全事故。

重点做好以下九个方面工作：

（一）以贯彻新安全生产法为契机，强化安全责任落实

对照新《安全生产法》，深入分析公司安全管理存在的问题，细致查找规章制度存在的漏洞，以安全责任有效落实为重点，不断完善现有安全管理体系和制度标准，突出做好集体企业及外协外包队伍安全管理。

健全安全生产责任制。牢固树立“大安全”理念，落实安全生产主体责任，以安全审计为抓手，建立健全与业绩考核挂钩的责任制落实检查考核体系。各单位尤其是各集体企业要建立以法定代表人为安全第一责任人的安全责任制，严格落实安全生产管理机构配置标准，确保一线专（兼）职安全员配备到位，确保安全生产费用足额投入。

完善安全生产培训机制。树立安全培训不到位就是重大安全隐患理念，健全管理人员、一线人员和外协外包人员分层、分级安全教育培训体系，制定培训计划，明确培训内容和培训目标，强化培训效果考核应用；春秋检前分别开展一次覆盖全员的安全技能培训；将集体企业安全生产培训纳入公司统一管理，做到“同要求、同计划、同考核”；强化公司标准制度、典型案例在外协施工队伍的宣贯培训；充分利用“一报、一刊、一网站”等宣传载体，培育“依法执行”的安全理念。

深化企业、人员“双准入”。依托双准入系统，完善集体企业、外协外包单位和人员的基本信息，开展企业、人员安全资质动态管理，实现安全技能等级考试对集体企业员工全覆盖；持续发布外包单位负面清单，建立外包单位第三方评价验收机制，加强社会平台招标施工单位准入管理，将外包单位安全管理机构设置、安全人员和安全工器具配备作为承接公司项目的必要条件。

提升集体企业安全管理水平。严格落实集体企业安全工作与主业“同管理、同标准、同评价、同考核”的原则，加强集体企业安全生产标准化建设，指导督促集体企业建立与主业相同的安全管理体系，执行与主业同等的安全制度标准和技术标准，规范开展安全例会、现场巡检、事故分析等日常安全管理工作；明确集体企业安全工作目标，落实主办单位监督管理职责，将集体企业安全工作纳入公司安全评价考核体系。

（二）以深化风险管控为重点，巩固安全管理成效

常态开展“两票三制”等基础规章制度执行落实监督检查，依托安全巡检、风险指数、隐患排查等手段，持续深化公司安全风险管控工作，确保公司各项风险可控、能控、在控，不断巩固公司安全管理成效。

进一步规范作业现场安全风险管控。以规章制度有效落实作为确保作业现场安全的关键，以反违章促规章制度执行落地，修改完善违章定性标准，加大习惯性违章和涉及人身安全违章的处罚力度；加强各级巡检组自身能力建设，引入第三方机构开展以规章制度落实为目标的安全管理常态化监督检查。以外包单位为重点，规范安全技术交底内容和执行要求，加强现场安全规范提示卡应用检查，加强安全规范化设施的配备使用；以“四统一”规范安全工器具管理，统一采购，规范技术标准；统一试验，确保工具质量；统一标准，开展外包单位安全工器具抽检；统一管理，严格使用、保存和报废管理。

进一步发挥安全风险指数引领作用。结合公司业务委托、外包工作实际，完善风险指数计算标准，促进风险管控与专业管理工作深度融合；综合考虑重要活动、春检秋检、社会影响等各种安全风险因素，分时段、分区域、分单位开展安全风险评估定级，健全风险管控措施落实评价考核机制，加大监督检查力度，确保安全风险管控取得实效。

进一步完善隐患排查治理工作机制。充分利用隐患管理信息系统，结合新《安全生产法》，规范隐患排查治理闭环管理，实现每条隐患“过程可追溯、结果可核查、责任可追究”，完善公司隐患排查治理日常巡查、专家督查和专家排查工作机制，加强年度隐患专项排查过程管控，做好隐患排查标准滚动修编，完善隐患差异化管控措施标准，确保隐患风险可控。

进一步深化信息通信安全管理。高度重视公司信息系统、通信网络安全风险隐患排查治理，将信息及网络安全监督管理统一纳入公司安全生产管控体系，全面开展信息通信安全性评价，加大评价问题落实整改力度，重点做好信息系统权限、安全防护、机房出入等管理要求落实情况监督检查，加强信息通信安全事件信息报送、统计分析和调查处理。

（三）以完善管理体系为导向，深化资产全寿命周期管理

按照国家电网公司资产全寿命周期管理体系建设和电能质量在线监测系统管理要求，对照公司体系验收阶段专家意见建议，结合公司管理工作实际，以完善体系建设为导向，以提升电能质量在线监测系统应用水平为目标，强化建设阶段问题整改落实，有效提升公司资产全寿命周期管理和电能质量在线监测系统实用化水平。

全面深化资产全寿命周期管理。编制公司资产全寿命周期管理体系改进提升工作方案，推进体系常态化运转。规范各单位资产全寿命周期管理体系建设，强化经研院专业支撑作用，开展体系建设评价与督查，做好配电网设备单体、分台区、分区域决策分析评估模型研究，做好配电网资产全寿命周期管理评估决策分析。

全面推进电能质量在线监测系统应用。健全系统运行机制，理顺跨专业流程，落实管理职责，提升数据自动采集质量，提高数据准确性，确保系统稳定运行。扩大装置自动采集和检测范围，加快推进农村地区数据自动采集工作，加大电能质量在线监测系统应用、运维和培训工作力度，提升各单位业务技能和应用水平。

（四）以加强设备状态评价为抓手，夯实设备管理基础

不断完善设备状态评价工作体系，优化检修组织模式，大力推进标准化变电站、输电线路建设，显著降低公司输变电设备故障，确保公司设备安全稳定运行，杜绝由于设备故障造成有社会影响的停电事故，不发生由于设备设施管理原因造成的社会人员伤亡事故。

抓好状态评价精益化。改进设备状态评价机制，完善设备状态评价标准，开展设备状态定级；建立状态评价专家队伍，开展以专家评价为主的设备评价，将状态评价与隐患排查紧密结合，确保评价工作真正落地。加大带电监测、在线监测（变压器油色谱等）等技术手段推广应用力度，规范数据结果分析应用，全面掌握设备状态。充分利用设备状态评价结果，深化设备状态运维，细化设备差异化运维标准，开展差异化状态检测和状态操作，实现运行巡视、运维资源和运维力量的动态调整。

抓好设备运维精益化。持续推进标准化站线建设，规范操作提示卡推广应用，年内完成 57 座变电站、157 条线路标准化建设任务。深入推进运维一体化，实现全公司范围内，接地电流、$SF_6$气体检测等 100 项业务有效开展。充分发挥各供电公司属地优势，落实输电通道运维管理责任，全年外力破坏事故再下降 10%；加大退运线路运维投入力度，将跨越人口密集区、交通枢纽等重点地区的退运线路等同在运线路管理。全方位落实线路“六防”措施，落实线路防覆冰舞动技术措施，研究制定规范化防鸟害措施，定期分析修编污区分布图，开展 500kV 昌海等重要线路和骨干网架风偏校核，逐线开展防雷评估，切实降低杆塔接地电阻，全年雷击故障率下降 10%。

抓好设备检修精益化。依据设备状态评价结果，建立差异化设备检修预试体系，动态调整设备检修预试周期，加强室外刀闸、互感器等易损设备检修管理，完成 177 组隔离开关轮换式检修，严格落实“逢停必试、逢停必传、逢停必检、逢停必扫”要求，按站按母线制定综合检修计划，提高设备综合检修比例。强化作业现场施工工艺、施工质量管控，加强设备检修抢修过程中 $SF_6$等有害气体回收管理，健全消技防设施缺陷处置闭环管理机制，在全公司推广安防联动工作，实现 110kV 及以上变电站全覆盖。

（五）以降低配网故障为目标，推进配网管理精益化

终端用户能否安全可靠用电，关键看配网。配网运行维护质量关系公司的服务质量和社会形象，要强化配网运行管理，加快配电自动化建设和应用，加强营配调数据深化应用，持续提升配网精益化管理水平。

加强配网设备运维管理。完善配网状态评价体系，拓展评价范围，结合营配调数据深化应用工作，开展以线路、台区为单元的可靠性、经济性评价，实现以台区为管理考核单元的目标。认真开展设备运维巡视标准宣贯培训，加强配电设施差异化巡视和会诊巡视管理，强化标准落实情况监督检查。落实属地公司三线搭挂治理责任，防止倒杆断线造成社会人员伤害。开展 10kV 及低压设备数据治理，组织开展营配贯通数据质量回头看。加强带电作业管理，强化人员培训，提升公司带电作业装备水平，2015 年公司带电作业考核指标达到国家电网公司 B 段水平。

加强配网故障分析管控。加强台区智能表安装及运维管理，加大异常数据治理力度，真正发挥台区智能表在台区异常和故障分析工作中的作用。在深化配网故障分析的基础上，建立故障高发线路、三相不平衡及电压异常台区预警机制，严格落实故障高发线路及异常台区的差异化管控要求，加大改造整治力度。强化配网故障抢修过程管理，推进标准化抢修体系建设，落实公司配网抢修标准工艺要求，实现公司配网永久故障率下降 50%，配网电压异常投诉下降 60%。

加强配电自动化建设应用。有序推进配电自动化项目建设，确保以馈线为单位，建设一条，投运一条。将配电自动化设备运行状态、应用维护情况纳入公司配网设备状态评价体系，开展常态评价工作。落实配电自动化运维主体责任，建立健全运维标准体系，强化运行数据分析和缺陷处置考核，强化配电自动化在故障处置和设备运维中的应用，开展实用化专项监督检查，确保配电自动化建设及运行管理取得实效。

加强电缆网精益化管理。加大电力管道隐患排查

# 创新发展 规范管理 苦练内功 为加快建设“一强三优”现代公司提供坚强保障

——副总经理安建强在公司2015年规划建设物资工作会议上的报告（摘要）

（2015年2月10日）

## 一、发扬成绩、坚定信心，不断开拓新局面

2014年，面对复杂的外部环境和繁重的工作任务，公司规划、建设、物资战线的广大干部员工紧密围绕“四个突出、四个提升”工作思路，重实干、求实效，全面完成各项工作任务，取得了新的显著成绩。

### （一）超前谋划、重点突出，电网发展保持良好势头

围绕首都“四个中心”的城市战略定位和国际一流和谐宜居之都的发展目标，借助国家电网公司与北京市委、市政府达成共识的有利契机，首都电网发展成果显著。北京电网中长期发展规划和空间布局规划先后获得市政府批复，6条外受电通道和240座变电站点纳入城市发展总体规划，其中4条通道、175座站点纳入控制性详细规划。突出网架结构完善优化，开辟特高压大容量输电通道，外受电配套500kV变电站深入市区，为首都世界城市建设提供坚强的电力支撑。明确各级电网站址、走廊和应急抢修服务网络等内容，为未来10~20年北京电网发展提供行动路线。稳步推进外受电通道前期工作，蔚县—门头沟项目已取得全部市级层面核准支持性文件；北京东—顺义、北京东—通州规划选线方案取得市政府批复；其余通道前期工作正在有序推进。签订战略合作协议，建立与市、区两级政府的常态沟通机制，在配电网地方建设标准和集中建设政策、规划选址选线、前期征地拆迁、专项资金补贴等方面获得有效支持。以《北京电网规划设计技术原则》为指导，编制完成北京电网“十三五”规划，实现网格化配电网规划成果与地方政府的对接发布。争取到国家电网公司20亿元专项资金支持，从加强网架结构、提升光纤通信和配电自动化水平等方面加快配电网升级改造。提前落实变电站用地10.4万平方米。完成固定资产投资161.12亿元，同比增长90.92%。全口径完成国家电网公司下达的综合计划指标。

### （二）攻坚克难、奋勇争先，电网建设与基建管理实现双丰收

面对艰巨而繁重的电网建设任务，公司上下团结协作、不畏艰难，圆满完成各项建设任务。全年开工35kV及以上变电容量807万kVA、线路237km，投产723万kVA、线路643km，建设规模创历史最高。海淀500kV工程、西北热电中心配套工程、APEC会议配套工程、核心区1.7万户“煤改电”工程等一大批重点工程全部顺利投产。深化实施基建安全质量“亮牌”管理机制，110kV及以上输变电工程全部实现国网优质工程，海淀500kV送电工程获得公司首个“国网线路工程安全质量管理流动红旗”，全年未发生基建安全事故（事件）。成功实施世界上耐压等级最高、时间最长的500kV电缆交接试验。创新开展智能变电站、地下变电站、电缆隧道等专题造价分析，工程造价控制的针对性和精准度明显提升。全面完成“大建设”体系深化建设内容和重点任务，体系成效评估成绩位于国家电网公司前列。先行试点通用制度对接宣贯和全员学考，率先建成员工岗位专业制度体系。扎实推进基建“规范管理年”活动，工程规范管理水平进一步提升。历史上首次进入国网基建管理同业对标标杆单位行列，基建专业管理迈上新台阶。

### （三）加强服务、保障有力，物资集约管理不断深化

深入开展物力集约化“精益管理年”活动，集中采购、物资供应、质量监督、风险防控等各方面工作有序推进。充分发挥计划引领作用，全年审核上报计划24 757条，准确率达98%。合理安排采购计划，主动建立与前端综合计划、预算管理，与后端供应履约的闭环管控机制。巩固国家电网公司和公司两级集中采购成果，累计执行112个批次采购任务，集中采购金额124.63亿元，同比增长66.3%，集中采购率达98.8%，公司自行采购节约资金2.66亿元。签订采购合同4245份，金额62亿元，支付物资款37.4亿元。进一步扩大服务类招标采购范围，将技改、大修、零购等全面纳入集中采购管控，创新开展零星物资电商超市化采购，进一步降低采购成本，提高供应效率。充分发挥物资调配中心作用，集中统筹重点工程和关键设备供应计划，实现需求与供应有效对接，准确完成物资供应计划4305条，涉及金额28.7亿元，物资

配送按期到货率 99.9%。深化仓储配送体系建设，完成仓库标准化建设任务，合理储备备品备件和应急物资，坚持“先利库、后采购”，完善库存利用长效机制，库存运维物资周转率达到 7.88 次/年。完善物资质量监督体系，强化监造、抽检能力建设，实现物资全过程质量管控，及时发现并整改质量问题 148 项，主要设备出厂验收合格率和一次投运合格率均达到 100%。

**二、把握形势、凝聚共识，积极应对新挑战**

2015 年是实现“十二五”发展目标，谋划“十三五”发展的关键一年，国家经济进入“新常态”、新一轮电力体制改革试点启动、大规模新能源发展迅速、全面依法治国纵深推进，都给公司发展和电网发展带来重大机遇与挑战。尹昌新总经理在今年公司“两会”上也明确指出：配电网建设刚刚起步，特高压下送通道建设和农网改造升级日益紧迫，电网发展任务艰巨。准确把握这些内外部形势和要求，掌握工作的主动权，对于我们做好今年乃至未来几年的工作至关重要。

（一）准确把握宏观形势变化，加快建设坚强智能电网

从首都北京功能定位来看，北京作为全国政治中心、文化中心、国际交往中心、科技创新中心的城市战略定位和建设国际一流和谐宜居之都的发展目标不断强化，未来北京的城市建设特别是基础设施建设将向国际一流标准看齐，高污染、低效率的能源供给方式已难以为继，经济社会发展对节约能源和改善环境提出更高要求。建设高可靠、超稳定配电网是满足首都标准的必然要求；实施特高压及其配套工程，是落实大气污染防治计划、解决雾霾问题的根本之策，这都为公司加快建设坚强智能电网提供了广阔空间。

从国家电网能源发展战略来看，以构建全球能源互联网为发展目标，创新提出了“两个替代”的实践途径，即能源开发实施“清洁替代”，以清洁能源替代化石能源，走低碳、绿色发展道路；能源消费实施“电能替代”，以电代煤，以电代油，电从远方来，来的是清洁电，提高电能在终端能源消费中的比重。随着以特高压网架为支撑，以输送清洁能源为主导的电力体系的逐步推广和电能替代项目在需求侧的广泛应用，建设坚强智能电网已步入快速发展的重要战略机遇期。

（二）努力适应外部环境要求，积极应对各类风险考验

从企业经营外部监管来看，随着《关于全面推进依法治国若干重大问题的决定》正式出台和国资国企改革、电力体制改革持续深化，政府对公司监管的广度和深度将不断拓展，势必会在电网统一规划和前期手续办理环节上提高要求，在项目安排必要性和投资回报率方面强化审核，在招投标程序、供应商管理等关键环节严格把关。电网发展建设和从业人员廉洁风险将面临更大考验。另外，根据中央纪委的安排，今年要加大对国有企业的巡视力度，要针对一件事、一个工程项目、一笔专项经费开展定点巡视，尤其要强化对权力集中、资金密集、资源富集的部门和岗位的监管。

从电网建设外部环境来看，随着首都土地资源供应的日趋紧张，城市环境美观要求的逐步提高，用地手续办理、环境影响评价、工程核准批复等行政审批越发严格，选址选线、造价控制、工程建设难度不断加大。受征地拆迁、施工受阻等因素影响，项目建设进度难以保障。外部舆论环境也在发生深刻变化，一些位于居民区附近的电力工程极易引发“民扰”，任意一件小事借助微博、微信等新媒体平台传播，都有可能被炒作成社会热点，稍有处置不当，极易引起失实负面舆情扩散。在首都稳定压倒一切的特殊环境下，工程建设正常开展将面临巨大风险。

一是电网发展“两头薄弱”问题依然突出。随着一热、二热等电厂退运，城市中心区缺乏电源支撑，主网网架结构局部尚显薄弱，220kV 下送通道日益饱和，考虑到区内用电负荷持续增长，电力供需矛盾日渐突出，现有通道“紧平衡”状态将逐步转化为“硬缺口”的紧张局面，加快引进特高压电力入京已迫在眉睫。受长期政策和体制影响，公司 10kV 配电网发展模式仍以客户工程分散投资为主，电缆环网比率、架空网绝缘率、配电自动化和光纤覆盖率仍处于较低水平，互倒互带能力不强，供电可靠率与国际先进水平还有较大差距。今年公司明确提出，把配电网建设改造放在突出重要的位置，与各单位签订配电网建设改造责任状并纳入企业负责人业绩考核，充分体现了公司对着力提高配电网发展质量的高度重视和坚定决心。

二是任务统筹和安全质量压力巨大。锡盟—北京东—济南、蒙西—北京西—天津南等特高压工程预计于 2017 年全部建成投运，按照配套工程比特高压工程适度超前投产的原则，特高压下送涉及的多项 500kV 配套工程须全面开工并要在 1~2 年内投产，考虑到公司首次承担跨境线路工程建设，将是对基建系统的又一次考验。各级电网加快推进和全面建设，对物资供应和保障工作也提出更高要求，产能和运能统筹协调任务更加艰巨。新《安全生产法》正式实施对强化主

客户流失、市场份额降低、服务成本较高、销售收入减少等诸多风险。如何增强竞争能力，主动抢占市场份额是营销工作面临的新课题。二是社会和舆论环境较为复杂。随着公民社会发展进步，政府、媒体、公众对公共服务行业的关注度持续增强。公司任何服务问题都极有可能引发电力改革打破垄断的非议和炒作，影响公司乃至国家电网公司实现“两个转变”的战略部署。三是首都供电服务工作始终面临较大压力。公司作为首都最大的公共事业单位，始终面临政治责任大、重要客户多、保障标准严、客户层面广、服务诉求高等多方面要求，客户对电能质量和服务标准更加敏感。首都客户能源消费理念和消费方式对我们提出了更高要求。四是电力销售市场前景不乐观。当前，我国经济发展进入低速增长新常态。2015 年，北京市将进一步深化经济产业结构调整，京津冀一体化发展将全力推进，随着传统高耗能产业、批发物流集散地外迁，售电市场增速放缓，市场开拓难度加大，经营管理面临巨大挑战。

从内部看，一是营销管理基础依然较为薄弱。北京地区多种表计混用给客户使用和公司管理带来诸多不便，计量抢修和运维管理尚未集约化整合。老旧小区、临时代永久小区、高压自管小区等在供电抢修、电费回收、服务投诉等方面还存在较多问题亟待解决。营销业务骨干及专家型人才较为匮乏，跟不上新型营销业务发展的需要。供电所管理水平参差不齐，基础管理工作有待进一步夯实。二是业扩报装管理仍需进一步规范。当前，公司售电增速放缓，市场开拓难度增大，业扩报装工作面临新的挑战。公司持续优化报装流程，服务质量虽有所提升，但距离客户满意仍存在较大差距，报装接电问题依然是客户反映的焦点。支撑服务的后台业务流程运转还不够顺畅，报装结存容量仍然较大。个别单位依然存在对客户受电工程变相“三指定”和借机“吃拿卡要”现象，业扩报装管理仍需进一步规范。三是优质服务水平有待进一步提升。从 2014 年投诉情况来看，窗口服务、供电抢修、业扩报装等方面问题仍然突出，如不及时解决极易成为公司优质服务工作的“出血点”和“发热点”，进而引发“垄断”“强势”等非议，给公司的品牌形象造成无法估量的影响，服务舆情风险不容轻视。四是优质服务宣传力度不够。近年来，随着智能表换装、信息系统升级，公司陆续推出一些新型服务举措，但目前我们的宣传意识、宣传手段、宣传力度还远远不够，客户知晓度不高，社会影响力不足，对公司树立品牌形象、缓解服务压力的效果不够明显。

面对复杂多变的内外部环境，需要全体营销员工进一步增强忧患意识和责任意识，变压力为动力、化挑战为机遇，坚持市场化方向、深入研究售电侧放开、提前布局，积极应对电力体制改革；夯实管理基础、创新服务举措、加大宣传力度，积极构建客户导向的营销服务体系，进一步提升营销管理绩效和优质服务水平。

### 三、2015 年重点工作

2015 年公司营销工作整体思路是：全面贯彻落实国家电网公司 2015 年营销会和公司“两会”精神，坚持以客户需求为导向，以实现营配调数据贯通、用电信息采集全覆盖为基础，巩固提升“一型五化”大营销体系建设，加强人才培养，优化业务流程，强化服务创新，积极开拓市场，提升同业对标水平，推动营销服务工作再上新台阶。

2015 年公司营销工作主要目标是：当年电费回收率完成 99. 95% 以上，应收电费余额占月均应收电费比重控制在 1. 4% 以内；实现替代电量 16 亿 kWh；年节约电量 6 亿 kWh 以上；年节约电力 13 万 kW 以上；营配调数据贯通实现 100%；推广智能表 165 万具；不发生造成重大社会影响的服务事件；营销同业对标力争进入国家电网公司管理标杆行列。

重点做好以下七个方面的工作。

#### （一）巩固提升“大营销”体系建设

加强省级客服中心建设。强化客服中心营销服务监督职责，将客服中心打造成公司服务调度中心、业务处理中心、信息分析中心和稽查管控中心。建立与国网客服中心沟通协作机制，强化内部联动，实现信息互通、有效预警。进一步优化业务流程和职责界面，严格服务标准，加大热点和敏感信息关注办理力度，强化典型投诉督办，确保客户诉求响应及时、妥善处置。实施营销关键业务质量闭环稽查管控，及时发现异常、及时开展稽查、限时落实整改，防范营销管理风险。

加快推进省级计量中心建设。深入开展计量中心建设功能设置的技术论证，确保功能实用、技术领先，力争当年实现“四线一库”自动化生产系统试运行，同步强化计量中心在技术研究、检验检测和运维监控等方面的技术支撑作用。

加强营销“五位一体”机制建设。按照公司统一部署，坚持客户导向，全面系统梳理营销业务流程，明晰各层级岗位职责、制度标准和考核指标，开展信息系统适应性调整，固化新体系、新模式，严肃制度执行，健全长效机制。

#### （二）深入开展营销精益化管理

全面深化营配贯通工作。完成全部 743 万户营配数据采录，开展数据质量“回头看”，通过高低压事故定位、台区线损合格率等指标，校验营配数据贯通准确性，建成“营配一张网”。创新服务举措，开展高压客户勘查预约服务、停电信息互动服务、台区量价费损分析、反窃电分析预警等营配调数据深化应用，提升优质服务和精益化管理水平。

全面完成用电信息采集系统建设。全年换装智能表165万具、采集1.4万个台区，加强现场施工管理，实现采集全覆盖。加强计量设备运维，开展计量抢修、采集运维一体化管理和计量装置巡抄巡视，建立“后台两级监控、现场一体化管理”的计量运维体系。开展采集主站系统功能升级，实施2.5万个台区光纤对接工程，推进计量装置在线监测、智能诊断，有效监测计量设备故障和查处窃电。

强化计量资产管理和技术创新。建设完成大兴等6个供电公司的智能化库房，开展故障智能表检测和在运智能表抽检。加强表计库存管理，提高表计周转效率，严格落实超期存放表计的复检与考核，提升计量资产管理水平。开展计量新技术研究应用，有序组织防窃电计量箱、智能封锁安装，积极参与国家电网公司采集主站新构架建设、宽带载波表研究、自动重合闸开关应用等试点工作。

加强量价费精益化管理。按照依法治企要求，针对近三年电价检查突出问题，持续深入地开展电价专项稽查，实施营销业务一体化管控，提升电费电价执行管控力度。积极落实地区销售电价分类结构调整工作，引导交费电子化和社会化，减少柜面收费、现金交费和人工对账工作量，实现自营渠道电子化收费笔数占比5%以上。组织制定电费回收高风险企业标准，实施“一户一策”风险管控，开展跨区域预警联动；开展营销实时费控应用建设，加强与政府的汇报和沟通，依法开展电费催收、欠费停复电，降低电费回收风险。建立营销电子档案管理信息系统，规范客户档案管理。

（三）全面规范业扩报装管理

简化流程提高报装效率。深入落实国家电网公司指导意见，进一步精简申请资料，实行“一证办理”。提高供电方案编制深度，简化供电方案审批流程。原则上开放10kV及以下报装接入。取消普通高压客户设计审查和中间检查，简化竣工检验内容，合并低压客户现场勘查、装表、接电环节。低压和高压业扩引起的电网配套工程分别按照抢修领料和“项目包”模式实施，提高响应速度。加强监督考核，坚决杜绝客户受电工程“三指定”、乱收费行为。

开展“促业扩、压结存”专项活动。制定专项活动方案，各供电公司、相关专业单位要加强组织领导、明确具体措施、细化岗位责任、加快业务办理。要主动适应业扩纳入运营监测管控的有关要求，重点治理规避监督、线下操作行为，杜绝体外循环。要深入分析结存容量，完善部门协同机制，及时公布环节阻滞状况，重点落实断面审批、沟道占用费收取等管理规定，按时发布可开放容量，有序安排停电计划，提升业务办理效率，确保全年压结存工作取得明显成效。

（四）持续提升优质服务水平

加强服务质量管控。深入开展明察暗访、第三方满意度测评、优质服务点评，定期组织召开投诉分析例会，加强服务管控力度。组织开展“无投诉周”劳动竞赛，设立无投诉周数量、无投诉时长记录。针对敏感时段、敏感地区、敏感事件提前发布《供电服务风险预警单》，部署具体措施，实现投诉管控关口前移。严格执行国家电网公司供电服务奖惩办法，严肃查处损害客户利益行为。

突出强化差异化服务。开展重要客户安全服务，确保反法西斯战争胜利七十周年阅兵、全国“两会”、世锦赛等重大政治供用电安全。深入开展大客户用能评估、节能改造等服务，提升大客户服务水平。协调推进老旧小区、轨道交通、保障房等重点民生工程项目。加快分布式发电和充换电设施接入服务，设立“一站式”服务，做好并网接入、电能计量和电费结算等工作。发挥党员服务队、社区客户经理的积极作用，开展“六进三送”“五心服务进万家”等专项活动，提升居民客户服务水平。

抓好服务群众“最后一公里”。推进“六位一体”智能互动服务平台应用，完善平台功能，拓展支付宝、微支付等便利购电方式。拓展各代收金融机构的网上、手机银行交费购电服务。加大手机客户端、电力微信等自助服务宣传推广力度，注册用户目标力争达到100万。全面评估安全风险，适时推出信用卡购电服务。开展交费渠道评估，合理规划营业网点，有序调整24小时营业窗口。继续推进农村缴费网点建设，满足客户就近购电需求。

推动抢修服务末端融合。加快营配调信息贯通和业务融合，试点开展一体化抢修服务。整合低压抢修、计量抢修及采集运维三项工作，暨在一个供电服务区域、一支运维队伍、一次完成现场工作，缩短故障处理时限，降低运行维护成本，提高服务水平。

（五）加强售电市场拓展

大力开展电能替代。按照北京市政府“减煤换煤、清洁空气”工作要求，继续推动实施城市核心区无煤化改造和“城六区”无燃煤锅炉改造，加大远郊区县燃煤锅炉清洁能源改造力度。推进农村地区分散式电采暖工程建设，培育新的用电增长点。继续大力推进热泵、蓄冷空调等需求侧项目应用，努力增加公司售电量。

加大节能市场开拓力度。落实国家电力需求侧管理考核要求，全面完成节约电力电量考核任务。深入挖掘公司内部潜力，筛选节能潜力大、经济效益好的项目作为节能项目纳入综合计划，支持节能公司以合同能源管理方式组织实施。积极拓展外部节能市场，深入开展重点用能客户节能诊断和咨询，加大客户甄选力度，提高项目转化率。推进电能服务平台深化应用，开展数据治理，完成用电市场、典型客户、宏观经济相关性等分析研究，进一步完善平台功能。

加快智能充换电服务网络建设运营。建设完善高速快充网络，打造京津冀城际互联网络，春节前完成公共充电网络充电桩建设调试工作，具备充电服务和接入智能互动平台的投运条件。开展自用充电设施建设引起的低压配网改造工程和公用充电设施建设引起的电源接入工程，满足新能源汽车快速增长的用电需求。开展智能充换电服务网络改造升级，完善运营监控系统功能，深化智能互动平台开发应用，加强充换电设施运营维护。开展动力电池梯次利用试点，深化动力电池梯次利用研究。开展智能楼宇和智能小区智能电网创新示范项目建设，实现电网与客户的有效互动。

加强电力改革对营销服务影响研究。按照公司统一安排，及时了解掌握电力改革动向，分析改革给售电市场、专业管理等带来的影响，及时调整服务策略，防止优质客户流失，稳固存量市场，抢占增量市场，努力确保市场份额。

（六）进一步加强农电管理

稳妥推进农电业务委托工作。加强农电各项委托业务实施工作调研和过程督导，及时分析和发现实施过程中的问题和困难，会同有关部门及时研究解决，确保业务工作有序推进。高度关注供电所职工思想动态，加强政策宣传解释，深入开展农电不稳定因素排除，及时疏导化解矛盾，确保农电队伍稳定发展。

深入实施乡镇供电所管理提升工程。加强统筹领导，发挥专业管理优势，制定并实施管理提升长效机制。加强工作成效检验和同业对标管理，实现对管理提升效果的准确评估。全面开展“抓两头、带中间”帮扶活动，整体提升乡镇供电所管理水平。

综合治理乡镇供电所管理薄弱问题。根据《乡镇供电所全口径同业对标管理体系建设评估报告》，制订乡镇供电所管理薄弱问题治理工作意见和方案，指导各单位认真排查和消除薄弱问题。建立供电所资料准入机制，开展资料精简“回头看”工作，加强督导与帮扶，切实减轻供电所负担。

（七）加快营销队伍人员转型

提高队伍履职能力。坚持以人为本，有计划、有重点地组织开展营销新业务、新技术、新流程和岗位规范培训，要高度重视通用制度体系学习宣教，完善营销知识库体系，开展一线营销服务人员调考，提高营销队伍整体素质和执行能力。

加强技术骨干和复合型人才培养。以国家电网公司第五届供电“服务之星”竞赛和北京市职业技能竞赛为契机，培养一批技术骨干和专业管理人才，适应信息化、自动化、智能化新型服务的需要。以客户需求为导向，培养大客户经理等复合型人才，适应电力体制改革过程中公司持续健康发展的需要。

加强典型引导，选树服务楷模。大力弘扬公司企业精神和核心价值观，深化“创先争优”活动，积极发掘供电服务一线的模范事迹，选树岗位明星、服务标兵，加强宣传引导，激励广大员工比学赶超，奋勇争先。

进一步强化作风建设。严格落实中央“八项规定”，坚决抵制“四风”问题，强化法制观念，树立依法遵章、令行禁止的工作作风。提升营销人员的责任意识、担当意识，以饱满的精神状态，保障营销工作健康发展。

# 严明政治纪律　强化责任担当
# 全面提升公司反腐倡廉建设工作水平

——纪委书记张铁恒在公司2015年思想政治、品牌建设暨反腐倡廉建设工作会议上的报告（摘要）

（2015年1月27日）

## 一、2014年工作回顾

2014年，公司纪检监察系统坚决贯彻上级反腐倡廉决策部署，坚持落实“四严”要求，切实在履责任、反四风、严执纪、抓监督、重管控、强预防上下功夫，圆满完成了年度反腐倡廉建设各项目标任务，确保了企业安全健康和谐发展。

一是强化担当意识，责任落实更加到位。认真贯彻国家电网公司党风廉政建设责任制考核办法和落实“两个责任”实施意见，以党风廉政建设责任制实施细则为抓手，明确责任分工，细化考核要求，并层层签订责任书，做到一级抓一级，层层抓落实。各级党委、领导班子和领导干部积极落实主体责任，将党风廉政建设和经营管理工作同部署、同落实、同检查、同考核，确保责任落实、工作到位。公司纪委结合“三转”（转职能、转方式、转作风）要求，围绕公司中心工作，聚焦主业，认真履责，制定年度任务清单，加强组织协调，拓展监督渠道，严格检查考核，切实提升监督执纪问责水平，维护了纪律的权威性和严肃性。

二是聚焦“四风”整治，八项规定执行有力。持之以恒落实中央八项规定精神，结合公司群众路线问题整改，聚焦“四风”，强化明察暗访和制度管控，抓出习惯、抓出长效。专门出台工作意见，以群众关心、媒体关注的问题为重点，对违规接待、公车私用、滥发福利等“习惯性违章”问题进行明确界定和严格管控，有效防控“四风”问题反弹。强化明察暗访，将八项规定执行专项检查方案细化为会议管理、公务接待、车辆使用等13大类43项具体内容，对所有单位开展联合检查，并延伸到相关集体企业，覆盖面达100%。强化制度管控，在国家电网公司系统率先出台领导干部操办婚丧喜庆事宜报备制度，并推动完善了公务接待、会议管理、车辆管理、费用报销等一系列制度流程及标准，公司业务招待费、会议费、办公费、车辆使用费分别同比下降60.4%、46.3%、11.8%和9.5%，管控成效明显，公司全年没有发生违反八项规定、影响企业形象的责任事件。

三是严格执纪问责，正风肃纪取得实效。强化信访举报案件查办力度和质量要求，通过本部直查直办，带动基层自查自办，严肃执纪问责。及时查处了个别单位和干部违规集体决策、违反业务招待规定、违规宴请收礼等行为，切实做到抓早抓小，防微杜渐。公司纪检监察系统全年共收到并核查信访举报28件，处分人员1名，诫勉谈话4人。高度关注95598客服热线反映的行风廉政举报问题，围绕全年收到的47件举报，进一步完善处置流程，加强专题诊断、跟踪督办和过程指导，确保妥善处理，及时化解风险。强化与外部执纪执法机关的配合联动，建立沟通和信息共享机制，全年共配合外部案件调查10件次，从中及时发现苗头性、倾向性问题，提出从源头上预防和遏制腐败现象的具体措施，有效保障了人员廉政安全和公司稳定局面。

四是深化监督检查，防控效能得到加强。强化协同监督，统筹规划全年监督议题计划，细化界定职责分工、工作标准和管控要求，对3大类13项重点任务协同开展监督工作，并延伸至集体企业；全年公司两级共召开协同监督联席会议87次，研究议题461项，下发整改意见书116份。落实依法从严治企要求，以审计监督为抓手，突出重点领域和关键环节，开展内部宾馆、酒店、培训中心等专项审计工作，提出整改意见57项，并先后约谈基层单位42次，有效促进了整改落实，规范了经营管理。强化纪委书记定期报告制度，完善单独报告机制，搭建了基层纪委抓责任、抓监督、抓落实的重要平台，全年各单位纪委共书面报告308次，单独报告28次。发挥效能监察纠偏提效作用，公司两级共开展供电服务等效能监察37项，提出监察建议523条，实现经济效益1.18亿元；开展供电服务明察暗访249次，参与招投标监督活动218人次，风险防控效能得到明显加强。

五是突出重点对象，管控保障更加到位。坚持以人为本控风险，针对班子决策风险，完善“三重一大”决策办法和操作流程，并出台重要事项后评估管理规定，全年仅公司层面就召开涉及“三重一大”会议26次，集体研究决策重大事项63项，决策的规范性、科学性不断增强。针对干部廉政风险，深化“七廉”活动，全年公司党委中心组围绕八项规定等重点内容进行了17次廉政专题学习，各级领导班子均开展了不少于6次的廉政风险专题研究。针对人员从业风险，认真落实公司廉洁从业重点岗位人员监管规定，以交流轮岗为重点，同步开展学廉考廉、诺廉守廉、述廉评廉等监督工作，动态更新岗位名录，全年共梳理重点岗位人员1726人，完成重点岗位交流714人，促进了人员廉洁从业安全。

六是注重警示教育，廉洁氛围更加浓厚。坚持将警示教育作为强化预防、保障安全的重要抓手，着力提升教育的系统性、针对性和实效性，构建拒腐防变的思想防线，使“干事、干净”理念更加深入人心。在深化实施廉洁文化“四进”活动，发挥公司廉洁教育基地作用基础上，认真梳理提炼上级八项规定基本制度规范和通报案例，编发警示教育手册3000余册，公司各级以党委中心组、支部学习等方式，进行学习宣贯，以案说法、举一反三，做到知规矩、明底线、警钟长鸣。配套开展专家讲座、知识竞答、业务风险我来讲等警示教育活动，全年公司各级党政主要负责人、分管领导带头讲廉课112场次，两级纪委对159名新提职干部进行了廉政谈话；累计开展警示教育358场次，受教育面达3.4万人次，营造了浓厚的廉洁氛围。

2014年，公司系统未发生干部员工腐败违法案件或严重违纪问题，未发生瞒案不报、压案不查或责任追究不到位的情况，未发生影响和损害公司形象的重大行风事件，反腐倡廉建设成效显著，得到了上级充分肯定。公司八项规定、效能监察等典型工作经验在《国家电网工作动态》进行了交流；廉洁从业重点岗位监督防控成果分别荣获国家电网公司、北京市和中国电力企业管理协会优秀管理创新成果奖，实现了内质外形双丰收。这些成绩的取得，得益于国家电网公司党组、纪检组的坚强领导和亲切关怀，得益于公司党委和领导班子的高度重视和具体指导，得益于广大干部员工的鼎力支持和敬业奉献，在此，我谨代表公司纪委表示诚挚的敬意和衷心的感谢！

## 二、严明政治纪律，强化责任担当，全面提升反腐倡廉建设工作水平

党的十八大和十八届中纪委历次全会对保持反腐高压态势，坚持党的领导、依规管党治党等作出一系列重大战略决定。在刚闭幕的十八届中纪委五次全会上，习近平总书记指出，要按照全面建成小康社会、全面深化改革、全面依法治国、全面从严治党要求，将严明党的政治纪律和政治规矩放在更加突出的位置，坚定不移地推进党风廉政建设和反腐败斗争，做到无禁区、全覆盖、零容忍。针对国有企业，习总书记特别强调，要完善国有资产资源监管制度，强化对权力集中、资金密集、资源富集部门和岗位的监管；要对国有企业进行全面巡视，并加大审计监督力度。国家电网公司2015年“两会”站在保障企业安全健康和谐发展的高度，强调要全面深化反腐倡廉建设，切实强化纪律观念和法治思维，坚决消除“习惯性违章”问题和管理薄弱环节，全面构建“三全五依”（全员守法、全面覆盖、全程管控，依法治理、依法决策、依法运营、依法监督、依法维权）法治企业。上级的重要指示精神为我们坚定不移惩腐败、驰而不息抓纪律，做到稳扎稳打、步步为营、久久为功指明了前进方向，也对我们全面落实“两个责任”，切实深化“三转”工作，不断强化监督执纪问责效能，持续提升服务保障能力提出了明确要求。

近年来，在国家电网公司的坚强领导下，公司坚持讲政治、顾大局、守纪律，不断完善“三化三有”惩防体系，持续深化依法从严治企，有效维护了企业安全健康和谐发展局面。但我们也清醒地认识到，公司改革发展和依法治企任务依然十分繁重，管理基础并不牢固，尤其是与上级日益严格的高标准要求相比还有明显差距，与外部日益复杂的监管形势相比还存在不太适应的地方，反腐倡廉建设还有很多工作要做，责任重大、任务艰巨。在纪律建设上，如何践行从严治党、依规治党要求，切实强化广大党员领导干部的政治纪律观念和法治规矩意识，提高对重要决策部署的执行力还需要进一步研究落实。在责任落实上，全面落实“两个责任”，切实深化“三转”工作，形成责任明确、各司其职、上下联动、齐抓共管的整体合力还需要进一步加强。在监督防控上，针对经营管理中出现的跨部门、跨专业监督难题，针对“习惯性违章”“潜规则”可能导致的系统性、颠覆性风险，还需要进一步在监督方法、协同手段上进行拓展和丰富。在执纪问责上，对屡查屡犯，甚至顶风违纪，不收敛、不收手的问题和人员，还需要进一步抓好正风肃纪，切实提高信访案件查办的质量效率和执纪问责的震慑效应，最大限度发挥源头预防治本作用。

严格落实上级反腐倡廉决策部署，紧密围绕公司“四个突出、四个提升”总体思路，充分发挥监督保障作用，需要我们切实提高认识、转变观念，着力在严明政治纪律、践行“两个责任”、强化监督执纪问

责上下功夫，持续提升执行力、监督力和防控力，以实际工作成效为公司安全健康和谐发展提供坚强政治保障。

一要以严明政治纪律为核心，促进决策部署不折不扣落实。纪律严明是我们党的光荣传统和独特优势。习近平总书记明确指出，政治纪律是最重要、最根本、最关键的纪律，遵守党的政治纪律是遵守党的全部纪律的重要基础。对我们每一名党员，尤其是对党员领导干部而言，要始终做到在思想上、行动上同党中央保持高度一致，必须坚持把维护党的政治纪律放在首位，着力从遵守和维护党章入手，旗帜鲜明地号召和引导公司全体党员干部牢固树立党章意识，始终遵循党章这个总纲领、总规矩，自觉按照党的组织原则和党内政治生活准则办事，强党性、正行为、去歪风，始终在政治方向、政治立场、政治言论、政治行动方面遵守刚性约束，做到方向问题不出岔、原则问题不含糊。着力从加强政治纪律教育入手，综合运用党委中心组学习、反腐倡廉会议、依法治企专题讲座等渠道形式，引导广大党员干部充分认知党纪严于国法的基本内涵和要义，切实增强政治敏感性和鉴别力，坚持讲政治、顾大局、守规矩、作表率，真正做到令行禁止，杜绝“三表”行为，不搞“上有政策，下有对策”。着力从强化监督查处入手，践行“党要管党、从严治党”方针，坚持把守纪律、讲规矩作为考量党员干部政治品格和能力素质的重要标尺，以维护政治纪律为核心，着力从政治纪律、组织纪律、财经纪律、工作纪律和生活纪律五个方面开展监督检查，坚决纠正无组织、无纪律问题，杜绝小错酿成大错、违纪走向违法，确保上级各项重大决策部署贯彻不走样、执行不打折。

二要以落实“两个责任”为主线，提升反腐倡廉整体合力。落实“两个责任”、推进“三转”工作，既是党中央对推进反腐败体制机制改革做出的重大决定，更是党章赋予我们的职责使命。要全面落实“两个责任”，必须在强化责任担当上下功夫，牢固树立“抓好党风廉政建设是本职、不抓是失职、抓不好是渎职”的责任意识，进一步解决好认责不清问题，强化对党委主体责任和纪委监督责任的认知和理解，切实抓住推进反腐倡廉建设的“牛鼻子”，种好各自的“责任田”；进一步解决好担责不力问题，各级党委、领导班子和领导干部，尤其是党政主要负责人，要始终把主体责任放在心上、扛在肩上、抓在手上，做到与公司改革发展和依法治企中心工作同研究、同部署、同落实；进一步解决好考责不严问题，从责任主体明确化、考评标准可量化、考核运用具体化入手，对“两个责任”落实情况进行分别报告和考量，并建立“签字背书”倒逼追责机制，促进各单位在反腐倡廉上真正做到党委“不松手”、党政主要负责人“不甩手”、班子成员“不缩手”。必须在推进“三转”上下功夫，强化纪检监察基本职能回归，切实发挥“监督的再监督、检查的再检查”作用，摒弃“开山斧”和“救火队”角色。要聚焦主业转职能，瞄准人财物、工程、服务等风险易发高发重要领域，尤其是自采物资、自管工程等具有较大裁量权的关键环节进行重点监督管控，同时处理好加与减的关系，把业务日常监督管理责任归还主责部门，解决好越位、错位、不到位的问题；要创新监督转方式，针对“习惯性违章”、潜规则等可能导致的系统性、颠覆性风险，进一步整合监察、审计、财务、法律等监督资源，拓展协同监督、专项检查、明察暗访等监督渠道，同时处理好内与外的关系，分工不分家，形成齐抓共管的“大监督”格局。要真抓实干转作风，瞄准风险搞调研，带着线索纠问题，深入剖析，对业务风险管控关键环节进行聚焦锁定和有效管控，同时处理好知与行的关系，严格自律、敢抓敢管，切实做到忠诚、干净、担当。

三要以推进监督执纪问责为抓手，发挥惩戒预防保障效能。强化监督执纪问责既是落实反腐无禁区、全覆盖、零容忍的基本要求，也是我们落实“两个责任”、深化“三转”工作，充分发挥惩戒预防保障功能的重要途径。在强化监督上，要盯住苗头，横下一条心纠“四风”，对涉及八项规定、行风廉政等纪律规矩和企业形象的敏感问题，抓具体、抓节点、抓预控，做到早发现、早提醒、早纠正；要狠抓源头，向制度要长效，结合公司“五位一体”协同机制建设，从经营决策、业务管理、监督内控等全方位考量基本制度执行情况，促进监督管控要求嵌入到制度流程、落实到人员岗位。在严格执纪上，要坚持抓早抓小、防微杜渐，以近年来内外部行政监察、审计监督、信访案件等发现的屡查屡犯问题为突破口，把握主要矛盾，突出严字当头，通过全面开展正风肃纪、依法治企对照检查等各类专项行动，综合运用约谈提醒、诫勉谈话等方式，促进决策部署和纪律要求不折不扣执行落地。在严肃问责上，要始终保持高压态势，对执行不得力、防控不到位，甚至在“四风”等问题上顶风违纪，不收敛、不收手的，从严从快查办，并按照“四不放过”原则，逐级问责追究，切实解决责任追究中失之于宽、失之于软的问题；要注重源头治理，充分发挥案件查处的惩治和警示作用，进一步完善制度流程、堵塞管理漏洞，并强化红线警示教育和法治意识培育，促进不敢腐、不能腐、不想腐长效机制的处理直接责任人，还要相应追究单位领导班子、主要负责人和分管领导的责任，决不姑息迁就。

注重预防保障。加强信访案件线索集中管理，严格落实“一案两报告”制度，对近年来信访案件、审计监督以及依法治企暴露出的问题认真梳理，分析深层次管理原因，充分发挥警示预防作用。两级纪委要进一步强化企地联控，加强与地方执纪执法部门的信息沟通和配合联动，协同防控和处置案件，同时加强内部汇报反馈和上下联动，及时妥善处置线索，努力实现超前防控。

（五）夯实监督基础，提升保障效能

坚持夯实日常管理工作，着力在基层、基础、基本功上下功夫，抓担当、强治本、塑能力、重指导，促进纪检监察干部转变作风形象，彰显工作价值。

加强队伍建设。落实上级精神，结合公司改革发展要求，统筹推进纪检监察部门组织机构及人员配备，加快打造一支忠诚、干净、担当的纪检监察队伍。强化担当意识，指导和督促纪检监察队伍克服不想监督、不敢监督问题，杜绝不作为、乱作为行为。对不敢抓、不敢管导致监督责任缺位、失位的，坚决问责考核。

夯实制度基础。比照上级通用制度，结合公司“五位一体”协同机制建设，及时梳理完善公司现行廉政风险防控、信访案件查办等反腐倡廉制度体系，明确规范操作流程，提高制度的时效性和可操作性。结合责任制常态检查和各类专项检查工作，深化对反腐倡廉各项基本制度执行情况的考量，提高执行刚性。

加大培训力度。以廉政风险防控、协同监督建设、信访案件查办等基础工作为重点，开展系列培训，切实提高纪检监察干部对年度重点工作、专业制度标准和监督方式方法的认知和把握；制定基层纪检监察干部到本部培养锻炼计划，并通过调考等方式，引导基层纪委强化自我学习、自我培训，促进能力整体提升。

加强基层指导。注重引领各级纪检监察干部正确认知形势，充分发挥主观能动性，有效强化纪委组织作用，既主动宣讲纪律标准，成为筑牢思想防线的排头兵，又积极融入业务管理，从源头入手，抓早抓小，成为促进风险化解的排雷手。公司将建立重点工作通报制度，促进基层查找不足、改进工作，不断提升整体执行保障水平。

# 深入推进对标管理　持续提升公司管理水平

——总工程师赖祥生在公司2015年对标暨企业管理工作会上的讲话（摘要）

（2015年2月3日）

## 一、2014年对标及相关企业管理工作回顾

2014年，公司各相关职能部门和基层单位紧密围绕年初公司工作部署，创新开展基础管理提升工作，圆满完成公司对标目标任务，首次蝉联国家电网公司年度综合、业绩、管理标杆，安全、财力、建设、配套保障4个专业进入标杆行列。管理创新、QC等其他相关企业管理工作也取得新的成绩。

（一）健全对标管理体系，提升对标管理成效

健全对标管理体系。实施对标工作标准化促进专业管理标准化，选取大兴、通州、昌平、顺义、信通5家单位开展对标管理体系试点运行，优化形成《对标工作手册》等四大实用性管理成果，为公司各层级大力提升基础管理水平提供支撑。制订公司对标目标和指标提升措施计划。编制公司年度整体对标目标、各专业目标和各项指标目标及针对性指标提升措施计划，将指标阶段性目标、阶段性措施成效一并纳入编制中，为指标涵盖业务事项的工作进度和提升成效提供量化检验参考依据。优化内部对标指标体系及评价模型。根据国家电网公司2014版指标体系优化设计公司内部指标体系，指标从127优化为109个，有效将国家电网公司战略导向及要求落实至基层单位。引入基于发展基础评价模型，客观分析供电公司管理成效与其自身发展基础匹配性。建立横向协同纵向贯通专题协调机制。根据国家电网公司季度发布指标数据，梳理未完成年度目标及处于D、E段短板指标，深入查找问题症结，制定16项重点指标提升行动计划并开展专题协调和动态跟踪。对于专业排名波动较大的供电公司，由公司领导带队组织专业团队现场诊断指导，为基层单位排忧解难，取得明显成效。强化典型经验实践应用。引导各层级将典型经验融入对标诊断改进中。优化基层单位典型经验立项管理模式，引导各单位建立两级典型经验管理体系。各单位共申报内部对标典型经验120篇，其中35篇优秀经验入库。构建对标知识管理体系。编制对标人才队伍培养方案和梯队培养计划，设计系列培训教材24个和考试题库，充分利用内外部专家资源，打造一支高素质对标团队，更好地服务于公司发展。

（二）强化管理创新引领，推进公司核心竞争力提高

持续发挥示范工程作用。以解决影响公司和电网发展的基础性、关键性问题为重点，围绕核心业务集约化创新、资源体系精益化创新、社会责任持续化创新等十大重点领域，连续三年实施“管理创新示范工程”。健全过程管控机制。进一步规范和科学引导管理创新工作，集中优势资源，探索建立跨部门、跨专业、多层级项目联合机制，充分调动主创人员和参与各方积极性，将项目实施融入专业管理，提升专业管理广度和深度。构建专家指导机制。建立创新专家库，将公司内外企业管理经验丰富、专业能力较强的优秀专家人才遴选入库管理。充分发挥专家指导作用，对项目关键环节、关键节点开展“一对一”指导，提升项目品质。健全成果评审机制。建立三级成果评审制，优化评审专家构成，成立联合专家评审组。择优对外推荐创新成果，充分反映公司和电网深化改革、创新管理的最新成就，提升公司影响力。推进成果深化应用。启动管理创新成果推广工程，选取代表性成果，制订成果深化应用实施计划，实现成果共享，发挥最大价值。2014 年公司 33 项管理创新类成果获得省部级及以上荣誉，公司持续获得北京市管理创新先进组织单位。

（三）有序推进标准化工作，建立有效约束激励机制

加强标准化管理。以对标指标为抓手，将全年 2 项标准化考核指标分解下达，通过企业负责人业绩考核推动基层单位开展标准化工作，圆满完成企业负责人业绩考核标准化考核指标。参与公司制度标准一体化平台建设。充分发挥标准化管理信息系统平台宣传教育培训作用，配合废止管理标准和工作标准共 2699 项。组织参与各类标准编写。2014 年公司参与各级别标准编写 50 余项，连续两年被中电联评为“电力标准化工作先进集体”。

（四）不断提高 QC 小组活动水平，发挥员工积极性

建立 QC 小组活动全过程管控模式。建立重点选题督导模式，采取分区督导、现场督导和一对一指导模式，确保重点课题可控推进，全年共督导 66 次。建立 QC 小组活动外出参赛辅导模式。在中国质量协会、北京质量协会、电力行业协会等成果发表赛，共荣获省部级以上 QC 小组活动荣誉 81 项。建立 QC 小组活动成果转化推广模式。制定 QC 成果转化管理办法，启动 QC 成果转化应用示范工程。高表位抄表辅助器（抄表架）、预制式液压人孔盖板、改进型地线钎子首批 3 项产品，目前已全部投入使用。

2014 年，我们团结一致、开拓进取、努力创新，对标成绩、管理创新成果、QC 小组成果获奖数量等均取得新突破。这是公司正确领导的结果，是广大干部员工共同奋斗、勇于争先的结果。借此机会，我谨代表公司，对各部门、各单位和全体对标暨企业管理人员的辛苦付出表示衷心的感谢！

## 二、面临的形势与问题

尹昌新总经理在刚刚召开的公司 2015 年“两会”上明确提出：要认真贯彻国家电网公司 2015 年“两会”精神，继续坚持“四个突出、四个提升”，深入推进“两个转变”，确保安全稳定和优质服务，强化规章制度和队伍素质建设，为服务首都经济社会发展、全面建成“一强三优”现代公司贡献力量。主要目标要求力争保持国家电网公司对标综合标杆。公司的前进方向和工作任务已经明确，我们要围绕公司目标和重点任务，认真贯彻公司部署，扎实开展业务工作，推动公司发展再上新台阶。

2014 年，公司上下付出巨大努力，首次蝉联对标综合标杆，财力、建设、配套保障 3 个专业第一次进入专业标杆行列，公司对标成绩的取得可喜可贺。但是，我们也清醒地认识到，在 2014 年的对标工作中还有短板，人力、规划、营销等传统优势专业没有进入标杆，运行管理专业出了 10 名，我们要在 2015 年持续保持综合标杆地位，就必须要好好总结经验教训，认清形势，把握工作重点，提早策划。

（一）对标竞争环境非常严峻

2014 年，综合对标成绩排名前 3 的依然是江苏、浙江、山东公司，而且排名第 1、2 的江苏、浙江公司比北京总分高出 100 多分，第 3 的山东公司比北京高出 80 多分，尤其是江苏公司管理对标满分 550 分全部获得，10 个专业均进入标杆行列；浙江和山东也分别有 9 个专业进入专业标杆。这 3 家公司无论是所处区域经济发展水平，还是自身基础管理都处于国家电网公司系统前列。排在第 4 和第 5 的是天津和上海公司，分别比北京高出 43.80 分和 12.98 分，由于上海公司有公司认定的造成重大社会影响的事件发生，没有列入标杆排名，北京公司综合排名由第 6 上升为第 5，成为综合标杆。排在北京公司后面的还有福建、河北、辽宁等公司，这些公司各有其优势，都在比学赶超。北京公司由于地处首都，政治供电保障任务重、可靠性要求高，电网投入大，资产效率效益相应较低，影响公司业绩对标水平，提升空间有限。要实现公司确立的 2015 年对标目标，在国家电网公司系统内能够稳

量协会等专业机构合作力度，建立具备专业管理知识和技术能力的诊断师队伍。组织召开年度 QC 诊断师培训班，促进专业管理水平，特别是通过 QC 小组活动发现人才、培育人才，提高企业管理水平。

# 重　要　文　件

## 上级单位重要文件索引（摘要）

| 发文单位 | 文　号 | 文 件 标 题 |
|---|---|---|
| 国家能源局华北监管局 | 华北监能市场〔2014〕316 号 | 关于印发《华北区域电力监管统计信息报送规定》的通知 |
| 国家能源局华北监管局 | 华北监能安全〔2014〕318 号 | 华北能源监管局关于印发《对申请电力安全生产标准化一级企业的审查暂行规定》的通知 |
| 中共北京市人民政府国有资产监督管理委员会办公室 | 京国资党办发〔2014〕8 号 | 关于印发《北京市国有企（事）业单位信访维稳工作目标管理考核办法（试行）》的通知 |
| 北京市发展和改革委员会 | 京发改规〔2014〕4 号 | 北京市发展和改革委员会关于印发《北京市分布式光伏发电项目管理暂行办法》的通知 |
| 北京市发展和改革委员会 | 京发改〔2014〕15 号 | 关于普安屯 110kV 输变电工程项目核准的批复 |
| 北京市发展和改革委员会 | 京发改〔2014〕24 号 | 关于灰峪 110kV 输变电工程项目核准的批复 |
| 北京市发展和改革委员会 | 京发改〔2014〕25 号 | 关于观音寺 110kV 输变电工程项目核准的批复 |
| 北京市发展和改革委员会 | 京发改〔2014〕30 号 | 关于虎峪 110kV 输变电工程项目核准的批复 |
| 北京市发展和改革委员会 | 京发改〔2014〕31 号 | 关于东苇 110kV 输变电工程项目核准的批复 |
| 北京市发展和改革委员会 | 京发改〔2014〕32 号 | 关于定福庄 220kV 变电站扩建工程项目核准的批复 |
| 北京市发展和改革委员会 | 京发改〔2014〕33 号 | 关于北神树 110kV 输变电工程项目核准的批复 |
| 北京市发展和改革委员会 | 京发改〔2014〕652 号 | 关于礼士路 110kV 输变电工程项目核准的批复 |
| 北京市发展和改革委员会 | 京发改〔2014〕785 号 | 北京市发展和改革委员会关于六里屯 110kV 变电站扩建工程核准的批复 |
| 北京市发展和改革委员会 | 京发改〔2014〕787 号 | 关于高碑店 220kV 输变电工程项目核准的批复 |
| 北京市发展和改革委员会 | 京发改〔2014〕810 号 | 关于马坡 220kV 输变电工程项目核准的批复 |
| 北京市发展和改革委员会 | 京发改〔2014〕851 号 | 关于南水北调中线干线北京段涉及韩房一、二回，T 韩房 220kV 线路迁改工程项目核准的批复 |
| 北京市发展和改革委员会 | 京发改〔2014〕892 号 | 北京市发展和改革委员会关于温泉 220kV 站 110kV 切改工程项目核准的批复 |
| 北京市发展和改革委员会 | 京发改〔2014〕893 号 | 北京市发展和改革委员会关于霍营至东小口、白坊 110kV 送电工程项目核准的批复 |
| 北京市发展和改革委员会 | 京发改〔2014〕1012 号 | 关于长辛店 110kV 输变电工程项目核准的批复 |
| 北京市发展和改革委员会 | 京发改〔2014〕1020 号 | 关于军营 110kV 输变电工程项目核准的批复 |
| 北京市发展和改革委员会 | 京发改〔2014〕1041 号 | 北京市发展和改革委员会关于通州运河核心区区域能源系统建设项目能源中心（燃气热电联产）工程核准的批复 |
| 北京市发展和改革委员会 | 京发改〔2014〕1050 号 | 北京市发展和改革委员会关于北京海淀北部区域能源中心（燃气热电联产）项目核准的批复 |

续表

| 发文单位 | 文　号 | 文 件 标 题 |
|---|---|---|
| 北京市发展和改革委员会 | 京发改〔2014〕1294 号 | 关于八达岭太阳能光伏发电 110kV 送出工程项目核准的批复 |
| 北京市发展和改革委员会 | 京发改〔2014〕1385 号 | 关于运河 220kV 输变电工程项目核准的批复 |
| 北京市发展和改革委员会 | 京发改〔2014〕1604 号 | 北京市发展和改革委员会关于七家庄 220kV 输变电工程项目核准的批复 |
| 北京市发展和改革委员会 | 京发改〔2014〕1605 号 | 北京市发展和改革委员会关于南山 110kV 变电站扩建工程项目核准的批复 |
| 北京市发展和改革委员会 | 京发改〔2014〕1606 号 | 北京市发展和改革委员会关于高井电厂退运配套 110kV 切改工程项目核准的批复 |
| 北京市发展和改革委员会 | 京发改〔2014〕2027 号 | 关于安定 500kV 变电站增容工程项目核准的批复 |
| 北京市发展和改革委员会 | 京发改〔2014〕2566 号 | 关于上岸 110kV 输变电工程项目核准的批复 |
| 北京市人民政府国有资产监督管理委员会 |  | 关于实施《北京市国有企（事）业单位 2014 年度信访维稳工作目标管理考核细则》的通知 |
| 北京市规划委员会 | 市规函〔2014〕30 号 | 关于朝阳区东坝中路（姚家园路—坝河北滨河路）道路工程设计方案的批复 |
| 北京市住房和城乡建设委员会 北京市发展和改革委员会 | 京建法〔2014〕17 号 | 关于印发《北京市公共建筑电耗限额管理暂行办法》的通知 |
| 北京市档案局 | 京档发〔2014〕5 号 | 北京市档案局关于印发《档案数字化规范第 7 部分：成果存储与利用》地方标准的通知 |
| 北京市档案局 北京市文化局 | 京档发〔2014〕9 号 | 关于印发《北京市主动公开政府信息纸质文本移送管理办法》的通知 |
| 北京市档案局 | 京档发〔2014〕10 号 | 关于印发《北京市重点建设项目档案工作检查办法》的通知 |
| 北京市科学技术委员会 | 京科发〔2014〕46 号 | 关于印发《北京市示范应用新能源小客车管理办法》的通知 |
| 北京市人民政府防汛抗旱指挥部 | 京政汛〔2014〕2 号 | 关于印发《北京市防汛督查工作制度（试行）》的通知 |
| 北京市人民政府防汛抗旱指挥部办公室 | 京政汛办〔2014〕27 号 | 关于印发《北京市汛期防汛信息报送办法》的通知 |
| 国家电网公司 | 国家电网安质〔2014〕265 号 | 国家电网公司关于印发《国家电网公司电力安全工作规程（配电部分）（试行）》的通知 |
| 国家电网公司 | 国家电网安质〔2014〕339 号 | 国家电网公司关于印发《国家电网直调系统电网运行风险预警管理规范（试行）》的通知 |
| 国家电网公司 | 国家电网安质〔2014〕842 号 | 国家电网公司关于印发《信息通信安全性评价（试行）及信息通信安全性评价查评依据（试行）》的通知 |
| 国家电网公司 | 国家电网安质〔2014〕1291 号 | 国家电网公司关于印发《国家电网运行风险预警管控工作规范（试行）》的通知 |
| 国家电网公司 | 国家电网安质〔2014〕1505 号 | 国家电网公司关于印发《国家电网公司境外单位安全管理规范（试行）》的通知 |
| 国家电网公司 | 国家电网安质〔2014〕1528 号 | 国家电网公司关于印发《国家电网公司安全职责规范》的通知 |
| 国家电网公司 | 国家电网办〔2014〕5 号 | 国家电网公司关于印发《国家电网公司厉行节约反对浪费实施办法》的通知 |
| 国家电网公司 | 国家电网办〔2014〕6 号 | 国家电网公司关于印发《国家电网公司接待工作管理办法》的通知 |

续表

| 发文单位 | 文　号 | 文 件 标 题 |
|---|---|---|
| 国家电网公司 | 国家电网办〔2014〕7 号 | 国家电网公司关于印发《国家电网公司会议管理办法》的通知 |
| 国家电网公司 | 国家电网办〔2014〕1255 号 | 国家电网公司关于印发《国家电网公司办公室工作综合评价细则》的通知 |
| 国家电网公司 | 国家电网财〔2014〕1450 号 | 国家电网公司关于印发《国家电网公司年度财务决算审计采购工作管理办法》的通知 |
| 国家电网公司 | 国家电网财〔2014〕387 号 | 国家电网公司关于印发《国家电网公司支持配合监事会开展监督工作的管理办法》的通知 |
| 国家电网公司 | 国家电网产业〔2014〕767 号 | 国家电网公司关于印发《国家电网公司集体企业车辆管理办法（试行）》的通知 |
| 国家电网公司 | 国家电网党〔2014〕2 号 | 中共国家电网公司党组关于印发《国家电网公司党风廉政建设责任制实施办法》的通知 |
| 国家电网公司 | 国家电网党〔2014〕3 号 | 中共国家电网公司党组关于印发《国家电网公司协同监督工作规则》的通知 |
| 国家电网公司 | 国家电网党〔2014〕14 号 | 中共国家电网公司党组关于印发《国家电网公司总经理助理、总师、副总师、法律顾问工作规则》的通知 |
| 国家电网公司 | 国家电网党〔2014〕31 号 | 中共国家电网公司党组关于印发《国家电网公司“电网先锋党支部”创建工作管理办法》等 4 项通用制度的通知 |
| 国家电网公司 | 国家电网党〔2014〕35 号 | 中共国家电网公司党组关于印发《领导干部任职试用期的暂行规定》等 4 项通用制度的通知 |
| 国家电网公司 | 国家电网发展〔2014〕602 号 | 国家电网公司关于北京电网马坡等 220、110kV 输变电工程可行性研究报告的批复 |
| 国家电网公司 | 国家电网发展〔2014〕962 号 | 国家电网公司关于北京安定、昌平 500kV 变电站扩建工程可行性研究报告的批复 |
| 国家电网公司 | 国家电网发展〔2014〕1369 号 | 国家电网公司关于北京电网岳各庄等 220、110kV 输变电工程可研调整的批复 |
| 国家电网公司 | 国家电网发展〔2014〕1370 号 | 国家电网公司关于北京电网龙潭湖等 220、110kV 输变电工程可行性研究报告的批复 |
| 国家电网公司 | 国家电网法〔2014〕213 号 | 国家电网公司关于印发《国家电网公司合同管理办法》省级电力公司差异条款的通知 |
| 国家电网公司 | 国家电网工会〔2014〕152 号 | 国家电网公司关于印发《国家电网公司民主议事会议制度》和《国家电网公司职工代表大会专门工作委员会工作制度》的通知 |
| 国家电网公司 | 国家电网基建〔2014〕341 号 | 国家电网公司关于北京京阳热电厂改接至红军营 220kV 送出工程初步设计的批复 |
| 国家电网公司 | 国家电网基建〔2014〕802 号 | 国家电网公司关于北京永定 220kV 输变电工程初步设计的批复 |
| 国家电网公司 | 国家电网基建〔2014〕911 号 | 国家电网公司关于北京海淀 500kV 变电站 220kV 切改工程初步设计的批复 |
| 国家电网公司 | 国家电网基建〔2014〕915 号 | 国家电网公司关于北京温泉 220kV 输变电工程初步设计的批复 |
| 国家电网公司 | 国家电网基建〔2014〕916 号 | 国家电网公司关于北京远大 220kV 输变电工程初步设计的批复 |

续表

| 发文单位 | 文　号 | 文件标题 |
|---|---|---|
| 国家电网公司 | 国家电网基建〔2014〕917 号 | 国家电网公司关于北京未来城电厂 220kV 送出工程初步设计的批复 |
| 国家电网公司 | 国家电网基建〔2014〕935 号 | 国家电网公司关于印发《国家电网公司架空输电线路施工专用货运索道技术管理要求》的通知 |
| 国家电网公司 | 国家电网基建〔2014〕96 号 | 国家电网公司关于北京怀柔北 220kV 输变电工程初步设计的批复 |
| 国家电网公司 | 国家电网基建〔2014〕972 号 | 国家电网公司关于北京西北热电中心高井热电厂—温泉 220kV 等 2 项输变电工程初步设计的批复 |
| 国家电网公司 | 国家电网基建〔2014〕1056 号 | 国家电网公司关于北京西北热电中心高井热电厂—远大 220kV 送出等 2 项输变电工程初步设计的批复 |
| 国家电网公司 | 国家电网基建〔2014〕1264 号 | 国家电网公司关于北京昌平 500kV 变电站扩建工程初步设计的批复 |
| 国家电网公司 | 国家电网科〔2014〕108 号 | 国家电网公司关于发布电网运行有关技术标准差异协调统一条款的通知 |
| 国家电网公司 | 国家电网科〔2014〕472 号 | 国家电网公司关于印发《国家电网公司总部（分部）技术服务管理办法》的通知 |
| 国家电网公司 | 国家电网科〔2014〕473 号 | 国家电网公司关于印发《国家电网公司技术标准专业工作组管理办法》的通知 |
| 国家电网公司 | 国家电网企管〔2013〕2014 号 | 国家电网公司关于印发《光伏发电站电能质量检测技术规程》等 3 项标准的通知 |
| 国家电网公司 | 国家电网企管〔2014〕51 号 | 国家电网公司关于印发《终端通信接入网工程典型设计规范》等 8 项标准的通知 |
| 国家电网公司 | 国家电网企管〔2014〕65 号 | 国家电网公司关于印发《国家电网公司物资采购标准管理办法》《国家电网公司物资管理监察办法》和《国家电网公司物资质量管理办法》的通知 |
| 国家电网公司 | 国家电网企管〔2014〕66 号 | 国家电网公司关于印发《国家电网公司国际业务工作规则》等 9 项国际管理通用制度的通知 |
| 国家电网公司 | 国家电网企管〔2014〕67 号 | 国家电网公司关于印发《国家电网公司电力市场分析预测管理规定》和《国家电网公司配电网规划管理规定》的通知 |
| 国家电网公司 | 国家电网企管〔2014〕68 号 | 国家电网公司关于印发《国家电网公司管理咨询项目管理办法》的通知 |
| 国家电网公司 | 国家电网企管〔2014〕69 号 | 国家电网公司关于印发《国家电网公司生产技术改造工作管理规定》和《国家电网公司生产设备大修工作管理规定》的通知 |
| 国家电网公司 | 国家电网企管〔2014〕70 号 | 国家电网公司关于印发《国家电网公司安全生产反违章工作管理办法》的通知 |
| 国家电网公司 | 国家电网企管〔2014〕73 号 | 国家电网公司关于印发《电力通信工程后评估评价方法》等 18 项标准的通知 |
| 国家电网公司 | 国家电网企管〔2014〕112 号 | 国家电网公司关于印发《电力能效监测系统信息集中与交换终端技术规范》等 3 项标准的通知 |
| 国家电网公司 | 国家电网企管〔2014〕113 号 | 国家电网公司关于印发《电力自助缴费终端通用规范 第 1 部分：技术规范》等 10 项标准的通知 |
| 国家电网公司 | 国家电网企管〔2014〕140 号 | 国家电网公司关于印发《国家电网公司基建项目管理规定》等 26 项基建通用制度的通知 |

续表

| 发文单位 | 文　　号 | 文　件　标　题 |
|---|---|---|
| 国家电网公司 | 国家电网企管〔2014〕154号 | 国家电网公司关于印发《电能表抽样技术规范》等2项标准的通知 |
| 国家电网公司 | 国家电网企管〔2014〕162号 | 国家电网公司关于印发《国家电网公司合理化建议制度》的通知 |
| 国家电网公司 | 国家电网企管〔2014〕163号 | 国家电网公司关于印发《国家电网公司电视电话会议管理办法》的通知 |
| 国家电网公司 | 国家电网企管〔2014〕165号 | 国家电网公司关于印发《国家电网公司报销管理办法》等12项财务管理通用制度的通知 |
| 国家电网公司 | 国家电网企管〔2014〕166号 | 国家电网公司关于印发《国家电网公司电力交易与市场秩序分析评价办法》的通知 |
| 国家电网公司 | 国家电网企管〔2014〕173号 | 国家电网公司关于印发《低压计量箱技术规范》的通知 |
| 国家电网公司 | 国家电网企管〔2014〕193号 | 国家电网公司关于印发《调度数据网设备测试规范 第1部分：路由器》标准的通知 |
| 国家电网公司 | 国家电网企管〔2014〕194号 | 国家电网公司关于印发《直流系统用高压复合绝缘子多应力试验》等12项标准的通知 |
| 国家电网公司 | 国家电网企管〔2014〕216号 | 国家电网公司关于印发《国家电网公司农村用电安全工作管理办法》《国家电网公司农网改造升级工程管理办法》和《国家电网公司总部定点扶贫工作管理办法》的通知 |
| 国家电网公司 | 国家电网企管〔2014〕266号 | 国家电网公司关于印发《分散式风电接入电网技术规定》等3项标准的通知 |
| 国家电网公司 | 国家电网企管〔2014〕273号 | 国家电网公司关于印发《国家电网公司企业年金管理办法》等4项通用制度的通知 |
| 国家电网公司 | 国家电网企管〔2014〕365号 | 国家电网公司关于印发《分布式电源接入配电网设计规范》等4项标准的通知 |
| 国家电网公司 | 国家电网企管〔2014〕366号 | 国家电网公司关于印发《750kV电力设备交接试验规程》等13项标准的通知 |
| 国家电网公司 | 国家电网企管〔2014〕369号 | 国家电网公司关于印发《国家电网公司供电企业组织机构规范标准》的通知 |
| 国家电网公司 | 国家电网企管〔2014〕437号 | 国家电网公司关于印发《水电站电气设备预防性试验规程》和《水电站水工设施运行维护导则》的通知 |
| 国家电网公司 | 国家电网企管〔2014〕437号 | 国家电网公司关于印发《水电站电气设备预防性试验规程》和《水电站水工设施运行维护导则》的通知 |
| 国家电网公司 | 国家电网企管〔2014〕454号 | 国家电网公司关于印发《国家电网公司调控机构设备集中监视管理规定》等4项通用制度的通知 |
| 国家电网公司 | 国家电网企管〔2014〕455号 | 国家电网公司关于印发《国家电网公司环境保护监督规定》《国家电网公司技术标准管理办法》和《国家风电技术与检测研究中心工作规则》的通知 |
| 国家电网公司 | 国家电网企管〔2014〕458号 | 国家电网公司关于印发《国家电网公司小型基建项目管理办法》和《国家电网公司办公用房管理办法》的通知 |
| 国家电网公司 | 国家电网企管〔2014〕493号 | 国家电网公司关于印发《750kV磁控式可控并联电抗器现场试验规范》等28项基建标准的通知 |

续表

| 发文单位 | 文　号 | 文 件 标 题 |
|---|---|---|
| 国家电网公司 | 国家电网企管〔2014〕527号 | 国家电网公司关于印发《线路保护及辅助装置标准化设计规范》等23项技术标准的通知 |
| 国家电网公司 | 国家电网企管〔2014〕539号 | 国家电网公司关于印发《国家电网公司实物库存管理办法》等16项通用制度的通知 |
| 国家电网公司 | 国家电网企管〔2014〕558号 | 国家电网公司关于印发《35kV智能变电站技术导则》和《农网智能型低压配电箱检验技术规范》的通知 |
| 国家电网公司 | 国家电网企管〔2014〕569号 | 国家电网公司关于印发《$SF_6$气体回收净化处理工作规程》和《分布式光伏发电并网接口装置技术要求》的通知 |
| 国家电网公司 | 国家电网企管〔2014〕593号 | 国家电网公司关于印发《国家电网公司科技项目管理办法》等7项通用制度的通知 |
| 国家电网公司 | 国家电网企管〔2014〕643号 | 国家电网公司关于印发《国家电网公司安全设施标准 第6部分：装备制造业》和《电力缺氧危险作业监测技术规范》的通知 |
| 国家电网公司 | 国家电网企管〔2014〕644号 | 国家电网公司关于印发《输变电设备风险评估导则》等32项运维检修标准的通知 |
| 国家电网公司 | 国家电网企管〔2014〕656号 | 国家电网公司关于印发《国家电网公司招标活动法律保障工作管理办法》的通知 |
| 国家电网公司 | 国家电网企管〔2014〕676号 | 国家电网公司关于印发《IEC 61850工程继电保护应用模型》等21项调度运行标准的通知 |
| 国家电网公司 | 国家电网企管〔2014〕715号 | 国家电网公司关于印发《国家电网公司电力交易大厅服务管理办法》等3项通用制度的通知 |
| 国家电网公司 | 国家电网企管〔2014〕718号 | 国家电网公司关于印发《国家电网公司效能监察办法》和《国家电网公司效能监察优秀项目评审实施办法》的通知 |
| 国家电网公司 | 国家电网企管〔2014〕727号 | 国家电网公司关于印发《220～1000kV串补站设计技术规定》的通知 |
| 国家电网公司 | 国家电网企管〔2014〕731号 | 国家电网公司关于印发《1000kV交流棒形悬式复合绝缘子技术条件》等29项基建标准的通知 |
| 国家电网公司 | 国家电网企管〔2014〕742号 | 国家电网公司关于印发《国家电网公司资金管理办法》等8项通用制度的通知 |
| 国家电网公司 | 国家电网企管〔2014〕747号 | 国家电网公司关于印发《国家电网公司调控机构调控运行交接班管理规定》等18项通用制度的通知 |
| 国家电网公司 | 国家电网企管〔2014〕748号 | 国家电网公司关于印发《国家电网公司质量监督工作规定》和《国家电网公司电力安全工器具管理规定》的通知 |
| 国家电网公司 | 国家电网企管〔2014〕749号 | 国家电网公司关于印发《国家电网公司信息通信技术管理办法》和《国家电网公司信息设备管理细则》的通知 |
| 国家电网公司 | 国家电网企管〔2014〕752号 | 国家电网公司关于印发《国家电网公司电力设施保护管理规定》等27项通用制度的通知 |
| 国家电网公司 | 国家电网企管〔2014〕759号 | 国家电网公司关于印发《国家电网公司内审要情专报管理办法》的通知 |
| 国家电网公司 | 国家电网企管〔2014〕766号 | 国家电网公司关于印发《国家电网公司离退休信息统计工作管理办法》的通知 |

续表

| 发文单位 | 文　号 | 文 件 标 题 |
|---|---|---|
| 国家电网公司 | 国家电网运检〔2014〕1076号 | 国家电网公司关于印发《国家电网公司技术监督工作考评指导意见（试行）》和《国家电网公司技术监督告（预）警工作管理指导意见（试行）》的通知 |
| 国家电网公司 | 安质二〔2013〕197号 | 国网安质部关于印发《电网工程建设安全监督检查工作规范（试行）》的通知 |
| 国家电网公司 | 安质二〔2014〕11号 | 国网安质部关于印发《加强县供电企业作业人身安全风险管控工作八条要求》的通知 |
| 国家电网公司 | 安质二〔2014〕59号 | 国网安质部关于印发《交通安全监督检查工作规范（试行）和消防安全监督检查工作规范（试行）》的通知 |
| 国家电网公司 | 安质三〔2014〕3号 | 国网安质部关于印发《集体企业电力施工安全生产十条规定》的通知 |
| 国家电网公司 | 安质三〔2014〕30号 | 国网安质部关于印发《国家电网公司装备制造业安全设施标准化建设验收评价大纲（试行）》的通知 |
| 国家电网公司 | 安质三〔2014〕32号 | 国网安质部转发国家安全监管总局关于印发企业安全生产标准化评审工作管理办法（试行）的通知 |
| 国家电网公司 | 安质综〔2014〕33号 | 国网安质部关于转发国家能源局《电力安全事件监督管理规定》的通知 |
| 国家电网公司 | 办审〔2014〕63号 | 国家电网公司办公厅关于转发《党政主要领导干部和国有企业领导人员经济责任审计规定实施细则》的通知 |
| 国家电网公司 | 保密办〔2014〕15号 | 国网保密办转发国家保密局关于印发《机关、单位保密自查自评工作规则（试行）》的通知 |
| 国家电网公司 | 财评〔2014〕25号 | 国网财务部关于印发《国家电网公司财务在线稽核应用手册（2014）》的通知 |
| 国家电网公司 | 财综〔2014〕9号 | 国网财务部关于转发《中央国家机关会计从业资格管理实施办法》和《中央国家机关会计人员继续教育管理实施办法》的通知 |
| 国家电网公司 | 调继〔2014〕143号 | 国调中心关于印发《继电保护和安全自动装置远方操作技术规范》的通知 |
| 国家电网公司 | 调计〔2014〕149号 | 国调中心关于印发《联络线偏差控制技术规范（试行）》的通知 |
| 国家电网公司 | 调调〔2014〕29号 | 国调中心关于印发《国家电网公司故障停运线路远方试送管理规范（暂行）》的通知 |
| 国家电网公司 | 调运〔2014〕32号 | 国调中心关于印发《源网动态性能在线监测技术规范（试行）》的通知 |
| 国家电网公司 | 调运〔2014〕77号 | 国调中心关于印发《地县电网年度运行方式编制规范（试行）》的通知 |
| 国家电网公司 | 调自〔2014〕28号 | 国调中心关于印发《智能电网调度控制系统调度管理应用（OMS2.0）功能规范（省级以上）》的通知 |
| 国家电网公司 | 调自〔2014〕89号 | 国调中心关于印发《调度自动化系统、设备检修管理流程纵向互联规范》等5项技术规范的通知 |
| 国家电网公司 | 调自〔2014〕126号 | 国调中心关于印发《配电网调度控制系统技术规范（试行）》等规范的通知 |

续表

| 发文单位 | 文　　号 | 文　件　标　题 |
| --- | --- | --- |
| 国家电网公司 | 基建安质〔2014〕1号 | 国网基建部关于印发《施工分包管理十条规定》的通知 |
| 国家电网公司 | 基建安质〔2014〕11号 | 国网基建部关于印发《国家电网公司电力电缆及通道工程施工安全技术措施》的通知 |
| 国家电网公司 | 基建安质〔2014〕38号 | 国网基建部关于发布《输变电工程设备安装质量管理重点措施（试行）》的通知 |
| 国家电网公司 | 审计〔2014〕6号 | 国网审计部关于转发中国内部审计协会《内部审计质量评估办法》的通知 |
| 国家电网公司 | 团〔2014〕13号 | 共青团国家电网公司委员会关于印发《国家电网公司“五四红旗团委（支部）”创建活动管理办法》和《国家电网公司青年文明号活动管理办法》2项通用制度的通知 |
| 国家电网公司 | 外联研究〔2014〕9号 | 国网外联部关于转发国家新闻出版广电总局《新闻从业人员职务行为信息管理办法》的通知 |
| 国家电网公司 | 网工发〔2014〕18号 | 国网工会关于转发《中华全国总工会办公厅关于加强基层工会经费收支管理的通知》的通知 |
| 国家电网公司 | 物资综〔2014〕8号 | 国网物资部关于印发《国家电网公司物资信息系统需求管理工作规范（试行）》等8项物资管理通用操作规范的通知 |
| 国家电网公司 | 信通便函〔2013〕31号 | 国网信通部关于印发《基于WBS的信息化项目建设工作量核定规范（试行）》的通知 |
| 国家电网公司 | 信通建设〔2014〕2号 | 国网信通部关于印发《信息化项目工期标准规范（试行）》的通知 |
| 国家电网公司 | 信通运行〔2014〕4号 | 国网信通部关于印发《设备（资产）运维精益管理系统运行维护管理规范（试行）》的通知 |
| 国家电网公司 | 信通运行〔2014〕28号 | 国网信通部关于印发《2014年度信息通信业绩考核、对标评价细则》的通知 |
| 国家电网公司 | 信通运行〔2014〕100号 | 国网信通部关于印发《国家电网公司基层班组（供电所）计算机配置标准规范（试行）》的通知 |
| 国家电网公司 | 信通运行〔2014〕108号 | 国网信通部关于印发《基建管理信息系统（一级部署）运行维护管理规范（试行）》的通知 |
| 国家电网公司 | 信通运行〔2014〕110号 | 国网信通部关于印发《国家电网公司信息系统应用问题（建议）提报与反馈规范（试行）》的通知 |
| 国家电网公司 | 研战略〔2014〕16号 | 国网研究室关于印发《国家电网公司工作报告分析评价标准化工作手册》的通知 |
| 国家电网公司 | 营销智用〔2014〕27号 | 国网营销部关于北京朝阳公共充电站等项目可研的批复 |
| 国家电网公司 | 运检计划〔2014〕40号 | 国网运检部关于印发《设备（资产）运维精益管理系统与物资集约化管理信息系统集成需求规范》的通知 |
| 国家电网公司 | 运检计划〔2014〕54号 | 国网运检部关于印发《输变电设备状态监测系统功能需求规范》的通知 |
| 国家电网公司 | 运检计划〔2014〕58号 | 国网运检部关于印发《输变电设备状态监测系统主站数据接入规范（输电电缆）》的通知 |
| 国家电网公司 | 运检计划〔2014〕86号 | 国网运检部关于印发《设备（资产）运维精益管理系统与直升机调度指挥系统、水电生产管理信息系统集成需求规范》的通知 |

续表

| 文　　号 | 文 件 标 题 |
|---|---|
| 京电发展〔2014〕564号 | 国网北京市电力公司关于下达2014年固定资产投资计划项目第十一批新开工计划的通知 |
| 京电发展〔2014〕579号 | 国网北京市电力公司关于下达石景山供电公司2014年固定资产投资调整计划的通知 |
| 京电发展〔2014〕580号 | 国网北京市电力公司关于下达丰台供电公司2014年固定资产投资调整计划的通知 |
| 京电发展〔2014〕581号 | 国网北京市电力公司关于下达海淀供电公司2014年固定资产投资调整计划的通知 |
| 京电发展〔2014〕582号 | 国网北京市电力公司关于下达朝阳供电公司2014年固定资产投资调整计划的通知 |
| 京电发展〔2014〕585号 | 国网北京市电力公司关于下达昌平供电公司2014年固定资产投资调整计划的通知 |
| 京电发展〔2014〕586号 | 国网北京市电力公司关于下达平谷供电公司2014年固定资产投资调整计划的通知 |
| 京电发展〔2014〕587号 | 国网北京市电力公司关于下达门头沟供电公司2014年固定资产投资调整计划的通知 |
| 京电发展〔2014〕588号 | 国网北京市电力公司关于下达通州供电公司2014年固定资产投资调整计划的通知 |
| 京电发展〔2014〕589号 | 国网北京市电力公司关于下达亦庄供电公司2014年固定资产投资调整计划的通知 |
| 京电发展〔2014〕590号 | 国网北京市电力公司关于下达怀柔供电公司2014年固定资产投资调整计划的通知 |
| 京电发展〔2014〕591号 | 国网北京市电力公司关于下达房山供电公司2014年固定资产投资调整计划的通知 |
| 京电发展〔2014〕592号 | 国网北京市电力公司关于下达大兴供电公司2014年固定资产投资调整计划的通知 |
| 京电发展〔2014〕593号 | 国网北京市电力公司关于下达延庆供电公司2014年固定资产投资调整计划的通知 |
| 京电发展〔2014〕594号 | 国网北京市电力公司关于下达密云供电公司2014年固定资产投资调整计划的通知 |
| 京电发展〔2014〕595号 | 国网北京市电力公司关于下达信通分公司2014年固定资产投资调整计划的通知 |
| 京电发展〔2014〕596号 | 国网北京市电力公司关于下达客户服务中心2014年固定资产投资调整计划的通知 |
| 京电发展〔2014〕597号 | 国网北京市电力公司关于下达培训中心2014年固定资产投资调整计划的通知 |
| 京电发展〔2014〕598号 | 国网北京市电力公司关于下达北京电力科学研究院2014年固定资产投资调整计划的通知 |
| 京电发展〔2014〕599号 | 国网北京市电力公司关于下达检修分公司2014年固定资产投资调整计划的通知 |
| 京电发展〔2014〕603号 | 国网北京市电力公司关于下达顺义供电公司2014年固定资产投资调整计划的通知 |
| 京电发展〔2014〕604号 | 国网北京市电力公司关于下达本部2014年固定资产投资调整计划的通知 |
| 京电工〔2014〕15号 | 国网北京市电力公司关于印发《国网北京市电力公司职工互助会管理办法》等制度的通知 |
| 京电工〔2014〕16号 | 国网北京市电力公司关于印发《国网北京市电力公司职工代表大会实施办法》等职工民主管理制度的通知 |
| 京电后勤〔2014〕13号 | 国网北京市电力公司关于翠林三里8号楼配电室增容改造等2项工程初步设计评审的批复 |
| 京电后勤〔2014〕16号 | 国网北京市电力公司关于下达2014年非生产后勤运维专项第二批计划的通知 |
| 京电后勤〔2014〕17号 | 国网北京市电力公司关于下达2015年非生产建议计划项目可研评审批复的通知 |
| 京电后勤〔2014〕19号 | 国网北京市电力公司关于下达2014年非生产后勤运维专项第三批计划的通知 |
| 京电后勤〔2014〕21号 | 国网北京市电力公司关于下达2014年非生产后勤运维第四批专项计划的通知 |
| 京电后勤〔2014〕22号 | 国网北京市电力公司关于下达2014年非生产后勤运维第五批专项计划的通知 |
| 京电后勤〔2014〕26号 | 国网北京市电力公司关于下达2014年非生产后勤运维第六批专项计划的通知 |
| 京电集体〔2014〕9号 | 关于印发《国网北京市电力公司集体企业财务报告管理办法》等5项制度的通知 |
| 京电集体办〔2014〕3号 | 国网北京市电力公司关于印发《集体企业资金集约管理工作方案》的通知 |
| 京电集体办〔2014〕6号 | 国网北京市电力公司关于印发《国网北京市电力公司集体企业特殊人才引进和培养管理办法》的通知 |
| 京电建设〔2014〕2号 | 国网北京市电力公司关于下村（高城）110kV线路迁改（高家园安置房）工程初步设计的批复 |
| 京电建设〔2014〕11号 | 国网北京市电力公司关于马池口35kV站升压110kV输变电工程初步设计的批复 |
| 京电建设〔2014〕12号 | 国网北京市电力公司关于鲁家山垃圾焚烧发电厂110kV送电工程初步设计的批复 |
| 京电建设〔2014〕13号 | 国网北京市电力公司关于房山电动出租车充电站工程初步设计的批复 |
| 京电建设〔2014〕14号 | 国网北京市电力公司关于五路居110kV输变电工程初步设计的批复 |

续表

| 文　号 | 文件标题 |
|---|---|
| 京电建设〔2014〕17号 | 国网北京市电力公司关于密云电动出租车充电站二期等5项工程初步设计的批复 |
| 京电建设〔2014〕24号 | 国网北京市电力公司关于阜石路随道路建设沟道工程初步设计的批复 |
| 京电建设〔2014〕25号 | 国网北京市电力公司关于司马台35kV变电站10kV切改工程初步设计的批复 |
| 京电建设〔2014〕26号 | 国网北京市电力公司关于西城区灵境胡同架空线入地（土建部分）等2项工程初步设计的批复 |
| 京电建设〔2014〕27号 | 国网北京市电力公司关于通州永乐店东乘用车换电站等4项工程初步设计的批复 |
| 京电建设〔2014〕44号 | 国网北京市电力公司关于西北热电中心京西热电厂—聂各庄220kV送出工程初步设计的批复 |
| 京电建设〔2014〕46号 | 国网北京市电力公司关于西二旗110kV变电站10kV切改等2项工程初步设计的批复 |
| 京电建设〔2014〕47号 | 国网北京市电力公司关于房山区四马台村电采暖增容改造等3项工程初步设计的批复 |
| 京电建设〔2014〕50号 | 国网北京市电力公司关于太北110kV送电和西智35kV变电站升压10kV扩建工程初步设计的批复 |
| 京电建设〔2014〕51号 | 国网北京市电力公司关于大兴电动出租车充电站等3项工程初步设计的批复 |
| 京电建设〔2014〕52号 | 国网北京市电力公司关于下达北坞村110kV变电站10kV切改等2项工程初步设计的批复 |
| 京电建设〔2014〕56号 | 国网北京市电力公司关于大兴电动出租车充电站二期等4项工程初步设计的批复 |
| 京电建设〔2014〕59号 | 国网北京市电力公司关于西北热电中心至永定220kV送出工程初步设计的批复 |
| 京电建设〔2014〕64号 | 国网北京市电力公司关于庄子营110kV输变电等3项工程初步设计的批复 |
| 京电建设〔2014〕66号 | 国网北京市电力公司关于六里屯110kV变电站扩建等2项工程初步设计的批复 |
| 京电建设〔2014〕67号 | 国网北京市电力公司关于2012年城区环卫车充电站等2项工程初步设计的批复 |
| 京电建设〔2014〕68号 | 国网北京市电力公司关于皮各庄110kV送电等3项工程初步设计的批复 |
| 京电建设〔2014〕69号 | 国网北京市电力公司关于太子务、冯家峪等110kV变电站电源完善（怀密切改）工程初步设计的批复 |
| 京电建设〔2014〕70号 | 国网北京市电力公司关于印发《国网北京市电力公司所属单位及其负责人业绩考核建设专业管理考核细则》的通知 |
| 京电建设〔2014〕74号 | 国网北京市电力公司关于延庆城南电动出租车充电站扩建等3项工程初步设计的批复 |
| 京电建设〔2014〕75号 | 国网北京市电力公司关于房山区长韩路建设10kV电力设施迁改等2项工程初步设计的批复 |
| 京电建设〔2014〕77号 | 国网北京市电力公司关于印发《国网北京市电力公司基建安全质量巡检工作实施细则》的通知 |
| 京电建设〔2014〕83号 | 国网北京市电力公司关于北新城支110kV线路入地（华都中心）等2项工程初步设计的批复 |
| 京电建设〔2014〕89号 | 国网北京市电力公司关于海鹊落110kV变电站配套10kV切改等4项工程初步设计的批复 |
| 京电建设〔2014〕90号 | 国网北京市电力公司关于司马台35kV（终期110kV）输变电工程初步设计的批复 |
| 京电建设〔2014〕91号 | 国网北京市电力公司关于积水潭桥等3项充电站工程初步设计的批复 |
| 京电建设〔2014〕107号 | 国网北京市电力公司关于印发《国网北京市电力公司基建工程争创无违章工地流动红旗竞赛实施细则》的通知 |
| 京电建设〔2014〕112号 | 国网北京市电力公司关于灰峪110kV变电站工程初步设计的批复 |
| 京电建设〔2014〕113号 | 国网北京市电力公司关于温泉220kV站110kV配套送出工程初步设计的批复 |
| 京电建设〔2014〕116号 | 国网北京市电力公司关于高孙一二220kV线路迁改（高丽营镇于庄村）等4项工程初步设计的批复 |
| 京电建设〔2014〕119号 | 国网北京市电力公司关于永定220kV变电站110kV配套送出等3项工程初步设计的批复 |
| 京电建设〔2014〕121号 | 国网北京市电力公司关于顺义电采暖增容改造等3项工程初步设计的批复 |
| 京电建设〔2014〕122号 | 国网北京市电力公司关于灰峪110kV送电等4项工程初步设计的批复 |
| 京电建设〔2014〕127号 | 国网北京市电力公司关于菜市口220kV站110kV切改等2项工程初步设计的批复 |
| 京电建设〔2014〕138号 | 国网北京市电力公司关于昆明湖地区隧道综合整治工程等15项工程初步设计的批复 |
| 京电建设〔2014〕143号 | 国网北京市电力公司关于二拨子110kV输变电工程等4项工程初步设计的批复 |
| 京电建设〔2014〕153号 | 国网北京市电力公司关于印发《锡盟—山东1000kV特高压交流输变电工程北京出资部分项目管理实施细则》的通知 |

续表

| 文　号 | 文件标题 |
|---|---|
| 京电运检〔2014〕67号 | 国网北京市电力公司关于国网北京通州供电公司110kV周易站10kV重载线路切改等5项工程初步设计的批复 |
| 京电运检〔2014〕68号 | 国网北京市电力公司关于国网北京顺义供电公司大孙各庄站35kV线路切改等2项工程初步设计的批复 |
| 京电运检〔2014〕70号 | 国网北京市电力公司关于国网北京朝阳供电公司10kV财满街开闭站切改等15项工程初步设计的批复 |
| 京电运检〔2014〕72号 | 国网北京市电力公司关于印发《国网北京市电力公司客户申请10kV及以下电力设施迁改管理办法（试行）》的通知 |
| 京电运检〔2014〕73号 | 国网北京市电力公司关于印发《国网北京市电力公司电力管道断面管理办法》的通知 |
| 京电运检〔2014〕74号 | 国网北京市电力公司关于国网北京大兴供电公司10kV芳园路解重载等13项工程初步设计的批复 |
| 京电运检〔2014〕75号 | 国网北京市电力公司关于国网北京大兴供电公司10kV清城一、二路切改工程等4项工程初步设计的批复 |
| 京电运检〔2014〕80号 | 国网北京市电力公司关于国网北京怀柔供电公司2014年度夏重载变压器分换装工程初步设计的批复 |
| 京电运检〔2014〕81号 | 国网北京市电力公司关于国网北京顺义供电公司2014年配电高损变更换等4项工程初步设计的批复 |
| 京电运检〔2014〕82号 | 国网北京市电力公司关于国网北京石景山供电公司杨庄开闭站与茂华开闭站加装联络等2项工程初步设计的批复 |
| 京电运检〔2014〕83号 | 国网北京市电力公司关于国网北京昌平供电公司2014年10kV配电架空线路网架结构调整工程初步设计批复 |
| 京电运检〔2014〕85号 | 国网北京市电力公司关于国网北京房山供电公司2014年10kV重载变压器改造工程初步设计的批复 |
| 京电运检〔2014〕89号 | 国网北京市电力公司关于密云供电公司10kV高损变更换等8项工程初步设计的批复 |
| 京电运检〔2014〕91号 | 国网北京市电力公司关于发布《国网北京市电力公司输电电缆及通道差异化运维检修管理规定》的通知 |
| 京电运检〔2014〕94号 | 国网北京市电力公司关于国网北京亦庄供电公司10kV永昌路架空增加联络等3项工程初步设计的批复 |
| 京电运检〔2014〕102号 | 国网北京市电力公司关于发布《国网北京市电力公司电缆通道管理规定（暂行）》的通知 |
| 京电运检〔2014〕103号 | 国网北京市电力公司关于印发《10kV及以下配网设备容量开放管理办法》的通知 |
| 京电运检〔2014〕104号 | 国网北京市电力公司关于印发《500kV海淀变电站现场运行规程》的通知 |
| 京电运检〔2014〕105号 | 国网北京市电力公司关于下达2014年第七批公司自安排专项成本费用计划的通知 |
| 京电运检〔2014〕106号 | 国网北京市电力公司关于印发《架空输电线路退运管理办法》的通知 |
| 京电运检〔2014〕107号 | 国网北京市电力公司关于国网北京平谷供电公司10kV北屯路标准化改造工程初步设计的批复 |
| 京电运检〔2014〕108号 | 国网北京市电力公司关于印发《国网北京市电力公司输变电设备（设施）综合检修原则》的通知 |
| 京电运检〔2014〕109号 | 国网北京市电力公司关于国网北京丰台供电公司2014年10kV高损配电变压器更换等8项工程初步设计的批复 |
| 京电运检〔2014〕111号 | 国网北京市电力公司关于印发《国网北京市电力公司10kV电力通道通信线缆搭挂及敷设管理办法》的通知 |
| 京电运检〔2014〕112号 | 国网北京市电力公司配电自动化设备分工管理规定 |
| 京电运检〔2014〕113号 | 国网北京市电力公司关于国网北京顺义供电公司河南村路与绿渡路新建联络线等13项工程初步设计的批复 |
| 京电运检〔2014〕114号 | 国网北京市电力公司关于印发《国网北京市电力公司电缆及通道防外力破坏管理办法》的通知 |
| 京电运检〔2014〕116号 | 国网北京市电力公司关于国网北京大兴供电公司新城地区10kV高损变压器改造等8项工程初步设计的批复 |
| 京电运检〔2014〕118号 | 国网北京市电力公司关于印发《220kV怀柔北变电站现场运行规程》的通知 |

续表

| 文号 | 文件标题 |
|---|---|
| 京电运检〔2014〕121号 | 国网北京市电力公司关于国网北京城区供电公司政治供电现场指挥中心建设等2项工程初步设计的批复 |
| 京电运检〔2014〕122号 | 国网北京市电力公司关于印发《220kV菜市口变电站现场运行规程》的通知 |
| 京电运检〔2014〕123号 | 国网北京市电力公司关于国网北京海淀供电公司六郎庄110kV变电站10kV大截面电缆更换等2项工程初步设计的批复 |
| 京电运检〔2014〕125号 | 国网北京市电力公司关于国网北京顺义供电公司2014年10kV北彩路解重载工程初步设计的批复 |
| 京电运检〔2014〕126号 | 国网北京市电力公司关于国网北京顺义供电公司10kV董各庄路绝缘化改造等66项工程初步设计的批复 |
| 京电运检〔2014〕127号 | 国网北京市电力公司关于印发《国网北京市电力公司35kV及以上变电站附属设施工程验收原则》的通知 |
| 京电运检〔2014〕129号 | 国网北京市电力公司关于下达2014年第四批公司自安排安全措施费用计划的通知 |
| 京电运检〔2014〕130号 | 国网北京市电力公司关于印发《35kV及以上变电站消防设备检修维护原则》等2项技术原则的通知 |
| 京电运检〔2014〕131号 | 国网北京市电力公司关于国网北京平谷供电公司110kV兴谷站增容工程初步设计的批复 |
| 京电运检〔2014〕133号 | 国网北京市电力公司关于印发《220kV永定等变电站现场运行规程》的通知 |
| 京电运检〔2014〕134号 | 国网北京市电力公司关于国网北京朝阳供电公司2014年柱上高损变更换等6项工程初步设计的批复 |
| 京电招标〔2014〕189号 | 国网北京市电力公司关于印发《规范工程与服务采购管理补充规定》的通知 |
| 京电政供办〔2014〕1号 | 国网北京市电力公司关于印发《国网北京市电力公司政治供电管理规定》的通知 |
| 京电政供办〔2014〕3号 | 国网北京市电力公司关于印发《国网北京市电力公司重大活动供电保障管理办法》的通知 |

# 统 计 资 料

## 公司主要指标完成情况

| 指标名称 | 计量单位 | 本年数据 | 指标名称 | 计量单位 | 本年数据 |
|---|---|---|---|---|---|
| 全社会用电量 | 万 kWh | 9 131 112 | 劳动生产率 | 元/（人·年） | 1 708 197 |
| 供电量 | 万 kWh | 9 036 691 | 职工期末人数 | 人 | 8434 |
| 购电量 | 万 kWh | 9 011 129 | 35kV 及以上线路长度 | km | 8875 |
| 售电量 | 万 kWh | 8 414 453 | 35kV 及以上变电容量 | 万 kVA | 8439 |
| 线损率 | % | 6.89 | 10kV 线路长度 | km | 45 329 |
| 营业户数 | 户 | 7 506 561 | 10kV 变电容量 | 万 kVA | 2463 |
| 公用电厂容量 | 万 kW | 987 | 电力隧道长度 | km | 1379 |

## 地区全社会用电量及分类指标

单位：万 kWh

| 分　类 | 本年 | 去年 | 同比（%） | 占比（%） |
|---|---|---|---|---|
| 全社会用电量 | 9 370 485 | 9 131 112 | 2.62 | 100.00 |
| 一、全行业用电量 | 7 677 856 | 7 560 747 | 1.55 | 81.94 |
| 第一产业 | 185 633 | 185 749 | -0.06 | 2.42 |
| 第二产业 | 3 352 904 | 3 345 853 | 0.21 | 43.67 |
| 第三产业 | 4 139 319 | 4 029 145 | 2.73 | 53.91 |
| 二、城乡居民生活用电量 | 1 692 629 | 1 570 365 | 7.79 | 18.06 |
| 城镇居民 | 1 457 398 | 1 347 401 | 8.16 | 86.10 |
| 乡村居民 | 235 231 | 222 964 | 5.50 | 13.90 |
| 全行业用电量分类 | 7 677 859 | 7 560 748 | 1.55 | 100.00 |
| 一、农林牧渔业 | 185 633 | 185 749 | -0.06 | 2.42 |
| 二、工业 | 3 129 060 | 3 110 625 | 0.59 | 40.75 |
| 三、建筑业 | 223 846 | 235 229 | -4.84 | 2.92 |
| 四、交通运输、仓储和邮政业 | 443 546 | 432 786 | 2.49 | 5.78 |
| 五、信息传输、计算机服务和软件业 | 262 193 | 244 145 | 7.39 | 3.41 |
| 六、商业、住宿和餐饮业 | 841 051 | 823 555 | 2.12 | 10.95 |
| 七、金融、房地产、商务及居民服务业 | 1 366 543 | 1 324 367 | 3.18 | 17.80 |
| 八、公共事业及管理组织 | 1 225 987 | 1 204 292 | 1.80 | 15.97 |

## 变电站按地区分布情况

| 地　区 | 变电站座数（座） | | | | | 主变压器容量（万kVA） | | | | |
|---|---|---|---|---|---|---|---|---|---|---|
| | 合计 | 500kV | 220kV | 110kV | 35kV | 合计 | 500kV | 220kV | 110kV | 35kV |
| 公司合计 | 477 | 4 | 73 | 312 | 87 | 8439.27 | 960 | 3601 | 3695.65 | 183.62 |
| 城区 | 34 | 0 | 4 | 29 | 1 | 752.20 | 0 | 258 | 490.2 | 4 |
| 朝阳地区 | 62 | 2 | 16 | 41 | 3 | 1958.58 | 480 | 848 | 617.95 | 12.63 |
| 海淀地区 | 49 | 1 | 12 | 36 | 0 | 1502.30 | 240 | 678 | 584.3 | 0 |
| 丰台地区 | 36 | 0 | 8 | 27 | 1 | 724.30 | 0 | 399 | 321.3 | 4 |
| 石景山地区 | 7 | 0 | 1 | 6 | 0 | 104.00 | 0 | 36 | 68 | 0 |
| 亦庄地区 | 12 | 0 | 2 | 10 | 0 | 251.60 | 0 | 126 | 125.6 | 0 |
| 通州地区 | 37 | 0 | 6 | 23 | 8 | 478.47 | 0 | 252 | 205.95 | 20.52 |
| 昌平地区 | 41 | 0 | 6 | 27 | 8 | 546.01 | 0 | 248 | 270.75 | 27.26 |
| 门头沟地区 | 12 | 0 | 1 | 5 | 6 | 93.34 | 0 | 36 | 46.3 | 11.04 |
| 房山地区 | 36 | 0 | 3 | 22 | 11 | 357.03 | 0 | 126.0 | 214.3 | 16.73 |
| 大兴地区 | 36 | 1 | 5 | 27 | 3 | 694.43 | 240 | 198 | 250.8 | 5.63 |
| 平谷地区 | 17 | 0 | 1 | 10 | 6 | 122.10 | 0 | 36 | 72.1 | 14 |
| 怀柔地区 | 19 | 0 | 2 | 11 | 6 | 194.31 | 0 | 90 | 93.9 | 10.41 |
| 密云地区 | 25 | 0 | 1 | 10 | 14 | 136.15 | 0 | 36 | 74.35 | 25.8 |
| 顺义地区 | 38 | 0 | 4 | 22 | 12 | 410.97 | 0 | 180 | 208.65 | 22.32 |
| 延庆地区 | 16 | 0 | 1 | 6 | 9 | 108.49 | 0 | 54 | 45.2 | 9.29 |

## 10kV配电设备情况

| 名　　称 | 配电室（座） | 箱式变压器（台） | 开关站（站） | 环网柜（台） | 配电变压器 | | 线路长度 | |
|---|---|---|---|---|---|---|---|---|
| | | | | | 合计（台） | 容量（kVA） | 合计（km） | 其中：电缆（km） |
| 公司合计 | 6959 | 5885 | 1087 | 7055 | 68 389 | 24 630 173 | 45 329.163 | 23 926.957 |
| 城区供电公司 | 655 | 2076 | 140 | 1260 | 6964 | 3 673 415 | 4000.511 | 3240.735 |
| 朝阳供电公司 | 1870 | 544 | 235 | 740 | 2263 | 852 830 | 6901.253 | 5256.482 |
| 海淀供电公司 | 1026 | 232 | 123 | 531 | 5279 | 2 317 556 | 5386.556 | 4267.156 |
| 丰台供电公司 | 1170 | 70 | 142 | 233 | 6423 | 2 971 198 | 5285.653 | 2524.896 |
| 石景山供电公司 | 193 | 199 | 42 | 143 | 386 | 176 490 | 706.000 | 563.000 |
| 亦庄供电公司 | 36 | 1 | 19 | 328 | 52 | 47 900 | 744.264 | 677.673 |
| 通州供电公司 | 204 | 1064 | 56 | 730 | 6340 | 1 942 985 | 3618.389 | 1459.014 |
| 昌平供电公司 | 612 | 2 | 91 | 364 | 4434 | 1 496 800 | 2840.381 | 1127.521 |
| 门头沟供电公司 | 119 | 358 | 16 | 495 | 1695 | 8 847 050 | 1233.193 | 343.601 |
| 房山供电公司 | 273 | 290 | 31 | 736 | 5863 | 1 565 945 | 10 818.734 | 2241.799 |
| 大兴供电公司 | 129 | 126 | 23 | 186 | 4170 | 893 920 | 2834.507 | 553.553 |
| 平谷供电公司 | 37 | 116 | 10 | 135 | 2743 | 520 965 | 1483.309 | 222.271 |
| 怀柔供电公司 | 80 | 220 | 12 | 562 | 2735 | 599 435 | 1990.368 | 600.338 |
| 密云供电公司 | 128 | 282 | 17 | 95 | 3173 | 511 620 | 2099.947 | 310.912 |
| 顺义供电公司 | 41 | 123 | 79 | 728 | 4009 | 705 314 | 4395.849 | 1173.989 |
| 延庆供电公司 | 181 | 133 | 8 | 131 | 1972 | 386 750 | 1646.249 | 216.017 |

## 输电设备按地区分布情况

| 地区 | 架空线路（km） | | | | | 电缆线路（km） | | | | |
|---|---|---|---|---|---|---|---|---|---|---|
| | 合计 | 500kV | 220kV | 110kV | 35kV | 合计 | 500kV | 220kV | 110kV | 35kV |
| 公司合计 | 8875. 85 | 639. 15 | 2778. 23 | 3533. 05 | 1925. 43 | 1813. 76 | 13. 37 | 491. 74 | 1170. 27 | 139. 38 |
| 城区 | 0. 09 | 0. 00 | 0. 00 | 0. 00 | 0. 09 | 211. 75 | 0. 00 | 61. 58 | 150. 17 | 0. 00 |
| 朝阳地区 | 664. 03 | 19. 98 | 376. 89 | 221. 85 | 45. 32 | 332. 85 | 0. 00 | 79. 39 | 245. 08 | 8. 38 |
| 海淀地区 | 440. 13 | 18. 74 | 189. 08 | 182. 16 | 50. 15 | 541. 72 | 13. 37 | 218. 06 | 292. 68 | 17. 61 |
| 丰台地区 | 396. 27 | 0. 00 | 170. 03 | 186. 94 | 39. 30 | 318. 14 | 0. 00 | 79. 62 | 214. 19 | 24. 33 |
| 石景山地区 | 109. 98 | 9. 85 | 49. 80 | 43. 96 | 6. 37 | 2. 27 | 0. 00 | 0. 00 | 2. 27 | 0. 00 |
| 亦庄地区 | 34. 39 | 0. 00 | 16. 34 | 18. 05 | 0. 00 | 137. 12 | 0. 00 | 16. 54 | 120. 58 | 0. 00 |
| 通州地区 | 1041. 80 | 122. 51 | 371. 33 | 406. 38 | 141. 58 | 25. 92 | 0. 00 | 4. 03 | 11. 54 | 10. 35 |
| 昌平地区 | 864. 89 | 57. 48 | 364. 26 | 275. 36 | 167. 78 | 119. 93 | 0. 00 | 21. 22 | 58. 14 | 40. 57 |
| 门头沟地区 | 577. 12 | 67. 53 | 204. 36 | 132. 75 | 172. 48 | 10. 79 | 0. 00 | 0. 00 | 3. 94 | 6. 85 |
| 房山地区 | 955. 27 | 63. 45 | 151. 79 | 376. 79 | 363. 24 | 5. 94 | 0. 00 | 0. 00 | 0. 00 | 5. 94 |
| 大兴地区 | 883. 32 | 179. 78 | 302. 74 | 347. 83 | 52. 96 | 49. 43 | 0. 00 | 2. 30 | 47. 13 | 0. 00 |
| 平谷地区 | 294. 98 | 0. 00 | 24. 35 | 194. 79 | 75. 84 | 0. 00 | 0. 00 | 0. 00 | 0. 00 | 0. 00 |
| 怀柔地区 | 287. 56 | 0. 51 | 19. 19 | 142. 43 | 125. 44 | 9. 96 | 0. 00 | 0. 00 | 4. 01 | 5. 95 |
| 密云地区 | 639. 64 | 0. 00 | 97. 74 | 277. 90 | 264. 00 | 4. 65 | 0. 00 | 0. 00 | 3. 24 | 1. 41 |
| 顺义地区 | 1263. 47 | 83. 31 | 391. 56 | 570. 55 | 218. 06 | 35. 34 | 0. 00 | 0. 00 | 29. 30 | 6. 04 |
| 延庆地区 | 460. 92 | 0. 00 | 46. 78 | 210. 33 | 203. 81 | 0. 96 | 0. 00 | 0. 00 | 0. 00 | 0. 96 |

## 职　工　概　况

| 项目 | | 人数（人） | 项目 | | 人数（人） |
|---|---|---|---|---|---|
| 按性别分 | 全公司总人数 | 8434 | 按政治面貌分 | 全公司总人数 | 8434 |
| | 其中：男职工 | 6549 | | 其中：共产党员 | 4599 |
| | 女职工 | 1885 | | 民进会员 | 1 |
| | | | | 九三学社 | 2 |
| 按职称分 | 全公司总人数 | 8434 | | 民建会员 | 3 |
| | 其中：高级职称 | 1074 | | 民革会员 | 5 |
| | 中级职称 | 1636 | | 民盟会员 | 5 |
| | 初级职称 | 2736 | | 共青团员 | 584 |
| | 无职称 | 2988 | | 致公党 | 1 |
| | | | | 群众 | 3235 |
| 按文化程度分 | 全公司总人数 | 8434 | 按年龄分 | 全公司总人数 | 8434 |
| | 其中：研究生 | 1129 | | 其中：55 岁及以上 | 1263 |
| | 大学本科 | 3619 | | 50~54 岁 | 1320 |
| | 大学专科 | 1952 | | 45~49 岁 | 1224 |
| | 中等职业教育 | 1172 | | 40~44 岁 | 1460 |
| | 高中 | 313 | | 35~39 岁 | 1091 |
| | 初中及以下 | 249 | | 30~34 岁 | 955 |
| | | | | 29 岁及以下 | 1121 |

# 公司各单位人员情况

| 单　位 | 人数（人） | 单　位 | 人数（人） |
|---|---|---|---|
| 公司领导 | 11 | 石景山供电公司 | 178 |
| 副总师 | 8 | 亦庄供电公司 | 109 |
| 办公室 | 18 | 通州供电公司 | 319 |
| 发展策划部 | 22 | 昌平供电公司 | 350 |
| 人事董事部 | 8 | 门头沟供电公司 | 162 |
| 人力资源部（社保中心） | 21 | 房山供电公司 | 281 |
| 财务资产部 | 29 | 大兴供电公司 | 298 |
| 安全监察质量部（保卫部） | 12 | 平谷供电公司 | 210 |
| 运维检修部（政治供电办公室） | 27 | 怀柔供电公司 | 222 |
| 基建部 | 25 | 密云供电公司 | 221 |
| 营销部 | 25 | 顺义供电公司 | 308 |
| 科技信通部（智能电网办公室） | 12 | 延庆供电公司 | 164 |
| 物资部（招投标管理中心） | 14 | 经济技术研究院 | 186 |
| 审计部 | 10 | 电力科学研究院 | 223 |
| 监察部（纪委办公室） | 7 | 北京电力工程公司 | 387 |
| 思想政治工作部（党委办公室） | 8 | 检修分公司 | 1128 |
| 离退休工作部 | 8 | 供电服务中心 | 125 |
| 经济法律部（产业部） | 7 | 北京电动汽车服务有限公司 | 24 |
| 对外联络部（新闻中心） | 8 | 信息通信分公司 | 212 |
| 机关工作部（行政管理部、机关党委） | 10 | 培训中心 | 129 |
| 运营监测（控）中心 | 10 | 物资分公司 | 154 |
| 调度控制中心 | 95 | 综合服务中心 | 289 |
| 电力交易中心 | 5 | 北京市供用电建设承发包公司 | 88 |
| 工会 | 10 | 物业管理公司 | 55 |
| 企协分会 | 7 | 北京市城市照明管理中心 | 146 |
| 城区供电公司 | 513 | 业务发展中心（公司层面集体企业） | 167 |
| 朝阳供电公司 | 494 | 以上全民职工合计 | 8434 |
| 海淀供电公司 | 445 | 集体职工 | 914 |
| 丰台供电公司 | 430 | 全公司总人数 | 9348 |

## 县供电企业基本情况

| 单位 | 供电人口（万人） | | 耕地面积（千公顷） | 县供电企业职工人数（人） | | | | | | 供电所人数（人） | | | 供电所个数（个） |
|---|---|---|---|---|---|---|---|---|---|---|---|---|---|
| | 合计 | 其中乡村人口 | | 年平均人数 | 年末人数 | 管理层人员 | | 专业技术人员 | 大专以上学历人员 | 年末人数 | 农电工 | | |
| | | | | | | 总数 | 其中领导班子人数 | | | | 总数 | 高中以上学历人员 | |
| 北京市电力公司 | 872 | 299 | 201 | 2583 | 2532 | 710 | 66 | 1597 | 2114 | 2703 | 2712 | 2115 | 126 |
| 通州供电公司 | 133 | 48 | 35 | 333 | 319 | 82 | 7 | 198 | 240 | 319 | 376 | 178 | 10 |
| 昌平供电公司 | 191 | 18 | 12 | 351 | 350 | 67 | 7 | 287 | 290 | 265 | 265 | 229 | 14 |
| 门头沟供电公司 | 30 | 5 | 1 | 158 | 155 | 61 | 6 | 107 | 135 | 121 | 121 | 121 | 7 |
| 房山供电公司 | 103 | 58 | 14 | 285 | 285 | 86 | 6 | 213 | 266 | 403 | 403 | 394 | 14 |
| 大兴供电公司 | 155 | 43 | 38 | 307 | 298 | 81 | 7 | 173 | 235 | 351 | 351 | 318 | 14 |
| 平谷供电公司 | 42 | 19 | 12 | 216 | 210 | 61 | 6 | | 167 | 217 | 217 | 180 | 10 |
| 怀柔供电公司 | 38 | 25 | 10 | 228 | 222 | 63 | 7 | 158 | 186 | 226 | 226 | 213 | 14 |
| 密云供电公司 | 48 | 21 | 18 | 227 | 221 | 53 | 7 | 175 | 186 | 277 | 277 | 171 | 17 |
| 顺义供电公司 | 100 | 46 | 31 | 310 | 308 | 79 | 7 | 170 | 258 | 320 | 275 | 129 | 19 |
| 延庆供电公司 | 32 | 16 | 30 | 168 | 164 | 77 | 6 | 116 | 151 | 204 | 201 | 182 | 7 |

## 县供电企业售电量情况

| 单位 | 分类售电量（万 kWh） | | | | | | | |
|---|---|---|---|---|---|---|---|---|
| | 总售电量（万 kWh） | 农业生产 | 农业排灌 | 大工业 | 非、普工业 | 居民生活 | 非居照明 | 商业 |
| 北京市电力公司 | 3 329 570 | 177 240 | 66 307 | 1 213 570 | 534 429 | 736 506 | 275 759 | 392 066 |
| 通州供电公司 | 500 221 | 30 656 | 12 166 | 144 493 | 96 963 | 131 161 | 32 211 | 64 736 |
| 昌平供电公司 | 570 432 | 23 260 | 4700 | 127 882 | 106 161 | 164 364 | 54 780 | 93 985 |
| 门头沟供电公司 | 91 284 | 2563 | 39 | 28 675 | 13 456 | 27 874 | 9656 | 9060 |
| 房山供电公司 | 566 739 | 27 212 | 14 766 | 343 223 | 59 833 | 81 063 | 25 810 | 29 597 |
| 大兴供电公司 | 485 802 | 27 345 | 10 781 | 138 469 | 97 288 | 112 466 | 47 523 | 62 711 |
| 平谷供电公司 | 126 957 | 14 384 | 3648 | 45 589 | 14 693 | 31 401 | 9559 | 11 331 |
| 怀柔供电公司 | 165 622 | 8639 | 1402 | 71 681 | 19 438 | 29 623 | 14 334 | 21 906 |
| 密云供电公司 | 153 101 | 7469 | 1702 | 62 392 | 18 654 | 33 541 | 11 726 | 19 318 |
| 顺义供电公司 | 591 045 | 30 131 | 14 480 | 225 710 | 95 333 | 107 018 | 64 656 | 68 197 |
| 延庆供电公司 | 78 367 | 5580 | 2624 | 25 454 | 12 610 | 17 993 | 5503 | 11 226 |

# 北京公司各营业网点统计表

| 序号 | 供电公司 | 营业窗口名称 | 地址 | 联系电话 | 负责人 | 营业时间 | 是否周末营业 | 是否为24小时售电网点 |
|---|---|---|---|---|---|---|---|---|
| 1 | 城区供电公司 | 城区客服中心营业厅 | 北京市西城区西直门南小街174号 | 63660085 | 邹炜 | 9:00-18:00 | 是 | 是 |
| 2 | | 东城供电营业所营业厅 | 东城区朝内大街298号 | 65133025 | 蔡威 | 9:00-18:00 | 是 | 否 |
| 3 | | 崇文供电营业所营业厅 | 珠市口东大街号4-19 | 67071804 | 王素文 | 9:00-18:00 | 是 | 是 |
| 4 | | 西城供电营业所营业厅 | 西城区西直门大街147号西侧(3月23日正式营业) | 66012677 | 许坚 | 9:00-18:00 | 是 | 否 |
| 5 | | 西城供电营业所营业厅 | 华远北街2号通港大厦北门一层(4月7日不再受理业务) | 66012677 | 许坚 | 9:00-18:00 | 是 | 否 |
| 6 | | 宣武供电营业所营业厅 | 宣武区南横东街四平园一号楼一层 | 63514105 | 王庚立 | 9:00-18:00 | 是 | 是 |
| 7 | | 黄寺供电营业所营业厅 | 西城区黄寺大街23号阳光丽景小区北门 | 62021728 | 李丽平 | 9:00-18:00 | 是 | 否 |
| 8 | 朝阳供电公司 | 安华营业所 | 朝阳区安贞西里三区七号楼 | 64435032 | 李楠 | 9:00-18:00 | 是 | 是 |
| 9 | | 小庄营业所 | 朝阳区延静西里八号 | 65005068 | 武晶 | 9:00-18:00 | 是 | 是 |
| 10 | | 华威营业所 | 朝阳区华威西里甲18号 | 87717289 | 高洁 | 9:00-18:00 | 是 | 是 |
| 11 | | 望京营业所 | 朝阳区望京广顺南大街(眉州东坡酒楼旁) | 64740901 | 关椿燕 | 9:00-18:00 | 是 | 是 |
| 12 | | 奥运村营业所 | 朝阳区北辰东路凯迪克酒店北侧 | 63661307 | 钟丽霞 | 9:00-18:00 | 否 | 否 |
| 13 | | 十里居营业所 | 朝阳区南十里居东风家园42号 | 84569273 | 李雪 | 9:00-18:00 | 否 | 否 |
| 14 | | 翠城营业所 | 朝阳区翠城馨园405甲楼,有国家电网标志 | 67299380 | 李丽 | 9:00-18:00 | 是 | 否 |
| 15 | | 客户服务中心 | 朝阳区团结湖路15号 | 85963167 | 佟利 | 9:00-18:00 | 是 | 否 |
| 16 | 海淀供电公司 | 双榆树供电营业厅 | 双榆树南里二区8号 | 63129796 | 高磊 | 9:00-18:00 | 是 | 是 |
| 17 | | 东升供电营业厅 | 北京市海淀区中关村东路21号旁国家电网 | 82863381 | 李军 | 9:00-18:00 | 是 | 是 |
| 18 | | 航天桥供电营业所 | 海淀区阜成路28号旁国家电网 | 68475408 | 王鹏 | 9:00-18:00 | 是 | 是 |
| 19 | | 四季青供电营业厅 | 海淀区闵庄路85号 | 62594883 | 张飞 | 9:00-18:00 | 是 | 是 |
| 20 | | 西北旺供电营业厅 | 海淀区西北旺镇皇后店村西 | 62473639 | 张智勇 | 9:00-18:00 | 是 | 是 |
| 21 | | 苏家坨供电营业厅 | 海淀区苏家坨镇前沙涧小区北区北门苏一路 | 59849073 | 王然 | 9:00-18:00 | 是 | 否 |

续表

| 序号 | 供电公司 | 营业窗口名称 | 地　　址 | 联系电话 | 负责人 | 营业时间 | 是否周末营业 | 是否为24小时售电网点 |
|---|---|---|---|---|---|---|---|---|
| 22 | 海淀供电公司 | 温泉供电营业厅 | 海淀区温泉镇杨家庄南山 | 62458830 | 王贵轩 | 9:00-18:00 | 是 | 否 |
| 23 | | 海淀供电营业厅 | 海淀区树村万树园小区30号楼 | 82794971 | 梁勇 | 9:00-18:00 | 是 | 是 |
| 24 | | 上庄供电营业厅 | 海淀区上庄镇上庄路99号上庄供电所 | 62471344 | 程西昆 | 9:00-18:00 | 是 | 是 |
| 25 | | 海淀客户中心营业厅 | 北京市海淀区双榆树南里二区八号 | 62150385/62151813 | 丛禹 | 9:00-18:00 | 是 | 否 |
| 26 | 丰台供电公司 | 客服中心 | 北京市丰台区丰北路117号 | 63663108/63813160 | 何蕊 | 9:00-18:00 | 是 | 否 |
| 27 | | 云岗供电营业所 | 北京市丰台区云岗镇南里2号院 | 83319742 | 张杨 | 9:00-18:00 | 是 | 否 |
| 28 | | 太子峪供电营业所 | 北京市丰台区长辛店镇太子峪紫峪家园甲1号 | 83387229 | 王培 | 9:00-18:00 | 是 | 否 |
| 29 | | 和义供电营业所 | 北京市丰台区南苑北里三区6号楼西侧 | 63120009 | 苏彤 | 9:00-18:00 | 是 | 否 |
| 30 | | 右安门供电营业所 | 北京市丰台区右安门外开阳里六区5号楼 | 63544731 | 贾艳伟 | 9:00-18:00 | 是 | 否 |
| 31 | | 方庄供电营业所 | 北京市丰台区芳古园二区甲10号楼 | 63120004/67680359 | 单颖 | 9:00-18:00 | 是 | 否 |
| 32 | | 马家堡供电营业所 | 北京市丰台区北甲地路2号院4号楼东侧 | 63120002 | 孙桂兰 | 9:00-18:00 | 是 | 否 |
| 33 | | 科技园供电营业所 | 北京市丰台区富锦家园二区2号楼 | 83624425 | 李姣 | 9:00-18:00 | 是 | 否 |
| 34 | | 六里桥供电营业所 | 北京市丰台区万丰路莲怡园二区小区内 | 63120007 | 吴雅楠 | 9:00-18:00 | 是 | 否 |
| 35 | 石景山供电公司 | 客户服务中心营业厅 | 北京市石景山区鲁谷路59号 | 68653081 | 邓晓睿 | 9:00-18:00 | 是 | 是 |
| 36 | | 古城供电所营业厅 | 北京市石景山区老古城前街140号 | 68877458 | 李静 | 9:00-18:00 | 是 | 是 |
| 37 | 亦庄供电公司 | 客户服务中心营业厅 | 北京经技术开发区北环东路11号（亦庄供电公司院内） | 63665014、63665633 | 赵娜 | 8:30-17:30 | 是 | 否 |
| 38 | 通州供电公司 | 宋庄供电所营业厅 | 通州区宋庄镇 | 89579882 | 刘朋 | 8:00-17:00 | 是 | 否 |
| 39 | | 梨园供电所营业厅 | 梨园曹园村西 | 81519058 | 王希旺 | 8:00-17:00 | 是 | 否 |
| 40 | | 永顺供电所营业厅 | 通州区永顺镇焦王庄村南 | 89593825 | 张静婷 | 8:00-17:00 | 是 | 否 |
| 41 | | 马驹桥供电所营业厅 | 通州区马驹桥镇政府东侧（马驹桥3号桥下北侧） | 60592005 | 马淑芳 | 8:00-17:00 | 是 | 否 |
| 42 | | 台湖供电所营业厅 | 通州区次渠大街 | 69501731 | 陈国清 | 9:00-18:00 | 是 | 否 |

续表

| 序号 | 供电公司 | 营业窗口名称 | 地　　址 | 联系电话 | 负责人 | 营业时间 | 是否周末营业 | 是否为24小时售电网点 |
|---|---|---|---|---|---|---|---|---|
| 43 | 通州供电公司 | 漷城供电所营业厅 | 通州区漷城镇运河东大街郝家府村东500米 | 89580891 | 程宝芹 | 8:00-17:00 | 是 | 否 |
| 44 | | 西集供电所营业厅 | 通州区西集镇西集环岛往南500米 | 61579000 | 冈金征 | 8:00-17:00 | 是 | 否 |
| 45 | | 张家湾供电所营业厅 | 通州区张家湾镇光华路西侧 | 69572302 | 王增祥 | 8:00-17:00 | 是 | 否 |
| 46 | | 漷县供电所营业厅 | 通州区漷县镇漷兴二街东首 | 80586718 | 祁新明 | 8:00-17:00 | 是 | 否 |
| 47 | | 永乐店供电所营业厅 | 通州区于家乡渠头大街51号 | 80521054 | 梁乃红 | 8:00-17:00 | 是 | 否 |
| 48 | | 供电营业所营业厅 | 通州区九棵树瑞都国际小区东侧 | 80885858 | 白志海 | 9:00-18:00 | 是 | 是 |
| 49 | | 客户服务中心营业厅 | 通州区玉带河东街356号 | 63666139 | 曹英 | 9:00-18:00 | 否 | 否 |
| 50 | 昌平供电公司 | 中心营业大厅 | 昌平区永安路33号 | 63667702/63667270 | 宋保明 | 9:00-18:00 | 是 | 是 |
| 51 | | 天通苑供电所 | 北京市昌平区天通苑中苑35号楼对面方佳物业西侧 | 63667807 | 胡志恒 | 9:00-18:00 | 是 | 否 |
| 52 | | 流村供电所 | 昌平区流村镇人民政府西侧 | 89771015 | 刘海滨 | 9:00-18:00 | 是 | 否 |
| 53 | | 东小口供电所 | 昌平区东小口镇中滩村北 | 84816897 | 王瀚 | 9:00-18:00 | 是 | 否 |
| 54 | | 文化区供电所 | 昌平区回龙观风雅园三区9号楼东侧开闭站 | 81717124 | 张建华 | 9:00-18:00 | 是 | 否 |
| 55 | | 百善供电所 | 昌平区百善镇百善村西北 | 61739297 | 齐京涛 | 9:00-18:00 | 是 | 否 |
| 56 | | 马池口供电所 | 昌平区马池口镇上念头村北 | 60700030 | 董战 | 9:00-18:00 | 是 | 否 |
| 57 | | 小汤山供电所 | 昌平区小汤山镇市场街西侧 | 61785374 | 洪建雷 | 9:00-18:00 | 是 | 否 |
| 58 | | 阳坊供电所 | 昌平区阳坊镇阳坊村北 | 69760519 | 孙红铁 | 9:00-18:00 | 是 | 否 |
| 59 | | 回龙观供电所 | 昌平区北店嘉园东 | 69791352 | 李正 | 9:00-18:00 | 是 | 否 |
| 60 | | 沙河供电所 | 昌平区沙河镇松兰堡村西 | 80703137 | 赵阳 | 9:00-18:00 | 是 | 否 |
| 61 | | 南口供电所 | 昌平区南口镇马坊村南 | 80191220 | 张虎 | 9:00-18:00 | 是 | 否 |
| 62 | | 南邵供电所 | 昌平区南邵镇政府西200米路北 | 60732144（转8101） | 李景旺 | 9:00-18:00 | 是 | 否 |
| 63 | | 北七家供电所 | 昌平区北七家镇燕丹村东 | 81752266 | 杨贺 | 9:00-18:00 | 是 | 否 |
| 64 | | 崔村供电所 | 昌平区崔村镇西崔村北 | 60721395 | 程立杰 | 9:00-18:00 | 是 | 否 |
| 65 | | 十三陵供电所 | 昌平区十三陵镇定陵路口西侧 | 60761874 | 李海林 | 9:00-18:00 | 是 | 否 |
| 66 | | 兴寿供电所 | 昌平区兴寿镇兴寿村北 | 61726146 | 张建军 | 9:00-18:00 | 是 | 否 |

续表

| 序号 | 供电公司 | 营业窗口名称 | 地　　址 | 联系电话 | 负责人 | 营业时间 | 是否周末营业 | 是否为24小时售电网点 |
|---|---|---|---|---|---|---|---|---|
| 67 | 门头沟供电公司 | 客户服务中心 | 门头沟区滨河路66号 | 63668599 | 赵瑀彤 | 9:00-18:00 | 是 | 是 |
| 68 | | 龙泉供电所 | 门头沟区城子大街3号 | 69844656 | 王洪涛 | 9:00-18:00 | 是 | 是 |
| 69 | | 永定供电所 | 门头沟区永定镇石门营环岛东路1号 | 69804934 | 杨磊 | 9:00-18:00 | 是 | 否 |
| 70 | | 潭柘寺供电所 | 门头沟区鲁家滩大街4号 | 60861465 | 王玉荣 | 9:00-18:00 | 是 | 否 |
| 71 | | 妙峰山供电所 | 门头沟区陇家庄村坟上妙峰山供电所 | 61881412 | 高战胜 | 9:00-18:00 | 是 | 否 |
| 72 | | 清水供电所 | 门头沟区清水镇上清水村清水供电所 | 60855075 | 贾立志 | 9:00-18:00 | 是 | 否 |
| 73 | | 斋堂供电所 | 门头沟区斋堂镇东斋堂村东斋堂供电所 | 69819754 | 王秀忠 | 9:00-18:00 | 是 | 否 |
| 74 | | 雁翅供电所 | 门头沟区雁翅镇芹峪口下马岭村1号 | 61830371 | 崔兴政 | 9:00-18:00 | 是 | 否 |
| 75 | 房山供电公司 | 客户服务中心营业厅 | 房山区良乡松林路 | 63669566/63669660 | 上官甲天 | 9:00-18:00 | 是 | 是 |
| 76 | | 阎村供电所 | 房山区阎村镇紫园路108号 | 89313809 | 杨艳辉 | 8:30-17:30 | 是 | 否 |
| 77 | | 琉璃河供电所 | 房山区琉璃河镇东街27号 | 89381006 | 马振国 | 8:30-17:30 | 是 | 否 |
| 78 | | 琉璃河供电所南召营业网点 | 房山区琉璃镇东南召村南 | 80398604 | 马振国 | 10:00-16:00 | 否 | 否 |
| 79 | | 琉璃河供电所窑上营业网点 | 房山区琉璃河镇窑上村 | 80321046 | 马振国 | 8:30-17:30 | 是 | 否 |
| 80 | | 窦店供电所 | 房山区窦店镇窦店供电所(政府往北200米路西) | 69392805 | 李环宇 | 8:30-17:30 | 是 | 否 |
| 81 | | 城关供电所 | 房山区城关饶乐府村南 | 69314277 | 黄荣伟 | 9:00-18:00 | 是 | 否 |
| 82 | | 城关供电所房山营业网点 | 房山区城关街道青年南路12号 | 69311919 | 黄荣伟 | 8:30-17:30 | 否 | 否 |
| 83 | | 佛子庄供电所 | 房山区佛子庄乡西班各庄村 | 60360026 | 周建坤 | 8:00-17:00 | 是 | 否 |
| 84 | | 佛子庄供电所河北营业网点 | 房山区河北镇邮局东50米 | 60377632 | 周建坤 | 8:30-17:30 | 否 | 否 |
| 85 | | 佛子庄供电所大安山供电所营业网点 | 房山区大安山乡政府路口 | 60373284 | 周建坤 | 8:00-17:00 | 否 | 否 |
| 86 | | 佛子庄供电所南窖营业网点 | 房山区南窖乡政府院内 | 60375621 | 周建坤 | 8:00-17:00 | 否 | 否 |
| 87 | | 青龙湖供电所 | 房山区青龙湖镇豆各庄 | 60321668 | 于红书 | 8:00-17:00 | 是 | 否 |
| 88 | | 青龙湖供电所坨里营业网点 | 房山区青龙湖镇坨里村东 | 80370038 | 王刚 | 8:00-17:00 | 否 | 否 |

续表

| 序号 | 供电公司 | 营业窗口名称 | 地　址 | 联系电话 | 负责人 | 营业时间 | 是否周末营业 | 是否为24小时售电网点 |
|---|---|---|---|---|---|---|---|---|
| 89 | 房山供电公司 | 张坊供电所 | 房山区张坊镇张坊村东 | 61339774 | 李雪峰 | 9:00-18:00 | 是 | 否 |
| 90 | | 张坊供电所十渡营业网点 | 房山区十渡镇政府东 | 61340037 | 李雪峰 | 8:00-17:00 | 否 | 否 |
| 91 | | 石楼供电所 | 房山区石楼镇石楼大街39号 | 89300083 | 马树田 | 8:00-17:00 | 是 | 否 |
| 92 | | 长阳供电所 | 房山区长阳镇广阳大街中路天骄骏园小区对面 | 80356551 | 王丹丹 | 8:30-17:30 | 是 | 否 |
| 93 | | 长阳供电所葫芦垡营业网点 | 房山区长阳镇葫芦垡路口往西1000米 | 60351072 | 王丹丹 | 9:00-18:00 | 否 | 否 |
| 94 | | 良乡供电所 | 房山区良乡西路临13号月华小区东侧 | 60382528 | 周园 | 8:30-17:30 | 是 | 否 |
| 95 | | 长沟供电所 | 长沟派出所斜对面 | 61363384 | 尤兵 | 8:00-17:00 | 是 | 否 |
| 96 | | 长沟供电所石窝营业网点 | 石窝中学斜对面 | 61323101 | 尤兵 | 8:00-17:00 | 否 | 否 |
| 97 | | 周口店供电所 | 房山区周口店镇周口店大街1号 | 69303918 | 王靖平 | 9:00-18:00 | 是 | 否 |
| 98 | | 周口店供电所黄山店营业网点 | 房山区周口店镇黄山店村中 | 60364594 | 王靖平 | 10:00-16:00 | 否 | 否 |
| 99 | | 韩村河供电所 | 房山区韩村河镇五侯路口 | 61312088 | 韩艳芝 | 8:00-17:00 | 是 | 否 |
| 100 | | 霞云岭供电所 | 房山区霞云岭乡凉水泉 | 60367011 | 陈广娥 | 9:00-18:00 | 是 | 否 |
| 101 | | 霞云岭供电所史家营营业网点 | 房山区史家营乡北洞 | 60397751 | 陈广娥 | 10:00-16:00 | 否 | 否 |
| 102 | | 霞云岭供电所蒲洼营业网点 | 房山区霞云岭乡蒲洼村黄土岭 | 61371654 | 陈广娥 | 10:00-16:00 | 否 | 否 |
| 103 | | 良乡供电所官道营业网点 | 房山区良乡镇官道大街镇政府西侧 | 60331356 | 周园 | 8:00-17:00 | 否 | 否 |
| 104 | 大兴供电公司 | 安定供电所营业厅 | 大兴区安定镇兴安大街17号 | 80234188 | 鲁鹏鹏 | 8:00-17:00 | 是 | 否 |
| 105 | | 北臧村供电所营业厅 | 大兴区北臧村供电所（京开高速兆丰桥出口向西2.5公里） | 60276146转806 | 孙雪飞 | 8:00-17:00 | 是 | 否 |
| 106 | | 采育供电所营业厅 | 大兴区采育镇消防队东1200米 | 80276542 | 王连奎 | 8:00-17:00 | 是 | 否 |
| 107 | | 黄村供电所营业厅 | 北京市大兴区黄村镇孙村卫生院南侧 | 61268100 | 王学琴 | 8:00-17:00 | 是 | 否 |
| 108 | | 旧宫供电所营业厅 | 大兴区旧宫镇小红门路幻星家园北侧胡同口内20米路北侧 | 87972218-8101 | 董媛 | 8:00-17:00 | 是 | 否 |
| 109 | | 客户服务中心营业厅 | 大兴区黄村镇兴政街一号 | 63670046/63670270 | 徐双利 | 9:00-18:00 | 是 | 是 |

续表

| 序号 | 供电公司 | 营业窗口名称 | 地　址 | 联系电话 | 负责人 | 营业时间 | 是否周末营业 | 是否为24小时售电网点 |
|---|---|---|---|---|---|---|---|---|
| 110 | 大兴供电公司 | 新城北区营业厅 | 大兴区黄村镇康庄路53号院康泰园小区底商8-1号 | 63670568 | 申超 | 9:00-18:00 | 是 | 否 |
| 111 | | 礼贤供电所营业厅 | 大兴区礼贤镇青礼路3号 | 89275865 | 李彦慧 | 8:00-17:00 | 是 | 否 |
| 112 | | 庞各庄供电所营业厅 | 大兴区庞各庄镇瓜乡桥向西1500米路南 | 89289989 | 李子拥 | 8:00-17:00 | 是 | 否 |
| 113 | | 青云店供电所营业厅 | 大兴区青云店镇垡上村村东 | 80211200 | 李建彬 | 8:00-17:00 | 是 | 否 |
| 114 | | 魏善庄供电所营业厅 | 大兴区魏善庄镇半壁店工业街路北 | 89232919 | 刘佳 | 8:00-17:00 | 是 | 否 |
| 115 | | 西红门供电所营业厅 | 大兴区西红门镇宏康路17号东院 | 63670526/60298883转810 | 谢晨莹 | 8:00-17:00 | 是 | 否 |
| 116 | | 瀛海供电所营业厅 | 大兴区瀛海镇派出所对面 | 69272318 | 王喜颖 | 8:00-17:00 | 是 | 否 |
| 117 | | 榆垡供电所营业厅 | 大兴区榆垡镇榆平路4号 | 63670772/89229029 | 王向军 | 8:00-17:00 | 是 | 否 |
| 118 | | 芦城供电所营业厅 | 大兴区黄村镇西芦城村西500米 | 61239569 | 孙磊 | 8:00-17:00 | 是 | 否 |
| 119 | | 长子营供电所营业厅 | 大兴区长子营镇政府大街东100米 | 80265747 | 马秀静 | 8:00-17:00 | 是 | 否 |
| 120 | 平谷供电公司 | 客户服务中心营业厅 | 平谷区新平南路239号 | 63671666 | 王希中 | 8:30-17:30 | 是 | 否 |
| 121 | | 城区供电所 | 平谷区府前街国泰路口东北角(国美电器东) | 69970709 | 张龙宝 | 8:30-17:30 | 是 | 是 |
| 122 | | 大华山供电所 | 平谷大华山镇大华山村西 | 61947921 | 贾怀存 | 8:00-17:00 | 是 | 否 |
| 123 | | 峪口供电所 | 平谷区峪口镇政府西 | 61906049 | 孙长勇 | 8:00-17:00 | 是 | 否 |
| 124 | | 马昌营供电所 | 平谷区马昌营镇海子村东 | 61981024 | 杜兵 | 8:00-17:00 | 是 | 否 |
| 125 | | 马坊供电所 | 平谷区马坊镇二条街村南 | 60996380 | 王金星 | 8:00-17:00 | 是 | 否 |
| 126 | | 东高村供电所 | 平谷区东高村镇大旺务村西 | 69900933/63671654 | 田海军 | 8:00-17:00 | 是 | 否 |
| 127 | | 夏各庄供电所 | 平谷区夏各庄镇政府路口北260米路东 | 60913534 | 贾柏庆 | 8:00-17:00 | 是 | 否 |
| 128 | | 金海湖供电所 | 平谷区金海湖镇胡庄东环路8号 | 69992199 | 曹国良 | 8:00-17:00 | 是 | 否 |
| 129 | | 山东庄供电所 | 平谷区山东庄镇小北关东环路4号 | 60937604 | 于立明 | 8:00-17:00 | 是 | 否 |
| 130 | | 王辛庄供电所 | 平谷镇谷丰东路2号 | 63671438 | 陈云梅 | 8:00-17:00 | 是 | 否 |
| 131 | 怀柔供电公司 | 客户服务中心营业厅 | 北京市怀柔区湖光小区36号 | 69652449 | 赵敏 | 9:00-18:00 | 是 | 是 |
| 132 | | 城区供电所营业厅 | 北京市怀柔区开放路111号 | 61630210 | 周月颖 | 8:00-17:00 | 是 | 否 |

续表

| 序号 | 供电公司 | 营业窗口名称 | 地址 | 联系电话 | 负责人 | 营业时间 | 是否周末营业 | 是否为24小时售电网点 |
|---|---|---|---|---|---|---|---|---|
| 133 | 怀柔供电公司 | 庙城供电所营业厅 | 北京市怀柔区庙城镇庙城政府南50米 | 60695329 | 杨娜 | 8:00-17:00 | 否 | 否 |
| 134 | | 杨宋供电所营业厅 | 北京市怀柔区杨宋镇凤翔开发区杨宋镇政府西1000米 | 61675343 | 彭秀丽 | 8:00-17:00 | 否 | 否 |
| 135 | | 北房供电所营业厅 | 北京市怀柔区北房镇幸福东街68号 | 61684543 | 赵倩 | 8:00-17:00 | 否 | 否 |
| 136 | | 雁栖供电所营业厅 | 北京市怀柔区雁栖镇雁栖大街38号 | 61668871 | 孙海燕 | 8:00-17:00 | 否 | 否 |
| 137 | | 怀北供电所营业厅 | 北京市怀柔区怀北镇怀北庄村南 | 69661838 | 牛子麟 | 8:00-17:00 | 否 | 否 |
| 138 | | 梓梓供电所营业厅 | 北京市怀柔区桥梓镇政府西50米 | 60673067 | 王艳秋 | 8:00-17:00 | 否 | 否 |
| 139 | | 渤海供电所营业厅 | 北京市怀柔区渤海镇沙峪村536号 | 61633291 | 魏诚建 | 8:00-17:00 | 否 | 否 |
| 140 | | 九渡河供电所营业厅 | 北京市怀柔区九渡河镇东宫村西1000米 | 61651223 | 李帅 | 8:00-17:00 | 否 | 否 |
| 141 | | 琉璃庙供电所营业厅 | 北京市怀柔区琉璃庙镇卫生院东侧 | 61616121 | 藏云妹 | 8:00-17:00 | 否 | 否 |
| 142 | | 汤河口供电所营业厅 | 北京市怀柔区汤河口镇汤河口村45号 | 89671988 | 赫喆 | 8:00-17:00 | 否 | 否 |
| 143 | | 长哨营供电所营业厅 | 北京市怀柔区长哨营村大桥北500米 | 60621066 | 崔丽华 | 8:00-17:00 | 否 | 否 |
| 144 | | 喇叭沟门供电所营业厅 | 北京市怀柔区喇叭沟门满族乡政府西200米 | 60623177 | 于桂宝 | 8:00-17:00 | 否 | 否 |
| 145 | | 宝山寺供电所营业厅 | 北京市怀柔区宝山寺镇宝山寺69号 | 60625856 | 王玉华 | 8:00-17:00 | 否 | 否 |
| 146 | 密云供电公司 | 客服中心营业厅 | 密云县新中街3号 | 69056571 | 周立新 | 8:30-17:00 | 是 | 是 |
| 147 | | 城区供电所营业厅 | 密云县长安小区西区1号楼5号门脸 | 69059223 | 吴同辉 | 8:30-17:00 | 是 | 否 |
| 148 | | 城关供电所营业厅 | 密云县久润东区门面房（檀西路35-5） | 63673338 | 周靖 | 8:30-17:00 | 否 | 否 |
| 149 | | 河南寨供电所营业厅 | 密云县河南寨镇套里村北 | 61086123 | 常卿 | 8:30-16:30 | 否 | 否 |
| 150 | | 溪翁庄供电所营业厅 | 密云县溪翁庄镇溪翁庄村（镇政府西侧100米） | 69011315 | 陈立军 | 8:30-16:30 | 否 | 否 |
| 151 | | 冯家峪供电所营业厅 | 密云县冯家峪镇冯家峪村 | 81060094 | 金永贵 | 8:30-16:30 | 否 | 否 |
| 152 | | 十里堡供电所营业厅 | 密云县十里堡镇王各庄村对面 | 89021551 | 王吉 | 8:30-16:30 | 否 | 否 |
| 153 | | 穆家峪供电所营业厅 | 密云县穆家峪镇荆梢坟村南 | 61053989 | 周杨 | 8:30-16:30 | 否 | 否 |

续表

| 序号 | 供电公司 | 营业窗口名称 | 地址 | 联系电话 | 负责人 | 营业时间 | 是否周末营业 | 是否为24小时售电网点 |
|---|---|---|---|---|---|---|---|---|
| 154 | 密云供电公司 | 巨各庄供电所营业厅 | 密云县巨各庄镇政府东侧 | 63673569 | 任连刚 | 8:30-16:30 | 否 | 否 |
| 155 | | 东邵渠供电所营业厅 | 密云县东邵渠镇太保庄村北东侧 | 61061995 | 潘东 | 8:30-16:30 | 否 | 否 |
| 156 | | 大城子供电所营业厅 | 密云县大城子镇高庄子村 | 61071180 | 潘东 | 8:30-16:30 | 否 | 否 |
| 157 | | 西田各庄供电所营业厅 | 密云县西田各庄镇西田各庄村北 | 61015689 | 柏建民 | 8:30-16:30 | 否 | 否 |
| 158 | | 太师屯供电所营业厅 | 密云县太师屯镇葡萄园村 | 69032747 | 张志强 | 8:30-16:30 | 否 | 否 |
| 159 | | 北庄供电所营业厅 | 密云县北庄镇北庄村 | 81001026 | 张志强 | 8:30-16:30 | 否 | 否 |
| 160 | | 高岭供电所营业厅 | 密云县高岭镇高岭村西(镇政府西边) | 81081384 | 郑伯君 | 8:30-16:30 | 否 | 否 |
| 161 | | 古北口供电所营业厅 | 密云县古北口镇河西村桥头西侧 | 81051373 | 王大成 | 8:30-16:30 | 否 | 否 |
| 162 | | 不老屯供电所营业厅 | 密云县不老屯镇不老屯村北(镇政府北150米) | 81090891 | 任自然 | 8:30-16:30 | 否 | 否 |
| 163 | 顺义供电公司 | 客户服务中心营业厅 | 顺义区站前北街四号 | 63674876 | 杨华 | 9:00-18:00 | 是 | 是 |
| 164 | | 李桥供电所营业厅 | 顺义区李桥镇沿河村西 | 63674946 | 黎园 | 8:00-17:00 | 是 | 是 |
| 165 | | 仁和供电所营业厅 | 顺义区仁和镇米各庄村北 | 89406398 | 李化峰 | 8:00-17:00 | 是 | 是 |
| 166 | | 高丽营供电所营业厅 | 顺义区高丽营中学对面 | 69491422 | 焦素明 | 8:00-17:00 | 是 | 是 |
| 167 | | 杨镇供电所营业厅 | 顺义区杨镇工业区内 | 61456116 | 张继军 | 8:00-17:00 | 是 | 否 |
| 168 | | 北石槽供电所营业厅 | 顺义区北石槽镇府前西街13号 | 63674983 | 胡海东 | 8:00-17:00 | 是 | 否 |
| 169 | | 北小营供电所营业厅 | 顺义区北小营镇西乌鸡村南 | 63674963 | 董艳京 | 8:00-17:00 | 是 | 否 |
| 170 | | 大孙各庄供电所营业厅 | 顺义区大孙各庄镇府前东街17号 | 63674962 | 魏振成 | 8:00-17:00 | 是 | 否 |
| 171 | | 后沙峪供电所营业厅 | 顺义区后沙峪镇裕安路4号 | 80496397 | 徐芳 | 8:00-17:00 | 是 | 否 |
| 172 | | 龙湾屯供电所营业厅 | 顺义区龙湾屯镇焦庄户村南2000米 | 63674947 | 何桂英 | 8:00-17:00 | 是 | 否 |
| 173 | | 南法信供电所营业厅 | 顺义区南法信镇府前街刘家河段1号 | 63674903 | 梁海霞 | 8:00-17:00 | 是 | 否 |
| 174 | | 天竺供电所营业厅 | 顺义区天竺镇小王辛庄南路6号 | 63674871 | 范冰洁 | 8:00-17:00 | 是 | 否 |
| 175 | | 赵全营供电所营业厅 | 顺义区赵全营镇政府西侧100米路北 | 63674979 | 吴宾 | 8:00-17:00 | 是 | 否 |
| 176 | | 南彩供电所营业厅 | 顺义区南彩镇河北村南 | 63674881 | 田园 | 8:00-17:00 | 是 | 否 |
| 177 | | 牛栏山供电所营业厅 | 顺义区牛栏山镇先进村北 | 69411072 | 焦阳 | 8:00-17:00 | 是 | 否 |
| 178 | | 木林供电所营业厅 | 顺义区木林镇木林教师楼北 | 63674984 | 张忠保 | 8:00-17:00 | 是 | 否 |

续表

| 序号 | 供电公司 | 营业窗口名称 | 地　　址 | 联系电话 | 负责人 | 营业时间 | 是否周末营业 | 是否为24小时售电网点 |
|---|---|---|---|---|---|---|---|---|
| 179 | 顺义供电公司 | 张镇供电所营业厅 | 顺义区张镇派出所南侧200米 | 63674862 | 张学茹 | 8:00-17:00 | 是 | 否 |
| 180 | | 马坡供电所营业厅 | 顺义区马坡镇马坡幼儿园东侧 | 63674861 | 周立颖 | 8:00-17:00 | 是 | 否 |
| 181 | | 北务供电所营业厅 | 顺义区北务镇北务村北 | 63674969 | 王雪梅 | 8:00-17:00 | 是 | 否 |
| 182 | | 李遂供电所营业厅 | 顺义区李遂镇工业区内 | 63674902 | 岳娜 | 8:00-17:00 | 是 | 否 |
| 183 | 延庆供电公司 | 客户服务中心营业厅 | 北京市延庆县庆园街53号 | 69187041 | 荆宝玲 | 9:00-18:00 | 是 | 否 |
| 184 | | 供电营业所营业厅 | 北京市延庆县新城街1号 | 63675219 | 武永华 | 9:00-18:00 | 是 | 是 |
| 185 | | 旧县供电所营业厅 | 北京市延庆县旧县商业街西南(旧县镇政府对面) | 61151874 | 尚学礼 | 9:00-18:00 | 是 | 否 |
| 186 | | 沈家营营业所营业厅 | 北京市延庆县沈家营镇八里店东岔口路北 | 69103142 | 白玉飞 | 8:00-17:00 | 否 | 否 |
| 187 | | 香营营业所营业厅 | 北京市延庆县香营乡政府西 | 60162177 | 陈双华 | 8:00-17:00 | 否 | 否 |
| 188 | | 永宁供电所营业厅 | 北京市延庆县永宁西关村北 | 60171219 | 孙金柱 | 9:00-18:00 | 是 | 否 |
| 189 | | 刘斌堡营业所营业厅 | 北京市延庆县刘斌堡乡政府东侧 | 60181794 | 王雁彬 | 8:00-17:00 | 否 | 否 |
| 190 | | 大庄科营业所营业厅 | 北京市延庆县大庄科乡政府东侧 | 60189915 | 张国立 | 8:00-17:00 | 否 | 否 |
| 191 | | 千家店供电所营业厅 | 北京市延庆县千家店镇政府斜对面 | 60188112 | 赵淑龙 | 9:00-18:00 | 否 | 否 |
| 192 | | 张山营供电所营业厅 | 北京市延庆县温泉馨苑小区北侧 | 69147931 | 王永杰 | 9:00-18:00 | 是 | 否 |
| 193 | | 张山营营业所营业厅 | 北京市延庆县张山营镇政府东200米 | 69112532 | 程春梅 | 8:00-17:00 | 否 | 否 |
| 194 | | 大榆树供电所营业厅 | 北京市延庆县大榆树镇刘家堡村南 | 61182473 | 王岩平 | 9:00-18:00 | 是 | 否 |
| 195 | | 八达岭供电所营业厅 | 北京市延庆县八达岭镇营城子村东 | 69129439 | 李如荣 | 9:00-18:00 | 是 | 否 |
| 196 | | 康庄营业所营业厅 | 北京市延庆县康庄镇政府院西 | 69131327 | 陈文玲 | 9:00-18:00 | 是 | 否 |
| 197 | | 四海供电所营业厅 | 北京市延庆县四海镇四海村 | 60187110 | 尚慧娟 | 8:00-17:00 | 否 | 否 |